Lebuhn

Stadt in Bewegung

RAUMPRODUKTIONEN: THEORIE UND GESELLSCHAFTLICHE PRAXIS

Herausgegeben von Bernd Belina, Boris Michel und Markus Wissen

Band 4

Die Buchreihe bildet ein Forum kritischer Raumforschung im Rahmen kritischer Gesellschaftstheorie. Ihr Ziel ist es, Debatten zugänglicher zu machen, zu bündeln, zu initiieren und zu kritisieren. Kritische Raumforschung untersucht die soziale Produktion von Raum und die je spezifischen gesellschaftlichen Verräumlichungen.

Kritische Raumforschung als Gesellschaftsforschung fragt nach den aktuellen räumlichen Transformationsprozessen, denen der physisch-materielle Raum inklusive seiner sozialen Bedeutungen unterworfen ist. Dazu gehören neue Formen der Inwertsetzung und Politisierung von Natur und gebauter Umwelt, die Umstrukturierung städtischer, staatlicher und globaler Räume, räumliche Strategien der Kontrolle oder die Militarisierung von Grenzregimes.

Kritische Raumforschung als Gesellschaftsforschung fragt zudem nach der Produktion und Veränderung räumlicher Maßstabsebenen. Sie untersucht etwa die community-Orientierung von Polizei- und Sozialarbeit oder Prozesse der Regionalisierung, Europäisierung und Globalisierung von Politik und Ökonomie.

Kritische Raumforschung rückt soziale Kämpfe um und mittels Raumproduktionen und damit gesellschaftliche Widersprüche in den Mittelpunkt. Kritische Raumforschung kritisiert gesellschaftswissenschaftliche Konzepte von Raum, die diesen lösgelöst von jeglicher Materialität konstruieren; ebenso kritisiert sie Konzepte, die Gesellschaft an diese Materialität fesseln. Kritische Raumforschung sucht nicht nach einer „Raumtheorie", sondern nach gesellschaftlichen Raumverhältnissen.

In der Reihe erscheinen Monographien, Sammelbände und Reader.

Bisher erschienen:

Band 1: Bernd Belina & Boris Michel (Hrsg.): Raumproduktionen. Beiträge der *Radical Geography.* Eine Zwischenbilanz

Band 2: Uwe Kröcher: Die Renaissance des Regionalen. Zur Kritik der Regionalisierungseuphorie in Ökonomie und Gesellschaft

Band 3: Markus Wissen, Bernd Röttger & Susanne Heeg (Hrsg.): Politics of Scale. Räume der Globalisierung und Perspektiven emanzipatorischer Politik

Henrik Lebuhn, geb. 1974, Dr. rer. pol., studierte Politikwissenschaft und Öffentliches Recht in Hamburg, Mexico City, Berlin und Berkley, Redaktionsmitglied der PROKLA, arbeitet zzt. als Visiting Lecturer für Urban Studies am San Francisco Art Institute (SFAI).

Henrik Lebuhn

Stadt in Bewegung

Mikrokonflikte um den öffentlichen Raum in Berlin und Los Angeles

WESTFÄLISCHES DAMPFBOOT

Gefördert durch die Hans-Böckler-Stiftung

Die vorliegende Arbeit wurde in einer längeren Fassung vom Fachbereich Politik- und Sozialwissenschaften der Freien Universität Berlin im Jahr 2007 als Dissertation mit dem Titel „Sozialräumliche Konflikte in der unternehmerischen Stadt. Privatisierungskämpfe um den öffentlichen Raum. Eine vergleichende Fallstudie über Berlin und Los Angeles“ angenommen.

Bibliografische Information der Deutschen Bibliothek
Die Deutsche Bibliothek verzeichnet diese Publikation in der Deutschen Nationalbibliografie; detaillierte bibliografische Daten sind im Internet über http://dnb.ddb.de abrufbar.

1. Auflage Münster 2008

Umschlag: Lütke Fahle Seifert AGD, Münster
Druck: Rosch-Buch Druckerei GmbH, Scheßlitz
Gedruckt auf säurefreiem, alterungsbeständigem Papier
ISBN 978-3-89691-739-3

Inhalt

Vorwort

Grundlage für das vorliegende Buch war meine Dissertation, die ich von 2003 bis 2007 am Otto-Suhr-Institut der Freien Universität Berlin angefertigt habe. Wie wohl jede intellektuelle Arbeit ist sie vor allem ein Ergebnis von Kooperation und Diskussion. Bei allen, die mich dabei begleitet und mir geholfen haben, möchte ich mich ganz herzlich bedanken. Für den Inhalt der Arbeit bin ich freilich allein verantwortlich.

Eine empirische Studie, die mit Methoden der qualitativen Sozialforschung arbeitet, hängt zunächst von der Zusammenarbeit mit vielen Menschen 'im Feld' ab. In diesem Sinne wäre dieses Buch wohl nie zustande gekommen, wenn mir nicht in Berlin und in Los Angeles zahlreiche InterviewpartnerInnen hilfsbereit 'Frage und Antwort' gestanden und mich zu offiziellen Anhörungen, Demonstrationen, Hausbesetzungen, Gruppentreffen und persönlichen Gesprächen eingeladen und mitgenommen hätten.

Darüber hinaus hat mir Markus Euskirchen vom ersten Tag der Arbeit an 'mit Rat und Tat' geholfen und mich bei einem großen Teil der Feldforschung in Berlin und in Los Angeles begleitet. Deswegen wird er auch in der 'empirischen Nahaufnahme' der Los Angeles-Fallstudie explizit genannt. Sabine Nuss und Ingo Stützle haben mich stets mit neuen Ideen und Hinweisen versorgt. Für die Überarbeitung des Buchmanuskripts erhielt ich wichtige Hinweise von den Herausgebern der Reihe 'Raumproduktionen'. Außerdem haben mich Stephan Kaufmann, Megan Saperstein, Anne Steckner, Yunus Soner und vor allem meine Eltern Edelgard und Ulf Lebuhn bei meiner Arbeit an der Dissertation sehr unterstützt.

David Minkus, David Montejano, Christine Trost und Loïc Wacquant ermöglichten mir einen einjährigen Forschungsaufenthalt an der UC Berkeley, von wo aus ich meine Fallstudie in Los Angeles bearbeitet habe. Margit Mayer lud mich ein, meine Arbeit an der San Francisco State University und am John-F.-Kennedy Institut der Freien Universität Berlin vorzustellen und zu diskutieren, und gab mir viele Tips und Anregungen. Die Hans-Böckler-Stiftung hat mich mit einem dreijährigen Promotionsstipendium bei der Erstellung meiner Arbeit großzügig unterstützt und sich auch an den Publikationskosten beteiligt.

Schlussendlich schulde ich vor allem meinen beiden Berliner Betreuern Wolf-Dieter Narr und Roland Roth großen Dank. Ihre kritische und dabei stets solidarische Auseinandersetzung mit meiner Dissertation hat dieses Buch von der ersten bis zur letzten Seite geprägt.

Berlin, im Oktober 2007

1 Einleitung

Als im Juni 2006 in Los Angeles der größte innerstädtische Community Garden der USA geräumt wurde, gingen die Nachrichten von dem Großeinsatz der Polizei auch durch die bundesdeutsche Presse. Nicht nur linke Zeitschriften und Websites, allen voran das Internetforum Indymedia, berichteten ausführlich über den Verkauf des öffentlichen Gartengrundstücks an einen privaten Investor. Auch große Tageszeitungen wie die Berliner Zeitung widmeten sich für einen Augenblick dem lokalen Konflikt um den Bau von Lagerhallen auf dem Gelände der South Central Gardens.[1] Knapp 350 Familien, viele von ihnen illegalisierte MigrantInnen aus Lateinamerika, hatten hier seit Anfang der 1990er Jahre Subsistenzwirtschaft betrieben. Im Herbst 2003 wurden sie aufgefordert, das Gelände zu verlassen. Hunderte von AnwohnerInnen, linke Basisorganisationen und radikale UmweltaktivistInnen protestierten darauf hin gegen die Privatisierungspläne der Stadt, organisierten eine überaus erfolgreiche Öffentlichkeitskampagne und hielten den knapp sechs Hektar großen Community Garden für fast 12 Monate besetzt. Vergeblich: Am Ende setzte sich ein Investor mit seinem privaten Bauvorhaben durch. Die Bebauung des Gartengeländes mit Lagerhallen passte in den Nutzungsplan des umliegenden Gewerbegebietes und stellte neue Arbeitsplätze und Steuergelder in Aussicht. Die Farmer mussten weichen und die South Central Gardens wurden zerstört.

Praktisch zeitgleich mit den Auseinandersetzungen um die Gärten in Los Angeles kam es in Berlin zu einem ähnlichen Konflikt um einen öffentlichen Raum. Während die South Central Farmer in Los Angeles um ihre Gärten kämpften, mobilisierte in Berlin von 2001 bis 2005 ein Bündnis von lokalen Basisgruppen und Einzelpersonen für die Einrichtung eines Soziales Zentrums. Die zentrale Forderung der AktivistInnen: Die Stadt sollte der Initiative eine öffentliche Liegenschaft zur Verfügung stellen, die von den beteiligten Gruppen und Organisationen für Stadtteilprojekte und politische Arbeit genutzt werden konnte. Ähnlich wie in Los Angeles mobilisierte das Berliner Bündnis für Demonstrationen, verhandelte mit LokalpolitikerInnen und organisierte symbolische Hausbesetzungen, um ihrer Forderung nach einem städtischen (Frei-)Raum für ein Soziales Zentrum Nachdruck zu verleihen. Doch auch in Berlin scheiterten die Mobilisierungen 'von unten' an der Privatisierungspolitik der Stadtregierung. Denn nach den Vorgaben des Berliner Senats werden ungenutzte öffentliche Immobilien seit 2001 in einen 'Liegenschaftsfonds' überführt und privaten InteressentInnen zum Kauf angeboten. So sollen dringend benötigte Gelder in den maroden Berliner Haushalt gespült werden. Für ein Soziales Zentrum lässt diese Politik offensichtlich keinen Raum.

1.1 Privatisierungskonflikte, öffentlicher Raum und die unternehmerische Stadt

Sowohl der Fall der South Central Gardens als auch der Konflikt um das Soziale Zentrum in Berlin können als beispielhaft für die neoliberale Neuvermessung des urbanen Raums gelten. Ähnliche Konflikte um die 'in-Wert-Setzung' von Stadträumen, staatlichen Infrastrukturprojekten und öffentlichen Gütern und Dienstleistungen lassen sich heute in den Städten und Metropolregionen fast aller westlichen Demokratien beobachten.[2] Für einen kurzen historischen Moment hatte der 'keynesianische Wohlfahrtsstaat' viele gesellschaftliche Bereiche den Kräften des Marktes entzogen. Doch der fragile Klassenkompromiss des Fordismus ist längst aufgekündigt. Mittlerweile hat die neoliberale Globalisierung nahezu alle Lebensbereiche erfasst und unter das Diktat einer profitablen Verwertung durch private Kapitale gestellt.

Im Prozess der Neuformierung politischer und ökonomischer Macht- und Herrschaftsstrukturen auf globaler Ebene kommt 'den Städten' und 'der Stadtpolitik' eine Schlüsselrolle zu. Denn Städte sind nicht nur die geographischen Orte, an denen sich soziale Ungleichheit verschärft, wo sich politische Exklusionsprozesse vollziehen und neue soziale Widersprüche entstehen. Sie sind auch die politischen und ökonomischen Zentren, in denen die Globalisierung aktiv vorangetrieben wird. Städte und Kommunen sind wichtige Agenten, die die spezifische politisch-ökonomische Form begründen, in der diese Prozesse artikuliert werden, und sie sind die Orte, an denen die sozialen Alltagsinhalte der Globalisierung ausgekämpft werden (Keil/Brenner 2003). Dieses Verständnis gegenwärtiger Stadtpolitik ist maßgeblich durch die Arbeiten von David Harvey geprägt. Bereits 1989 beschrieb er, wie sich Städte unter den Bedingungen der Krise des Sozialstaates, zunehmender Kapitalmobilität und verschärfter Weltmarktkonkurrenz immer stärker wie profitorientierte Unternehmen verhalten und prägte damit den Begriff der 'unternehmerischen Stadt' (Harvey 1989a). Städte, so Harvey, konkurrieren heute aktiv um Kapitalinvestitionen, Arbeitsplätze und Steuergelder. Die unternehmerische Stadt verhält sich wie ein Wirtschaftssubjekt, das sich national wie auch international gegen seine Kontrahenten durchzusetzen versucht. Neil Brenner und Susanne Heeg schließen explizit an Harvey an, wenn sie für die 1980er und 1990er Jahre eine „radikale Redefinition des sozialen

Raums der Stadt nach ökonomischen Kriterien (beobachten). Quer durch die westlichen Industrieländer wurde städtische Politik zunehmend von Themen der wirtschaftlichen Entwicklung, industriellen Wachstums und struktureller Wettbewerbsfähigkeit dominiert.“ (Brenner/Heeg 1999: 104)

Doch unternehmerische Stadtpolitik samt ihrer ausschließenden und polarisierenden Konsequenzen provoziert auch sozialen Widerstand. Dieser zeigt sich an individuellen und subversiven Alltagspraxen, am Entstehen neuer sozialer Bewegungen und an konservativen Not-in-my-Backyard-Mobilisierungen. Ob Bürgerbegehren gegen *cross border leasing* Projekte, ob militante Hausbesetzungen oder Widerstände von AnwohnerInnen und Beschäftigten der Kommunen – immer wieder kommt es zu Protesten gegen den Ausverkauf des ‘kommunalen Tafelsilbers’. Nach wie vor gilt daher Manuel Castells grundlegende Feststellung, dass der Stadtraum sozial hergestellt wird und das Ergebnis von sozialen und politischen Konflikten zwischen verschiedenen Akteuren, Interessen und Kräften darstellt (Castells 1983). In diesem Sinne haben sich gerade die Konflikte um die Privatisierung des Öffentlichen, so Ulrich Brand und Miriam Heigl, im Verlauf der 1990er Jahre zu einem Kristallisationspunkt gesellschaftlicher Auseinandersetzungen entwickelt (Brand/Heigl 2006: 282ff.). Eine kritische Auseinandersetzung mit den aktuellen Transformationsprozessen in der städtischen Arena darf daher nicht nur auf die Implementierung neoliberaler Politik fokussieren. Stets muss sie auch die widerständigen Reaktionen auf diese Politik ins Blickfeld nehmen. Die South Central Farmer in Los Angeles und die Initiative für ein Soziales Zentrum in Berlin können als Beispiele für eine Stadtpolitik ‘von unten’ gelten, bei der sich marginalisierte Gruppen gegen die Entscheidungen der politischen Eliten in ‘ihrer Stadt’ organisieren. Derlei stadträumliche Mikrokonflikte können als Ausdruck ganz grundlegender gesellschaftlicher Widersprüche interpretiert werden. Sie sind, so David Harvey, das Ergebnis des kapitalistischen Akkumulationsprozesses und von Klassenkämpfen (Harvey 1989b: 83ff.).

Darüber hinaus zeichnet sich mittlerweile deutlich ab, dass die neoliberale Globalisierung, die Anfang der 1980er Jahre von den Regierungen Reagan/Thatcher/Kohl via Liberalisierung und Deregulierung explizit auf die politische Agenda gesetzt wurde, keinesfalls als geschlossenes und konsistentes politisches Programm gelten kann. Vielmehr muss ‘der Neoliberalismus’ als ein in sich widersprüchliches Bündel an ideologischen Diskursen und materiellen Politiken betrachtet werden, das eine Welt der ‘uneven geographical developments’ produziert (Harvey 2005). Dabei setzt sich das neoliberale Projekt unter den jeweiligen ortsspezifischen Bedingungen – im Kontext der besonderen institutionellen Arrangements und politischen Regulierungen unterschiedlicher Staaten, Städte und Regionen – verschieden durch. Neil Brenner und Nik Theodore plädieren daher für einen vorsichtigen Umgang mit dem 'großen Begriff' und für eine Empirie-geleitete Theoretisierung des 'actually existing neoliberalism' in seinen unterschiedlichen lokalen und regionalen Formen und Ausprägungen (Brenner/Theodore 2002).

Doch gerade die Mikroebene stadträumlicher Konflikte bleibt in vielen Forschungsbeiträgen bislang eher unterbelichtet (Nicholls/Beaumont 2004a: 107; Mayer 2000). Vor diesem Hintergrund untersuche ich in diesem Buch die Zusammenhänge zwischen unternehmerischer Stadtpolitik und urbanen sozialen Bewegungen am Beispiel zweier sozialräumlicher Konflikte. Sowohl in Los Angeles als auch in Berlin frage ich nach den Ursachen, Konfliktlinien und Verlaufsbedingungen von Privatisierungskämpfen und diskutiere die Interessen, Strategien und Handlungsrationalitäten der beteiligten Akteure. Dabei soll der Vergleich von zwei Fällen in verschiedenen Städten bzw. Ländern es erlauben, den Einfluss unterschiedlicher stadtpolitischer und -ökonomischer Rahmenbedingungen auf Privatisierungskonflikte zu diskutieren und die Momente zu identifizieren, welche die Privatisierung öffentlicher Räume in Berlin und Los Angeles maßgeblich bestimmen. Vor allem geht es mir dabei immer auch um die Frage nach den Bedingungen, Grenzen und Möglichkeiten einer emanzipativen Politik 'von unten'. Denn eine politische Praxis, die die herrschende Ordnung in Frage stellen will, hat nur dann Aussicht auf Erfolg, wenn sie das Terrain der sozialen Kämpfe auch theoretisch durchdringt.

1.2 Forschungsstand und theoretische Bezüge

Ich beziehe mich in meiner Arbeit vor allem auf vier Forschungsfelder, die eng miteinander zusammenhängen: die Debatten um die Krise und die Restrukturierung des globalen Kapitalismus seit den 1970er Jahren, die Bedeutung von Stadtpolitik in diesem Prozess, die Privatisierung des Öffentlichen und die Rolle städtischer sozialer Bewegungen in diesem Kontext. Außerdem nutze ich bereits vorliegende Regionalstudien zu Berlin und Los Angeles und in geringerem Maße auch die Arbeiten speziell zu Community Gardens in den USA und zu städtischen Bewegungen der 1980er und 1990er Jahre in Berlin. Im Folgenden gebe ich einen kurzen Überblick über diese Debatten und mache damit zugleich auch meine theoretischen Bezüge deutlich.

1.2.1 Kapitalistische Krise und Restrukturierung

Die in der Marx'schen 'Kritik der politischen Ökonomie' beschriebene Unterwerfung aller Lebensverhältnisse unter die Logik des Kapitals ist kein linearer Entwicklungsprozess. Kapitalistische Globalisierung vollzieht sich als ein Prozess aus permanenter Krise und nachfolgender Restrukturierung.[3] Unter den neueren Ansätzen der marxistischen Diskussion hat sich vor allem die in Frankreich im Umfeld von Michel Aglietta entstandene regulationstheoretische Debatte (Aglietta 1979) mit der Frage nach kapitalistischen Strukturbrüchen und den Bedingungen systemischer Kohärenz beschäftigt (zur deutsch-sprachigen und stark marxistisch geprägten Diskussion, siehe etwa: Brand/Raza 2003; Hirsch/Roth 1986; Demirović, et al. 1992).

Die Regulationstheorie untersucht kapitalistische Krisen und die Neuordnung des komplexen institutionellen Gefüges, das einer kapitalistischen Gesellschaft in einem bestimmten historischen Moment Stabilität verleiht. Die stabile Konfiguration der kapitalistischen Gesellschaft wird dabei als prinzipiell kontingentes Ergebnis von politischen Konflikten und von sich ständig wandelnden sozialen Kräfteverhältnissen betrachtet (Alnasseri, et al. 2001). Auf der Grundlage einer Reihe intermediärer Konzepte – Akkumulationsregime, Regulationsweise, Produktionsnorm, Konsumnorm, etc. – versucht die Regulationstheorie das Gefüge an Normen, Regeln und Institutionen zu identifizieren, das als Ergebnis gesellschaftlicher Umwälzungen entsteht und – trotz der dem Kapitalismus inhärenten Widersprüche – zumindest zeitweise eine kohärente gesamtgesellschaftliche Reproduktion erlaubt (Hirsch 1995; 2002).

Für die jüngere Entwicklung des Kapitalismus in Europa und Nordamerika, aber auch in vielen Ländern der kapitalistischen Peripherie, kann von den späten 1920er Jahren bis in die 1970er Jahre mit dem so genannten 'Fordismus' ein relativ kohärentes Entwicklungsmodell identifiziert werden.[4] Vollbeschäftigung, Reallohnzuwächse und ein deutlicher Anstieg der Lebensqualität für breite Schichten der Bevölkerung sind wesentliche Merkmale dieser Ära. Das stark binnenwirtschaftlich orientierte Modell des Fordismus „beinhaltete im Kern, dass die Arbeiter ihre Unterordnung unter die kapitalistischen Produktionsverhältnisse und die tayloristische Arbeitsorganisation im Austausch gegen steigende Reallöhne akzeptierten." (Alnasseri, et al. 2001: 32) Auf der politischen Ebene zeichnete sich diese historisch-spezifische kapitalistische Formation vor allem durch die Verhandlung und Vermittlung zwischen gesellschaftlichen Großorganisationen aus, die sich entlang der gegensätzlichen Interessen von Kapital und Arbeit herausbildeten. Für die alltäglichen Lebens- und Arbeitsverhältnisse bedeutete dies die intensive Einbindung der ArbeitnehmerInnen in ein Netz kollektiver und explizit klassenspezifischer Praxen. In Deutschland gehört dazu beispielsweise eine standardisierte Bezahlung im Rahmen von Flächentarifverträgen, die duale Berufsausbildung, das Prinzip der betrieblichen Mitbestimmung und ein System sozialer Sicherungen, um nur einige Elemente der Formen kollektiver Organisation zu benennen (Dörre 2001: 65).

Klaus Ronneberger beschreibt diese politische und ökonomische Konfiguration als eine durch starke zentralstaatliche Vorgaben und Finanztransfers und eine Gleichbehandlung der politischen Einheiten auf dem nationalen Territorium geprägte Politik, was vor allem für die Bundesrepublik Deutschland gilt. Diese Feststellung ist zentral für die Beschäftigung mit sozialräumlichen Konflikten, wie ich sie in meiner Arbeit untersuche.

> „Strukturell war das fordistische Entwicklungsmodell auf dynamisches Wachstum, d.h. auf die quantitative Steigerung des Produktionsvolumens und eine räumliche Expansion der industriellen Strukturen angelegt (Revelli 1997: 2). Ausgehend von der Annahme, daß das nationale Territorium als Ganzes die entscheidende geographische Einheit darstellte, sollte durch ein Gerüst von 'zentralen Orten' gleichmäßiges Wachstum hergestellt und bestehende sozialräumliche Disparitäten beseitigt werden." (Ronneberger 1998: 1 f.)

Ende der 1960er Jahre zeichnete sich die Krise dieses Regulationszusammenhanges ab. Zunehmende Arbeitslosigkeit, ein Sinken der Profitraten, steigende Unterkonsumtion und andere Krisenerscheinungen bereiteten dem Modell des binnenzentrierten 'Wirtschaftswunders' weltweit ein Ende. Auf die tieferen ökonomischen Zusammenhänge dieser Krise werde ich nur am Rande eingehen. Zentral für meine Arbeit sind dagegen die Restrukturierungsprozesse und die mit ihnen einhergehenden politischen und sozialen Konflikte. Denn einerseits vollziehen sie sich auf der Ebene von Weltpolitik und Weltmarkt, doch 'materialisieren' sich diese Prozesse andererseits auf der subnationalen und lokalen Ebene. Die Untersuchung der Zusammenhänge verschiedener polit-ökonomischer Maßstabsebenen ('scales') war freilich nicht von Anfang an Teil des regulationstheoretischen Forschungsprogramms. Es fokussierte ursprünglich vor allem auf die Ebene des Nationalstaates. Erst die theoretischen Revisionen durch die kritische Stadtforschung und Geographie machten den regulationstheoretischen Ansatz auch für die lokale Ebene fruchtbar und arbeiteten das dynamische Wechselverhältnis zwischen lokalen und regionalen/globalen Politikebenen heraus – mit zahlreichen Implikationen für das Politikfeld Stadt.

1.2.2 Globalisierung und Stadtpolitik

Das politische Projekt der neoliberalen Globalisierung (Altvater/Mahnkopf 2002; Candeias 2004b), das sich in den 1970er Jahren als Antwort auf die 'Krise des Fordismus' formierte und dann ab den 1980er Jahren vor allem von den Regierungen Reagan/Thatcher/Kohl ausbuchstabiert wurde, impliziert unter anderem eine fundamentale sozialräumliche Neuordnung. Dies ist auch für 'die Stadt' von großer Bedeutung. Globalisierung bedeutet vor allem, dass sich ergänzend und konkurrierend zum 'klassischen Nationalstaat' neue räumliche und zeitliche Dimensionen von Macht und Herrschaft herausbilden. Sie „signalisiert eine tief greifende geografische Neuorganisation des Kapitalismus" (Harvey 1995: 5). Im Zuge der Globalisierung gibt der Nationalstaat nicht nur Herrschaftsfunktionen und Machtkompetenzen an supranationale Instanzen wie etwa die Europäische Union ab, sondern auch an die regionale und lokale Ebene. Dabei wandeln sich 'klassische' Politikfelder und neue Akteure gewinnen an Bedeutung. In der jüngeren Globalisierungsdebatte wird dieser Prozess oft als 're-scaling' oder auch als 'politics of scale' bezeichnet (Swyngedouw 1997; 2000; Brenner 2003; Keil/Brenner 2003).

Vor diesem Hintergrund erhält der oben bereits eingeführte Begriff der 'unternehmerischen Stadt' (Harvey 1989a; Jessop 1997; Clarke/Gaile 1998) eine zentrale Bedeutung. Zwar können wir feststellen, dass Städte bzw. Stadtpolitik in einer kapitalistischen Gesellschaft *immer* auf eine erfolgreiche Kapitalakkumulation angewiesen sind. Die Schaffung und der Erhalt von lokalen Arbeitsplätzen, das Generieren besteuerbarer Löhne, Einkommen und Unternehmensprofite usw. hängt stets davon ab, ob eine Stadt günstige Standortbedingungen für profitorientierte Unternehmen herzustellen und private Investitionen 'anzuwerben' vermag. Doch unter den Bedingungen der Globalisierung verändert sich der gesellschaftliche Regulationszusammenhang, innerhalb dessen Städte diese Aufgabe vollbringen müssen.

> „Mit der Krise des Fordismus kommt es (...) zu einer Heterogenisierung des nationalen Städtesystems in international konkurrenzfähige, prosperierende Metropolregionen einerseits und stagnierende oder schrumpfende Städte andererseits. Da die sozialräumlichen Disparitäten nicht mehr ausreichend durch zentralstaatliche Transferleistungen ausgeglichen werden können, gewinnen lokale Entwicklungsmodelle an Bedeutung. Durch gezielte wirtschaftliche Förderung der Regionen, Entfaltung und Nutzung ihrer sogenannten endogenen Potentiale sollen deren Wettbewerbsbedingungen verbessert und neue Wachstumsimpulse initiiert werden." (Ronneberger 1998; vgl. auch Brenner 1997)

Lokale Politik gewinnt mit der Erosion des spezifisch fordistischen Regulationsregimes also erheblich an Bedeutung. Viele Städte implementieren neue wirtschaftspolitische Strategien, die das städtische Politikfeld mit seinen öffentlichen und privaten Akteuren grundlegend rekonfigurieren. Vor allem werden dabei sozialpolitische Ziele den wirtschafts- und beschäftigungspolitischen Zielen deutlich untergeordnet (Mayer 1994; 1995; 1998a).

Verschiedene AutorInnen haben sich in der Tradition der Marx'schen 'Kritik der politischen Ökonomie' mit den Veränderungen beschäftigt, denen 'die Stadt' seit den 1970er Jahren ausgesetzt ist.[5] Neben dem Konzept der unternehmerischen Stadt ist für meine Arbeit vor allem der Global City-Ansatz relevant. Im Anschluss an John Friedmann, der Anfang der 1980er Jahre wohl als erster explizit die 'World City Hypothese' formulierte (Friedmann 1986), hat sich der sogenannte Global City-Ansatz mittlerweile als kritischer Zweig der Stadtforschung etabliert und ausdifferenziert. Er besagt, dass im Zuge der regionalen und globalen Vernetzung von Informations-, Handels- und Kapitalströmen einzelne Städte besondere Funktionen auf sich vereinen können. In Städten wie New York, Los Angeles, London, Frankfurt und Tokyo finden sich sowohl die technische Infrastruktur als auch die hoch spezialisierten Finanzdienstleistungen, die die Zentralen der internationalen und transnationalen Unternehmen benötigen, um ihre globalen Aktivitäten zu koordinieren. Die Folge ist eine besonders starke räumliche Konzentration an 'Headquarter-Funktionen' in diesen Städten. Dadurch erlangen Global Cities die Kontrolle über internationalisierte Wirtschaftszweige und in der Folge auch über andere Städte und Regionen (Sassen 1991; 2000). Die Global City-These besagt jedoch auch, dass die soziale Ungleichheit in den Metropolen, welche die internationale Städtehierarchie anführen, nicht weniger ausgeprägt ist als an anderen Orten. Vielmehr produzieren Global Cities ihre eigenen Formen sozialer Polarisierung und lokaler Konflikte (Sassen 1999).

1.2.3 Sozialräumliche Exklusion und die Privatisierung des Öffentlichen

Die Phänomene sozialräumlicher Exklusion und Polarisierung, die sich im Zuge der oben skizzierten städtischen Umstrukturierungsprozesse herausbilden, werden in der aktuellen stadtsoziologischen Literatur mit unterschiedlichen Konzepten erfasst.[6] Häußermann und Siebel etwa stellen eine zunehmende Dreiteilung der Städte fest (Häußermann/Siebel 1991; Häußermann/Kapphan 2000). Während in der 'ersten Stadt' vor allem Konzernverwaltungen, Regierungs- und Verwaltungseinrichtungen, luxuriöse Wohnanlagen usw. untergebracht sind, besteht die 'zweite Stadt' aus den normalen Funktionsräumen des Arbeitens,

Wohnens und der alltäglichen Verkehrseinrichtungen. In der 'dritten Stadt' sind die marginalisierten Bevölkerungsgruppen angesiedelt: ArbeitsmigrantInnen, dauerhaft Arbeitslose und andere sozial Benachteiligte. Ähnlich beschreiben auch Mollenkopf und Castells die soziale Spaltung der Städte. Sie sprechen von der 'Dual City' (Mollenkopf/Castells 1992), heben dabei allerdings – am Beispiel New York – eher auf die verschiedenen Dimensionen sozialer Polarisierung ab. Peter Marcuse arbeitet mit einer Taxonomie von 'Ghettos' und 'Enklaven', um die vor allem für US-amerikanische Städte typische Konzentration diskriminierter ethnischer Gruppen in den ärmsten Wohnquartieren in den Blick zu bekommen (Marcuse 1998). Die residenzielle Segregation kann dabei als eine eigene Dimension sozialer Benachteiligung verstanden werden: „Die Verräumlichung sozialer Ungleichheit (d.h. die Segregation) bedeutet eine Verstärkung der bestehenden sozialen Ungleichheit, wobei die räumliche Konzentration der sozial Benachteiligten bedeutet, daß jene durch ihre Handlungsmöglichkeiten und ihre Partizipationschancen einschränkenden Wohnungs- und Wohnumfeldbedingungen zusätzlich benachteiligt sind." (Dangschat 2000) Der Prozess der Verdrängung bestimmter AnwohnerInnengruppen durch die Aufwertung von Wohnraum, die Erhöhung von Miet- und Grundstückspreisen usw. wird dabei als 'Gentrifizierung' bezeichnet (siehe Friedrichs 2000).

Eine zentrale Konfliktlinie, entlang derer sich diese stadträumlichen Fragmentierungen und Polarisierungen vollziehen, verläuft zwischen 'dem Privaten' und 'dem Öffentlichen'. Denn die Penetration aller gesellschaftlichen Bereiche durch die Logik des Kapitals impliziert eine Neuvermessung dieser gesellschaftlichen Grenze (Weber 2001). Dies betrifft den Ab- und Umbau sozialstaatlicher Sicherungssysteme, die Prekarisierung der Lebens- und Arbeitsverhältnisse der lohnabhängigen Bevölkerung und die Privatisierung öffentlicher Güter (Altvater 2003) und öffentlicher Räume (Siebel/Wehrheim 2003; Selle 2004). Ehemals staatliche Leistungen wie sozialer Wohnungsbau, Bildung, Kultur, kommunale Dienstleistungen und öffentlicher Nahverkehr werden zunehmend den sozial blinden Mechanismen des Marktes unterworfen. Unternehmerische Stadtpolitik im Sinne einer postfordistischen Krisenlösungsstrategie fungiert dabei als 'Motor' der Privatisierung und der Redefinition des urbanen Raums nach Verwertungskriterien.

Doch so virulent, wie die Debatte um die Privatisierung des Öffentlichen ist, so unscharf ist sie leider oftmals auch. Im Hinblick auf die Privatisierung öffentlicher Räume zeigt sich bei genauem Hinsehen, dass viele Stadträume gar nicht eindeutig einem der beiden Pole zuzuordnen sind. Gerade unter den Bedingungen einer

Stadtentwicklung, die sich zunehmend am Modell von *public private partnership* orientiert, entstehen neue hybride Räume, die die Kriterien von öffentlicher Zugänglichkeit und privater Exklusion je selektiv erfüllen. Darüber hinaus bezieht sich der Ausdruck 'öffentlich' nicht selten auf die 'öffentlichen Angelegenheiten', Aufgaben also, die das politische System und den Staat im engeren Sinne betreffen. Dann wieder zielt der Begriff auf die 'öffentliche Meinung', auf die Meinung der Mehrheit der BürgerInnen, auf die Massenmedien und die Verbände und Vertretungen wichtiger gesellschaftlicher Interessengruppen. Schließlich meint der Begriff 'öffentlich' auch diejenigen gesellschaftlichen Bereiche, die 'nicht-privat' sind, Räume und Diskurse, die allen und auch 'Fremden' zugänglich sind oder es von ihrem Anspruch her zumindest sein sollen (Gerhards/Neidhardt 1990). Diese Bedeutungsvielfalt hat vor allem mit der Vielschichtigkeit zu tun, die den Begriffen 'öffentlich' und 'privat' im Alltag zukommt (grundlegend zum Öffentlichkeitsbegriff siehe Habermas 1962; Sennett 2002). In meiner Arbeit, in der es um Konflikte um die Privatisierung öffentlicher Räume geht, werde ich den Stadtraum daher zunächst nur entlang der Unterscheidung von Eigentumstiteln und Nutzungsrechten differenzieren: die *öffentliche Hand* einerseits und *Privateigentum* andererseits. Erst im Anschluss an die Kapitel mit den empirischen Fallstudien werde ich den Öffentlichkeitsbegriff entlang des diskutierten Materials konkretisieren und problematisieren.

1.2.4 Städtische soziale Bewegungen

Das Verständnis des städtischen Raums als ein Produkt sozialer Konflikte geht vor allem auf die Pionierarbeiten der 1960er und 1970er Jahre zurück, die von Henri Lefebvre, Manuel Castells und David Harvey geleistet wurden (Lefebvre 1972; Castells 1977; 1983; Harvey 1973). Viele ihrer Arbeiten widmeten sich unmittelbar der Frage nach sozialen und politischen Bewegungen in der Stadt. „The basic dimension in urban change is the conflictive debate between social classes and historical actors over the meaning of urban, the significance of spatial forms in the social structure, and the content, hierarchy, and destiny of cities in relationship to the entire social structure", stellte Castells 1983 in *The city and the grassroots* fest (Castells 1983: 302).

Für die kritische Stadtforschung ist der Blick auf die städtischen Konflikte bis heute prägend geblieben. Doch hat sich in den vergangenen Jahrzehnten der politische Kontext gewandelt, in dem diese Debatten stattfinden: Seit den frühen 1990er Jahren wird die Bedeutung von 'grassroots politics' vor allem vor dem Hintergrund aktueller Krisen- und Transformationsprozesse diskutiert (Pickvance 2003; Mayer 1998b; 1999; 2000). Denn es stellt sich die Frage, welche Bedeutung lokale Proteste und städtische soziale Bewegungen im Rahmen der Globalisierung haben und wie sich die Restrukturierungs- und Spaltungsprozesse des globalen Kapitalismus auf lokaler Ebene manifestieren. Die außerparlamentarischen Akteure, die im Mittelpunkt dieser Debatten stehen, werden meist den sogenannten 'neuen sozialen Bewegungen' zugeordnet, die, so Joachim Raschke, „einen schwach strukturierten, fluiden und offenen Typ sozialer Bewegung" bilden (Raschke 1985: 412). Walter Nicholls und Justin Beaumont weisen darüber hinaus auf drei zentrale Merkmale *städtischer* sozialer Bewegungen hin, die diese von anderen sozialen Bewegungen unterscheiden: Erstens haben die Konflikte, auf die sie reagieren, ihren unmittelbaren Anlass auf der Ebene der Stadtpolitik; zweitens sind städtische soziale Bewegungen infrastrukturell in ihrem urbanen Umfeld verankert; drittens wird die Stadt als strategisches Aktionsfeld wahrgenommen (Nicholls/Beaumont 2004b: 121 f.). Vor allem die physische Nähe der involvierten Akteure führt zu einer Reihe weiterer Besonderheiten urbaner sozialer Bewegungen:

> „Geographical proximity (face-to-face contacts) can provide qualities that distinguish them from movements at other scales and include: enhanced creative capabilities in strategic planning; a higher degree of penetration into the grassroots; increased use of tacit and informal co-ordination mechanisms; and enhanced responsiveness to adversaries. These urban-specific qualities are advantages that result from spatial proximity, providing urban justice movements with superior powers in a multiscale web of relations." (Nicholls/Beaumont 2004a: 111)

Dieses Forschungsfeld umfasst mittlerweile so unterschiedliche Themen wie die innere Organisation neuer sozialer Bewegungen (Kriesi 1996), die Diskurspolitik und das Mobilisierungspotential von Basisbewegungen (Snow/Benford 1988) und ihre Einbindung in das Politikfeld Stadt mit seinen unterschiedlichen Institutionen und Akteuren (Nicholls 2003). Gerade über die Zusammenhänge zwischen unternehmerischer Stadtpolitik und urbanen sozialen Bewegungen, über die Ursachen, Konfliktlinien und Verlaufsbedingungen aktueller stadträumlicher Konflikte, gibt es aber noch wenig empirisches Material. „The relative lack of spatial awareness undervalues attention to the urban arena as a site for contentious politics." (Nicholls/Beaumont 2004a: 107) Dementsprechend besteht auch die theoretische Verarbeitung vor allem (noch) im Experimentieren mit unterschiedlichen Systematisierungsversuchen und Erklärungsansätzen.

1.2.5 Berlin und Los Angeles

Nicht nur die US-amerikanische Stadtforschung, sondern auch die europäische Stadtsoziologie wurde praktisch über das gesamte 20. Jahrhundert hinweg von der so genannten 'Chicago School' dominiert. Lange Zeit galt Chicago als Prototyp der industrialisierten Großstadt und als Laboratorium der stadtsoziologischen Forschung. Die Arbeiten von Autoren wie Robert Park, Louis Wirth und Ernest Burgess aus den 1920er und 1930er Jahren prägen daher bis heute viele Debatten um 'die Stadt' (Park, et al. 1984/1925; Wirth 1938).

Ab Mitte der 1980er Jahre jedoch bildete sich in Los Angeles ein Forschungs- und Arbeitszusammenhang heraus, der das Deutungsmonopol der Chicago School zum ersten Mal grundlegend in Frage stellte (Dear 2002). AutorInnen wie Mike Davis, Michael Dear, Allan Scott, Edward Soja und Jennifer Wolch begründeten die L.A. School, die sich in zweierlei Hinsicht explizit von der Chicago School absetzte. Zum einen wandte sie sich gegen eine Stadtsoziologie, die die Widersprüche der kapitalistischen Gesellschaft systematisch ausklammerte und plädierte stattdessen für eine Orientierung an der Marx'schen 'Kritik der politischen Ökonomie'. Zum anderen argumentierte sie, dass sich die aktuellen Krisen- und Restrukturierungsprozesse des Kapitalismus in Los Angeles besser erforschen ließen als in der 'alten Industriemetropole' Chicago (Soja 1989). „Every American city that is growing, is growing in the fashion of Los Angeles", verkündete Joel Garreau 1991 (Garreau 1991: 3). Seitdem hat die Beschäftigung mit Los Angeles zu einer unglaublichen Vielfalt an empirischen Untersuchungen, interdisziplinären Studien und theoretischen Arbeiten geführt.

Im Gegensatz dazu hat Berlin keine 'Schule' im engeren Sinne des Wortes hervorgebracht, die entscheidend zur Weiterentwicklung einer 'Theorie des Städtischen' beigetragen hätte. Dennoch gibt es auch für Berlin eine Vielzahl ausgezeichneter empirischer und theoretischer Arbeiten. Vor allem die wirtschafts- und beschäftigungspolitische Krise Berlins (Krätke/Borst 2000; Keil 2000) und die geradezu wahnwitzige Aufwertung und Gentrifizierung von Stadtteilen wie Berlin Mitte und Prenzlauer Berg nach 1989 (Häußermann/Kapphan 2000; Holm 2006) sind Gegenstand zahlreicher Untersuchungen.

Schließlich beziehe ich mich auf die Literatur, die seit Mitte der 1980er Jahre zu den sogenannten 'neuen sozialen Bewegungen' in der Bundesrepublik Deutschland entstanden ist (Rucht/Yang 2004; Rucht/Neidhardt 2001; Rucht 1994; Roth/Rucht im Erscheinen; Roth 1998; Raschke 1985). Für meine Fallstudie über den Konflikt um das Soziale Zentrum in Berlin sind dabei vor allem Arbeiten relevant, die sich speziell mit den autonomen und linksradikalen HausbesetzerInnenbewegungen in Berlin und mit der globalisierungskritischen Bewegung der 1990er Jahre beschäftigen (A.G.Grauwacke 2003; Geronimo 1995). Denn dieses Spektrum war eine treibende Kraft hinter der Initiative, die ab 2001 für das Soziale Zentrum in Berlin mobilisierte.

1.3 Fragestellung und Aufbau der Arbeit

Meine vergleichende Fallstudie über das Soziale Zentrum in Berlin und über die South Central Gardens in Los Angeles fragt nach dem Zusammenhang zwischen Privatisierungspolitik und urbanen sozialen Widerständen in der unternehmerischen Stadt. Für die beiden Fallstudien untersuche und diskutiere ich a) wie der ökonomische und politische Druck aufgebaut wird, der zur Privatisierung öffentlicher Räume in Berlin und Los Angeles führt; b) welche Prozesse diesen polit-ökonomischen Druck in den zwei untersuchten Fällen auf der Mikroebene vermitteln; c) wie sich soziale Proteste gegen diese Politik formieren und d) wie dann die Konflikte zwischen den beteiligten Akteuren verlaufen. Ausdrücklich frage ich in diesem Zusammenhang auch nach der Bedeutung staatlicher Repression für die Entfaltung städtischer sozialer Proteste – ein Aspekt, der im eher polit-ökonomisch ausgerichteten Zweig der kritischen Stadtforschung oftmals unbeachtet bleibt (siehe Eick et al. 2007). Eine Hauptschwierigkeit ist dabei der 'Brückenschlag' zwischen den theoretischen 'Großbegriffen', die auf der Makroebene angesiedelt sind, und der empirischen Untersuchung der Mikrokonflikte auf der lokalen Ebene. Denn bislang gibt es keine 'Theorie urbaner Konflikte', die ein bereits etabliertes Forschungsvorgehen nahelegen würde.

Vor diesem Hintergrund bearbeite ich die beiden empirischen Fallstudien in Kapitel 2 und Kapitel 3 zunächst unabhängig voneinander und gliedere sie in jeweils zwei Teile mit aufeinander aufbauenden Fragekomplexen: Im ersten Teil der jeweiligen Fallstudien werden die Konflikte auf einer Handlungsebene bearbeitet. Sie sind durch drei Leitfragen strukturiert: Wie ist der (chronologische) Konfliktverlauf? Wer sind die beteiligten Akteure? Und welche Interessen und Strategien verfolgen die Akteure? Diesen Teil beider Fallstudien ergänze ich jeweils um einen ethnographischen Exkurs, der eine 'Innenansicht' des Konflikts liefert. Im zweiten Teil beider Fallstudien wird die Analyse der Handlungsebene in eine Untersuchung des städtischen Konfliktfelds eingebettet. Hier frage ich nach den politischen und ökonomischen Rahmenbedingungen, unter denen die Akteure agieren, nach spezifischen Faktoren, institutionellen Arrangements und *public policies*, die den Konflikt maßgeblich prägen, sowie nach den Kräfteverhältnissen der beteiligten Akteure und den historischen Wurzeln der sozialen Widerstände gegen die städtische Privatisierungspolitik.

Theoretische Begriffe entwickle ich, wo immer möglich, aus dem Gegenstand heraus. Ich skizziere sie zunächst nur, benutze sie als 'Orientierungshilfen' und konkretisiere sie dann im Zuge meiner Untersuchung. Daher verzichte ich auch bewusst auf einen theoretischen Teil *vor* den empirischen Fallstudien. Die ausführliche Einleitung soll zunächst genügen, um meine theoretischen Bezüge und mein forschungspraktisches Vorgehen explizit zu machen. Ebenso habe ich auf einen allgemeinen Überblick über die Geschichte, Politik und Wirtschaft Berlins und Los Angeles' verzichtet. Abgesehen von kurzen Vorbemerkungen zu den beiden Fallstudien sind die relevanten Informationen zur Geschichte, zur Gesetzgebung, zu Verwaltungsstrukturen und zur politischen Verfassung der beiden Städte an den jeweiligen Stellen in die Darstellung eingearbeitet.

Im vierten Kapitel werden die beiden Fallstudien dann miteinander verglichen. Im Mittelpunkt steht dabei die Frage, inwieweit sich die beiden Fälle im Hinblick auf die Akteurskonstellationen, auf den Konfliktverlauf und auf die Faktoren, die diesen bestimmen, voneinander unterscheiden und wo sich Ähnlichkeiten identifizieren lassen. Im fünften Kapitel diskutiere ich meine Untersuchungsergebnisse noch einmal im Kontext der aktuellen Debatten um die unternehmerische Stadt und die postfordistische Reorganisation des Städtischen. Dies betrifft vor allem die Rolle des lokalen Staates in Privatisierungskonflikten, die Handlungsrationalitäten der beteiligten Akteure und die Politikebenen, auf denen diese erzeugt werden. Ich lote die strukturellen Grenzen, Möglichkeiten und Entscheidungsspielräume der Konfliktparteien aus, und ich frage nach den Konsequenzen für soziale Bewegungen, die sich gegen die aktuelle Privatisierungspolitik des lokalen Staates und gegen die Interessen privatwirtschaftlicher Akteure formieren. Ein kurzes Fazit schließt die Arbeit ab.

1.4 Auswahl der Fallstudien

Im Folgenden soll es kurz darum gehen, warum ich mich für einen Vergleich zwischen der Bundesrepublik Deutschland und den USA entschieden habe, mich auf die Städte Berlin und Los Angeles konzentriere und den Konflikt um die South Central Gardens mit dem Konflikt um das Soziale Zentrum vergleiche.

1.4.1 Bundesrepublik Deutschland versus USA

Trotz aller Unterschiedlichkeiten der europäischen Länder untereinander hat sich in Europa seit dem 19. Jahrhundert eine in vielerlei Hinsicht gemeinsame Form der Regulierung der kapitalistischen Widersprüche entwickelt, die sich von den USA unterscheidet. Abgesehen von den Unterschieden der politischen Systeme im engeren Sinne, ist der 'rheinische' oder 'kontinental-europäische' Kapitalismus stärker durch sozialstaatliche Sicherungssysteme und die kompromisshafte Vermittlung zwischen Arbeit und Kapital gekennzeichnet als die 'angloamerikanische Variante' des Kapitalismus. Die Auseinandersetzung mit diesen beiden Kapitalismus-Modellen ist Gegenstand vieler vergleichender Studien, sei es im Hinblick auf soziale Sicherungssysteme, gewerkschaftliche Kämpfe oder staatliche Regulierungen. Auch in der Stadtforschung ist der Vergleich zwischen den stadtpolitischen Regimes in den USA und in Europa ausgiebig bearbeitet worden (siehe etwa Michael Keatings systematischer Vergleich zwischen USA, Kanada, England und Frankreich: Keating 1991) und hat zur Charakterisierung einer 'europäischen Stadt' im Gegensatz zur US-amerikanischen Stadt geführt (Siebel 2004a). Eine allzu strikte Unterscheidung in einen rheinischen und einen anglo-amerikanischen Kapitalismus ist freilich nicht unproblematisch, übersieht sie doch leicht die vielen feinen Unterschiede zwischen den europäischen Ländern und idealisiert gern die Europäische Union und insbesondere die Bundesrepublik Deutschland gegenüber den USA (kritisch dazu Ganßmann 2004; kritisch zur 'europäischen Stadt' Zinganel 2003: 149-150).

Dennoch ist die vergleichende Untersuchung urbaner Konfliktsituationen in hoch-industrialisierten und dabei doch politisch, sozial und ökonomisch sehr unterschiedlichen Staaten wie den USA und Deutschland ergiebig. In meiner Arbeit erlaubt der Vergleich vor allem, die unterschiedlichen Konfliktverläufe zu identifizieren, die sich je nach Konfiguration der städtischen Arenen ergeben. Dies wiederum ist vor allem für soziale Bewegungen interessant, die Einfluss auf die Gestaltung des städtischen Konfliktfelds zu nehmen versuchen.

Darüber hinaus gibt der Ländervergleich mit den USA wichtige Aufschlüsse über politische Trends, denn mit der Krise des Fordismus haben die USA als internationales 'Leitbild' noch an Bedeutung gewonnen. Gerade in der Bundesrepublik Deutschland werden der Umbau des Sozialstaates und die Privatisierung öffentlicher Güter und Räume explizit am US-amerikanischen Vorbild ausgerichtet. Exemplarisch dafür ist der Fall des hessischen Ministerpräsidenten Roland Koch, der im Jahr 2001 den US-Bundesstaat Wisconsin besuchte. Die Abschaffung des 'Rechts auf ein Existenzminimum', wie sie in den USA in den

1990er Jahren durchgesetzt worden war, begeisterte den CDU-Politiker und wurde von ihm als Vorbild für eine Reform der bundesdeutschen Sozialhilfe gepriesen. „Wer nicht arbeitet, bekommt auch nichts." (Tenbrock 2001) Mit den Hartz-Gesetzen wurde diese Logik auch in Deutschland eingeführt (Heinrich 2004). Dass sich neoliberale Regierungen wie die von Gerhard Schröder und Angela Merkel trotzdem immer wieder verbal vom 'Land des ungezügelten Kapitalismus' distanzieren, hat wohl eher mit politischer Opportunität und taktischen Erwägungen zu tun und tut der Orientierung am US-amerikanischen Modell keinen Abbruch.

1.4.2 Berlin versus Los Angeles

Los Angeles spielt in der aktuellen Stadtforschung eine besondere Rolle. Wie bereits im Abschnitt über den 'Forschungsstand' verdeutlicht wurde, wird dieser Stadt heute ein paradigmatischer Status zugesprochen (Flusty/Dear 1999: 26, 29). Im Gegensatz zu den europäischen Großstädten und den 'alten Industriemetropolen' der US-amerikanischen Ostküste erlebte die Region Los Angeles ihren wirtschaftlichen 'take-off' erst ab Beginn der 1920er Jahre. Die ökonomischen, sozialen und politischen Merkmale der Industrialisierung des ausgehenden 19. Jahrhunderts sind in Los Angeles daher nur schwach ausgeprägt. Stattdessen bildeten sich die sozialräumlichen Strukturen der Stadt vor allem in der Phase des Fordismus und unter den Bedingungen der neoliberalen Globalisierung heraus. Das macht Los Angeles, mit den Worten von Allan Scott und Edward Soja, zur 'capital of the twentieth century' (Scott/Soja 1996). Hier lassen sich die Entstehung von Global City-Strukturen, Phänomene transnationaler Migration, der 'urban sprawl', die drastische Spaltung des Arbeitsmarktes, urbane Unruhen und andere Merkmale mehr untersuchen, die für den Kapitalismus des ausgehenden 20. und des beginnenden 21. Jahrhunderts als typisch gelten. „Everything seems to come together in Los Angeles, the totalizing Aleph." (Soja 1996: 200)

Die Stadt Berlin, die in ihrer Geschichte mehrfach Hauptstadt deutscher Staaten war, erlebte ihre Industrialisierungsphase dagegen bereits im 19. Jahrhundert. Die stadtpolitische Arena ist vor allem durch die für das bundesdeutsche Städtewesen typischen starken Verwaltungen und komplexen lokalen Institutionen der Regierung und Regulierung gekennzeichnet. Gerade die stadtpolitischen und -ökonomischen Unterschiede zu Los Angeles machen den Vergleich beider Städte im Hinblick auf lokale Konflikte interessant. Berlin wurde darüber hinaus vor allem durch den Mauerbau im Jahr 1961, durch die Teilung der Stadt in Ost und West und durch den bis Anfang der 1990er Jahre währenden rechtlichen Sonderstatus im Rahmen des Vier-Mächte-Abkommens geprägt. Mit dem Fall der Mauer und mit dem Umzug der Bundesregierung von Bonn nach Berlin ist die Stadt zur Bühne für die Selbstinszenierung des wiedervereinigten Deutschlands geworden – was wiederum zahlreiche Implikationen für die Bedeutung und Nutzung des öffentlichen Raums mit sich bringt.

Die Bedeutung Berlins im Kalten Krieg – Berlin als Frontstadt gegen den Sozialismus – hat auch in wirtschaftlicher Hinsicht großen Einfluss gehabt. Denn die zentralstaatlichen Transferleistungen und Subventionen der Bundesregierung trugen zur Herausbildung einer typisch fordistischen Industrie bei, die Anfang der 1990er Jahre in eine schwere Krise geriet. In gewisser Weise ging es Los Angeles ähnlich: Als Standort der hoch subventionierten US-Rüstungsindustrie profitierte auch Los Angeles massiv vom Kalten Krieg. Die ab Ende der 1970er Jahre einsetzenden ökonomischen Krisen- und Restrukturierungsprozesse haben die beiden Städte allerdings sehr unterschiedlich bewältigt. So gilt Los Angeles heute als höchst erfolgreich im globalen Standortwettbewerb. Berlin dagegen ist – entgegen der Erwartungen der frühen 1990er Jahre – keine Global City. Die massiven Prozesse der De-Industrialisierung und der Ausbau des Dienstleistungssektors gingen hier vonstatten, ohne dass die Stadt dabei global agierende Kapitale an sich hätte binden können (Krätke/Borst 2000). Dramatisch verschärft wurde die Beschäftigungs- und Wirtschaftskrise der Stadt ab Mitte der 1990er Jahre durch den sogenannten Berliner Bankenskandal: eine groß angelegte Spekulation auf den erwarteten Aufstieg der Stadt, zu dem es jedoch nie kam. Die stattdessen aufgelegte Spar- und Privatisierungspolitik des Berliner Senats betrifft öffentliche Plätze und Liegenschaften, städtischen Wohnungsbau, kommunale Infrastruktur und Dienstleistungen sowie Forschungseinrichtungen und Universitäten.

1.4.3 Soziales Zentrum versus South Central Gardens

Die Auswahl der konkreten Fallstudien in Berlin und Los Angeles hing schließlich davon ab, an welchen Fällen sich die *Konflikthaftigkeit* der Privatisierung eines öffentlichen Raums gut beobachten ließ. Es boten sich daher zwei Beispiele an, in denen nicht nur ein öffentlicher Raum mit privaten Eigentumstiteln belegt wurde oder belegt werden sollte – sei dies nun ein städtischer Park, eine Grünfläche, ein öffentlicher Platz oder eine kommunale Einrichtung –, sondern die beteiligten Akteure zudem über einen längeren Zeitraum in eine offene Auseinandersetzung miteinander gerieten.

Darüber hinaus sollte jede der beiden Fallstudien für sich genommen einen im jeweiligen stadtpolitischen Kontext relevanten Konflikt zum Gegenstand haben. Nicht nur die Dauer und Intensität der politischen Auseinandersetzung war interessant, sondern vor allem, wie komplex die Konfliktsituation sich darstellte und inwieweit sich verschiedene Einzelpersonen, Gruppen und Initiativen an den sozialen Widerständen beteiligten. Zwar sind die Privatisierung öffentlicher Räume und der damit einhergehende Ausschluss bestimmter Gruppen von der Nutzung (fast) immer konfliktive Prozesse, doch nicht in allen Fällen begegnet die Politik des lokalen Staates und das Interesse privater Investoren einer organisierten und kollektiven Antwort 'von unten'. Dass dies sowohl auf das Soziale Zentrum in Berlin als auch auf die South Central Gardens in Los Angeles zutrifft, war daher ein wichtiger Aspekt, der zur Auswahl der beiden Fallstudien beitrug.

1.5 Methodische Vorbemerkungen und Geltungsanspruch

Die empirische Arbeit an den beiden Fallstudien ist durch ein interdisziplinäres und gegenstandsorientiertes Vorgehen geprägt, das sich an der Schnittstelle zwischen verschiedenen sozialwissenschaftlichen Disziplinen bewegt. Das heißt, dass eine Vielzahl unterschiedlicher Quellen und Methoden genutzt werden, um die sozialräumlichen Konflikte in Berlin und Los Angeles in ihren unterschiedlichen Dimensionen zu erschließen und zu verstehen. Zusätzlich zur wissenschaftlichen Literatur und zu statistischen Daten wurden dazu auch Zeitungsartikel, Flugblätter, graue Literatur und Internetseiten wie Indymedia ausgewertet. Cris Shore und Susan Wright haben diesen methodisch breit gefächerten Ansatz mit dem Begriff „studying through" bezeichnet (Shore/Wright 1997: 14).

Neben dem Literatur- und Quellenstudium habe ich viel Zeit mit den beteiligten Akteuren verbracht. In beiden Städten führte ich unzählige informelle Gespräche und Interviews mit Beteiligten und BeobachterInnen, besuchte Demonstrationen, Besetzungen und Proteste und verfolgte ähnliche Privatisierungskonflikte in anderen Stadtvierteln. Diese empirischen Daten können keine Repräsentativität beanspruchen – sie sollen es aber auch nicht. Die Interviews und Beobachtungen, mit denen hier gearbeitet wird, weisen eher den Charakter der qualitativen Fallstudie auf (Kannonier-Finster/Ziegler 1998; Hopf 1993). Insofern stehen die beiden Fälle erst einmal für sich und geben Auskunft über die hier untersuchten Beispiele sozialräumlicher Konflikte (vgl. Gerhards 1993: 18). Nicht zuletzt durch den Vergleich zwischen den USA und der Bundesrepublik Deutschland bzw. Los Angeles und Berlin, ist der Geltungsbereich meiner

Arbeitsergebnisse per se regional eingeschränkt. Gerade die Unterschiedlichkeit der beiden Fälle und ihrer regionalen Kontexte macht sie allerdings auch methodisch interessant. Denn wenn es gelingt, in unterschiedlichen Zusammenhängen ähnliche Entwicklungsmuster zu identifizieren, ist dies ein starkes Argument für eine Verallgemeinerbarkeit der Vergleichsergebnisse. Nimmt man darüber hinaus eine strukturtheoretische Perspektive ein, so „erhält der einzelne Fall ein besonderes Gewicht. Es ist nicht mehr die Menge von Fällen, deren Regelmäßigkeit das Vorhandensein eines strukturellen Zusammenhanges bestätigen soll, sondern es ist die konkrete Sache selbst, deren rekonstruierte Strukturiertheit, die auf die Bedeutung bestimmter struktureller Momente (...) hinweist." (Kannonier-Finster 1998: 44, siehe auch 43ff. und 56ff.) In diesem Sinne kann die exemplarische Erkenntnis, die hier gewonnen wird, auch über die beiden Einzelfälle hinaus erkenntnisleitend sein und einen Beitrag dazu leisten, das Terrain sozialer Kämpfe in der unternehmerischen Stadt empirisch und theoretisch weiter zu erkunden.

2 Der Konflikt um das Soziale Zentrum in Berlin

Mit der Besetzung eines leer stehenden Gebäudes im Besitz der Dienstleistungsgewerkschaft Verdi begann im November 2001 der vierjährige Konflikt um ein Soziales Zentrum in Berlin. Die Initiative für ein Soziales Zentrum, in der sich eine Vielzahl lokaler Initiativen lose zusammengeschlossen hatten, forderte von der Stadt einen öffentlichen Raum für Stadtteilarbeit, soziale Projekte und politische Initiativen. Angesichts der Tatsache, dass im Liegenschaftsfonds der Stadt mehrere tausend ungenutzte Immobilien auf ihre Privatisierung warteten, schien die Forderung trotz der Spar- und Kürzungspolitik nicht völlig unrealistisch. Geeignete Häuser für ein Soziales Zentrum gab es mehr als genug – das war keine Frage. Die zuständigen PolitikerInnen auf Kommunalebene und auf Landesebene sahen das allerdings anders. Ebenso die Berliner Polizei, die im Laufe des Konflikts mehrfach intervenierte und den öffentlichen Leerstand gegen politische Besetzungen gewaltbereit verteidigte. Zwar konnte die Initiative für ein Soziales Zentrum im Herbst 2003 eine mehrmonatige Verhandlung mit VertreterInnen der Bezirksregierung Friedrichshain-Kreuzberg erwirken. Doch die Bezirksbürgermeisterin Cornelia Reinauer zeigte sich kompromisslos. Immer wieder betonte sie, dass ihr vor allem wegen der angespannten Finanzsituation des Landes Berlin die Hände gebunden seien. So sehr sie auch wolle – die öffentlichen Räume des Bezirks seien einfach nicht 'zum Nulltarif' zu haben.

Im Laufe des Jahres 2005 verlief der Konflikt dann mehr oder weniger im Sande. Die an der Initiative beteiligten Gruppen fanden individuelle (Not-)Lösungen für ihren Raumbedarf. Mit der Besetzung des Hauses Bethanien (Kreuzberg) durch das im Frühjahr 2005 polizeilich geräumte Wohn- und Stadtteilprojekt Yorkstraße sowie im Rahmen des studentischen Projekts einer 'Offenen Uni' an der Humboldt-Universität wurde die Idee eines großen Sozialen Zentrums unabhängig von der Initiative zumindest in Teilen verwirklicht. Das zentrale Anliegen der Initiative für ein Soziales Zentrum – die räumliche und infrastrukturelle Zusammenführung einer Vielzahl jüngerer linker Basisgruppen – konnte jedoch nicht verwirklicht werden.

Die Untersuchung des Konflikts gliedert sich in zwei Teile: Im ersten Teil diskutiere ich die Konfliktkonstellation und den Konfliktverlauf und frage nach den Interessen und Strategien der beteiligten Akteure. Dabei bewege mich auf einer handlungs- und akteurszentrierten Ebene. Im zweiten Teil soll die detaillierte Auseinandersetzung mit dem Konflikt dann in eine Analyse der stadtpolitischen und -ökonomischen Rahmenbedingungen eingebettet werden. Denn erst eine Auseinandersetzung mit der Struktur des politischen Feldes erlaubt ein Verständnis der Rationalitäten, die den Entscheidungen und Handlungen der Akteure zu Grunde lagen.

2.1 Teil 1: Eine handlungs- und akteurszentrierte Konfliktbeschreibung

Die Idee eines Sozialen Zentrums, in dem sich politische Gruppen und Initiativen (auch räumlich) vernetzen, gemeinsam arbeiten und öffentlich wirksam werden können, ist nicht neu. In Berlin entstanden vor allem im Zuge der drei Hausbesetzungswellen Anfang der 1970er, Anfang der 1980er und Anfang der 1990er eine ganze Reihe von Freiräumen für alternative Wohn-, Arbeits- und Lebensformen. Viele von ihnen waren eng an der Idee orientiert, linke Projekte auch räumlich zusammenzuführen. Ein bekanntes Beispiel für einen solchen Ort ist der Mehringhof in Kreuzberg. 1979 gegründet umfasst der ehemalige Gewerbehof in der Gneisenaustraße 2a eine Fläche von 5000 qm, auf denen heute unter anderem eine Schule für Erwachsenenbildung, ein Buchladen, ein Theater, eine Kneipe und eine Fahrradwerkstatt untergebracht sind. Außerdem gibt es hier Räumlichkeiten für unterschiedliche politische Gruppen und Veranstaltungen. Ein anderes Beispiel ist das Haus in der Köpenicker Straße in Friedrichshain-Kreuzberg, das weit weniger etabliert und professionalisiert ist als der Mehringhof und eher von der Punk-Szene genutzt wird. Auch im ehemaligen Ostteil des Bezirks Friedrichshain-Kreuzberg sowie in den Bezirken Schöneberg, Mitte und Prenzlauer Berg finden sich zahlreiche Häuser und Räume, die von den städtischen sozialen Bewegungen der vergangenen 30 Jahre erkämpft worden sind. Sie haben sich zwar mittlerweile in ihren sozialen und rechtlichen Strukturen stark verändert, bestehen aber fort und erheben meist immer noch einen 'alternativen' stadtpolitischen Anspruch.

Dass sich im Jahr 2001 die Initiative für ein Soziales Zentrum gründete, war daher weniger auf einen effektiven 'Platzmangel' für linke Gruppen zurückzuführen als auf die Tatsache, dass in Berlin seit den 1990er Jahren eine 'neue' politische Bewegung aufgetaucht war. Die in den 1990er Jahren entstandene globalisierungskritische Bewegung, (post-)autonome Gruppen, ehemalige HausbesetzerInnen sowie – zumindest dem Anspruch nach – auch migrantische und Erwerbsloseninitiativen fanden vermehrt zusammen: im Rahmen von Kampagnen und Aktionen und vor allem bei Protesten anlässlich internationaler Gipfeltreffen. Die wachsende inhaltliche und organisatorische Annäherung kulminierte 2001 in dem Wunsch nach einer räumlichen und infrastrukturellen Zusammenführung und in der Gründung einer Initiative für ein Soziales Zentrum.

Doch musste die Initiative auf einem geradezu paradoxen stadtpolitischen Feld agieren. Einerseits standen auf Grund der Berliner Krise Tausende von öffentlichen Immobilien leer. Andererseits bildeten die Wirtschaftskrise und der Berliner Bankenskandal den polit-ökonomischen Hintergrund für einen in dieser Form noch nicht dagewesenen Privatisierungsdruck, der leer stehende Räume einer alternativen Nutzung weitgehend entzog. Die Hegemonie neoliberaler Ideologie in Verbindung mit der katastrophalen Haushaltslage der Stadt Berlin konstituierten einen selbstgemachten Privatisierungs-Sachzwang, dem sich die PolitikerInnen aller Parteien ohne Murren fügten. Auch die PDS, seit 2001 zusammen mit der SPD in der Regierungsverantwortung, verteidigte die Spar- und Kürzungspolitik gegen jede Kritik 'von links'.

Dies galt umso mehr für den Bezirk Friedrichshain-Kreuzberg, in dem sich der Konflikt um das Soziale Zentrum hauptsächlich abspielte und der zu diesem Zeitpunkt von der PDS regiert wurde. Mit seinem hohem Anteil an MigrantInnen und Erwerbslosen, einer immer noch präsenten HausbesetzerInnen-Szene, einer Vielzahl lokal gut verankerter linker Gruppen und Initiativen und nicht zuletzt den wohl weltweit einmaligen jährlichen Ausschreitungen am 1. Mai, stellt der Bezirk gerade für die PDS, aber auch für die SPD und die Grünen, ein politisches Minenfeld dar. Dementsprechend verlief der Konflikt um das Soziale Zentrum über weite Strecken in einer gespannten und aufgeheizten Atmosphäre.

Im Folgenden werde ich den Konflikt um das Soziale Zentrum in Berlin auf der Akteursebene diskutieren. Wer war an dem Konflikt beteiligt? Wie verlief der Konflikt? Worin bestanden die zentralen Konfliktlinien? Und mit welchen Interessen und Strategien traten die unterschiedlichen Akteure auf? Entlang dieser Leitfragen gliedert sich die handlungs- und akteurszentrierte Fallbeschreibung in drei Unterkapitel: a) in eine chronologische Fallbeschreibung; b) in eine 'empirische Nahaufnahme', die auf der Grundlage der teilnehmenden Beobachtung eine sehr subjektiv geprägte 'Innenansicht' des Konfliktgeschehens liefert; und c) in eine Reihe von 'Akteursprofilen', in denen ich die Interessen und Strategien der zentralen Akteure untersuche.

2.1.1 Chronologische Fallbeschreibung

Der Versuch, den Auftakt der Initiative für ein neues Soziales Zentrum klar zu datieren, fällt nicht leicht und ist auch nur bedingt sinnvoll. „Die Vorstellung, ein linkes Zentrum zu haben, ist – denke ich mir – so alt wie jede linke Bewegung." bemerkt Bernhard Feder von der Initiative für ein Soziales Zentrum im Interview. „Ich glaube, das ist mehr schleichend entstanden über die letzten Jahre".[1] Am ehesten kann der Beginn des Konflikts um ein Soziales Zentrum wohl im Sommer 2001 ausgemacht werden, und zwar anlässlich der Gipfelproteste gegen das G8-Treffen vom 20. bis zum 22. Juli im italienischen Genua. In verschiedenerlei Hinsicht nehmen diese Proteste eine Art Katalysatorfunktion für 'die Linke' ein: Nach den erfolgreichen Protesten in Seattle 1999, in Prag 2000 und in Göteborg Anfang 2001 hatten die Proteste in Genua mindestens zwei zentrale Fragen aufgeworfen. Erstens: Wie solle man sich gegenüber bzw. innerhalb eines so heterogenen Spektrums wie der globalisierungskritischen Bewegung verhalten? Wofür oder wogegen stand der vor allem von der Gruppe Attac geprägte Wahlspruch 'Eine andere Welt ist möglich?' Ging es gegen die Globalisierung, gegen den Neoliberalismus oder gegen das Finanzkapital? (felS 2002: 3) Zweitens: Wie sollte man auf die unerwartet massive staatliche Repression reagieren, die in Genua ihren Höhepunkt im Tod des italienischen Aktivisten Carlo Giuliani fand? Am 6. Oktober 2001 lud die Berliner Gruppe felS (für eine linke Strömung) daher zu einem offenen Treffen, dem 'Sozialen Ratschlag' ein, um über den Stand und die Zukunftsperspektive der Berliner Linken nach Genua zu diskutieren. „Das in Genua Erlebte hat neben Wut und Trauer auch viel Energie hinterlassen. Die Idee des 'Ratschlags' am 06. Oktober war darum, diese Energie aufzugreifen und positiv zu nutzen,"[2] bilanzierten TeilnehmerInnen des Ratschlags im Mai 2002.

Zu den Ergebnissen der dort geführten Diskussionen gehörte, dass große 'Events' wie die internationalen Gipfelproteste durch eine breite lokale Basis gestützt werden müssten. Und diese Basisbündnisse aus unterschiedlichen politischen Akteuren wiederum benötigten dringend Räume, um gerade angesichts ihrer inhaltlichen Differenzen und Unterschiede in den Organisationsstrukturen kontinuierlich zusammenarbeiten zu können sowie auch eine lokale Verankerung zu erreichen.

Mit dieser Feststellung war die Initiative für ein Soziales Zentrum geboren bzw. das Projekt auf die politische Agenda eines recht gemischten und noch jungen Bündnisses aus gewerkschaftsnahen, linksradikalen und stadtteilorientierten Gruppen und Einzelpersonen gesetzt, die sich mehr oder weniger als Teil der globalisierungskritischen Bewegung verstanden. Im November 2001 beschloss ein Plenum, das begonnen hatte sich regelmäßig zu treffen, die Kampagne für ein Soziales Zentrum mit einer öffentlichkeitswirksamen Aktion 'offiziell' zu starten und entschied sich für die symbolische Besetzung eines leer stehenden Gebäudes – symbolisch, da unter den Berliner Bedingungen mit einer sofortigen Räumung durch die Polizei zu rechnen war und man realistischer Weise nicht davon ausgehen konnte, ein Gebäude wirklich dauerhaft zu besetzen. Die Wahl fiel auf eine ungenutzte Immobilie der Dienstleistungsgewerkschaft Verdi (bzw. deren Vermögensverwaltungsfirma) am Michaelkirchplatz 4-6, genau auf der Bezirksgrenze zwischen Berlin/Kreuzberg und Berlin/Mitte. Als sich am 15. Dezember 2001 eine kleine Gruppe von AktivistInnen Zutritt zu dem Verdi-Gebäude verschaffte, wurden sie dort von Zivilbeamten der Berliner Polizei bereits erwartet und mit gezogener Waffe empfangen. Schnell wurde das Gebäude von der Berliner Bereitschaftspolizei abgeriegelt und ca. 150 Neugierige und UnterstützerInnen vor dem Gebäude abgedrängt. Die Bereitschaftspolizei 'sicherte' das Gebäude und nahm die Personalien der BesetzerInnen auf. Es ergingen mehrere Anzeigen wegen Landfriedensbruchs.[3] Obwohl die Aktion zunächst als Erfolg bewertet wurde, schlief die Beteiligung an den Folgetreffen der Initiative für ein Soziales Zentrum langsam ein. Im Mai 2002 konstatierten TeilnehmerInnen des Ratschlags: „Immer weniger Leute kamen regelmäßig zu den Treffen – waren es im November oft dreißig Personen und mehr, so trafen sich seit Februar noch 15-20 regelmäßig. Von diesen waren außerdem viele als Einzelpersonen da und nicht delegiert von Gruppen. Für ein so großes Projekt wie ein Soziales Zentrum sind 20 Leute, die sich konstant damit beschäftigen, aber nicht genug. Deshalb finden wir es sinnvoller, das Projekt vorläufig auf Eis zu legen und nicht irgendwie 'weiterzuwursteln'. (...) Die Idee für ein Soziales Zentrum halten wir, wie gesagt, nach wie vor für super, angesagt und seine Umsetzung politisch mehr als wünschenswert, im Grunde sogar zwingend erforderlich."[4]

Auch der zweite Anlauf der Initiative für ein Soziales Zentrum bzw. die Wiederaufnahme des im Frühjahr 2002 eingeschlafenen Projekts stand in engem Zusammenhang mit der Dynamik der globalisierungskritischen Bewegung. Nachdem 2001 das erste Welt-Sozialforum im brasilianischen Porto Alegre stattgefunden hatte, gründeten sich im Laufe der nächsten Monate zahlreiche Regionalforen. In Europa fand das erste Europäische Sozialforum vom 6. bis zum 10. November 2002 im italienischen Florenz statt. Im Anschluss an das Europäische Sozialforum brach die Diskussion um die Gründung eines lokalen Sozialforums in Berlin wieder auf.

„Inspiriert von den Ereignissen in Florenz kehrten einige Berliner mit der Ambition zurück, etwas Ähnliches zu gründen und so die Erfahrungen der internationalen Sozialforen auf die lokale Ebene zu übertragen. Da bisherige Bündnisse nach wenigen Monaten in der Regel auseinanderbrachen, waren die Hoffnungen in das Konzept der Sozialforen groß. Es sollte ein neuer Weg für die Zusammenführung verschiedener politischer und sozialer Gruppierungen eingeschlagen werden. (...) Die Initiatoren für ein Berliner Sozialforum setzten sich in erster Linie aus einer Gruppe um den 'Sozialen Ratschlag' zusammen, der Ende 2002 mit stetig abnehmenden Teilnehmerzahlen zu kämpfen hatte. In den Wochen nach Florenz fanden kleinere Vorbereitungstreffen statt, bei denen überlegt wurde, wie ein Sozialforum in Berlin aussehen könnte." (Bahn/Haberlan 2004: 31f.)

Von Beginn an wurde unter den Gruppen und Einzelpersonen, die sich im Umfeld der Initiative für ein Sozialforum Berlin (SFB) befanden und dessen Gründung debattierten, auch die Notwendigkeit eines Sozialen Zentrums diskutiert (Bahn/Haberlan 2004: 33f.).

Von außen werden die *Initiative für ein Sozialforum Berlin* (SFB) und die *Initiative für ein Soziales Zentrum* oftmals verwechselt oder gleichgesetzt. Und in der Tat waren beide Initiativen personell und inhaltlich sehr eng miteinander verwoben, aber eben nicht identisch. So haben sich zum Beispiel stets auch Gruppen, die nicht oder nur unregelmäßig an den Plenen und Arbeitsgemeinschaften der Initiative für ein Sozialforum teilnehmen, mit der Forderung nach einem Soziales Zentrum solidarisiert und sich mit eigenen Aktionen und Kampagnen für ein Soziales Zentrum eingesetzt. Stets hatten beide Initiativen eher Netzwerkcharakter und kämpften mit einer hohen Fluktuation der beteiligten Gruppen und Einzelpersonen. Gerade was die angestrebte Organisationsform und die Zusammenarbeit zwischen den in der Initiative für ein Sozialforum Berlin engagierten Gruppen angeht, gab es unter den TeilnehmerInnen immer wieder heftige Diskussionen (siehe felS 2004), die sich auch in der Initiative für ein Soziales Zentrum widerspiegelten.

Was die oben angesprochenen Planungen für ein Soziales Zentrum im Anschluss an das Europäische Sozialforum in Florenz angeht, so wurden diese im Sommer 2003 konkreter: Auf einem Sonderplenum der Initiative am 28. Juli 2003 wiesen TeilnehmerInnen erstmals auf eine leer stehende Kindertagesstätte in der Glogauer Straße 16 im Stadtteil Kreuzberg hin.[5] Das Gebäude schien gemessen an den Anforderungen an ein Soziales Zentrum geradezu perfekt: rund 550qm Nutzungsfläche auf mehrere Etagen verteilt, eine zentrale Lage und gute Verkehrsanbindung mitten im sozial benachteiligten, aber lebendigen Kreuzberger Kiez. Daher wurde die zuständige Bezirksbürgermeisterin Cornelia Reinauer (PDS) zunächst auf informellem Weg angesprochen und „äußert gegenüber einem

Mitglied des BSF eine problemlose und kurzfristige Mietvertragsanfertigung für das Haus Glogauerstr. 16 (...). Passieren tut jedoch nichts. Nachfragen werden abgeblockt und Terminwünsche ignoriert."[6]

Am 9. Oktober 2003 wurde die Kita in der Glogauer Str. 16 daraufhin von etwa 60 Personen aus dem Umfeld der Initiative für ein Berliner Sozialforum besetzt.[7] Binnen kurzer Zeit fanden sich vor dem Gebäude mehrere hundert Menschen ein, um für ein Soziales Zentrum zu demonstrieren und die BesetzerInnen im Gebäude zu unterstützen. Wie schon im Dezember 2001 am Michaelkirchplatz riegelte die Berliner Bereitschaftspolizei das Gelände umgehend ab. Mehrere Stunden wurde zwischen den BesetzerInnen, herbei gerufenen VertreterInnen des Bezirks und der räumungsbereiten Berliner Polizei verhandelt. Schließlich einigten sich die Konfliktparteien, dass die BesetzerInnen das Haus freiwillig verlassen sollten. Im Gegenzug verzichtete der Bezirk auf eine Strafanzeige. Des weiteren wurde der Initiative für ein Soziales Zentrum die einmalige Nutzung der Kita für eine Veranstaltung am folgenden Wochenende zu einem symbolischen Mietpreis von 50 Euro zugesagt sowie die Aufnahme offizieller Verhandlungen über die längerfristige Nutzung des Gebäudes als Soziales Zentrum vereinbart. Diese begannen bereits vier Tage nach der Besetzung.

Abbildung 1: Hausbesetzung in der Glogauer Straße am 13. Oktober 2003

Foto: Christian Ditsch

Zeitgleich zu den regelmäßigen Verhandlungstreffen im Winter 2003/2004 und im Frühjahr 2004 fanden sowohl in Berlin als auch auf internationaler Ebene wichtige soziale Proteste statt. Für den 1. November 2003 hatten globalisierungskritische Gruppen, linke Basisgruppen innerhalb der Gewerkschaften, Wohlfahrts- und Berufsverbände, Hochschulgruppen, Jugend- und MigrantInnenorganisationen zu einer bundesweiten Demonstration gegen die Kürzungspolitik der Bundesregierung aufgerufen. Über 100.000 TeilnehmerInnen kamen dazu nach Berlin.[8] Im Protest gegen Studiengebühren streikten Studierende bundesweit vom November 2003 bis in den Januar 2004. In Berlin brachten die Studierenden mehrmals weit über 10.000 Menschen zu Protesten auf die Straße, besetzten unter anderem Parteizentralen, das Bertelsmann-Haus und das Büro von Finanzsenator Thilo Sarrazin (SPD).[9] Darüber hinaus fand in Paris vom 12. bis 15. November 2003 das zweite Europäische Sozialforum statt. Die Berliner Auftakt- und Vorbereitungsveranstaltung zum Sozialforum am 19. Oktober 2003 in der Heilig-Kreuz-Kirche war mit etwa 380 Personen extrem gut besucht.

Trotz der vielfältigen und starken sozialen Proteste verliefen die parallel stattfindenden Verhandlungen um die Nutzung der Glogauer Str. 16 zäh. Die Treffen der Initiative für ein Soziales Zentrum mit VertreterInnen des Bezirks und des Senats zogen sich bis ins Frühjahr 2004. Ein Übereinkommen jedoch wurde nicht erzielt. Der Bezirk war nicht bereit, die Kita unter dem marktüblichen Preis zu vermieten und berief sich dabei auf eine Vorgabe des Senats. Dieser hatte angesichts der desolaten Berliner Haushaltslage verfügt, dass öffentliche Immobilien zu Marktpreisen vermietet werden müssten und leer stehende Häuser anderenfalls zum Zwecke der Privatisierung dem Liegenschaftsfonds zu übergeben seien. Die Initiative für ein Soziales Zentrum forderte dagegen einen politischen Preis: Neben Eigenleistungen bei der Renovierung wollte man das Haus „mietfrei nutzen und lediglich für die Betriebskosten aufkommen", so Uschi Volz-Walk von der Initiative für ein Soziales Zentrum Berlin im Interview mit der taz.[10] Zusätzlich zu dem Konflikt über die Finanzierung des Sozialen Zentrums schien es seitens der Stadt auch politische Vorbehalte vor allem gegenüber den linksradikalen Gruppen im Umfeld der Initiative zu geben. „Leider waren die internen Verhandlungen mit dem Bezirksamt, die schon auf einem guten Weg waren, ins Stocken geraten, weil SPD-Innensenator Ehrhart Körting mit einem Brief an den Bezirk interveniert hatte," so Birger Scholz, Mitglied der Verhandlungskommission des Berliner Sozialforums in der taz. „Der Innensenator warnt vor der Beteiligung so genannter verfassungsfeindlicher Kräfte, explizit der Antifaschistischen Linken Berlins und der Gruppe FelS. Für das Forum ist das inakzeptabel. Das Sozialforum ist ein breites, plurales Bündnis, das von Attac über Gewerkschaften bis zu antifaschistischen Gruppen reicht. Das ist seine Stärke, und so soll es bleiben."[11]

Nachdem die Verhandlungen im Frühjahr 2004 in einer Sackgasse schienen, boten sich der Initiative für ein Soziales Zentrum im April und im Mai 2004 gleich zwei Gelegenheiten, den politischen Druck auf ihre Verhandlungspartner wieder zu erhöhen:

Am 3. April 2004 nutzte die Initiative für ein Soziales Zentrum eine bundesweite Demonstration in Berlin, die sich im Anschluss an die erfolgreiche Basisdemonstration vom 1. November 2003 noch einmal gegen die Kürzungspolitik der Bundesregierung wandte, für eine dritte Besetzungsaktion. Nach den beiden Besetzungen in Friedrichhain-Kreuzberg 2001 und 2003 entschied man sich dieses Mal für ein leer stehendes Gebäude der Humboldt-Universtität. Kurz vor Ende der Demonstration wurde aus dem Aufzug heraus zu dem betreffenden Gebäude mobilisiert, und dieses von mehreren hundert Menschen für kurze Zeit besetzt. Auf Flugblättern, mit an dem Haus angebrachten Transparenten und in einer Presseerklärung forderten die BesetzerInnen die Stadt auf, ihnen eine öffentliche Immobilie für ein Soziales Zentrum zu Betriebskosten zur Verfügung zu stellen, und verknüpften ihre Forderung mit den laufenden Protesten gegen die Sparpolitik auf Bundesebene und in Berlin. Die Berliner Bereitschaftspolizei, die etwa eine Stunde später vor Ort eintraf, fand das Gebäude leer vor, ging jedoch offensiv gegen die mehreren hundert Menschen vor, die sich vor dem Haus versammelt hatten, und gegen die noch ankommenden DemonstrationsteilnehmerInnen. Dabei kam es auch zu Auseinandersetzungen zwischen DemonstrantInnen und der Polizei. Die Bereitschaftspolizei kesselte mehrere hundert Menschen ein und erstattete Anzeigen wegen Landfriedensbruchs (siehe Abschnitt 2.1.2).

Etwa zwei Wochen später, Mitte April 2004, starteten linke Gruppen aus Berlin die sogenannte 'Mai-Steine'-Kampagne. Für zwei Wochen wurden täglich Veranstaltungen und Aktionen wie Fahrradralleys, Stadtspaziergänge, öffentliche Picknicks usw. angeboten, die vor allem die soziale Polarisierung in der Stadt thematisierten und dabei stets auf die nahende 1. Mai Demonstration in Kreuzberg verwiesen. Damit sollte erstens der 1. Mai in Kreuzberg wieder stärker mit konkreten politischen Inhalten aufgeladen werden, und zweitens sollte durch die selbstironische Anspielung auf die Kreuzberger Militanz (der Kampagnentitel war wie erwähnt 'Mai-Steine' – als Anspielung auf das jährliche Ritual des Steine-Werfens) ein starker Öffentlichkeitseffekt erzielt werden. Unter anderem nahm die Kampagne auch den Konflikt um ein Soziales Zentrum auf. In einem kurzen

Abbildung 2: Hausbesetzung in der Oranienburger Straße am 3. April 2004

Foto: Christian Ditsch

Video-Clip, der in zahlreichen Berliner Programm-Kinos gezeigt wurde, hieß es: „Her mit dem Haus – für ein Soziales Zentrum!" (vgl. Lebuhn 2005)

Doch weder die Hausbesetzung in der Oranienburger Straße noch die 'Mai-Steine'-Kampagne brachten der Initiative den erwünschten Erfolg bei den Verhandlungen um die Kita in der Glogauer Straße. Es konnte keine Einigung zwischen den Konfliktparteien erzielt werden. Der Bezirk verwies weiterhin auf die Vorgabe des Senats und lehnte eine Nutzung der Kita zu Betriebskosten ab. Die Initiative für ein Soziales Zentrum konnte und wollte einen höheren Preis jedoch nicht zahlen. Als die Initiative Anfang des Jahres 2004 vorschlug, die Immobilie im Rahmen einer Erbpachtnutzung zu übernehmen, um auf diesem Wege das Soziale Zentrum verwirklichen zu können, lehnte der Bezirk Friedrichshain-Kreuzberg auch dies ab.

Angesichts der schwierigen Situation suchten sich mehrere Gruppen im Laufe des Jahres 2004 eigene Räume, wie etwa die Initiative Berliner Bankenskandal, die in die Marienstraße 19-20 einzog, oder die Antifaschistische Linke Berlin (ALB), felS und Lucha Amada, die in Kreuzberg einen gemeinsamen Stadtteilladen anmieteten. Auch wenn diese Gruppen den Anspruch auf ein gemeinsames Soziales Zentrum damit nicht aufgaben und ihre räumlichen Lösungen als suboptimal empfanden, nahm die Dynamik der Initiative für ein Soziales Zentrum sicher auch aus diesem Grund nach und nach ab. Am 3. September 2004 berichtete die Berliner Zeitung vom offiziellen Ende der Verhandlungen um die Glogauer Straße: „Das Bezirksamt hat die Verhandlungen mit der linken Gruppe Sozialforum über den Verkauf der Kita Glogauer Straße 16 beendet. Man konnte sich nicht auf einen Mietzins einigen."[12]

Erst 2005 sollte es zu einem dritten und (vorerst) letzten Versuch der Initiative kommen, das Soziale Zentrum noch einmal auf die politische Agenda zu setzen. Standen die ersten beiden Anläufe der Initiative für ein Soziales Zentrum in engem Zusammenhang mit der Dynamik, die aus den Protesten der globalisierungskritischen Bewegung entstand, so wurde der dritte Anlauf der Initiative für ein Soziales Zentrum durch einen Senatsbeschluss ausgelöst. Auf Vorlage des Finanzsenators Thilo Sarrazin verfügte der Berliner Senat am 23. November 2004, dass leerstehende landeseigene Gebäude unter Beachtung bestimmter Auflagen für eine Zwischennutzung zu Betriebs- und Unterhaltskosten freigegeben werden können.[13] Vor allem erhoffte sich der Senat davon eine „Entlastung des Haushalts von Unterhaltskosten für leerstehende Gebäude."[14]

Mit diesem Beschluss änderte sich nun genau diejenige Senatsrichtlinie, an der die Verhandlungen über die Nutzung der Glogauer Straße 16 zumindest offiziell gescheitert waren: Vermietung nur zu marktüblichen Preisen. Ein neuer Versuch, mit dem Bezirk Friedrichshain-Kreuzberg und dem Senat über die Nutzung einer öffentlichen Immobilie in Verhandlung zu treten, schien aussichtsreich. Daraufhin schlugen Mitglieder der Initiative für ein Soziales Zentrum am 8. Februar 2005 vor, eine für alle Interessierte offene Busrundfahrt durch Kreuzberg, Friedrichshain und den Bezirk Mitte zu veranstalten, bei der öffentlichkeitswirksam und unter Anwesenheit von PressevertreterInnen eine Reihe leer stehender öffentlicher Immobilien 'begutachtet' und mit Plakaten als öffentlicher Leerstand 'markiert' werden sollten. Am 3. März 2005 nahmen rund 50 VertreterInnen lokaler Gruppen und Initiativen und zahlreiche Einzelpersonen an dieser Busfahrt teil. Insgesamt wurden zehn Objekte angefahren.[15] Bei einem anschließenden Strategietreffen in der 'Offenen Universität Berlin'[16] beschlossen die TeilnehmerInnen, in einem offenen Brief die Wiederaufnahme der Verhandlungen über ein Soziales Zentrum zu fordern. Auch konkrete Alternativen zur Kita in der Glogauer Straße 16, die mittlerweile vom Bezirk in den Liegenschaftsfonds des Senats überführt worden war, sollten vorgeschlagen werden. Besonderes Interesse zeigte die Initiative an Räumlichkeiten in dem großzügigen Gebäudekomplex 'Bethanien' am Kreuzberger Mariannenplatz, wo ein kompletter Gebäudeflügel mit drei Stockwerken seit längerem leer stand und nach Plänen des Bezirks privatisiert werden sollte. Im Juli 2005 antwortete die Bezirksbürgermeisterin Cornelia Reinauer, dass „sich in der Verfügung des Bezirksamtes momentan kaum Liegenschaften befinden, die in der Rubrik 'leerstehend' und 'schwer veräußerbar' einzustufen sind, da für fast alle (...) Objekte entweder beim Bezirksamt oder beim Fonds Kaufgesuche eingegangen sind. (...) Hinsichtlich der Unterbringung im Areal Bethanien bitten wir zu beachten, dass es sich um ein schwer veräußerbares Objekt handelt, bei dem eine Vermietung nur zu den üblichen Konditionen möglich wäre.“[17]

Die Aussichten auf eine baldige Lösung des Konflikts um das Soziale Zentrum schienen damit im Sommer 2005 erst einmal zerschlagen. Ein (vorerst) letztes Treffen der Initiative fand im Herbst 2005 statt – im Rahmen der 'Hausgruppe' des Sozialforums Berlin. Zwar wurde der Anspruch auf ein eigenes Zentrum nicht aufgegeben, doch die Kampagne mangels realistischer Perspektiven erst einmal 'auf Eis' gelegt. Eine Reihe von Gruppen hatte mittlerweile eigene räumliche Lösungen gefunden. Die von dem Wohnprojekt Yorkstraße im Frühjahr 2005 im Haus Bethanien besetzten Räume sowie die von Studierenden der Humboldt-Universität gegründete Offene Universität Berlin (OUBS) boten darüber hinaus Platz für Treffen und Veranstaltungen der an der Initiative beteiligten Gruppen.

Doch das Projekt, gemeinsame Räumlichkeiten und eine gemeinsame Infrastruktur zu finden, mit dem Ziel, eine gruppen-übergreifende politische Arbeit und eine lokale Verankerung zu erreichen, musste als gescheitert betrachtet werden.

2.1.2 Eine empirische Nahaufnahme: Die Besetzung in der Oranienburger Straße

Berlin, Alexanderplatz, Sonnabend 3. April 2004, 10:00 Uhr. Langsam aber sicher füllt sich der riesige Platz zwischen Bahnhof und Mollstraße mit Menschen. Im Rahmen der Europäischen Aktionstage gegen den Sozialabbau[18] wird schon seit Wochen von Gewerkschaften, Kirchen, Bürgerinitiativen und Gruppen wie Attac bundesweit zur Großdemonstration nach Berlin mobilisiert. Ein Sternmarsch mit drei Demonstrationszügen – ausgehend vom Alexanderplatz, Breitscheidplatz und Gendarmenmarkt – ist geplant. Etwa 250.000 Menschen sind dem Aufruf nach Berlin gefolgt, um gegen die aktuelle Kürzungs- und Reformpolitik der rot-grünen Bundesregierung zu protestieren.[19] Zeitgleich finden Großdemonstrationen in Köln und Stuttgart statt. Das Berliner Sozialforum bzw. die radikaleren Gruppen aus dessen Umfeld, wollen die Demonstration gegen Sozialabbau nutzen, um mit einer Hausbesetzung auf ihre Forderung nach einem Sozialen Zentrum aufmerksam zu machen. Objekt und Zeitpunkt der Besetzung sollen jedoch erst im Verlauf der Demonstration bekannt gegeben werden. Die Gruppen, die sich an der Besetzung beteiligen wollen, laufen im „Wir-wollen-alles"-Block mit, der von dem Berliner Aktionsnetzwerk Act![20] organisiert wird.

Auf der Suche nach dem Act!-Lautsprecherwagen schlendere ich über den Alexanderplatz. Das Bild der eintreffenden und wartenden DemonstrantInnen wird stark von gewerkschaftlich organisierten Gruppen dominiert. Mit ihren einheitlichen Schirmmützen, Schildern und professionellen Transparenten heben sie sich deutlich von den nicht organisierten Einzelpersonen und Kleingruppen (jeglichen Alters und politischer Coleur) ab. Besonders fällt mir die große Gruppe der Gewerkschaft IG BCE auf, deren Schilder eine Art 'ARD-Eins' in den Farben schwarz-rot-gold zeigen. Daneben steht der Spruch: 'Für ein Soziales Europa. Modell Deutschland. Zuerst der Mensch.' Einige Tage später sehe ich auf KanalB ein Interview mit einer älteren Frau, die – mit roter IG BCE Mütze ausgestattet – auf der Berliner Demonstration ein Statement vor der Kamera gibt:[21]

> Frage KanalB an IG BCE Gruppe: „Was meint ihr, was heute erreicht werden kann hier?"
> Antwort ältere Frau (in breitem Berlinerisch, sichtlich erregt und verärgert): „Na hoffentlich, dass es mal ein bisschen besser wird. Dass man auch mal an die Rentner

denkt. Die Rentner haben keene Lobby. Die werden bloß immer mit den Füßen getreten. Wir haben damals '45 das Land aus dem Dreck geholt. Und jetzt? Was kriegen wir dafür? 'Nen Tritt in' Hintern! Oder 'ne Giftspritze mit 70. (...) Im Grundgesetz steht: 'Alle Menschen sind gleich.' Warum werden bloß einige zur Kasse gebeten und die anderen nicht? Warum achtet man das Grundgesetz nicht? Wozu haben wir das beschlossen? Wozu gibt es denn dit? Dit is' keene Menschenwürde mehr, wie man mit den Rentnern umgeht."

Außer der generellen Wut und Enttäuschung über die rot-grüne Arbeits- und Sozialpolitik lässt sich, zumindest auf den ersten Blick, kaum etwas Gemeinsames zwischen den Zehntausenden von DemonstrantInnen feststellen, die hier auf dem Alexanderplatz auf den Demonstrationsbeginn warten. Ein von KanalB interviewter Mann, Mitte 40, erzählt:

„Ich komme aus Nienburg an der Weser. Ich bin Sozialarbeiter und bin mit einigen Wohnungslosen hier, die sich jetzt auch allmählich formieren und organisieren, um gegen die Ungerechtigkeit des Sozialabbaus sozusagen Position zu beziehen. Wohnungslose müssen, obwohl sie über kein Einkommen verfügen, ebenso bei der Gesundheitsreform zuzahlen. Ohne dass irgendjemand weiß, wo die das Geld hernehmen sollen. Und das ist jetzt im Grunde genommen ein kleines Element von vielen, die betroffen machen."[22]

Als ich den Lautsprecherwagen des Act!-Bündnisses endlich auf der Mollstraße finde, setzt sich der Demonstrationszug bereits in Bewegung. Eine Sprecherin moderiert vom Wagen herab den Beginn der Demonstration:

„Ich begrüße euch im Namen von Act! im Wir-wollen-alles-Block. Wir wollen alles, was bedeutet das? Das bedeutet das Recht auf Grundversorgung. Auf Krankenvorsorge. Das bedeutet das Recht auf freie Bildung und freien Transport. Wir wollen alles – was heißt das? Das heißt, das Recht auf gesicherte Arbeitsbedingungen, das bedeutet auch den Schutz vor Verfolgung und das Recht auf Legalisierung. Es bedeutet ein Leben ohne Diskriminierung auf Grund von Hautfarbe, Geschlecht oder Herkunft. Es bedeutet einfach, hier in diesem Scheißland ein würdiges Leben zu leben. Wir wollen alles, bedeutet einfach, nicht in dieser kapitalistischen Logik zu leben (...)."[23]

Der Act!-Block ist deutlich von Berliner Gruppen aus dem linksradikalen Spektrum geprägt, etwa von der Freie Arbeiter- und Arbeiterinnen-Union (FAU)[24], felS, der ALB und verschiedenen anderen Antifa-Gruppen, der Kampagne Berlin-Umsonst[25] und den PostpessimistInnen[26]. Aber auch aus anderen Städten sind viele Gruppen angereist, wie etwa die norddeutsche Gruppe Avanti[27] oder die Gesellschaft für Legalisierung[28]. Trotz der vorwiegend dunklen 'Szenekleidung' wirkt dieser Teil der Demonstration auf mich eigentlich weniger geschlossen als die Gewerkschaftsblöcke mit ihren Hunderten einheitlicher Fahnen, Mützen und Plakate. Insgesamt haben sich etwa 1000 Menschen im Bereich um den Act!-Lautsprecherwagen eingefunden.

Die Demonstration zieht gegen 10:30 Uhr von der Mollstraße durch die Karl-Liebknecht-Straße und biegt dann links in die Spandauer Straße ein. Als der Wir-wollen-alles-Block am Roten Rathaus vorbeigeht, erhöht sich zum ersten Mal die Polizeipräsenz an diesem Abschnitt des Demonstrationszuges. BereitschaftspolizistInnen stehen links und rechts am Straßenrand 'Spalier', Beamte filmen mit Kameras in die Menge. Viele DemonstrantInnen setzen sich darauf hin Schirmmützen und Sonnenbrillen auf.

An der Ecke Spandauer Straße/Mühlendamm kommt der Zug kurzzeitig zum Stehen. Links am Wir-wollen-alles-Block zieht eine Gruppe von PDSlerInnen vorbei, guckt interessiert auf die Transparente und reiht sich vor dem Block wieder in die Demonstration ein. Einige Minuten später setzt sich der Zug wieder in Bewegung. Vom Lautsprecherwagen spielt laute Musik. Hinten am Wagen hängt ein rot-schwarzes Transparent mit schwarzem Schriftzug Act!. Auch an den Seiten des Wagens hängen Plakate. Die Gruppen und Einzelpersonen haben sich locker vor und hinter dem Lautsprecherwagen gruppiert. Die Spitze des Blocks wirkt vor allem auf Grund der großflächigen Front- und Seitentransparente, die die DemonstrantInnen gemeinsam vor- bzw. neben sich hertragen, relativ geschlossen und ist von außen nur schwer einsehbar.

Am 'Haus der Deutschen Wirtschaft' an der Breiten Straße, in dem DIHT[29], BDI[30] und BDA[31] ansässig sind, bleibt der Block erneut kurz stehen. Vom Lautsprecherwagen wird ein Redebeitrag verlesen, der auf das Gebäude und die Rolle der Arbeitgeberverbände bei den aktuellen Lohnkürzungen und beim Sozialabbau hinweist. Aus etwa 50 Meter Entfernung beobachte ich, wie sich nach dem Ende des Redebeitrags die Spitze des Blocks plötzlich zusammendrängt. Die DemonstrantInnen rücken hinter den Seiten- und Fronttransparenten immer dichter, die PolizistInnen, die vor dem 'Haus der deutschen Wirtschaft' entlang der Gebäudefassade postiert stehen, werden sichtlich nervös. Plötzlich fliegen mehrere Dutzend Farbeier aus der Spitze des Wir-wollen-alles-Blocks auf die Gebäudefassade. Als die PolizistInnen sich schnell die Helme aufsetzen und in kleinen Greiftrupps formiert auf den Block zulaufen, werden die Front- und Seitentransparente, die den Sichtschutz gewährt haben, blitzschnell eingerollt. Der Demonstrationszug setzt sich wieder in Bewegung und schließt zügig den Abstand zum vorangehenden Teil der Demonstration. Die Gruppe von mehreren hundert Personen an der Spitze zerstreut sich dabei und löst die Blockformation auf, aus der die Eier geflogen sind. Die herbeigelaufenen PolizistInnen scheinen ratlos – der Gegner ist ihnen plötzlich abhanden gekommen.

Nachdem die Polizei am 'Haus der deutschen Wirtschaft' nichts gegen die überraschenden Farbeierwürfe unternehmen konnte, wird das Polizeiaufgebot auf der Gertraudenstraße und der Leipziger Straße nun deutlich verstärkt. Bis zu drei Reihen BereitschaftspolizistInnen in voller Einsatzmontur begleiten den Wir-wollen-alles-Block an jeder Seite. Immer wieder drängelt die Polizei in diesen Teil der Demonstration hinein und verteilt im Gedrängel Faustschläge und Rempler. Laut Indymedia-Berichten werden in dieser Situation mehrere DemonstrantInnen festgenommen und verletzt.[32] Zahlreiche Beamte filmen von den Seiten her in die Demonstration hinein. Die Spitze des Blocks rollt die Front- und Seitentransparente wieder aus, um sich vor den Übergriffen und den Kameraaufnahmen zu schützen. Mehrfach versuchen Beamte, den DemonstrantInnen die Transparente zu entreißen. Die Stimmung wird immer gereizter und aggressiver. Die Moderatorin sagt über den Lautsprecher durch, dass die Polizei den Block auflösen will, die Demonstrationsleitung sich aber hinter den Block stelle. Dann fordert sie die Polizei vom Lautsprecherwagen herunter immer wieder auf, nicht in die Demonstration hineinzudrängeln. Mein Eindruck ist, dass sie die Stimmung damit ungewollt weiter anheizt. Dann verliest eine zweite Sprecherin einen weiteren Redebeitrag:

> „Aufstehen, damit es endlich besser wird – das könnte ein Anfang sein, könnte wegbringen von sozialstaatlicher Stellvertreterpolitik, wenn man sich das Motto zu Herzen nimmt. Dieses Aufstehen kann kein Verhandeln sein. Keine neue Linkspartei, kein runder Tisch im Kanzleramt. Sondern Aufstehen muss heißen: Kollektive soziale Aneignung. Und das Beharren darauf, dass jeder und jede ein Recht auf ein schönes und würdevolles Leben hat. In diesem Sinne: Her mit dem schönen Leben. Für sozialen Widerstand. Wir wollen alles."[33]

Je weiter die Demonstration sich dem Potsdamer Platz nähert, desto gereizter wird die Stimmung. In Sprechchören wird laut skandiert: „Alles für alle und zwar umsonst!" Von den Zehntausenden DemonstrantInnen vor und hinter dem Wir-wollen-alles Block bekomme ich inzwischen kaum noch etwas mit – zu sehr nehmen die ständigen Rangeleien mit den PolizistInnen meine Aufmerksamkeit in Anspruch. Dabei ist mir, von den Farbeierwürfen abgesehen, keinerlei 'Regelverstoß' seitens der DemonstrantInnen aufgefallen, der das aggressive Verhalten der Polizei erklären würde.

Ungefähr auf Höhe der Kreuzung Leipziger Straße/Friedrichstraße werden im Block kleine Handzettel verteilt. Der kurze Text weist auf eine geplante Besetzungsaktion hin, die nun stattfinden soll, und bittet um Unterstützung. Da sich das betreffende Haus etwas abseits der Demonstrationsroute befindet, enthält der Handzettel noch den Hinweis, man möge den öffentlichen Nahverkehr nutzen und sich nach Berlin-Mitte zur S-Bahn Station Oranienburger Straße begeben. Viele DemonstrationsteilnehmerInnen reagieren zunächst unentschlossen. Ich unterhalte mich mit einigen Leuten, die neben mir gehen. Soll man die Demo verlassen, obwohl diese bis zu ihrem offiziellen Ende noch einige Kilometer fortgesetzt wird? Ist die Teilnahme an einer Besetzung zu gefährlich, vor allem da doch die Stimmung schon so angeheizt ist? Dann aber sehe ich, wie etliche Kleingruppen und Einzelpersonen die Demonstration in Richtung U-Bahn und S-Bahn verlassen.

Ich selbst verlasse die Demonstration am Potsdamer Platz und fahre mit der S-Bahn zur Station Oranienburger Straße. Dort komme ich gegen 13:00 Uhr an und folge den Kleingruppen, die aus der Bahnstation hinaus die Oranienburger Straße Richtung Hackesche Höfe hinuntergehen. Polizeibeamte sind hier zu diesem Zeitpunkt nicht präsent, sieht man einmal von dem üblichen Objektschutz vor der Synagoge in der Oranienburger Straße ab.

Nur wenige hundert Meter weiter, gegenüber des Mobijou-Parks, stehen zahlreiche Menschen in kleinen Gruppen auf dem Bürgersteig und auf der Straße vor einem Gebäude der Humboldt-Universität. Bei dem besetzten Haus handelt es sich um die Oranienburger Straße 19, eine Immobilie der Humboldt-Universität Berlin, die seit etwa zwei Jahren leer steht. An der Fassade sind bereits mehrere große Transparente angebracht. „Soziales Zentrum“ steht auf einem großen roten Plakat, das an mehreren weit geöffneten Fenstern befestigt ist. Ein Eisengittertor, das die Eingangstür zum Gebäude versperrt, sowie die Eingangstür selber stehen offen. Spuren von Gewalteinwirkung fallen mir im Eingangsbereich nicht auf.

Nachdem ich eine Weile lang das rege Treiben vor dem Gebäude beobachtet habe – mehrere hundert überwiegend junge Leute stehen vor dem Haus und auf der gegenüber liegenden Straßenseite am Mobijou-Park und unterhalten sich, die Stimmung scheint mir insgesamt eher unaufgeregt und fröhlich als kämpferisch – begebe ich mich in das Gebäude. Am Eingang drückt mir ein junger Mann ein Flugblatt in die Hand. Auch aus den Fenstern werden Flugblätter geworfen. Unter anderem heißt es darin:

> „Kürzen, streichen, privatisieren, schließen … Das ist es, was der Politik zum Thema Soziales, Bildung und Kultur gerade noch einfällt. Auch in Berlin wird unter dem Titel ‘Reform’ und ‘Sachzwang’ alles abgewickelt, was dem sozialen Leben in der Stadt zugute kommt. Ergebnis: Die Lebensqualität der Mehrheit der Menschen verschlechtert sich weiterhin dramatisch. Dagegen hilft nur entschlossener gemeinsamer Widerstand aller Betroffenen!
> Die Initiative Berliner Sozialforum (SFB) tritt seit Frühling 2003 für deren politische Vernetzung ein. Dazu müssen Kontakte geknüpft werden, politische Debatten geführt werden, Kampagnen organisiert werden und vieles mehr. Diese Vernetzung

braucht ein Soziales Zentrum. Wir brauchen einen Ort, an dem sich unterschiedliche Gruppen treffen können, um zu diskutieren, Erfahrungen auszutauschen und Aktionen zu planen. Es geht darum einen lebendigen politischen Ort gegen das neoliberale Einheitsdenken zu schaffen. (...)
Wir fordern: (...) Her mit dem Sozialen Zentrum!"

Ich sehe mich im Haus um. Die zahlreichen Seminar- und Büroräume in den verschiedenen Stockwerken werden offensichtlich schon seit langem nicht mehr genutzt, befinden sich aber noch in gutem Zustand. Auf den Fluren weisen einzelne Schilder noch auf das psychologische Institut hin, das hier einmal untergebracht war. Überall im Haus treffe ich auf junge Leute, die einzeln oder in kleinen Gruppen neugierig und gut gelaunt durch das Gebäude und den begrünten und leicht verwilderten Hinterhof streifen. Einige malen sich lebhaft aus, was man in den einzelnen Räumen so alles machen könnte. Andere sprühen Graffities an die Wände des Treppenhauses. Nach etwa 15 Minuten verlasse ich das Haus wieder durch den Vordereingang.

Nur wenige Minuten nachdem ich mich wieder auf der Straße befinde, trifft die Polizei ein. Seit dem Verteilen der Handzettel auf der Demonstration sind etwa eineinhalb bis zwei Stunden vergangen. Nun überschlagen sich die Ereignisse in meiner Wahrnehmung.

Aus Richtung Hackesche Höfe fährt ein langer Fahrzeugkonvoi der 2. Abteilung der Berliner Bereitschaftspolizei in die Oranienburger Straße ein, vorweg zwei Wasserwerfer. Die Fahrzeuge bleiben in etwa 50 Meter Entfernung stehen, unter anderem, weil eine Straßenbahn vor dem besetzten Haus ihre Weiterfahrt behindert. Die PolizistInnen springen aus den vergitterten Mannschaftswagen und formieren sich in Fahrzeugnähe, als eine Gruppe von etwa zehn schwarz gekleideten und vermummten Personen im Eingangsbereich des Mobijou-Parks (also gegenüber des besetzten Hauses) beginnt, mit Pflastersteinen in Richtung der Polizei zu werfen. Die Polizei spricht die Gruppe sofort über Lautsprecher an. Nach etwa einer Minute flüchten die SteinewerferInnen vor ca. 20 behelmten PolizistInnen, die frontal auf sie zulaufen, in den Park. Verletzt wird dabei, soweit ich es zu erkennen vermag, niemand. Auch Festnahmen scheint es nicht zu geben.

Die mehreren hundert Menschen, die sich eben noch vor dem Gebäude befanden, haben sich nun schnell zurückgezogen. Einige sind in den Park gelaufen, andere haben sich etwas von dem Haus entfernt, stehen auf der Straße oder auf dem Bürgersteig und beobachten das Geschehen. Die Polizei richtet sich nun per Lautsprecher an die Tram und fordert sie auf, die Straße frei zu machen. Dann werden die Personen vor dem Haus angesprochen. Sie sollen sich von dem Gebäude entfernen, da sie sonst in den „Einsatzbereich polizeilicher Maßnahmen geraten." Vor dem Haus formiert sich darauf hin eine Kette von etwa 40 jungen Leuten. Die BereitschaftspolizistInnen rücken ebenfalls Seite an Seite auf das Haus bzw. die Menschenkette zu, ein Beamter filmt alle Gesichter der Menschenkette frontal ab. Nach wenigen Minuten lösen die AktivistInnen ihre Kette auf und geben den Eingangsbereich des besetzten Gebäudes frei.

Die PolizistInnen 'sichern' nun zunächst den Hauseingang, dann den gesamten Bereich vor dem Haus. Mehrere Polizeifahrzeuge werden vor dem Haus platziert, ein Mannschaftswagen unmittelbar vor dem Eingang. Soweit ich sehen kann, betreten die PolizistInnen das Gebäude zunächst gar nicht. Wie ich später höre, befinden sich zu diesem Zeitpunkt auch keine Personen mehr im Haus. Stattdessen bildet die Polizei eine Kette und treibt die AktivistInnen und Schaulustigen vor sich her die Oranienburger Straße hinunter in Richtung Tucholskystraße. Eine Reihe von Leuten, und auch ich, setzen sich in ein Café neben dem Haus Nr. 19 und werden von der Polizei nicht weiter behelligt. Ein Polizist vor dem Haus fällt mir auf, weil er auf dem linken Ärmel über das Berliner Polizeiwappen offenbar selbsttätig das Emblem der deutschen Nationalfahne genäht hat. Über dem Haus kreist nun ein Hubschrauber, der Lärm erzeugt zusätzlichen Stress. Neugierige PassantInnen und AnwohnerInnen gucken und diskutieren. Einzelne AktivistInnen, die der Polizeikette entgehen und sich wieder vor dem Haus einfinden, verwickeln Beamte abseits des Geschehens in Gespräche.

Beim Abdrängen der AktivistInnen und Schaulustigen in Richtung Tucholskystraße kommt es laut Indymedia-Berichten und Aufnahmen von KanalB zu zahlreichen Übergriffen durch die Polizei.[34] Die sich zurückziehenden AktivistInnen skandieren in Sprechchören: „Miete verweigern, Kündigung in's Klo – Soziales Zentrum so oder so!" Als ich etwa dreißig Minuten später die Oranienburger Straße hinuntergehe, sehe ich, dass die Polizei an der Kreuzung Tucholskystraße eine Gruppe von etwa 100 Personen eingekesselt hat. Sie sitzen auf dem Bürgersteig. Die Polizei hat nicht nur eine Kette um die Gruppe gebildet, sondern auch ihre Einsatzfahrzeuge so um das Szenario geparkt, dass das Geschehen von der Straße her nur schwer einsehbar ist. Auf Nachfrage erzählt mir eine junge Frau, dass viele NachzüglerInnen, die die Demonstration erst später verlassen haben, auf dem Weg zu dem besetzten Haus der Polizei direkt 'in die Arme gelaufen' seien. Wer die Situation nicht rechtzeitig einschätzen und schnell davonlaufen konnte, befinde sich nun im Kessel. Laut Indymedia-Berichten[35] werden von allen Personen die Personalien aufgenommen, einige Personen werden erkennungsdienstlich behandelt und mit auf Polizeiwachen genommen, und es werden Anzeigen (z.B. wegen Landfriedensbruch) erstattet.

Etwa eine Stunde nach Beginn des Polizeieinsatzes gehe ich noch einmal an dem Gebäude in der Oranienburger Straße 19 vorbei. Mehrere Fernsehteams und JournalistInnen stehen zwischen den PolizistInnen vor dem Haus und machen Foto- und Kameraaufnahmen. Die Polizei hat die Plakate inzwischen von der Fassade entfernt, so dass das Haus nicht mehr als besetzt kenntlich ist. Jedoch liegen immer noch einige Flugblätter auf der Straße. Die Lage hat sich beruhigt – die Polizei hat alles fest im Griff. Es ist etwa 15:30 Uhr. Ich fühle mich erschöpft und beschließe nach Hause zu gehen.

Am gleichen Abend sehe ich mir auf dem Berliner Sender RBB die Regionalnachrichten um 19:30 Uhr an. Der erste recht ausführliche Beitrag berichtet über die Demonstration gegen Sozialabbau. Auch über die Hausbesetzung wird kurz berichtet, allerdings erst an dritter oder vierter Stelle und ohne die Forderung nach einem Sozialen Zentrum zu erwähnen. Ein Bezug zu den breiten Protesten gegen Sozialabbau vom 3. April wird, gemäß der Pressemitteilung der Polizei, explizit ausgeschlossen. Stattdessen ist von Straßenkrawallen autonomer Gruppen die Rede. Einen beinahe wortgleichen Beitragstext des RBB, der jedoch im Gegensatz zum Fernsehbeitrag auch die Farbbeutelwürfe am 'Haus der deutschen Wirtschaft' erwähnt, finde ich später auf der Website des Rundfunksenders. Der Text ist mit dem Archivbild eines Steinewerfers vom 1. Mai bebildert:[36]

> „Hausbesetzung. Versuchte Hausbesetzung in der Oranienburger Straße
> Anhänger von autonomen und linksradikalen Gruppen haben am Samstag ein leerstehendes Haus in der Oranienburger Straße in Berlin-Mitte besetzt. Nach Angaben eines Polizeisprechers waren bis zu 300 Personen an der Aktion beteiligt, einige seien in das Gebäude eingedrungen.
> Bei Eintreffen der Polizei seien die Beamten mit Steinen beworfen worden. Augenzeugen sprachen gegenüber RBB-Online von „Straßenschlacht-ähnlichen Zuständen".
> Wie die Polizei weiter mitteilte, konnte die Lage vor dem Haus nach kurzer Zeit wieder unter Kontrolle gebracht werden. Ein vor Ort stationierter Wasserwerfer kam nicht zum Einsatz. Über die Zahl der Festnahmen wurden noch keine Angaben gemacht.
> In dem Haus, das bis vor einiger Zeit vom Psychologischen Institut der Humboldt-Unversität genutzt wurde, befinden sich keine Personen mehr. Dem Vernehmen nach übernimmt der Sicherheitsdienst des Eigentümers die weitere Sicherung des Gebäudes.
> Einen Zusammenhang zwischen der Demonstration gegen Sozialabbau mit über 200.000 Menschen und der Hausbesetzung schloss der Polizeisprecher aus. An dem Protestmarsch hatten sich auch bis zu 1000 Vertreter der autonomen Szene mit einem eigenen Block beteiligt. Sie hatten Farbbeutel auf das Haus der deutschen Wirtschaft geworfen."

2.1.3 Akteure, Interessen, Strategien

Wie aus der Fallbeschreibung und aus der 'empirischen Nahaufnahme' hervorgehen, waren vor allem drei Akteure bzw. Akteursgruppen am Konflikt um das Soziale Zentrum in Berlin beteiligt: Erstens die Initiative für ein Soziales Zentrum und ihr Umfeld. Sie setzte sich ab Sommer 2001 dafür ein, dass die Stadt eine ihrer leer stehenden öffentlichen Immobilien für die Einrichtung eines neuen Soziales Zentrums zur Verfügung stellt. Zweitens die betroffene Bezirksregierung Friedrichshain-Kreuzberg mit der Bürgermeisterin Cornelia Reinauer (PDS), bzw. der Berliner Senat, insoweit er seine Mitsprache bei der Verfügung über öffentliche Immobilien geltend machte. Drittens die Berliner Polizei, die zwar in dem Konflikt offiziell keine eigene politische Position bezog, aber die Eigentumsrechte an den betreffenden öffentlichen Immobilien gegen die politischen Aktionen des Sozialforums durchsetzte und Regelverstöße im politischen Konflikt ahndete. Im Folgenden sollen nun Profile dieser drei Akteure erstellt werden. Drei Leitfragen sind dabei von besonderem Interesse: a) Insofern es sich um kollektive Akteure handelt: Wie setzten sich die Akteure zusammen und welche internen Konflikte trugen sie möglicher Weise aus? b) Welches Interesse verfolgten die Akteure in dem Konflikt um das Soziale Zentrum? c) Welche Strategien wendeten sie zur Durchsetzung ihrer Interessen an?

2.1.3.1 Die Initiative für ein Soziales Zentrum

Die Initiative für ein Soziales Zentrum stellt auf den ersten Blick ein in hohem Maße heterogenes und nur wenig institutionalisiertes Netzwerk an politischen Gruppen und Einzelpersonen dar. Das organisatorische und politische Rückgrat der Initiative bildete vor allem die Initiative für ein Sozialforum Berlin (SFB). Allerdings besaß diese selbst eher Netzwerkcharakter und wies trotz regelmäßiger Treffen eine hohe TeilnehmerInnenfluktuation und eine wenig kontinuierliche Arbeitsintensität auf. Seit der Gründung des SFB im Jahr 2002 wechselten sich Phasen aktiver und öffentlichkeitswirksamer politischer Arbeit mit Phasen der Passivität ab – abhängig vom jeweiligen Engagement und Fokus der am Forum beteiligten Gruppen. So stellten etwa Evelyn Bahn und Marius Haberlan im Zuge ihrer Recherchen über das Sozialforum im Sommer 2003 fest:

> „Das Spektrum der Gruppen und Initiativen, die sich am Sozialforum beteiligen, hat sich von seiner ersten konstituierenden Sitzung bis heute stark gewandelt. Zu Beginn im März 2003 war das Sozialforum noch sehr viel heterogener, als es sich heute darstellt. 'Die konstituierende Sitzung umfasste auch noch ein sehr großes

> Spektrum [von Gruppen].' (Interview 5) Die Beteiligung reichte von den Grünen über Repräsentanten der PDS, linke Gewerkschaftsvertreter, Funktionäre von GEW und Ver.Di bis zu Autonomen Gruppen. 'Heute ist das Sozialforum recht homogen.' (Interview 5) Ein etablierter Kreis undogmatischer Linker und 'älterer' Autonomer, die sich regelmäßig beteiligen, organisiert seit längerem – zu einem entscheidenden Anteil – die Arbeit des Sozialforums. Delegierte aus anderen Zusammenhängen wie Gewerkschaften, Kirchen und Parteien sind nur noch selten am Sozialforum beteiligt und übernehmen keine Verantwortung." (Bahn/Haberlan 2004)

Trotz aller Wechselhaftigkeit bot das SFB offensichtlich doch eine ausreichend feste Organisationsstruktur, um eine kontinuierliche Politik im Rahmen der Initiative für ein Soziales Zentrum zu betreiben. So gründete sich 2003 eine 'Haus-AG', die sich regelmäßig traf bzw. bei Handlungsbedarf tätig werden konnte. Bei den Verhandlungen um die Kita in der Glogauer Straße, die von Oktober 2003 bis in den Sommer 2004 geführt wurden, trafen sich etwa VertreterInnen des Bezirks Friedrichshain-Kreuzberg und des SFB. Über einen Zeitraum von mehreren Monaten bildete das Sozialforum die Schnittstelle, über welche die am Konflikt beteiligten Gruppen Zugang zu den offiziellen Verhandlungen erhielten, Delegierte entsenden und den Informationsfluss organisieren konnten.

Zum anderen lebte die Initiative für ein Soziales Zentrum von dem Engagement der Gruppen, die unabhängig vom Sozialforum für ein Soziales Zentrum eintraten oder nur im Umfeld des Sozialforums und ohne enge Anbindung daran agierten. Dazu gehörten etwa die linksradikalen Gruppen wie felS und die ALB, die sich vor allem in der Anfangsphase des Sozialforums regelmäßig an dessen Treffen beteiligten, sich später jedoch vom Sozialforum zurückzogen, ohne dabei allerdings auch das Ziel eines Sozialen Zentrums aufzugeben. Gerade aufgrund des Netzwerkcharakters der Initiative für ein Soziales Zentrum war diese auch ohne feste organisatorische Struktur für eine Beteiligung aller Interessierten offen. Aktionen und Veranstaltungen einzelner Gruppen oder Interessierter mussten nicht notwendigerweise mit allen anderen Gruppen und Einzelpersonen abgestimmt werden. Die Vor- und Nachteile einer derart losen Zusammenarbeit sollen weiter unten noch diskutiert werden.

Eine vollständige Auflistung aller Beteiligten lässt sich kaum erstellen. Zu wechselhaft war das Engagement und zu diskontinuierlich die Zusammenarbeit bei einzelnen Aktionen und Kampagnen. Bernhard Feder skizziert den Sozialen Ratschlag im Herbst 2001, auf dem die Idee eines neuen Sozialen Zentrums erstmals formuliert wurde, als heterogene Mischung aus dem linksalternativen und linksradikalen Spektrum.

„Also die Idee entstand nach Genua. Da gab es dann hier in Berlin ein Treffen, 'Ratschlag' nannte sich das. Das war wesentlich von felS organisiert, wo so ungefähr 100 Leute diskutiert haben. (...) Das waren zum Teil Leute aus der alten autonomen Szene, Kreuzberger autonomen Szene, wo ich ja auch herkomme, die sich in den 90er Jahren unterschiedlich orientiert haben (...). Da waren Gruppen aus dem Antirassismusbereich dabei. Es waren Atomkraftgegnergruppen dabei. Es waren auch ziemlich viele Einzelne dabei. (...) Und das war eben das eine konkrete Ergebnis: Lasst uns doch mal gucken, ob wir so ein Zentrum durchsetzen können."[37]

Überraschen mag, dass gerade in einem Stadtviertel wie Kreuzberg, mit einem hohen Anteil an BewohnerInnen ohne deutschen Pass, kaum MigrantInnen am Sozialen Ratschlag im Herbst 2001 teilnahmen. Darüber hinaus war auch die Beteiligung von gewerkschafts- oder betriebsnahen Gruppen relativ schwach, stattdessen dominierten Gruppen und Personen mit einem eher akademischen Hintergrund. Diese Zusammensetzung änderte sich im Laufe der folgenden vier Jahre zumindest in der Tendenz. Im März 2005 wurde die oben bereits erwähnte Busfahrt zu zahlreichen leerstehenden städtischen Immobilien veranstaltet. Nach den Besetzungen von 2001 und 2003 kann sie als dritter 'Anlauf' der Initiative bewertet werden, ein Soziales Zentrum zu erstreiten. An dieser Aktion nahmen ca. 50 VertreterInnen aus 16 Berliner Gruppen teil. Aus dem Spektrum der schwerpunktmäßig im Bereich von Sozialprotesten engagierten Gruppen waren die Kampagne gegen Hartz IV, Euro-Märsche, Piqueteros, Anders Arbeiten und die Initiative gegen den Berliner Bankenskandal vertreten. Mit der AG Zukunft Bethanien (Kreuzberg) und dem Forum K82 (Prenzlauer Berg) nahmen zwei eher stadtteilorientierte Gruppen teil. Aus dem linksradikalen Spektrum kamen VertreterInnen der Gruppen felS, Offener Ziviler Ungehorsam, Berlin Umsonst und Autopool. Mit Allmende und dem Internationalen Verein für Freundschaft und Solidarität engagierten sich erstmals auch Gruppen mit einem explizit migrantischen Hintergrund. Eine Reihe von TeilnehmerInnen ordneten sich den Netzwerken Berliner Sozialforum und Offene Universität Berlin (OUBS) zu. Schließlich waren noch die Initiative „gemeinsam älter werden" und der freie Radiosender Ex-Polyphon vertreten.

Sowohl für das Jahr 2001 (also den Beginn des Konflikts) als auch für 2005 (das Ende des Konflikts) fällt bei der Zusammensetzung der Initiative auf, dass keine politischen Großorganisationen mit einem Anspruch auf Interessenrepräsentation vertreten waren: Parteien, Gewerkschaften, Kirchen, Wohlfahrtsverbände, etc. engagierten sich nicht für das Soziale Zentrum. Stattdessen handelte es sich überwiegend um Basisgruppen – im Englischen: grassroot organizations – die ein Politikkonzept 'der ersten Person' vertreten, sich auf einer lokalen Ebene außerparlamentarisch bzw. außerhalb formaler Politikstrukturen engagieren, dabei in der Wahl ihrer Arbeitsbereiche jedoch durchaus politische Themen von überregionaler Bedeutung bearbeiten: Sozialpolitik, Kulturpolitik, Privatisierung öffentlicher Güter, Bildungspolitik, Rassismus und Fremdenfeindlichkeit, u.a.m. Im Vergleich zur Anfangsphase 2001 hatten sich im Jahr 2005 Gruppen wie Anders Arbeiten und die Piqueteros (benannt nach den argentinischen ArbeiterInnenprotesten) der Initiative für ein Soziales Zentrum neu angeschlossen. Im Zuge des aktuellen Umbaus des Sozialstaats und insbesondere der Hartz IV-Gesetzgebung schien es eine gegenseitige Annäherung gegeben zu haben: Viele sozialpolitisch engagierte Gruppen, die sich ab 2003 gegen die Politik der Schröder-Regierung formierten, hatten offensichtlich wenig Berührungsängste mit einer radikalen Gesellschaftskritik. Umgekehrt orientierten sich auch linksradikale und autonome Gruppen verstärkt an den jüngsten Sozialprotesten. Aktionsgruppen wie 'die Überflüssigen', die im Umfeld des Sozialforums und der Initiative für ein Soziales Zentrum entstanden waren und bundesweit für Aufmerksamkeit und Nachahmung sorgten, traten einerseits mit autonomen Politikformen wie Besetzungen und öffentlichkeitswirksamen Störaktionen in Erscheinung, agierten dabei aber andererseits auf 'klassisch' sozialpolitischen Politikfeldern.[38] Aus Sicht der Berliner Gruppe felS beschreibt Bernhard Feder diese Entwicklung als einen klaren Öffnungsprozess:

> „Was sich ja in den letzten Jahren ein bisschen geändert hat, ist, dass es parallel zu den Zersetzungen der radikalen Linken auch einen Öffnungsprozess gegeben hat hin zu gemäßigteren Gruppen. Also es gibt einfach das Potential zu sagen: 'Nein, wir müssen jetzt nicht ein Autonomes Zentrum machen, wo wir uns möglichst gut abgrenzen von diversen anderen linken Gruppen.' Sondern es gibt bei vielen Leuten eigentlich die Bereitschaft und die Neugier zu sagen: 'Wir wollen was anderes ausprobieren, wir wollen das auch mit anderen ausprobieren, mit denen wir vielleicht die letzte Jahre nichts zusammen gemacht haben.' Das reicht von anderen linken politischen Strömungen bis hin zu mehr Offenheit gegenüber kulturellen und sozialen Geschichten."[39]

Ganz ähnlich charakterisiert Peter Grottian (FU Berlin), der sich sowohl für ein Soziales Zentrum einsetzte als auch im Sozialforum Berlin engagiert war, die Zusammensetzung der Initiative für ein Soziales Zentrum. Explizit stellt er dabei auch die Verbindung zu den Sozialforen der globalisierungskritischen Bewegung her.

> „Mit dem Sozialen Zentrum ist ja die Idee verbunden, auch in Berlin ein unter vielen Gruppen akzeptiertes politisches Projekt im weitesten Sinne zu machen. Und zwar in dem Sinne, dass es ein Ort ist, wo innerhalb eines bestimmten politischen Spektrums doch sehr pluralistische Vorstellungen, Konzepte, Mobilisierungsversuche stattfinden können. Und das insofern nicht nur irgendwelche Gruppen oder

> Institutionen interessiert, sondern auch ganz normale Bürgerinnen und Bürger. (...) Also auch die Vorstellung von Porto Allegre oder von den europäischen Sozialforen – runtergebrochen auf das Lokale."[40]

Grottians Beschreibung deckt sich weitgehend mit der bereits im Frühjahr 2002 publizierten Einschätzung durch TeilnehmerInnen des Sozialen Ratschlags, in der die Idee eines Sozialen Zentrums in Berlin in unmittelbaren Zusammenhang mit der Gründung des Europäischen Sozialforum in Florenz gestellt wird (s.o.).

Mit der Heterogenität der beteiligten Gruppen blieben jedoch auch Konflikte über inhaltliche Ziele und über die Strategien zu deren Durchsetzung nicht aus. Eine der zentralen Auseinandersetzungen fand in der Gründungsphase der Initiative für ein Sozialforum Berlin statt. Dabei ging es um die Frage, welchen Status das Forum als politischer Akteur einnehmen sollte. Ausführlich äußerte sich die felS-AG 'Sozialer Widerstand', die in der Gründungsphase regelmäßig an den Treffen des Sozialforums teilnahm und auch die Initiative für ein Soziales Zentrum wesentlich mittrug, zu diesem Konflikt:

> „Seit der Gründung besteht der grundlegende Konflikt im BSF in der Frage, welchen Status das Forum als politischer Akteur hat. Unter den Schlagworten 'Raum' einerseits und 'Akteur' andererseits konkurrieren zwei einander ausschließende Vorstellungen miteinander. 'Raum' bezeichnet ein Konzept, das hauptsächlich von den undogmatisch Linken bis linksradikalen Gruppen im BSF vertreten wird. Angesichts dieser Unterschiedlichkeit der Theorien und Politikstile der Beteiligten wird darauf verzichtet, eine einheitliche Analyse der gesellschaftlichen Situation erreichen zu wollen. Idealiter soll das Forum ein Ort der Kommunikation sein, der längerfristig das politische Vertrauen und die Voraussetzungen schafft, um trotz der Unterschiedlichkeit gemeinsame politische Projekte verfolgen zu können.
> Dahingegen zielt das Konzept 'Akteur' auf eine schnelle Profilierung des Sozialforums, die hauptsächlich durch die Organisierung von Großdemos oder Großkongressen erreicht werden soll. Allerdings bedarf es hierfür einer weitgehenden inhaltlichen Homogenisierung der politischen Ansichten innerhalb des Forums, um einfache, als möglichst 'massenwirksam' betrachtete Forderungen vertreten zu können.
> Insgesamt hat sich bis jetzt weder die eine noch die andere Strategie durchsetzen können. Die 'Akteurs-Strategie' blieb insofern erfolglos, als dass das BSF zwar gelegentlich zu oben genannten Anlässen mit aufgerufen hat, sich aber gleichzeitig gegen eine schnelle inhaltliche Homogenisierung gesperrt hat. Das von uns favorisierte Raum-Konzept hat jedoch ebenfalls kaum zu Diskussionen geführt, wie eine handlungsfähige Organisierung der politischen Unterschiede praktisch aussehen könnte. So ist die Frage weiterhin offen, ob die Beteiligten – also auch wir selbst – bereit wären, einen Prozess mit unbekanntem Ergebnis zu wagen." (felS 2004: 21)

Ein Soziales Zentrum sollte nach den Vorstellungen vieler in der Initiative engagierter Gruppen gerade den Raum schaffen, in dem derlei Konflikte und Debatten ergebnisorientiert ausgetragen werden können. Zwar bestand auch ein großes Interesse daran, die Räumlichkeiten für Stadtteilarbeit und Veranstaltungen zu nutzen. Doch ging es den engagierten Gruppen immer auch um den eigenen Organisationsprozess: In den Interviews für diese Arbeit betonten meine GesprächspartnerInnen stets die Notwendigkeit einer adäquaten physischen Kommunikationsstruktur, die für die schwierige Bündnisarbeit zwischen den verschiedenen engagierten Gruppen erforderlich ist:

> „Die Gruppen leiden ja sehr stark darunter, dass sie eine ganz schwache eigene Infrastruktur haben. Sie haben wenig Geld, sie haben wenige Räume und ihre kommunikativen Arbeitszusammenhänge sind relativ zersplittert. (...) Und Insider wissen ganz genau, dass die Frage der kommunikativen Arbeitszusammenhänge, die Frage der Infrastruktur, eigentlich essentiell wichtig ist für diese Projekte. Dass trotz aller technologischen Entwicklungen die face-to-face der Kommunikationsstrukturen, der Arbeitsprozesse, der Mobilisierungsprozesse ganz wichtig ist. Und da fehlt es sozusagen an dem infrastrukturellen Unterbau. Und da wäre ein Soziales Zentrum auch sehr, sehr wichtig – wie immer das dann gehandelt wird."[41]

Das Wissen um die Bedeutung des physischen sozialen Raums für die politische Arbeit ist Ergebnis konkreter politischer Erfahrungen in verschiedenen sozialen Bewegungen und einer stringenten Analyse und Kritik der globalisierungskritischen Bewegung, als deren Teil sich die in der Initiative für ein Soziales Zentrum engagierten Gruppen verstehen:

> „Ich denke, dass die Notwendigkeit für ein Soziales Zentrum schon gegeben ist. Dass eine politische und eine soziale Bewegung sich Räume schafft – auch Räume benötigt – also nicht nur Denkräume, sondern tatsächlich materielle Räume, von denen aus agiert werden kann. Mit denen du deinen eigenen Alltag, deine Lebenswirklichkeit verknüpfen kannst. Deshalb denke ich auch, dass Hausbesetzerbewegungen immer sehr starke soziale Bewegungen waren. Weil sie genau das zusammengebracht haben: das Politische und das Soziale. Und dass die Bewegung der letzten Jahre, also im Wesentlichen die Globalisierungsbewegung, sich diese Räume eigentlich nicht geschaffen hat. Sondern die ist sehr virtuell gewesen. Das war Reisepolitik. Das war zu Gipfeln fahren. Oder das waren Kongresse und Foren veranstalten, die vorbei gehen und danach ist da nichts mehr. Und auch die Sozialforen sind von ihrem Prinzip her ja erst einmal etwas sehr Immaterielles. Deswegen glaube ich, dass es dieser Bewegung oder ihren Ausläufern, die wir jetzt noch erleben, gut getan hätte oder immer noch gut tun würde, wenn es solche neuen Räume geben würde."[42]

Neben der unmittelbaren Durchsetzung des Sozialen Zentrums verfolgten zumindest die linksradikalen Gruppen mit der Forderung nach einem Sozialen Zentrum noch ein zweites Ziel: die Politisierung und Mobilisierung anderer lokaler Gruppen gegen die Kürzungspolitik des Berliner Senats. Denn „wenn jetzt einfach welche daherkommen und ein Haus bekommen, dann besteht natürlich die Gefahr – und von uns ist das ja auch sehr wohl gewollt –, dass diese sozialen Projekte beim Senat auflaufen und sagen: Wieso wir nicht auch?! Wir wollen auch Räumlichkeiten!' Und dann haben sie (der Bezirk und der Senat; H.L.) ein großes Problem."[43] Inwieweit genau diese Befürchtungen dazu geführt haben mögen, dass Bezirk und Senat zu keiner mietfreien Vergabe öffentlicher Räume bereit waren, wird weiter unten noch einmal Thema sein.

Schaut man sich an, wie die Initiative ihre Forderung nach einem Sozialen Zentrum durchzusetzen versuchte, findet man hier die gesamte Palette an außerparlamentarischen Mitteln: Demonstrationen, Flugblätter, Presseerklärungen und Öffentlichkeitsarbeit mit Medien, offene Briefe an LokalpolitikerInnen – bis hin zu Hausbesetzungen.

Gerade die Besetzungen am Michaelkirchplatz, in der Glogauer Straße und in der Oranienburger Straße waren dabei innerhalb der Initiative für ein Soziales Zentrum nicht unumstritten. Auch wenn es sich um eher symbolische Aktionen mit einem niedrigen Militanzniveau handelte und die Besetzung einer leer stehenden öffentlichen Immobilie zum Zwecke ihrer sozialen und politischen Nutzung wohl mit relativ starker öffentlicher Akzeptanz rechnen konnte, gab es offensichtlich bei vielen Einzelpersonen und Gruppen in der Initiative auch Vorbehalte gegen eine Strategie der 'kontrollierten Regelüberschreitung'.

Dass es unter den beteiligten Gruppen trotz ihrer unterschiedlichen Politikformen zu keinem offenen Strategiekonflikt kam, liegt vor allem auch an dem losen Netzwerkcharakter der Initiative. Einzelne Gruppen und Personen konnten eben durchaus Aktionen durchführen, ohne dass diese mit allen anderen Gruppen vorher auf Konsens diskutiert oder auch nur abgestimmt hätten werden müssen. Über diese Dezentralität hinaus schien es innerhalb der Initiative – trotz möglicher Vorbehalte gegen Besetzungen – doch auch eine Art unausgesprochenen Konsens über das akzeptierte Eskalationsniveau zu geben.

> „Was die Durchsetzung angeht, ist die natürlich auch abhängig von den Gruppen und von ihren jeweiligen Erfahrungen und ihren Welten. (...) Das heißt, Aktionsformen wie Besetzungen, das war für viele in dieser Initiative Sozialforum erst einmal ein starkes Wort. Und es war auch so, dass wir die Aktion in der Glogauer Straße im Oktober 2003 auch nicht Besetzung genannt haben. Sondern wir haben gesagt, wir machen eine Hausbegehung und danach bleiben wir halt einfach drin und dann schauen wir mal was passiert. (...) Diese Grenzüberschreitung, die nicht gleich mit diesem Gestus 'Wir machen hier grad mal 'ne kleine Revolution' daherkommt, ist glaube ich auch sehr wichtig und hilfreich, um gegenseitige Ängste und Vorurteile abzubauen. Dass Menschen auch mal sehen, man kann ja so etwas auch mal machen. Man kann ja

Grenzen auch mal überschreiten. (...) Aber es war trotzdem klar in der Diskussion darüber, was kann man denn machen und wie kann man so etwas durchsetzen, dass da oft sehr verschiedene Erfahrungen und Vorstellungen aufeinander getroffen sind."[44]

Hinter der Bereitschaft zur 'Grenzüberschreitung', wie die Hausbesetzung hier im Interview bezeichnet wird, steht eine spezifische Politikvorstellung, die klar dem linksradikalen und radikalen bürgerrechtlichen Spektrum zuzuordnen ist: Ausschlaggebend für die Wahl der eigenen Protestformen kann demnach nicht – oder zumindest nicht nur – die Frage der Legalität sein. Das politische Feld wird als herrschaftlich verfasst wahrgenommen, radikal gesellschaftskritische Positionen als strukturell benachteiligt. Die Maßnahmen zur Durchsetzung der als legitim empfundenen Politikziele müssen sich daher an einem anderen Maßstab messen als der bloßen Frage, was die Repräsentanten der herrschaftlichen Ordnung als rechtlich zulässige politische Partizipationsform vorsehen. Ziviler Ungehorsam und kontrollierte Rechtsverletzungen werden als legitim, ja sogar als erforderlich angesehen, um einen politischen Druck auf diejenigen Akteure aufbauen, die sich in einer ungleich stärkeren gesellschaftlichen Machtposition befinden. Inwieweit eine solche Politik dann faktisch wieder neutralisiert wird, etwa durch den Einsatz der Polizei, haben wir am Beispiel der 'empirischen Nahaufnahme' gesehen (s.o.).

„Die Herrschaftsstruktur ist eigentlich so angelegt, dass man mit Petitionen, kleinen Demonstrationen und parlamentarischen Beatmungen oder auch einmal einem guten Artikel (...) nur beschränkt etwas ausrichten kann. Und der eklatante Leerstand öffentlicher Räume im Verhältnis zu dem Bedarf vieler Gruppen, die eigentlich gesellschaftlich etwas Sinnvolles machen wollen, der ist so stark, dass man da im Grunde genommen eigentlich nur mit Mitteln des Ungehorsams und der Regelverstöße arbeiten kann."[45]

Oder, wie Bernhard Feder es polemisch, aber treffend auf den Punkt bringt: „Du machst ja als Politiker eine Abwägung: Was verschafft mir mehr Stress? Wenn ich ihnen das Soziale Zentrum gebe oder wenn ich es ihnen nicht gebe?!"[46] Die Konsequenz ist einleuchtend: Es ging darum, einen kontinuierlichen Druck auf die zuständigen EntscheidungsträgerInnen aufzubauen und den Preis für eine Politik 'von oben' gegen die Initiative für ein Soziales Zentrum in die Höhe zu treiben.

2.1.3.2 Die Bezirksregierung Friedrichshain-Kreuzberg und der Berliner Senat

Bei dem zweiten wichtigen Akteur im Konflikt um das Soziale Zentrum handelt es sich um die 'öffentliche Hand', d.h. hier: um die Regierungen des Bezirks und des Senats und um die öffentlichen Verwaltungen. Sie werden hier als ein Akteur zusammengefasst, weil ihnen arbeitsteilig die Verfügungsgewalt über öffentliche Immobilien zukommt und sie daher gemeinsam diejenige Instanz darstellen, an die sich die Initiative für ein Soziales Zentrum mit ihrer Forderung nach einem öffentlichen Raum wenden musste. Auch was finanz- bzw. haushaltspolitische Entscheidungen angeht sowie hinsichtlich der Frage, wie mit der Initiative für ein Soziales Zentrum politisch umgegangen werden sollte, waren EntscheidungsträgerInnen und Gremien auf Landes- und auf Bezirksebene involviert. Da sich der Konflikt vor allem im Bezirk Friedrichshain-Kreuzberg abspielte, war die zentrale Figur auf dieser Akteursseite die Bezirksbürgermeisterin Cornelia Reinauer (PDS): Sie musste die unterschiedlichen Einschätzungen der politischen und wirtschaftlichen Situation vor Ort abwägen, konfligierende Interessen austarieren, stand im öffentlichen Rampenlicht und musste den Ausgang des Konflikts – wer auch immer die Entscheidungen herbeiführte – politisch verantworten.

Die Berliner Verwaltungsstruktur sieht nach der Berliner Verfassung (Artikel 69–73) unterhalb der Ebene des Abgeordnetenhauses und des Senats für die 12 Bezirke der Stadt jeweils zwei Verwaltungsorgane vor: Die Bezirksverordnetenversammlung (BVV) als Organ der bezirklichen Selbstverwaltung und das Bezirksamt (BA) als Verwaltungsbehörde des Bezirks. Die BVV in Friedrichshain-Kreuzberg besteht aus 55 ehrenamtlich tätigen Bezirksverordneten, die zeitgleich mit den Berliner Abgeordnetenwahlen für jeweils fünf Jahre direkt gewählt werden und wöchentlich öffentliche Sitzungen abhalten. Sie sollen die Grundlinien der Verwaltungspolitik des Bezirks bestimmen, besitzen faktisch allerdings keine zwingende Beschlusskompetenz. Als Organ der Bezirksverwaltung hat die BVV mit ihren Ausschüssen weder ein allgemeinpolitisches Mandat, noch ist sie ein legislatives Organ; es fehlt ihr die dazu erforderliche Kompetenz Gesetze verabschieden zu können. Vielmehr soll die BVV das Verwaltungshandeln anregen und kontrollieren, sie soll Empfehlungen aussprechen und kann dazu von den zuständigen Stellen die erforderlichen Auskünfte verlangen. Eine weitere Aufgabe der BVV besteht in der Beschlussfassung über den Haushalt, der vom Bezirksamt empfohlen wird, jedoch ebenfalls der Zustimmung des Abgeordnetenhauses bedarf. Darüber hinaus wählt die BVV viele im Bezirk ehrenamtlich tätige Personen, etwa die Sozialkommission, Patientenfürsprecher in Krankenhäusern und Schiedsfrauen beziehungsweise -männer.

Im Zuge der Berliner Abgeordnetenwahl am 21. Oktober 2001 wurde auch die BVV in Friedrichshain-Kreuzberg neu gewählt. Sie setzte sich in der Legislaturperiode, in die der Konflikt um das Soziale Zentrum fiel, aus VertreterInnen von fünf Parteien sowie fraktionslosen PolitikerInnen zusammen: Die PDS war ab 2001 mit 17 Sitzen die stärkste Partei im Bezirk, gefolgt von der SPD mit 14 Sitzen und Bündnis90/Grüne mit 13 Sitzen. Die CDU hielt sieben Sitze, die FDP zwei. Hinzu kamen zwei fraktionslose Sitze.[47]

Wichtigste Aufgabe nach der Konstituierung der BVV im Oktober 2001 war die Wahl der Spitze des neuen Bezirksamtes (BA), das heißt der Bezirksbürgermeisterin und der fünf Stadträtinnen und Stadträte, die als politische Wahlbeamte auf Zeit jeweils eine Fachabteilung leiten. Das BA ist die funktionelle Verwaltungsbehörde des Bezirks und Organ der bezirklichen Selbstverwaltung. Die Bezirksbürgermeisterin und die fünf Stadträtinnen und Stadträte bilden als Kollegialorgan die eigentliche Leitung der Behörde und werden mundartlich auch als 'politisches Bezirksamt' bezeichnet. Die im Konflikt um das Soziale Zentrum am stärksten exponierten Personen waren – dies ist oben bereits erwähnt worden – die Bezirksbürgermeisterin Cornelia Reinauer (PDS) sowie der Bezirksstadtrat Franz Schulz (Grüne), der die Leitung der Abteilung Stadtentwicklung und Bauen innehatte.

Bei der Frage nach der Vergabe städtischer Immobilien, die im Mittelpunkt des Konflikts um das Soziale Zentrum stand, kann der Bezirk nicht allein entscheiden, sondern muss sich an den Vorgaben des Landes orientieren. Hier regierte ab Oktober 2001 eine SPD-PDS-Regierung. Nur zwei Jahre nach den Wahlen von 1999 war die Berliner CDU-Regierung im Zuge einer Spendenaffäre in eine tiefe Krise geraten. 2001 löste sich das Berliner Abgeordnetenhaus daraufhin mit großer Mehrheit auf[48] und machte den Weg zu vorzeitigen Neuwahlen frei, aus der die SPD und die PDS im Oktober 2001 als klare Gewinner hervorgingen. Das Kräfteverhältnis im Berliner Abgeordnetenhaus mit seinen 141 Mitgliedern sah demnach in der betreffenden Legislaturperiode wie folgt aus: Die SPD (45 Sitze) und die PDS (33 Sitze) bildeten die Regierungskoalition. Die CDU verfügte über 35 Sitze, die Grünen über 14 und die FDP über 12. Der vom Abgeordnetenhaus gewählte Senat wurde von dem Regierenden Bürgermeister Klaus Wowereit (SPD) geleitet, der den langjährigen CDU-Bürgermeister Eberhard Diepgen ablöste. Alle für den Konflikt um das Soziale Zentrum relevanten Senatsverwaltungen wurden ab 2001 von SPD-PolitikerInnen geleitet: die Senatsverwaltung für Inneres von Ehrhart Körting, die Senatsverwaltung für Stadtentwicklung zunächst von Peter Strieder, der 2004 nach der sogenannten 'Tempodrom-Affäre' zurücktrat und von Ingeborg Junge-Reyer abgelöst wurde, sowie die Senatsverwaltung für Finanzen von Thilo Sarrazin.

Wie die Fallbeschreibung bereits gezeigt hat, äußerte sich die Bezirksbürgermeisterin von Friedrichshain-Kreuzberg sowohl in informellen Gesprächen als auch in den formellen Verhandlungsrunden stets positiv gegenüber der Initiative für ein Soziales Zentrum Berlin.

> „Also das Interessante ist, dass natürlich das Soziale Zentrum ein Zusammenschluss von vielen unterschiedlichen Gruppen und Menschen ist, die sich tatsächlich gesellschaftspolitisch engagieren und ein wichtiger Teil sind auch politisch im Bezirk aktiv zu sein. Und das finde ich wichtig und ich finde es auch grundsätzlich wichtig, dass solche Gruppen auch Möglichkeiten bekommen, Räume zur Verfügung zu haben, in denen sie ihrer politischen Arbeit nachgehen können."[49]

In einem Beschluss vom 24. September 2003 sprach sich auch die BVV Friedrichshain Kreuzberg für eine Unterstützung der Initiative für ein Soziales Zentrum aus und beauftragte das BA damit, die Kita in der Glogauer Straße als mögliches Objekt für ein solches Projekt zu prüfen:

> „Nutzung der Glogauer Str. 16 durch das 'Berliner Sozialforum'
> Die BVV unterstützt die Ansiedlung des Projekts 'Berliner Sozialforum' im Bezirk Fr.-Krzbg. Die BVV beauftragt deshalb das BA, die Möglichkeiten der Vermietung der seit zwei Jahren leerstehenden Ex-Kita Glogauer Str. 16, an das 'Berliner Sozialforum/attac/Initiative Berliner Bankenskandal' erneut auszuloten, um nicht vorschnell eine wichtige Bezirksimmobilie an den Liegenschaftsfond abzutreten und ein für Fr.-Krzbg. wichtiges politisch-kulturelles Projekt im Kiez zu verankern."[50]

Dass sich Cornelia Reinauer als Vertreterin der PDS, die von einer linken Wählerklientel abhängig ist und sich daher im politischen Spektrum strategisch links von SPD und Grünen positionieren muss, zunächst aufgeschlossen gegenüber der Initiative für ein Soziales Zentrum zeigte, ist nachvollziehbar. Im Interview nennt sie selbst den zentralen Grund dafür: „Natürlich gibt es da eine Erwartung von linken Gruppen an die PDS, dass sie, wenn sie in Verantwortung ist, politische Ziele, die sie sich gesetzt hat, auch in Realpolitik umsetzt. Was auch richtig ist. Deswegen werden Parteien ja gewählt."[51] Allerdings gibt es drei gewichtige Argumente, die aus Sicht der Bürgermeisterin gegen ein Soziales Zentrum sprechen mussten; und zwar unabhängig davon, ob sie aus persönlicher Überzeugung oder aufgrund wahlkampftaktischer Überlegungen öffentlich Wohlwollen für dieses Projekt demonstrierte.

1.) Finanzpolitischer Druck: Aufgrund der angespannten Berliner Haushaltslage[52] galt bis Ende November 2004 eine Verwaltungsrichtlinie des Senats, die besagte, dass leer stehende öffentliche Immobilien nur zu marktüblichen Preisen vermietet werden durften. Ansonsten mussten sie in den 2001 gegründeten Liegenschaftsfonds überführt werden, dessen Einnahmen durch Verkauf bzw. Privatisierung öffentlicher Räume zum Abbau der immensen Verschuldung des Landes beitragen sollten. Setzte sich ein Bezirk über diese Richtlinie hinweg und vermietete öffentliche Räume 'unter Wert' oder überführte ein Gebäude, das keine Fachnutzung mehr erfuhr, nicht in den Fonds, so konnte das Land Berlin den betreffenden Bezirk finanziell bestrafen und seinen Haushalt kürzen. So berichtet Cornelia Reinauer im Interview:

> „Wir hatten vor drei Jahren eine Haushaltsrevision des Rechnungshofes und wir mussten tatsächlich Strafgelder bezahlen. Und zwar eine halbe Million, weil der Bezirk vor ein paar Jahren eine Immobilie unter Wert an einen Bildungsträger vermietet hat. Und eine halbe Million weniger in unserem Globalhaushalt – das hat uns schon ganz schön wehgetan. Weil die fehlen natürlich an allen Ecken und Enden. Deswegen sind wir da etwas vorsichtiger, uns über solche Vorgaben hinwegzusetzen. Zumal wir zur Zeit streng kontrolliert werden."[53]

Gerade angesichts der immer knapperen Mittelzuweisungen aus dem Landeshaushalt stand die Bezirksbürgermeisterin hier also unter einem immensen finanzpolitischen Druck 'von oben'. Im Interview erwähnt die Bezirksbürgermeisterin Cornelia Reinauer in diesem Zusammenhang auch die seit Mitte der 1990er Jahre in der Berliner Verwaltung implementierte 'Kosten-Leistungsrechnung'. Das eng an betriebswirtschaftlichen Kriterien ausgerichtete New Public Management-Modell fasst den 'stadtpolitischen Output' der Bezirke in Produkte und macht diese nach monetären Größen vergleichbar. Die Bezirke werden in eine Konkurrenzsituation gebracht und ihre Politik dann nach Kostenkriterien vom Land finanziell belohnt oder bestraft. Im nächsten Teil der Fallstudie werde ich darauf noch gesondert eingehen. So sehr man als BezirkspolitikerIn mit einem Sozialen Zentrum auch sympathisieren mag – das Risiko einer Haushaltskürzung wollte der Bezirk verständlicherweise auf keinen Fall eingehen. Scheinbar neutrale monetäre Vorgaben – durch den Senatsbeschluss und im Rahmen der Kosten-Leistungsrechnung –, die alle Immobiliennutzungen gleichermaßen betreffen, implizierten somit eine klare politische Entscheidung gegen das nichtkommerzielle Projekt eines Sozialen Zentrums.

2.) Politische Konkurrenz: Einerseits mussten die PDS-Bezirksregierung und die eher linken Flügel der SPD und der Grünen ihre lokale Klientel in Friedrichshain-Kreuzberg bedienen und konnten sich einer Initiative für ein Soziales Zentrum daher kaum öffentlich verweigern. Andererseits stellte eine außerparlamentarische Opposition links der PDS, die mit einem Sozialen Zentrum infrastrukturell gestützt worden wäre, auch einen unangenehmen Druck auf die parlamentarische Linke dar, wenn nicht sogar eine mögliche parteipolitische Konkurrenz; zumal die PDS auch auf Landesebene in Regierungsverantwortung stand und gemeinsam mit der SPD eine rigorose Spar- und Kürzungspolitik betrieb, die von vielen lokalen Organisationen, Einzelpersonen und Einrichtungen heftig kritisiert wurde. Durch die Vergabe von Räumen an eine Initiative für ein Soziales Zentrum wäre die linke Opposition gegenüber der PDS und SPD, die bis dahin einen stark fragmentierten Charakter gehabt hatte, deutlich gestärkt worden.

> „Also wenn man im Kreuzberg oder in Mitte darüber nachdenkt, inwiefern man sozialen Gruppen – gerade solchen, die auch eine gewisse Öffentlichkeit haben wie Attac und die Initiative Berliner Bankenskandal – wenn man diesen Räume gibt, dann ist damit gleichzeitig eine politische Aufwertung dieser Gruppen verbunden. (...) In Wahrheit (...) geht es darum, dass gerade in solchen Bezirken wie Kreuzberg-Friedrichshain schon die Frage immer ansteht, inwiefern hier eine politische Opposition außerparlamentarisch erwächst, die eine gewisse Gefährlichkeit hat für die etablierten Parteien."[54]

Wie oben bereits zitiert, verdeutlicht Bernhard Feder von der Initiative für ein Soziales Zentrum die Wirkung des außerparlamentarischen Drucks: So könnten etwa andere Einrichtungen, die von der Berliner Sparpolitik betroffen sind, dem Beispiel des Sozialen Zentrums folgen und von ihren Bezirken ebenfalls öffentliche Räume 'umsonst' oder zu einem 'politischen Preis' fordern und – hätte die Besetzung in der Glogauer Straße Erfolg gehabt – ebenfalls zu dem Druckmittel des 'kontrollierten Regelverstoßes' greifen. Im Interview reagiert Cornelia Reinauer auf dieses Szenario geradezu gereizt und führt sofort das 'Präzedenzfall-Argument' und ein nicht näher erklärtes 'gesamtbezirkliches Interesse' gegen die Initiative für ein Soziales Zentrum ins Feld:

> „Die haben also einfach widerrechtlich ein Haus in Besitz genommen. Und das ist ja auch wirklich schwierig. Nicht umsonst haben wir ja auch ordnungspolitische Regeln. Also wenn dann jetzt das jeder so macht. Das glauben Sie ja wohl nicht, wie andere Träger und Vereine darauf geachtet haben, wie wir diesen Konflikt lösen. Die auch alle bei uns stehen und sagen: (...) 'Und wir? Wir müssen jetzt auch nur mal ein bisschen strafrechtlich was machen und Euch unter Druck setzen, und dann kriegen wir schon alles?' Und das habe ich natürlich den Leuten im Sozialforum auch gesagt. Wo ich mich dann auch geärgert habe. Wo ich gesagt habe: 'Liebe Leute, ihr definiert Euch als links. Aber da kann ich zwar Eure Interessenlage sehen, aber wir müssen natürlich auch im gesamtbezirklichen Interesse gucken. Da gibt es auch noch viele gute Projekte, die das auch wollen.'"[55]

Tatsächlich tauchte mit der Gründung der 'Wahlalternative Arbeit & soziale Gerechtigkeit' (WASG)[56] nicht nur eine außerparlamentarische Konkurrenz für die PDS, sondern auch eine parteipolitische Alternative zu Grünen und SPD auf. Dabei war die Vereinigung von PDS und WASG zur Linkspartei in der Gründungsphase der Berliner WASG im Jahr 2004, also während der Verhandlungen um die Glogauer Straße, noch nicht abzusehen. Für die PDS stellte die WASG zu diesem Zeitpunkt eine Konkurrenz dar, deren Stärke und Zukunft kaum abzuschätzen war. Da in der WASG Berlin auch Einzelpersonen aus der Initiative für ein Soziales Zentrum engagiert waren, musste die lokale Stärkung der Initiative von der PDS zu diesem Zeitpunkt als Aufwertung einer Konkurrenzpartei interpretiert werden.

> „Man muss sich ja jetzt nichts vormachen, dass eine rot-rote Regierung, also eine SPD-PDS-Regierung in der Stadt, jetzt auf einer lokal-machtpolitischen Ebene irgendwelche anderen Interessen hätte als eine CDU. Parteipolitik gebiert ihre eigenen Notwendigkeiten, und es ist völlig klar: Man will keine unkontrollierbaren Räume haben. Linke Parteien wollen natürlich schon gar nicht linke Zentren, die ihnen Konkurrenz machen. Also gerade dem linken Flügel der PDS, dem passt das sehr wenig, dass da Konkurrenz ansteht. Die haben auch die Sorge, da könnten sich irgendwelche Linksparteien daraus bilden."[57]

3.) Ausschluss radikaler Kräfte: Schließlich wurde Cornelia Reinauer vom Innensenator Ehrhart Körting explizit angehalten, keine Räume an Gruppen zu vergeben, die vom Verfassungsschutz als linksextremistisch eingestuft werden. Im Zuge der Verhandlungen um die Kita in der Glogauer Straße betraf dies die Gruppen felS und ALB, die sich zu diesem Zeitpunkt stark in der Initiative für ein Soziales Zentrum engagierten. Peter Grottian weist im Interview auf einen 'Körting-Brief' hin, in dem die Bezirksbürgermeisterin im Herbst 2003 darüber informiert wurde, dass an dem Hausprojekt verfassungsfeindliche Gruppen beteiligt seien.

> „Der Brief hat offenkundig eingeschlagen wie eine Bombe. Denn das brachte die PDS in Konflikt mit ihrer versteckt staatstragenden Rolle, die sie immer spielt. Und Cornelia Reinauer (...) schreckt da dann auch zurück. Also dass die PDS bitte schön mit irgendwelchen verfassungsfeindlichen Organisationen in einem Atemzug genannt wird – das widerspricht sozusagen der staatstragenden Rolle, die sie immer mehr und mehr einzunehmen versucht."[58]

Die Bezirksbürgermeisterin selbst berichtet im Interview nicht von dem Brief, sagt aber deutlich, dass Innensenator Ehrhart Körting sie auf die Beteiligung linksradikaler Gruppen hingewiesen habe und sie auch an dem Abend der Besetzung in der Glogauer Straße von der Polizei vor militanten Gruppen in der Initiative gewarnt wurde. Aus ihrer Kommentierung wird deutlich, dass sie einerseits bemüht ist, sich gegenüber Senat und Polizei eine größtmögliche Unabhängigkeit zu bewahren, gleichzeitig jedoch die Konsequenzen für einen Verstoß gegen deren 'politische Empfehlungen' abwägen muss und sich zu dem politischen Gewicht solcher Vorgaben nicht weiter äußern möchte:

„Wir lassen uns vom Senat nicht kontrollieren. Und wenn Herr Körting meint: 'Ja bitte, also, überlegt Euch mal, was Ihr tut. Da gibt es auch Erkenntnisse des Verfassungsschutzes und berücksichtigt das also in Eurem Handeln.' Dann nehme ich das zur Kenntnis. So. Da rede ich aber nicht drüber, weil das ist dann unsere Verantwortung."[59]

Die Interessen auf der Ebene des Senats sind bereits indirekt angesprochen worden. Die Richtlinie zur Vergabe öffentlicher Immobilien verweist auf die finanzpolitische Prioritätensetzung des Landes Berlin. Öffentliches Eigentum soll 'in-Wert' gesetzt werden, unabhängig vom unmittelbaren Zweck seiner Nutzung und ungeachtet der spezifischen sozialen und politischen Konstellationen in den verschiedenen Bezirken. Auch die Tatsache, dass diese Richtlinie im November 2004 überarbeitet wurde und die Vergabe öffentlicher Räume an gemeinnützige Vereine zu Betriebskosten nun unter strengen Vorgaben und Auflagen ermöglicht wurde, scheint eher etwas mit finanz- denn mit sozialpolitischen Überlegungen zu tun zu haben. Darauf lässt zumindest die Formulierung in der Pressemitteilung der Senatsverwaltung für Finanzen schließen, in der es heißt, dass die Erlaubnis für „Zwischennutzungen vor allem zur Entlastung des Haushalts von Unterhaltskosten für leerstehende Gebäude"[60] erteilt werden. In scheinbarem Widerspruch zu der 'harten Haltung' des Senats im Zuge der Verhandlungen um die Glogauer Straße steht freilich, dass der Senat die Vergabe weitaus größerer Immobilien 'zum Nulltarif' in anderen Bezirken durchaus ermöglicht hat oder selbst aktiv betreibt. Doch handelt es sich dabei eben vor allem um Projekte, von denen sich die Stadt einen symbolischen oder auch materiellen Gewinn für ihr Hauptstadtimage verspricht – was man von einem linken Sozialen Zentrum sicher nicht erwartet kann.[61]

Im Hinblick auf den Ausschluss linksradikaler Gruppen aus dem anerkannten und akzeptierten Politikfeld zeigt sich, dass offensichtlich auf Bezirksebene eine größere Bereitschaft bestand, sich mit diesen Gruppen auseinander zu setzen. Auf Landesebene dagegen setzt sich die Staatsräson voll durch: Unabhängig von konkreten Forderungen und spezifischen sozialen und politischen Konstellationen 'vor Ort' ist der Umgang mit linksradikalen Gruppen von Misstrauen und Repression geprägt. Intentional oder nicht – im Ergebnis werden Akteure, die eine grundlegende Systemkritik formulieren, aus dem zugelassenen Politikfeld ausgeschlossen, sie werden tendenziell kriminalisiert und ihnen wird die legitime Teilnahme am politischen Prozess verweigert. Wie sich im Sommer 2006 herausstellte, wurde das Berliner Sozialforum – und damit auch die Initiative für ein Soziales Zentrum – mit dem Wissen des Berliner Innensenators gleich von mehreren verdeckt arbeitenden MitarbeiterInnen des Verfassungs'schutzes' und der Polizei überwacht. Begründet wurde dies mit dem Engagement 'autonomer Gruppen' im Forum.[62]

Im Zuge des Konflikts um das Soziale Zentrum wurde der Informationsfluss zwischen Senat und Bezirk vor allem durch Ralf Hirsch gewährleistet, der als Mitarbeiter der Senatsverwaltung für Stadtentwicklung an den Verhandlungen um die Kita in der Glogauer Straße beratend teilnahm. Seine Rolle bei den Verhandlungsgesprächen wird seitens der Initiative für ein Soziales Zentrum und seitens des Bezirks völlig unterschiedlich eingeschätzt. Cornelia Reinauer stellt Hirsch als einen Sachverständigen dar, auf dessen Kenntnisse und Erfahrungen im Umgang mit Konflikten um öffentliche Räume, vor allem mit Hausbesetzungen, der Bezirk nicht verzichten möchte:

> „Wir selber haben entschieden, dass Herr Hirsch dabei ist, weil er natürlich in vielen anderen Beratungen, was jetzt den Umgang mit besetzten Häusern und die Suche nach Alternativstandorten angeht, immer eine sehr positive Rolle gespielt hat. Und wir sind schon selber in der Lage, da sind wir dann politisch selbstbewusst genug in diesem Bezirk, dass wir uns nicht vom Senat kontrollieren lassen."[63]

Bernhard Feder dagegen beschreibt den Mitarbeiter der Senatsverwaltung als einen 'politischen Aufpasser', als jemand, der sicherstellt, dass der PDS-regierte Bezirk Friedrichshain-Kreuzberg keine Politik an der SPD-Landeslinie vorbei macht.

> „In der Verhandlungsdelegation waren wir vom Berliner Sozialforum aus vier Leute. Und uns gegenüber saßen entsprechend Vertreter des Bezirks. Das heißt die Bezirksbürgermeisterin Frau Reinauer, jemand vom Bauamt, der sozusagen dann die Details besprechen konnte und alles wusste, was das Grundstück und die Bedingungen angeht. Und dann war meistens noch ein anderer Vertreter des Bezirksamtes da: der Finanzstadtrat oder der Baustadtrat. Und als... naja, so ein bisschen als Polit-Kommissar des Senats war der Herr Hirsch dabei. Der wird vom Innensenat als Mediator eingesetzt. Der ist aber eigentlich ein Aufpasser, ein politischer Aufpasser – mit dem Ziel bestimmte Ansätze zu zerstören – und hat letztlich eigentlich diese Verhandlung auch geleitet faktisch. Der war natürlich nur Begleiter und sollte vermitteln. Aber in Wirklichkeit hat er bestimmt, was geht und was nicht geht. Wir haben auch versucht, ihn aus den Verhandlungen auszuladen, aber es war klar, dass das nicht durchzusetzen war."[64]

Wägt man die unterschiedlichen und zum Teil auch widersprüchlichen Interessen auf Seiten des Bezirks und Senats ab, so ist klar, dass die Argumente gegen ein Soziales Zentrum überwogen. Der Aufgeschlossenheit, die einzelne Personen oder Gruppen – vor allem auf Bezirksebene – einem solchen Projekt entgegenbrachten, standen starke Interessen gegen die Initiative entgegen. Unter den gegebenen parteipolitischen Konkurrenzbedingungen und mit den haushaltspolitischen Vorgaben des Senats gab es daher auf Bezirksebene wenig Bereitschaft, offensiv für ein Soziales Zentrum in Kreuzberg tätig zu werden. Dies ließ sich denn auch am strategischen Verhalten von Bezirk und Senat deutlich ablesen.

Was die Situation der unmittelbaren Aneignung (Besetzung) von ungenutzten öffentlichen Räumen durch die Initiative für ein Soziales Zentrum angeht, so wurde in allen drei Fällen der sofortige Abzug der BesetzerInnen aus den betreffenden Räumen erreicht. Am Michaelkirchplatz und in der Oranienburger Straße durch Polizeieinsätze; in der Glogauer Straße durch politische Verhandlungen, die jedoch in Anwesenheit einer räumungsbereiten Hundertschaft der Berliner Bereitschaftspolizei, also vor dem Hintergrund eines massiven Drohpotentials, geführt wurden. Im Ergebnis blieb es – so umsichtig Cornelia Reinauer im Zuge der Besetzung in der Glogauer Straße auch verhandelt und eine Eskalation verhindert haben mag – bei der Durchsetzung der sogenannten 'Berliner Linie', die seit Anfang der 1980er Jahre eine Räumung besetzter Häuser binnen 24 Stunden vorsieht.

Bei den Verhandlungen um die Glogauer Straße wurde 'nach außen' also stets Verhandlungsbereitschaft signalisiert. Von sich aus wurden jedoch weder Bezirk noch Senat tätig, um eine Konfliktlösung im Sinne der Initiative zu ermöglichen. Von Beginn an wurden die Verhandlungen nicht über politische Inhalte geführt. Stattdessen wurde ausschließlich über technische bzw. finanzielle Fragen diskutiert. Die konkreten Vorschläge der Initiative für ein Soziales Zentrum lehnte der Bezirk stets ab. Weder eine Nutzung zu Betriebskosten noch eine Erbpachtregelung kamen in Frage. Dabei konnte sich der Bezirk stets auf die Richtlinie des Senats berufen, dieser wiederum zur Rechtfertigung der Vorgabe auf die Haushaltsnotlage des Landes verweisen. Zusammenfassend kann die Strategie als eine Mischung aus zwei Elementen beschrieben werden: als Intervention der 'harten Hand' im Moment der unmittelbaren Konfrontation; und als Verzögerungs- und Hinhaltestrategie in der politischen Verhandlung. Die LokalpolitikerInnen wussten sehr wohl um den oftmals 'kurzen Atem' sozialer Bewegungen und die Schwierigkeiten einer kontinuierlichen politischen Arbeit außerparlamentarischer Bündnisse und Initiativen und nutzten dies zu ihrem Vorteil.

2.1.3.3 Die Berliner Polizei

Der dritte wichtige Akteur im Konflikt um das Soziale Zentrum in Berlin war die Berliner Polizei. Dass sie hier als eigenständiger Akteur untersucht wird, mag zunächst überraschen. Denn als innerer Ausdruck des staatlichen Gewaltmonopols scheint sie vor allem 'den Staat' zu repräsentieren. Doch zum einen unterliegen öffentliche Institutionen – auch die Gewaltapparate – einer eigenen Dynamik und sind mehr als nur Funktionsträger. Zum anderen entfaltet gerade die 'neutrale' Aufrechterhaltung von (bürgerlichem) Recht und (Eigentums-) Ordnung eine höchste politische Wirkung. Indem die Polizei den Eigentumstitel der Stadt an ihren öffentlichen Liegenschaften gegen die Initiative für ein Soziales Zentrum durchsetzte und 'Regelverstöße' in der politischen Auseinandersetzung mit repressiven Mitteln ahndete, strukturierte sie den Konfliktverlauf wesentlich mit. Die Rolle der Polizei soll daher in einem eigenen Unterkapitel diskutiert werden – wenn auch nicht ganz so ausführlich wie die der beiden politischen Kontrahenten Bezirk/Senat und Initiative für ein Soziales Zentrum und eher mit Blick auf die Struktur und die Effekte ihrer Interventionen als auf ihre politischen Interessen und Strategien.

Im Interview mit dem Abteilungsführer[65] Marco Langner von der 2. Abteilung der Berliner Bereitschaftspolizei fällt zunächst das technische Selbstverständnis auf, mit dem er die Rolle der Polizei im Konflikt um das Soziale Zentrum beschreibt. Als Dienstvorgesetzter von etwa 700 BereitschaftspolizistInnen, deren Einheiten mehrfach an Einsätzen gegen die Aktionen der Initiative beteiligt waren, ist er mit der Konfliktkonstellation gut vertraut. So leitete Langner den Einsatz am 3. April 2004 an der Oranienburger Straße 19, bei dem die Polizei massiv gegen die BesetzerInnen und DemonstrantInnen am Gebäude der Humboldt-Universität zu Berlin vorging.[66] Auf die Frage, ob er mit dem Verlauf und Ergebnis des Einsatzes zufrieden sei, antwortet er:

> „Da kann man nur sagen: Grundsätzlich ja. (...) Wirklich total zufrieden. Insofern, als dass wir mit unseren Kräften – wir hatten einen relativ schmalen Kräfteeinsatz (...) – gut hingekommen sind. Auch was insgesamt die Durchführung angeht, also praktisch die einzelnen Einsatzeinheiten, wie die sich verhalten haben. Das war wirklich spitzenmäßig, das kann man nicht anders sagen."[67]

Für den Einsatzleiter spielt bei der Bewertung des Einsatzes offensichtlich die politische Dimension des Konflikts keine oder nur eine untergeordnete Rolle. Ausschlaggebend ist für ihn, ob es ihm gelingt, seinen exekutiven Auftrag mit den ihm zur Verfügung stehenden Kräften zu erfüllen und Straftaten vorzubeugen und zu unterbinden. So etwas wie eine 'legitime Regelverletzung' in der politischen Auseinandersetzung gibt es für ihn nicht. Wer politische Interessen hat, der müsse über einen „normalen, zulässigen Weg gehen," so Langner, „da ist die Polizei auch keine Institution, die in die eine oder andere Richtung Position beziehen darf." Er warnt vor einer in sozialen Konflikten parteiischen Polizei, die der Amtswillkür Tür und Tor öffnen würde. „Ich glaube, dass wir dann viel mehr zu missbrauchen wären, als man sich das wünschen würde wollen." Sein Kollege, der Stabsbereichsleiter Worlitz, ebenfalls 2. Abteilung der Berliner Bereitschaftspolizei, ergänzt: „Als Polizist kann man sehr wohl eine eigene Meinung haben, als Polizei nicht."

In Reaktion auf Hausbesetzungen kann die Polizei auf zwei sich ergänzenden Wegen aktiv werden: Entweder der Hauseigentümer zeigt den Hausfriedensbruch selbst an. Oder die Polizei wird auf Grundlage ihrer Gefahreneinschätzung eigeninitiativ tätig. Die Gesetzesgrundlage für die Eigeninitiative der Polizei – und damit den 'Freibrief' für einen Polizeieinsatz 'auf eigene Faust' – liefert dabei das Allgemeine Gesetz zum Schutz der öffentlichen Sicherheit und Ordnung in Berlin (ASOG). In Abschnitt II, §17 heißt es dort über die allgemeinen und speziellen Befugnisse der Ordnungskräfte:

> „Die Ordnungsbehörden und die Polizei können die notwendigen Maßnahmen treffen, um eine im einzelnen Falle bestehende Gefahr für die öffentliche Sicherheit oder Ordnung abzuwehren, soweit nicht die §§ 18 bis 51 ihre Befugnisse besonders regeln. (...)
> Straftaten von erheblicher Bedeutung sind (...) Vergehen, die auf Grund ihrer Begehungsweise, ihrer Dauer oder Schwere geeignet sind, den Rechtsfrieden besonders zu stören; dies gilt insbesondere für Straftaten, die gewerbs-, gewohnheits-, serien- oder bandenmäßig oder in anderer Weise organisiert begangen werden."

Das ASOG bleibt sowohl im Hinblick auf die Bestimmung der Straftatbestände sehr allgemein, als auch was die zu treffenden Gegenmaßnahmen angeht. Gibt es keine einschränkende Rechtsverordnung, so liegt es im Ermessen der Polizei zu entscheiden, wann eine Gefahr für Sicherheit und Ordnung besteht und wie darauf zu reagieren ist. Im Hinblick auf die Aneignung und Nutzung von öffentlichen oder privaten Räumen eignen sich nach §17 des ASOG vor allem zwei Kriterien, um eine Straftat von 'erheblicher Schwere' festzustellen und einen Polizeieinsatz damit jederzeit zu rechtfertigen – ein Musterbeispiel für einen 'unbestimmten Rechtsbegriff': a) die 'Dauer der Störung des Rechtsfriedens' – BesetzerInnen könnten längerfristig Räume rechtswidrig beanspruchen; und b) die 'bandenmäßige Organisierung' –Hausbesetzungen werden in der Regel in Gruppen durchgeführt. Was die von der Polizei selbst zu treffenden 'notwendigen Maßnahmen' angeht, so kommt bei Besetzungen in Berlin seit 1981 in der Regel die sogenannte ‘Berliner Linie’ zur Anwendung, die eine Räumung aller Besetzungen ungeachtet der spezifischen Umstände binnen 24 Stunden vorsieht.

Ohne das ASOG oder dessen umstrittene Vieldeutigkeit zu erwähnen, betont Marco Langner im Interview, dass ihm auf Grund seines gesetzlichen Auftrags zur Verfolgung von Straftaten ein sehr enger Handlungsspielraum gesteckt sei. Im Falle des Sozialen Zentrums hieße dies, dass er nur sehr eingeschränkt mit Gruppen wie der Initiative für ein Soziales Zentrum verhandeln könne.

> „Wir sind ja kraft Gesetz zur Verfolgung von Straftaten verpflichtet. Heißt also: In dem Moment, wo wir anrücken, müssen wir natürlich auch entsprechende Maßnahmen treffen. Mindestens die Identität von Leuten feststellen, die im Verdacht stehen, eine Straftat dort verübt zu haben. Und das ist bei den Hausbesetzungen in der Regel der Fall. (...) In den Fällen, wo schon Straftaten verübt wurden, sind wir zur Aufklärung und zu entsprechenden Maßnahmen verpflichtet. Da kann man auch nicht diskutieren. Also so gerne uns oftmals erzählt wird: ‘Naja, das müssen Sie doch sehen. Die Leute haben doch ein berechtigtes Anliegen.’ Mag ja alles sein. Jeder hat aus seiner Sicht immer ein berechtigtes Anliegen zu bestimmten Dingen. Aber die Polizei ist da einfach zur Neutralität verpflichtet. Also für uns steht dann im Vordergund: Da sind Straftaten passiert. Die gilt es aufzuklären.“[68]

Ganz deutlich tritt hier der Klassencharakter der polizeilichen Neutralität zu Tage.[69] Zwar wird in diesem speziellen Fall kein privates Eigentum, sondern öffentlicher Leerstand verteidigt. Doch das Prinzip ist das gleiche: Exklusive Eigentumsrechte werden gegen soziale Bewegungen durchgesetzt, die einen Anspruch auf Teilhabe am ungleich verteilten gesellschaftlichen Reichtum durchsetzen wollen. Gerade indem die Polizei neutral die Gesetze durchsetzt, positioniert sie sich und schützt partikulare Interessen.[70]

Dass Einsatzrichtlinien zwar vom Innensenator vorgegeben werden, PolitikerInnen aber gegenüber der Polizei auf Grund der Gewaltenteilung zwischen Legislative und Exekutive selbstverständlich nicht weisungsbefugt sind, betont sowohl der Polizist Langner als auch die Bezirksbürgermeisterin Reinauer.[71] „Also ordnungspolitisch müssen die ja auch frei sein von politischer Beeinflussung“, wie die Bezirksmeisterin es ausdrückt. Sie war im Rahmen der Besetzung in der Glogauer Straße in die schwierige Situation geraten, den Abzug der Initiative für ein Soziales Zentrum aus dem Haus durchsetzen zu wollen, den Konflikt in ‘ihrem Kiez’ dabei aber zugleich nicht durch eine polizeiliche Räumung zu anzuheizen.

> „Das ist ja dann durchaus auch ein Aushandlungsprozess. Und die Polizisten standen da und haben gesagt ... die müssen sich ja übrigens auch nicht an Politik halten. Also irgendwann kann die Polizeiführung ja sagen: ‘Da liegen Rechtsverletzungen vor,

und wir handeln jetzt. Und da ist uns auch egal, was der Innensenator sagt.' Das entscheidet dann tatsächlich der Polizeipräsident. (...) Also sie müssen natürlich handeln, wenn es konkrete Anzeigen gibt. Das ist ihr Auftrag."[72]

Jedoch beschreibt Reinauer den Handlungsspielraum der Polizei bei den Einsätzen gegen die Initiative für ein Soziales Zentrum weitaus differenzierter als der Polizist Langner. Die Bezirksbürgermeisterin unterscheidet a) formale polizeiliche Einsatzrichtlinien bei Besetzungen, b) informelle Kontakte, Vertrauen und Verhandlungsgeschick zwischen den VerhandlungspartnerInnen, c) die Sachkenntnis und das Einfühlungsvermögen der polizeilichen Einsatzleitung und d) das Verhalten der einzelnen Bereitschaftspolizisten im unmittelbaren Einsatz.

Gerade die Entschärfung einer polizeilichen Konfrontationssituation durch Verhandlung zwischen Behörden, Polizei und ProtestlerInnen enthält auch eine gefährliche Ambivalenz, die vor allem im Versammlungsrecht relevant ist und dort auch viel diskutiert wird. So hatte das Bundesverfassungsgericht in seinem Brokdorf-Urteil 1985 im Hinblick auf Versammlungen nach Art. 8 GG festgestellt, dass eine Kooperation des Veranstalters mit der Versammlungsbehörde dazu führen kann, dass die Schwelle für behördliches Eingreifen wegen einer Gefährdung der öffentlichen Sicherheit höher rückt (vgl. BVerfGE 69, 315 [357]). Von Polizei und Behörden wird daraus nun gern eine Rechtspflicht zur Kooperation der Versammlungsveranstalter mit der Behörde abgeleitet. Die Inanspruchnahme des Art. 8 GG kann jedoch nicht von einer Kooperationsbereitschaft der DemonstrantInnen und/oder AnmelderInnen mit der Polizei abhängen, sondern muss unabhängig von ihrer Zusammenarbeit mit Polizei und Behörden gewährleistet bleiben.

Im Falle des Konflikts um das Soziale Zentrum konnte man auf der Großdemonstration am 3. April 2004, aus der dann zu der Besetzung in der Oranienburger Straße aufgerufen wurde, genau diesen Versuch der Disziplinierung und Sanktionierung einer unbequemen Versammlung durch ein 'Kooperationsgebot' beobachten. Aus der Demonstration gegen Sozialabbau heraus waren Farbeier gegen das 'Haus der Deutschen Wirtschaft' geworfen worden, woraufhin die Polizei, wie der Abteilungsführer Langner selbst im Interview zugibt, die Zusammenarbeit mit dem Veranstalter der Demonstration als Druckmittel zur Disziplinierung der Versammlung nutzte – immer unter dem Etikett des Schutzes von Grundrechten Anderer.

„Unser Anliegen ist natürlich in erster Linie Straftaten zu verhindern. Und auch dafür Sorge zu tragen, dass die Aufzüge, die in solchen Größenordnungen ablaufen, friedlich bleiben. Und wenn man dann Teile hat, die sich in diesen Aufzügen bewegen, und sozusagen den Rest der Versammlungsteilnehmer, die ja ihr Grundrecht entsprechend wahrnehmen wollen, dahingehend missbrauchen, dass man da schön gedeckt Straftaten begehen kann – zu deren Verfolgung wir ja verpflichtet sind –, dann wird es natürlich heikel. Auch im Umgang mit den Veranstaltern, die ansonsten wirklich gut auch mit uns kooperiert haben. Das ist ja nicht mehr so, wie es mal ganz früher war, dass die Polizei da einfach irgendwelche Maßnahmen trifft. Sondern es läuft alles über unsere speziellen Verbindungsbeamte in Absprache mit den Versammlungsleitern, wo auch erzählt wird: Da passiert gerade das und das. Als Verantwortlicher versuchen Sie das bitte in den Griff zu kriegen. Sonst müssen wir... und äh... irgendwann ist es so weit, dass wir dann tatsächlich auch müssen."[73]

Es lässt sich also feststellen, dass die Polizei – zumindest offiziell – keine eigene politische Position in dem Konflikt um das Soziale Zentrum vertrat. Indem sie jedoch die Regelverletzungen in der Auseinandersetzung „ohne Ansehen der Person (und) ohne Ansehen der (...) noch so verständlichen Anlässe in der Auseinandersetzung sanktioniert"[74], stellte sie sicher, dass der Konflikt auf dem formaldemokratischen Feld und mit dem vom Gesetzgeber dafür vorgesehenen politischen Prozedere – und nur so – ausgetragen wurde. Darüber hinaus, und dies ist banal, aber grundlegend, setzte sie den Eigentumstitel der Stadt an ihren (leer stehenden und ungenutzten) Immobilien durch – woran sich der Konflikt letztendlich ja überhaupt nur entzündet hatte.

2.2 Teil 2: Die stadtpolitische und -ökonomische Einbettung des Konflikts

Aus der Darstellung des Konflikts um das Soziale Zentrum ergeben sich nun eine Reihe von Fragen, die auf der Ebene des Mikrokonflikts zwischen den beteiligten Akteuren kaum zu beantworten sind: Warum konnte sich die Initiative für ein Soziales Zentrum mit ihrer (ja durchaus nicht unrealistischen) Forderung nach einem öffentlichen Raum nicht durchsetzen, obwohl sie sich doch aus einer Reihe gut organisierter und geradezu 'professioneller' außerparlamentarischer Gruppen zusammensetzte? Wie lassen sich die spezifischen Schwächen und Stärken der einzelnen Akteure erklären? Und wie ist das politische Feld verfasst, das ihre Handlungslogik maßgeblich prägte? Um diesen Fragen weiter nachzugehen, soll die handlungs- und akteurszentrierte Darstellung des Konflikts nun in eine Diskussion der politischen und ökonomischen Rahmenbedingungen eingebettet werden.

2.2.1 Berlin nach der Wende: zwischen Finanzkrise und Bankenskandal

Den Städten und Gemeinden in der Bundesrepublik werden im internationalen Vergleich besonders viele Aufgaben – und damit finanzielle Kosten – zugewiesen. „Schätzungsweise siebzig bis fünfundachtzig Prozent der ausführungsbedürftigen Bundes- und Landesgesetze (und neuerdings der größte Teil des EU-Rechts) werden von kommunalen Dienststellen (...) und zwei Drittel aller öffentlichen Investitionen von den Kommunen verwirklicht." (Wollmann 2004: 360) Verfassungsrechtlich verankert ist dies im Art. 28 Abs. 2 Satz 1 GG, der den Grundsatz der „Allgemeinzuständigkeit" der Gemeinden enthält und auf die Begründung der modernen kommunalen Selbstverwaltung in Deutschland zu Beginn des 19. Jahrhunderts zurückgeht. Die zentrale Bedeutung finanzpolitischer und wirtschaftlicher Aspekte für die lokale Stadtpolitik ist daher zunächst einmal nichts Neues in der Bundesrepublik.

Doch mit der Krise des Fordismus und der sich im Zuge von Globalisierungsprozessen verschärfenden Standortkonkurrenz hat der finanzpolitische Druck auf die Städte erheblich zugenommen. Die Verlagerung und Rationalisierung industrieller Tätigkeiten, das Outsourcing von Unternehmensabteilungen, die Durchsetzung eines ausgedehnten Teilzeit- und Niedriglohnsektors, die Zunahme und Verfestigung der Erwerbslosigkeit usw. haben bundesdeutsche Städte massiv unter ökonomischen Druck gesetzt. Die Länder und Gemeinden kämpfen mit sinkenden (Steuer-)Einnahmen und steigenden Sozialausgaben. Damit gewinnen ökonomische Handlungsrationalitäten zunehmend an Bedeutung. In Berlin ist dieser Prozess auf das Engste mit dem Scheitern der Berliner Global City-Politik und der katastrophalen Wirtschafts- und Haushaltskrise des Landes verbunden. Diese beiden Aspekte bilden den Hintergrund für den Konflikt um das Soziale Zentrum.

Nach der Wende 1989 und der Hauptstadtwerdung 1991 hatte sich in Berlin zunächst große Hoffnung auf die Entwicklung zu einer europäischen Metropole verbreitet. Aufgrund seiner geographischen Lage im Zentrum Europas wurde Berlin für die Zukunft eine Drehscheibenfunktion zwischen Ost- und Westeuropa zugeschrieben. Vor allem das nahegelegene Polen würde durch Berlin an die bundesrepublikanische Wirtschaft angebunden, so die Einschätzung. Der Regierungsumzug sollte nicht nur bundesdeutsche Firmen, sondern auch multinationale Unternehmenszentralen in die neue Hauptstadt locken, Berlin zu einer Dienstleistungsmetropole machen und in die Liga der Global Cities katapultieren.[75] „Ein Wald von Baukränen und neue glitzernde Immobilien-

Fassaden werden gern als Symbol einer gelungenen Aufwertung Berlins im Kreise der führenden Standortzentren der Bundesrepublik angesehen," so Stefan Krätke und Renate Borst über das Bild vom Hauptstadtboom der 90er Jahre (Krätke/Borst 2000: 7; vgl. auch Riedmann 2005; Scharenberg 2000). Doch die Realität sieht anders aus:

> „Die einstige Industriemetropole Berlin ist von einem massiven Arbeitsplatzverlust in Ost- *und* West-Berlin betroffen. Dabei hat die Stadt von 1989-1998 rund 270.000 Industriearbeitsplätze verloren: Während die Berliner Industrie 1989 noch ca. 400.000 Beschäftigte hatte, waren es 1998 nur noch ca. 130.000 – ein Arbeitsplatzverlust von 67%. (...) Auch die in Berlin zu verzeichnenden Arbeitsplatzzuwächse bei verschiedenen Dienstleistungszweigen konnten den Verlust bei weitem nicht kompensieren. Betrachtet man die *Erwerbstätigen* insgesamt (d.h. nicht nur die abhängig Beschäftigten, sondern auch die Selbständigen und Beamten), so hat sich die Gesamtzahl der Erwerbstätigen in Berlin von 1,792 Mio. im Jahr 1989 bis auf 1,410 Mio. im Jahre 1998 um 21% verringert. (...) Die Wachstumsraten der Berliner Wirtschaft lagen zwischen 1992 und 1999 deutlich *unter* dem Bundesdurchschnitt." (Krätke/Borst 2000: 7f.)

Krätke und Borst weisen darauf hin, dass Stadtregionen stets aus einer Vielzahl von Teilökonomien bestehen, die unterschiedliche Wirtschaftsbranchen umfassen und verschiedene Organisationsformen aufweisen können. Ihre Untersuchung der Berliner Stadtökonomie, die auf den Zeitraum der 1990er Jahre fokussiert, unterscheidet a) die Berliner Wirtschaftsstruktur und Beschäftigung im Hinblick auf Dienstleistung; b) Kontrollkapazitäten und interregionale Verflechtungen Berlins; c) die wirtschafts-räumliche Struktur der Stadt; d) Immobiliengeschäfte in Berlin; e) und den Berliner Wohnungsmarkt. Bei der differenzierten Untersuchung dieser Teilökonomien kommen die AutorInnen zu folgendem Ergebnis:

- Seit Beginn der 1990er Jahre gab es in Berlin einen De-Industrialisierungsschub, der große Arbeitsplatzverluste im verarbeitenden Gewerbe zur Folge hatte. Auch in den Sektoren der Kulturproduktion und im Bereich 'Forschung und Entwicklung' wurden Arbeitsplätze massiv abgebaut.
- Im Bereich der unternehmensnahen Dienstleistungen hat die Beschäftigung zwar zugenommen, jedoch vor allem in den prekären Niedriglohnbereichen 'Gebäudereinigung' und 'Wachschutz'. Berlin gilt mittlerweile als „Hauptstadt der Putzkolonnen und Privat-Sheriffs" (Krätke/Borst 2000: 286; speziell zum Thema Sicherheitsdienstleistungen siehe auch Eick 1998b). Für die staatliche Einnahmenseite bedeutet die Durchsetzung eines Niedriglohnsektors zwar einerseits mehr Beschäftigung, andererseits aber auch geringere Einnahmen über die Lohnsteuer aufgrund von niedrigen Gehältern sowie geringere Einnahmen

über die Mehrwert- und Gewerbesteuer auf Grund mangelnder Kauf- und Konsumkraft der Beschäftigten.

- Für die Region Berlin-Brandenburg steht dem Beschäftigungszuwachs im sogenannten Speckgürtel ein mehr als dreimal so großer Beschäftigungsverlust in der Berliner Kernstadt gegenüber.
- Die für Global Cities charakteristische interregionale Wirtschaftsverflechtung ist in Berlin nur schwach ausgeprägt. Zwar haben eine Reihe von Unternehmen seit 1990 in Berlin neue Filialen angesiedelt, dabei handelt es sich jedoch nicht um global agierende Firmenzentralen, sondern um sekundäre Direktionszentren für spezielle Geschäftsbereiche.

Vor allem der Immobilienmarkt hat in Berlin von Anfang bis Mitte der 1990er Jahren einen beispiellosen Boom verzeichnet. Mittlerweile sind die Grundstückspreise jedoch auf Grund des Überangebots an Gewerbeflächen abgestürzt. Die Leerstandsquote ist von 1,3% im Jahr 1993 kontinuierlich auf 9,7% im Jahr 1998 angestiegen. Die Überproduktion von Gewerbeflächen wird dabei, so Krätke und Borst, vor allem durch die steuerliche Begünstigung von Immobilienprojekten provoziert. „Erst werden Sonderabschreibungen für den Bau in Anspruch genommen, und für die dann leerstehenden Räume können erneut Verluste aus Vermietung und Verpachtung steuermindernd geltend gemacht werden." (Krätke/Borst 2000: 143) Einen gesellschaftlichen Gebrauchswert haben die leer stehenden Gebäude kaum. Bei der Überproduktion von bebauten Flächen handelt es sich unter stadtplanerischen und ökologischen Gesichtspunkten um eine Katastrophe. Doch der Anreiz für den Bau unnötiger Flächen ist groß: Via Subventionen und Immobilienfonds wurden und werden in diesem Bereich massiv öffentliche Gelder auf private Akteure der Bau- und Immobilienbranche umverteilt. Der sogenannte 'Berliner Bankenskandal', der im Zusammenhang mit dem Berliner Immobilienboom ab Anfang 2001 sukzessive aufgedeckt wurde, wird weiter unten noch ausführlich behandelt.

Die jüngere Entwicklung der Berliner Stadtökonomie ist also düster: Beschäftigungskrise, De-Industrialisierung, Privatisierung öffentlicher Gelder, Ausweitung des Niedrigslohnsektors – das sind die Schlaglichter der Entwicklungen im vergangenen Jahrzehnt. Deutlich spiegeln sich die skizzierten Krisenprozesse auf der Einnahmenseite der Stadt Berlin wider. Seit 1995 stagnieren die Steuereinnahmen der Stadt bei etwa 8 Mrd. Euro jährlich. Für das Jahr 2005 wurden im Mai 2005 Steuerausfälle von rund 329 Millionen Euro erwartet. Im Jahr 2006 wurde im Vergleich zur Finanzplanung mit einem Minus von 323 Millionen Euro gerechnet und im Jahr 2007 mit einem Steuerausfall in Höhe von 277 Millionen Euro.[76] Und das, obwohl Berlin sich noch in der vergleichsweise 'angenehmen' Situation befindet, gleichzeitig Stadt und Bundesland zu sein. Berlin kann somit die Landessteuern und den Landesanteil an den Gemeinschaftssteuern einschließlich der Zerlegungen beanspruchen, welche die 'normalen' Städte an die jeweilige Landesregierung abführen müssen. Bis auf Hamburg und Bremen haben alle anderen deutschen Städte und Gemeinden nur Anspruch auf die Gemeindesteuern und den Gemeindeanteil an den Gemeinschaftssteuern.

Tabelle 1: Berliner Landessteuern insgesamt 1995-2004

Dez. 1995	Dez. 1996	Dez. 1997	Dez. 1998	Dez. 1999
8.019.977.706 €	7.675.966.197 €	7.930.619.887 €	8.097.794.970 €	8.497.857.267 €
Dez. 2000	**Dez. 2001**	**Dez. 2002**	**Dez. 2003**	**Dez. 2004**
8.594.286.176 €	7.941.459.965 €	7.575.364.821 €	7.638.429.233 €	8.012.326.986 €

Quelle: Statistisches Landesamt Berlin

Berliner Sonderentwicklungen der vergangenen Jahre werden in der Überblickstabelle nicht sichtbar. So musste die Stadt etwa in den Jahren 2001 und 2002 aufgrund einer Unternehmenssteuerreform massive Rückerstattungen von zuviel gezahlter Körperschaftsteuer leisten. Diese Rückerstattungen an die Unternehmen wurden 2003 abgeschlossen. Außerdem wurde die Mindestbesteuerung von Unternehmensgewinnen eingeführt, welche verhindern soll, dass Konzerne die Gewinne profitabler Töchter mit den eigenen Verlusten in voller Höhe verrechnen können. Es wird deutlich, dass die Stadt Berlin zwischen 1995 und 2004 keinerlei Zuwächse aus Steuereinnahmen verzeichnete. Rechnet man alle Einnahmen des Landes Berlin zusammen – zusätzlich zu den Steuern kommen hier noch Gelder aus dem Länderfinanzausgleich, Zahlungen aus dem Solidarpakt, Verwaltungseinnahmen, Vermögensveräußerungen etc. hinzu – dann ergeben sich für das Jahr 2005 bereinigte Gesamteinnahmen in Höhe von 16.797 Milliarden Euro.[77]

Wie bereits oben ausgeführt, stellt die steuerliche Einnahmeseite nur die 'eine Seite der Medaille' dar. Soll die 'Finanzmisere' der öffentlichen Haushalte untersucht werden, so gilt es die stagnierenden Einnahmen im Verhältnis zu den Ausgaben der Stadt zu betrachten. 2005 standen in Berlin den Einnahmen von knapp 17 Milliarden Euro erwartete Ausgaben in Höhe von 20.709 Milliarden Euro gegenüber, 22 Prozent davon waren Ausgaben für Soziales.[78] Die Stadt Berlin hatte im Zeitraum des Konflikts um das Soziale Zentrum also mit einem 'Finanzloch' von über drei Milliarden Euro jährlich zu kämpfen.

In Berlin werden die fiskalpolitischen Folgen der ökonomischen Krise durch einen speziellen Umstand noch weiter verstärkt: durch den Wegfall von Subventionen ab Anfang der 1990er Jahre. Bis 1989 erhielt die Stadt in ihrer Funktion als 'Frontstadt gegen den Sozialismus' massiv Bundessubventionen, die nach der Wende schnell gestrichen wurden. Von 1952 bis 1994 flossen ca. 248,5 Mrd. DM Finanzhilfen des Bundes für öffentliche und private Haushalte in die Stadt – erst nach West-Berlin, ab 1989 auch nach Ost-Berlin. Im Jahr 1989 finanzierte sich der Berliner Landeshaushalt zu 50 Prozent aus Bundesmitteln. Rechnet man Bundeshilfen, Bundesdarlehen und die Förderung an die Wirtschaft und an ArbeitnehmerInnen zusammen, verfügte Berlin Ende der 1980er über jährliche Subventionen in Höhe von 22,7 Mrd. DM. Hinzu kamen ab 1991 noch die Hilfen aus dem Fonds Deutsche Einheit. Diese Berlin-Subventionen fielen bis zum Jahre 1995 vollständig weg (siehe Hoff/Krüger 2004).

Die durch den Wegfall von Subventionen, den Verlust von Steuereinnahmen und die gestiegenen Ausgaben entstehenden 'Finanzlöcher' hat die Stadt Berlin in den vergangenen Jahren durch Sparmaßnahmen und eine enorme Verschuldung zu stopfen versucht. So sind nach Angaben vom Mai 2005 für die Jahre 2006 und 2007 Haushaltskürzungen in Höhe von jeweils 150 Millionen Euro geplant. Der tatsächliche Kürzungsbedarf für diese Jahre beträgt freilich das Dreifache.[79] Die Schulden der Stadt beliefen sich Ende 2004 auf 55,3 Milliarden Euro[80] – was wiederum enorme Umverteilungseffekte von öffentlichen Geldern auf private Vermögen mit sich bringt: Denn die öffentlichen Kredite werden zu großen Teilen bei der privaten Hand aufgenommen und die GläubigerInnen und EigentümerInnen der Staats- und Kommunalobligationen (welche mittlerweile auch als Anleihen auf den globalisierten Finanzmärkten gehandelt werden) beziehen aus ihren Schuldentiteln und Wertpapieren Zinseinkünfte, welche wiederum aus Steuereinnahmen gedeckt werden müssen (vgl. Altvater/Mahnkopf 2003: 18). Insgesamt gibt das Land Berlin mittlerweile rund 2,5 Milliarden Euro jährlich ausschließlich für Zinszahlungen aus. Im Jahr 2005 stellt diese Summe 13 Prozent des Gesamthaushaltes dar.[81]

Die Krisenprozesse, die sich im Zuge regionaler Restrukturierungsprozesse entwickelt haben, sind nur bedingt lokal gestaltbar. Zwar ist die damit verbundene Ökonomisierung von Politik kein Automatismus, sondern eine politische Entscheidung, doch die grundlegende Dynamik und Triebkraft des Prozesses liegen oftmals außerhalb der Handlungsreichweite stadtpolitischer Akteure. Anders sieht es mit dem sogenannten 'Berliner Bankenskandal' aus. Neben der Wirtschafts- und Beschäftigungskrise bildet er den zweiten großen Komplex, auf den die Haushaltskrise der Stadt Berlin zurückzuführen ist. Doch im Vergleich zur oben skizzierten Krise sind die im Zuge des Berliner Bankenskandals produzierten öffentlichen Schulden alles andere als die Folge eines 'Sachzwangs'. Vielmehr handelt es sich um ein groß angelegtes und betrügerisches Umverteilungsprojekt öffentlicher Mittel zu Gunsten privater Vermögen – eine Art riesige Wette auf den Aufschwung-Ost, auf die Global City-Werdung Berlins und auf steigende Boden- und Immobilienpreise.[82] Der im Sommer 2006 abgeschlossene und 900 (sic!) Seiten starke parlamentarische Untersuchungsbericht nennt „Gier, Größenwahn, Unfähigkeit und kriminelle Energie" als Gründe für den wohl größten deutschen Bankenskandal der Nachkriegsgeschichte (Untersuchungsausschuss 2006)[83] – und verkennt mit dieser Charakterisierung freilich den systemischen Charakter von Korruption im Kapitalismus.

1994 wurden in Berlin drei unterschiedliche Regionalbanken unter dem Dach der Bankgesellschaft Berlin zusammengefasst: die Berliner Bank AG, die Landesbank Berlin und die Berliner Hypotheken- und Pfandbriefbank AG/ Berlin Hyp sowie eine Reihe von Fondsgesellschaften (ausführlich zum Berliner Bankenskandal und seiner politischen Verarbeitung Ugarte-Chacón 2006). Die Landesbank und die Berlin Hyp gehörten zu 100 Prozent dem Land Berlin, im Fall der Berliner Bank hielt das Land eine Mehrheitsbeteiligung von 56 Prozent. „Die zu diesem Zeitpunkt regierende große Koalition unter Eberhard Diepgen verspricht sich von der Bankgesellschaft hohe Dividenden und diverse Gefälligkeitsgeschäfte, alles um den klammen Berliner Haushalt über Wasser zu halten und diverse Großprojekte weiterhin finanzieren zu können," so Ugarte-Chacon in einem Text der Initiative gegen den Berliner Bankenskandal (Ugarte-Chacon 2004). Bewusst wurden die Eingangsbilanzen bei der Fusion der drei Banken überbewertet, um damit einen hohen Aktienwert zu erzeugen und aus den Anteilsverkäufen der Bankgesellschaft hohe Gewinne erzielen zu können.

Bereits zu einem frühen Zeitpunkt wiesen zahlreiche KritikerInnen auf die Risiken der Berliner Bankengeschäfte hin. So machte der Wirtschaftsprüfer Achim Walther 1997 auf die unüblichen und risikoreichen Geschäftspraktiken der Fonds aufmerksam; das Nachrichtenmagazin 'Der Spiegel' schrieb sogar schon Anfang 1995, die „Berliner Kassen (sind) außer Kontrolle geraten" und die verfolgte Politik könne zu einer „Jahrhundertpleite" führen.[84]

Doch die Bank und das Land ignorierten die Warnungen. Kein Wunder, denn unter den ZeichnerInnen und ProfiteurInnen der Fonds befanden sich vor allem Angehörige der politischen und wirtschaftlichen Eliten Berlins. „Der ehemalige Chef der Berlin Hyp und ehemalige CDU-Fraktionsvorsitzende im

Berliner Abgeordnetenhaus Klaus Landowsky (...) lässt den Privatclubs, u. a. dem 'Lawn-Tennis-Turnier-Club Rot-Weiß', in welchen er und andere Bankmanager Mitglieder sind, Zuwendungen 'seiner' Bank zukommen. Ebenso gewährt die Berlin Hyp Großspendern der CDU, vornehmlich aus der Baubranche, Kredite in Milliardenhöhe." (Ugarte-Chacon 2004)

Ganz deutlich sichtbar wird die massive und gezielte Umverteilung öffentlicher Gelder auf private Vermögen entlang der ab Mitte der 1990er Jahre von der Landesbank Berlin aufgelegten geschlossenen Immobilienfonds. Die Bank sicherte den FondszeichnerInnen eine meist über 25 Jahre gewährte Einnahmengarantie zu – unabhängig davon, ob die Immobilien, die sich in den Fonds befanden, auch wirklich Mieteinnahmen erbrachten oder nicht. „Tatsächlich handelt es sich bei einem großen Teil der in diesen Fonds untergebrachten Immobilien um schlechtgehende Objekte mit hohem Leerstand oder besser: um Schrott-Immobilien. Bei solch einer Garantie ist dies allerdings für den Fondszeichner nicht von Belang." (Ugarte-Chacon 2004) Darüber hinaus wurde den AnlegerInnen zugesichert, ihre Anteile nach 25 Jahren zu 100 Prozent der von ihnen investierten Summe an die Landesbank Berlin zurückverkaufen zu können, oder, nach weiteren fünf Jahren, zu 115 Prozent der ursprünglichen Investitionssumme. Zusätzlich zu diesen garantierten Gewinnen konnten die Anleger meist zwischen 50 bis 80 Prozent ihrer ursprünglichen Investition von der Steuer absetzen.

Auf diesem Weg verschenkte das Land Berlin Steuereinnahmen in Millionenhöhe. Und das Land bzw. dahinter die Bundesrepublik Deutschland hafteten für die Fonds. Denn für Sparkassen und Landesbanken bestehen eine gesetzlich vorgeschriebene 'Anstaltslast' und 'Gewährträgerhaftung', die die jeweiligen Träger in unbegrenzter Höhe übernehmen müssen.[85] Damit wurden jegliche Risiken für die Anleger ausgeschaltet.

Anfang 2001 hatte sich die Bankgesellschaft durch ihre ruinösen Geschäfts- bzw. privaten Bereicherungspraktiken selbst zu Grunde gerichtet und stand mit einem negativen Rekord-Jahresergebnis in Milliardenhöhe endgültig vor der Insolvenz. Gegen den CDU-Fraktionsvorsitzenden Klaus Landowsky wurde der Verdacht erhoben, Kredite gegen Parteispenden vergeben zu haben. Auf dem Höhepunkt der Krise trat die Berliner Landesregierung unter Eberhard Diepgen (CDU) zurück und machte den Weg für Neuwahlen frei. Um den Konkurs der Bankgesellschaft zu vermeiden, beschloss die rot-grüne Übergangsregierung im Juli 2001 eine Kapitalzuführung von zwei Milliarden Euro. An der Geschäftspraxis der Bankgesellschaft wurde jedoch nichts geändert und die Risiken aus den Immobilien- und Fondsgeschäften blieben weiterhin unkalkulierbar. Keiner der parlamentarischen Akteure kam auf die Idee, die Bankgesellschaft aufzulösen bzw. in die Insolvenz zu überführen und damit die Erfüllung von Miet- und Andienungsgarantien zu verweigern.[86] Stattdessen verabschiedete die neue SPD-PDS Regierung am 9. April 2002 ein sogenanntes Risikoabschirmungsgesetz, nach dem das Land Berlin für die nächsten 30 Jahre die garantierten Erträge und sonstigen Verpflichtungen aus den Immobiliengeschäften der Bankgesellschaft zu übernehmen hat: Schätzungen der Initiative Berliner Bankenskandal zufolge könnten diese sich auf bis zu 21,6 Milliarden Euro belaufen. Eventuelle Gewinne aus den Immobilienfonds werden hingegen weiter an die FondszeichnerInnen verteilt.

Den Berliner Bankenskandal als klassischen Korruptionsfall, individuelles Fehlverhalten einzelner PolitikerInnen und/oder als Abweichung vom normalen Verlauf kapitalistischer Geschäftigkeit zu bewerten, greift allerdings viel zu kurz. Denn 'kreative Buchführung' und offener Regelbruch, gerade an der Schnittstelle zwischen öffentlichen Institutionen und privatwirtschaftlichen Unternehmen, widersprechen dem kapitalistischen Prinzip der Profitmaximierung keinesfalls, sondern kommen als unternehmerische Strategien immer wieder und in immer neuen Formen zum Einsatz. „Nicht nur die Häufigkeit der Korruption, sondern auch ihr systemischer Charakter sollten (...) stutzig machen, Korruption ist anscheinend ein integraler Bestandteil jedes 'historischen' Kapitalismus, und insbesondere im Zuge der Globalisierung wurde der Radius der Korruption nochmals erheblich ausgeweitet: Korruption charakterisiert das 'kapitalistische Empire' in allen Poren.“ (Prokla 2003: 186) Im Kontext des Berliner Bankenskandals stellt Kurt Neumann augenzwinkernd fest, dass hier ein Blick in die Literatur über Formen des 'Staatsmonopolkapitalismus' lohnen könnte: „Wir erinnern uns noch einer Variante der Theorie vom Staatsmonopolistischen Kapitalismus, die weniger die Einbeziehung staatlicher Funktionen in den ökonomischen Prozess und stärker die Verflechtung von Monopol- und Staatsmacht, auch in personeller Hinsicht, in den Vordergrund stellte. Das mag analytisch nicht so tief gegangen sein. Ganz falsch war es aber nicht.“ (Neumann 2003)

Ich habe zu zeigen versucht, dass die schwere ökonomische Krise in Berlin zum einen eng mit regionalen und globalen Krisen- und Restrukturierungsprozessen zusammenhängt, die auf der Ebene Berliner Stadtpolitik kaum zu gestalten sind. Zum anderen ist die krasse Verschärfung der Berliner Haushaltssituation auf Prozesse zurückzuführen, die sehr wohl in der Verantwortung lokaler Entscheidungsträger stehen: An erster Stelle ist hier der Berliner Bankenskandal zu nennen. Das Resultat ist die unbedingte Ausrichtung stadtpolitischer Strategien an ökonomischen Kriterien: 'Sparen bis es quietscht' wie Bürgermeister Klaus Wowereit es auf den Punkt brachte. Vielleicht hätte er ehrlicherweise noch ergänzen sollen: Vor allem an den sozialpolitischen Ausgaben!

Die sich in den 1990er Jahren entwickelnde Krise führte die Stadt geradewegs in eine Politik der systematischen Privatisierung – die politischen Eliten hofften, durch den Verkauf öffentlicher Liegenschaften Geld in die leeren Kassen der Stadt zu spülen. Dass die Privatisierung und Umverteilung öffentlicher Güter selbst Teil des Problems ist und in den 1990er Jahren erheblich dazu beigetragen hat, die Finanzkrise der Stadt überhaupt erst herzustellen, scheint dabei gar nicht weiter von Interesse. Für den Konflikt um das Soziale Zentrum ergeben sich daraus vor allem drei Schlussfolgerungen:

Erstens: Wenn StadtpolitikerInnen im Konflikt um das Soziale Zentrum finanzielle Sachzwänge ins Feld führten und damit begründeten, dass öffentliche Räume nicht 'zum Nulltarif' zu haben seien, handelte es sich dabei keinesfalls um einen Vorwand oder eine Ausrede. Die Finanz- und Haushaltskrise der Stadt ist 'echt'. Aber ein differenzierter Blick zeigt, dass diese Sachzwänge nur 'immanent' und teilweise auch nur auf Bezirksebene gelten. Bereits auf der Ebene der Landespolitik lösen sich die viel beschworenen Sachzwänge – zumindest teilweise bzw. im historischen Rückblick – in politische Verantwortungen und Entscheidungen auf.

Zweitens: Als eine Konsequenz der durch den Bankenskandal (mit-)verursachten Haushaltskrise richtete der Berliner Senat 2001 einen sogenannten Liegenschaftsfonds ein. Er wurde im ersten Teil dieser Fallstudie bereits angesprochen (s.o.). Die Bezirke wurden per Verwaltungsrichtlinie verpflichtet, nicht genutzte öffentliche Immobilien zum Zwecke der Privatisierung in den Fonds zu überführen. Die dadurch erwirtschafteten Mittel sollen in den maroden Berliner Haushalt fließen. Dies hat, wie wir bereits gesehen haben, erhebliche Folgen für die lokalpolitische Entscheidungshoheit darüber, wie und von wem öffentliche Liegenschaften genutzt werden können. Maßgeblich strukturiert die Einrichtung des Liegenschaftsfonds daher auch den Konflikt um das Soziale Zentrum.

Drittens: Bereits Ende der 1980er Jahre begannen in Berlin die Vorbereitungen zu einer umfassenden Verwaltungsreform, die den Verwaltungs- und Regierungsapparat der Stadt eng an betriebswirtschaftlichen Kriterien ausrichten sollte. Mitte der 1990er Jahre setzte die Umstrukturierung dann ein. Mit der schweren Haushalts- und Finanzkrise der Stadt hat die 'Verbetriebswirtschaftlichung' der städtischen Behörden – ein Kernstück der unternehmerischen Stadt – eine besondere Dynamik erhalten: Vielen PolitikerInnen und Verwaltungsangestellten erscheint die Rationalisierung des lokalen Staates als eine Lösung der polit-ökonomischen Probleme. Im Konflikt um das Soziale Zentrum stellt die Verwaltungsreform einen zentralen Faktor dar, der das lokalpolitische Feld erheblich vorstrukturiert. Um diesen Effekt soll es im nächsten Abschnitt gehen.

2.2.2 New Public Management in Berlin

Der Begriff New Public Management (NPM) bezeichnet, um es auf eine griffige Formel zu bringen, die Neuausrichtung von Verwaltungstätigkeiten nach betriebswirtschaftlichen Effizienzkriterien.[87] Als Reaktion auf die (angebliche) 'Finanzierungskrise des verwalteten Wohlfahrtsstaates' (Klaus König) wurde das Konzept des NPM ab Mitte der 1980er Jahre weltweit entwickelt und implementiert; Vorreiterrollen hatten Australien, Großbritannien, Kanada, Neuseeland, die Niederlande, Skandinavien und die USA. Seitdem spielen NPM-Reformen eine zentrale Rolle beim neoliberalen Ab- und Umbau sozialstaatlicher Funktionen.

Auf stadtpolitischer Ebene stellt die Einführung von NPM-Techniken ein Kernstück des Paradigmenwechsels hin zur unternehmerischen Stadt dar. Während die Prioritätenverschiebung bei der Investition öffentlicher Mittel hin zu wettbewerbs- und standortpolitischen Maßnahmen eine Ökonomisierung von Stadtpolitik auf der Policy-Ebene darstellt, zielen NPM-Reformen auf eine Ökonomisierung der öffentlichen Institutionen selbst ab, wirken also auf der Polity-Ebene. Mit Begriffen wie 'Modernisierung' und 'Entbürokratisierung' erweckt die Selbstbeschreibung von NPM-Techniken bzw. der mit ihrer Ausarbeitung und Implementierung befassten Institutionen und Personen dabei 'auf den ersten Blick' den Anschein von Neutralität und negiert den zutiefst politischen Charakter dieses Projekts. So definiert der Berliner Professor für Betriebswirtschaftslehre, Martin Brüggemeier, New Public Management etwa „als eine verwaltungswissenschaftlich aufgeklärte, interdisziplinär aufgeschlossene und empirisch reflektierte betriebsbwirtschaftliche Lehre von der effizienz- und effektivitätsorientierten Gestaltung und Steuerung der Wahrnehmung öffentlicher Aufgaben." (Brüggemeier 2001: 377) Wie Effizienz und Effektivität erreicht werden sollen und wie diese Begriffe belegt sind – nämlich ausschließlich ökonomisch – zeigt der 'zweite Blick' in die NPM-Literatur: „Den z.T. recht unterschiedlichen Ansätze in der internationalen NPM-Diskussion ist ohne Zweifel gemein, dass sie sich an Managementmodellen, -instrumenten und -leitbildern orientieren, mit denen Unternehmen versuchen, den dynamischen Umwelt- und Marktanforderungen gerecht zu werden." (Brüggemeier 2003: 3) Die Ziele der NPM-Reformen sind also klar: Rationalisierung und Ökonomisierung öffentlicher Tätigkeiten, Beschränkung des öffentlichen Sektors auf Kernkompetenzen, Einsparung der Mittel für öffentliche Aufgaben, Personalkürzung etc. Zwar dürfte es sich mittlerweile auch unter den VertreterInnen des NPM-Ansatzes herumgesprochen haben, dass privatwirtschaftliche Modelle nicht unmittelbar auf den öffentlichen Sektor übertragbar sind – und zwar unabhängig davon, ob dies überhaupt wünschenswert ist oder nicht – und dass NPM-Reformen darüber hinaus selten die versprochenen Ergebnisse von Haushaltskonsolidierung und Verbesserung der öffentlichen Dienste erbringen, doch tut dies der Popularität des Ansatzes keinen Abbruch.[88] Was die konkrete Wirkung der Reformen angeht, lassen sich nach Jäggi fünf Bereiche unterscheiden (Jäggi 1996):

1. Wirkungsorientierung: Die politischen EntscheidungsträgerInnen steuern die Tätigkeit der Verwaltung nicht mehr mittels detaillierter Vorgaben hinsichtlich der finanziellen und personellen Ressourcen (Input), sondern durch die Vorgabe der zu erreichenden Leistungen (Output) und der gewünschten Wirkungen (Outcome).
2. Globalbudgets: Die zuständige politische Instanz stellt ein Gesamtbudget zur Verfügung, mit dem die Verwaltung oder einzelne Verwaltungsabteilungen die vorgegebenen Aufgaben so effizient wie möglich erfüllen müssen. Im Unterschied zur traditionellen Budgetierung enthält das Globalbudget keine zweckgebundene Zuweisung von Einzelposten, sondern eine Kontraktsumme, über die die Verwaltung selbstständig verfügen kann.
3. Leistungsmessung: Die Leistungen der Verwaltung wird nach sogenannten 'Produkten' definiert und die Ergebnisse in monetären Größen messbar gemacht. Mit der Definition und Bereitstellung von Produkten wird den NutzerInnen öffentlicher Leistungen darüber hinaus ein Status als KundInnen zugewiesen, die die betreffenden Produkte 'konsumieren'.
4. Wettbewerb: Qualität und Effizienz der Tätigkeit soll außerdem durch die Einführung von Marktelementen, also durch den Leistungsvergleich zwischen verschiedenen Verwaltungseinheiten und/oder Privatunternehmen erreicht werden. Alternativ dazu können auch Benchmarks formuliert werden.
5. Controlling: Interne und/oder externe Gremien oder Unternehmen überprüfen regelmäßig die Leistungen der Verwaltung und ihre Wirkungen

nach betriebswirtschaftlichen Kriterien und schlagen, wenn nötig, Verbesserungen vor.

In Berlin setzten die Vorbereitungen zur Einführung von New Public Management-Techniken bereits Mitte der 1980er Jahre ein.[89] „Ausgehend von den Ergebnissen einer Enquete-Kommission zur Neuordnung der Finanzstruktur im Land Berlin aus dem Jahr 1984 wurde vom Land Berlin ein Gutachten in Auftrag gegeben, mit dem entsprechende Modelle zur Neuordnung erarbeitet werden sollten." (Fischer 1999: 3f.) Neben der Einführung einer Kosten- und Leistungsrechnung (KLR) wurden die Budgetierung und das betriebswirtschaftliche Controlling der Haushalte der Senats- und der Bezirksverwaltungen vorgeschlagen – also alle zentralen Elemente des NPM-Ansatzes. „Hauptziele im Gesamtprojekt sind eine Erhöhung der Wirtschaftlichkeit des Verwaltungshandelns und eine Schärfung des Kostenbewußtseins," so die Senatsverwaltung Berlin in einer Reformkonzeption aus dem Jahr 1995 (Senatsverwaltung 1995: 3).

Nach einer ersten Phase der Erarbeitung konkreter Modelle begann die Umstrukturierung der öffentlichen Verwaltungen ab 1994/1995 unter dem Etikett der 'Verwaltungsmodernisierung'. Die Berliner Verwaltungen stellten erstmals systematisch Betriebswirte ein. Diese sollten die Implementierung der KLR und die betriebswirtschaftliche Controlling-Funktion in den Verwaltungen übernehmen. Auf Grundlage der KLR wurde dann die bis dahin übliche kamerale Finanzmittelzuweisung – das heißt die zweckgebundene Zuweisung der Haushaltsmittel auf der Grundlage von Erfahrungswerten – sukzessive durch die Zuweisung einer Globalsumme ersetzt. Eine zentrale Rolle spielte dabei die Definition von insgesamt etwa 1500 'Produkten', die eine 'output-' und 'outcome-orientierte' Steuerung der Verwaltung ermöglichen soll (Senatsverwaltung 1995: 7). Dr. Margrit Köhler, Leiterin des Steuerungsdienstes im Bezirksamt Friedrichshain-Kreuzberg, erklärt im Interview die Funktionsweise der KLR und der Budgetbemessung auf Ebene der Bezirksverwaltungen:

> „1994/1995 wurde damit angefangen, dass für die Bezirke Produkte definiert wurden. (...) Ein Produkt ist zum Beispiel, was ich an kulturellen Leistungen im Bezirk anbiete. Kulturberatung zum Beispiel. (...) Da muss ja jetzt entschieden werden, wie viel Geld stecken wir in dieses Produkt, und mit Hilfe der Kostenrechnung werden jetzt die Kosten für dieses Produkt erfasst. (...) Wenn ich für ein Produkt arbeite, dann erfasse ich die Zeit, die ich dafür aufbringe. Und zwar prozentual. Also ich habe heute einen halben Tag für das Produkt xy gearbeitet. Dann wird das notiert. Und das erfolgt sozusagen über einen Monat, dass jede Kraft eigentlich notiert, für welche Produkte sie innerhalb eines Monats gearbeitet hat. Und am Monatsende

steht dann fest: 10 Prozent für dieses Produkt, 15 Prozent für jenes. Und dann gibt es auch noch sogenannte NPT – das ist eine nicht-produktbezogene Tätigkeit. (...) Oder wenn ein Mitarbeiter nur ein einziges Produkt bearbeitet, dann kommt die gesamte Zeit, auch die nicht-produktbezogene Tätigkeit, (...) die Krankheitszeit und die Urlaubszeit kommt auf das Produkt. Das Produkt muss das mit tragen. Weil ja wie in einem Unternehmen... da müssen ja auch alle Kosten auf die Produkte der Unternehmen kommen, und über den Preis auf dem Markt wird dann das Geld wieder hereingeholt. Und so ist das bei uns auch."[90]

In regelmäßigen zeitlichen Abständen legen alle Bezirke ihre Kosten- und Leistungsrechnungen dem Land vor. Nun kann die wirtschaftliche Effizienz der Bezirke im direkten Vergleich abgelesen werden: Für jedes Produkt (und jeden Bezirk) wird dargestellt, wie hoch die realen (Personal)Kosten waren, um das Produkt über einen bestimmten Zeitraum für jeweils 1000 EinwohnerInnen bereitzustellen.

Zur Errechnung der vom Land an die Bezirke vergebenen Haushalte wird für jedes Produkt ein Ranking erstellt: Der Bezirk, der seinen 'KundInnen' – also den Bürgern und Bürgerinnen, die die betreffende öffentliche Leistung in Anspruch nehmen – das Produkt am günstigsten anbieten konnte, nimmt den obersten Rang ein; der Bezirk, der am teuersten produziert hat, den letzten. Nun werden die mittleren beiden Ränge addiert, bei zwölf Bezirken in Berlin also der sechste und siebte Rang, und durch zwei geteilt. Die so errechnete Summe wird als 'Median' bezeichnet. Der Median gilt als Richtwert für die 'angemessenen' Kosten zur Bereitstellung des jeweiligen Produkts und stellt die Grundlage für die Errechnung und Zuweisung der Globalhaushalte an die Bezirke dar. Über ihre Haushalte wiederum können die Bezirke dann selbstständig verfügen. Cornelia Reinauer, Bezirksbürgermeisterin von Friedrichshain-Kreuzberg:

„Die Bezirke haben ja jetzt tatsächlich die Kosten- und Leistungsrechnung. Also das heißt seit zehn Jahre bilden wir jetzt ab: Was kosten zum Beispiel unsere Gebäude in der Unterhaltung. Und wir kriegen ja jetzt Gelder danach zugewiesen. Wie teuer sind wir mit unserem Personal, und und und... da ist ein Riesendruck entwickelt worden. (...) Wir können jetzt tatsächlich mit einem unheimlichen bürokratischen Aufwand über zehn Jahre sagen, was das jetzt in unterschiedlichen Bezirken kostet. Und dann gibt es einen sogenannten Median. Und wenn Sie da drunter oder drüber liegen, dann ist klar: Wenn Sie drunter liegen, dann wirtschaften Sie gut. Dann gehen Sie mit ihren Ressourcen gut um. Und wenn Sie drüber liegen, dann müssen Sie gucken, woran liegt's? Liegt's am Personal, liegt's an den Gebäuden?"[91]

Die KLR soll jedoch nicht nur eine in monetären Größen ausgedrückte Vergleichbarkeit der Leistungen der Bezirke untereinander ermöglichen, sondern wirkt auch als das zentrale Instrument für die finanzielle Maßregelung der Bezirke durch das Land Berlin: Hat ein Bezirk in einer Produktgruppe 'unnötige' Verluste erwirtschaftet, dann werden diese Kosten 'zur Strafe' von seinem Budget abgezogen. Dies betrifft zum Beispiel kalkulatorische Zinsen und Unterhaltungskosten für nicht genutzte öffentliche Grundstücke und Gebäude, sogenannte 'budgetunwirksame Kosten'. Im Fall der kalkulatorischen Zinsen für ein Grundstück etwa wird veranschlagt, dass das im Grundstück festgelegte Vermögen potentiell einen bestimmten Zins erwirtschaften könnte. Wenn das Gelände ungenutzt bleibt, geht diese (potentielle) Einnahme verloren. Die betreffende Summe geht als Kostenpunkt in die KLR ein und wird bei der Budgetvergabe vom errechneten Haushalt abgezogen. Der Bezirk wird also für sein 'ineffizientes Wirtschaften' durch Mittelkürzung bestraft. Als Ausweg bleibt die schnelle Veräußerung ungenutzter öffentlicher Räume über den Liegenschaftsfonds – was allerdings den endgültigen Verlust der politischen Verfügungsgewalt über die betreffenden Räume zur Folge hat. Dr. Margit Köhler erklärt:

> „Das ist der Ausgangspunkt für die Budgetierung, für die Zuweisung. (...) Wenn ich sehr viele Gebäude habe, habe ich auch sehr viele budgetunwirksame Kosten. Und dadurch werde ich gedrückt, mich auf möglichst engem Raum zu bewegen. (...) Der Bezirk wird damit praktisch gezwungen, dass er überflüssige Gebäude abgibt. Ansonsten habe ich Budgetverluste. Das ist also eine ganz wichtige Position.“[92]

Auf diese Weise wird ein Verwertungsdruck erzeugt, der ungenutzte öffentliche Liegenschaften einem unmittelbaren Privatisierungsdruck unterwirft. Ein 'Paradebeispiel' dafür ist das 'Haus Bethanien'. Es wurde oben bereits kurz angesprochen (siehe Abschnitt 2.1.1). Das ehemalige Krankenhaus im Osten Kreuzbergs wurde 1970 geschlossen und kurz danach besetzt. Trotz der gewaltsamen Räumung durch die Polizei verhinderten Bürgerinitiativen den Abriss des Gebäudes. In den folgenden Jahren gründeten sich im Bethanien zahlreiche soziale und kulturelle Einrichtungen. 2004 stand das ehemalige Krankenhaus ganz oben auf der Privatisierungsliste der Bezirksregierung – angeblich auf Grund der hohen Haushaltskosten.[93] Doch zeigt sich bei genauerem Hinsehen, dass ein hoher Anteil dieser Kosten aus den sogenannten budgetunwirksamen oder kalkulatorischen Kosten besteht. Tabelle 2 bildet in der ersten Säule die tatsächlichen Bewirtschaftungskosten für das Haus Bethanien ab, Säule zwei zeigt die Bewirtschaftungskosten plus die kalkulatorischen Kosten auf Grundlage des Barwertes laut Verkehrswertgutachten von 2004, Säule drei zeigt die Bewirtschaftungskosten unter Marktbedingungen, d.h. inklusive der kalkulatorischen Verzinsung auf Grundlage des Verkehrswertes von 2,6 Mio. Euro und Säule vier bildet die Privatisierungsrechnung mit den kalkulatorischen Kosten auf Grundlage des (absurden) Buchwertes von 32 Mio. Euro ab.[94]

Tabelle 2: Auswirkungen der Privatisierungsrechnung anhand des Bethanien-Hauptgebäudes

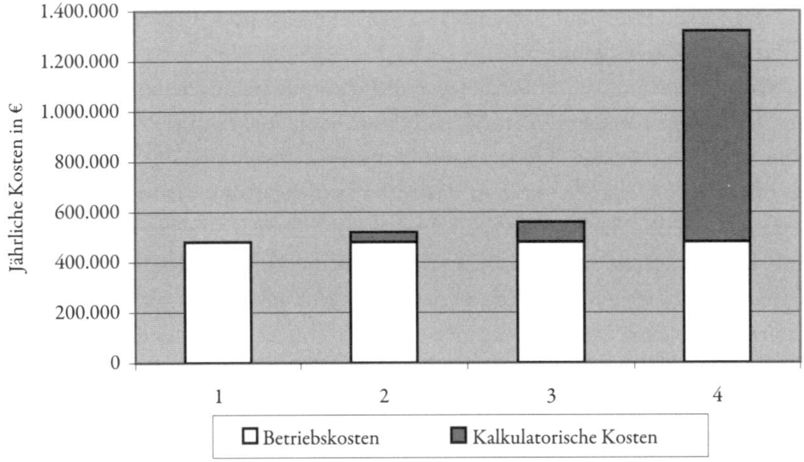

Tabelle 3: Auswirkungen der kalkulatorischen Kosten anhand ausgewählter Objekte

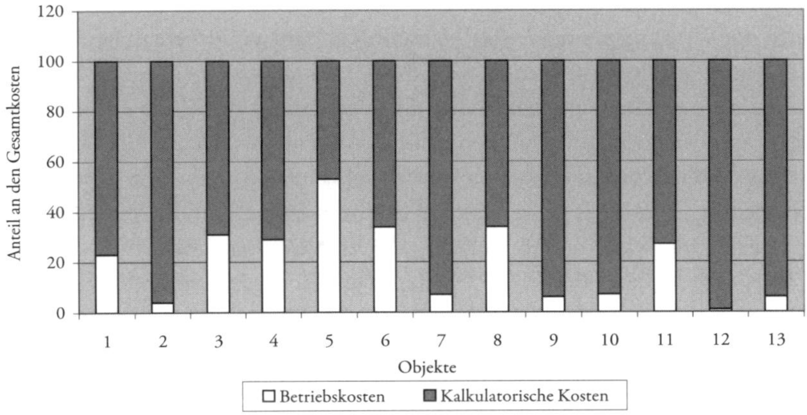

Für viele andere Berliner Objekte lässt sich gleiches zeigen. Die Tabelle 3 bildet das Verhältnis von Bewirtschaftsungskosten zu kalkulatorischen Kosten für 13 ausgewählte Liegenschaften ab, von denen einige auch als mögliche Standorte für das Soziale Zentrum im Gespräch waren – freilich ohne Ergebnis. Die Säulen in der Tabelle 3 beziehen sich der Reihe nach auf: (1) die Kastanienallee 82, (2) das Nachbarschaftsheim Urbanstraße, (3) das Georg-von-Rauch-Haus, (4) das Pestalozzi-Fröbel-Haus, (5) das Familienzentrum Waldemarstraße, (6) das Ballhaus Naunynstraße, (7) die Waldorfschule Ritterstraße, (8) die Kita Cuvrystraße, (9) den Spielplatz Luckauer Straße, (10) die Turnhalle der Zille Grundschule, (11) das Gesundheitsamt Urbanstraße, (12) Schwimmbad Prinzenstraße und (13) die Kurt-Held-Schule.[95]

Nicht zuletzt auf Grund der Besetzung des Bethanien durch das „Wohn- und Stadtteilprojekt Yorckstraße" im Mai 2005 konnten die aktuellen Privatisierungspläne des Bezirks Friedrichshain-Kreuzberg zumindest vorerst durchkreuzt und das öffentliche Gebäude vor dem Verkauf an einen privaten Investor bewahrt werden.[96] Die Besetzung kam auch der Initiative für ein Soziales Zentrum zugute, die die Räume im Bethanien seitdem mitnutzt. Die Initiative „Zukunft Bethanien", die gegen den Verkauf der Immobilie protestiert, stellt fest: „Die rote-rote Koalition konstruiert einen Privatisierungszwang, der eine Nutzung eigener Gebäude nicht mehr zulässt." Die Gruppe argumentiert, dass „der durchschnittliche Anteil der budgetunwirksamen oder kalkulatorischen Kosten an den Gesamtkosten für die Objekte (...) bei etwa 70 Prozent (liegt) – kein Wunder, daß der Ausverkauf Berlins ansteht. Dieser ist allerdings bewußt konstruiert, das Gerede von 'Sozialer Stadt' entpuppt sich als pure Heuchelei."[97]

Am Beispiel der Verwaltungsreformen im Bezirk Friedrichshain-Kreuzberg wird die Wirkungsweise von NPM-Techniken sehr gut deutlich. Erstens hat der Bezirk mit der Einführung des Globalhaushaltes zwar ein hohes Maß an Autonomie erhalten. Die politischen EntscheidungsträgerInnen und die VerwaltungsmitarbeiterInnen können selbstständig entscheiden, wie viel Mittel für welche Maßnahmen aufgewendet werden sollen. Doch agieren sie dabei unter den Bedingungen einer permanenten Mittelverknappung. „Die Gesamtsumme für die Bezirke wird von Jahr zu Jahr gekürzt. Sie wissen ja wie die finanzielle Situation des Landes Berlin ist."[98] Anstatt jedoch gegen den rigiden Sparkurs des Senats zu protestieren, macht sich der Bezirk die Sparpolitik zu eigen. Denn Autonomie in der Haushaltsplanung heißt auch, mit dem 'eigenen Budget' effizient und sparsam zu wirtschaften. In der Wahrnehmung des Bezirks kommen die Sparauflagen nicht 'von oben', sondern müssen selbstverantwortlich entschieden und durchgeführt werden. Die Verknappung der Haushalte auf Landesebene gibt sich dabei den Schein von wissenschaftlicher Neutralität und logischer Stringenz. Denn über die notwendigen Mittel wird nicht etwa explizit politisch entschieden, sondern die Haushalte werden über die Feststellung eines Medians mathematisch errechnet. Mit diesem Verfahren wird zugleich sichergestellt, dass die Globalhaushalte der Bezirke kontinuierlich verknappt werden – eine Dilemma-Situation, die sich die MitarbeiterInnen in den Bezirksregierungen und kommunalen Verwaltungen offenbar überhaupt nicht bewusst machen: Haushaltet der Bezirk schlecht und liegt mit seinen Ausgaben über dem errechneten Median, so werden ihm budgetunwirksame Kosten vom Haushalt abgezogen. Hat er dagegen 'gut gewirtschaftet' und bleibt bei der Bereitstellung der 'Produkte' unter dem Median, so sinkt auch der errechnete Mittelwert zur Finanzierung der Produkte und der Bezirk trägt sogar noch zur Verknappung des nächsten Haushalts aller Bezirke bei.

Zweitens erzeugt die mit einem unglaublichen bürokratischen Aufwand durchgeführte akribische Erfassung der Arbeitszeiten und Personalkosten, die zur Bereitstellung der einzelnen Produkte aufgewendet werden, bei den politischen EntscheidungsträgerInnen und bei den VerwaltungsmitarbeiterInnen einen grundlegenden Bewusstseinswandel. Die an monetären Größen gemessene Rationalität und Effizienz von Verwaltungshandeln wird in das Alltagsbewusstsein der MitarbeiterInnen eingelassen. Margit Köhler, die in Friedrichshain-Kreuzberg die Implementierung der KLR verantwortlich geleitet hat, erzählt im Interview, dass es

> „[...] schon eine Riesenumstellung (war), als wir mit der Kostenrechnung angefangen haben und dann jeder die Arbeitszeit erfassen und aufschreiben musste. Und dann auch alle Kosten, die anfallen, nach Möglichkeit Produkten zuzuordnen. Das hat schon ein großes Umdenken und erstmal auch große Unruhe verursacht. Inzwischen ist das völlig normal. (...) Es haben eben wirklich auch Veränderungen in den Denkprozessen und im ganzen Bewusstsein stattgefunden."[99]

Bei Michel Foucault wird genau dieser Effekt im Rahmen der Studien zur 'Gouvernementalität' als eine Einlassung von Kontroll- und Herrschaftsmechanismen in die Subjekte selbst beschrieben (siehe: Bröckling et al. 2000; Foucault 2000b; Foucault 1994). Gerade weil die Kontrolle nicht von außen, sondern als Selbstkontrolle durch die MitarbeiterInnen eingerichtet ist, wird die Unterwerfung der eigenen Tätigkeit unter betriebswirtschaftliche Kriterien nicht mehr als Fremdbestimmung, sondern als eigenverantwortliches und quasi-natürliches Handeln wahrgenommen.

Drittens zeigt sich, dass Projekte und Maßnahmen, die sich 'nicht rechnen', im Ergebnis vom Zugang zu öffentlichen Mitteln strukturell ausgeschlossen oder zumindest benachteiligt werden. Dies ergibt sich logisch aus den durch die NPM-Techniken erzeugten finanzpolitischen Handlungsrationalitäten. Wenn etwa der Unterhalt und die kalkulatorischen Zinsen für ungenutzte öffentliche Gebäude dem Bezirk vom Haushalt abgezogen werden und dieser in der Folge sein Raumkontingent auf ein Minimum verknappt, stehen schon allein deswegen zahlenmäßig weniger Liegenschaften überhaupt nur zur Verfügung. Für die noch vorhandenen öffentlichen Liegenschaften wird der Zugang eng an betriebswirtschaftliche Kriterien geknüpft: Kann der Nutzer oder die Nutzerin die Unterhaltskosten aufbringen? Ist er oder sie finanziell in der Lage, auch den vom Bezirk zu erwirtschaftenden Mietzins aufzubringen? Über diese scheinbar neutralen ökonomischen Kriterien, die zunächst einmal alle potentiellen NutzerInnen betreffen, setzen sich indirekt auch politische Präferenzen durch, die eine spezifische (politische) NutzerInnengruppe strukturell ausschließen: Marktfähigkeit ist in der Regel an ein Minimum an politischen Konformismus und die Bereitschaft zu einer konstruktiven Systemintegration geknüpft. Projekte, die nicht-kommerziell operieren oder sich der kapitalistischen Verwertungslogik gar ausdrücklich entziehen wollen, 'verkaufen sich' eben schlecht oder gar nicht und sind bei einer an NPM-Kriterien gebundenen Nutzung öffentlicher Ressourcen dementsprechend deutlich benachteiligt.

Auf Grundlage der mit den NPM-Reformen implementierten Kriterien und Verfahren konnte sich der Bezirk im Konflikt um das Soziale Zentrum daher gegen die Vergabe eines öffentlichen Raumes entscheiden, ohne dies explizit politisch begründen zu müssen. Streng genommen ergibt sich die Entscheidung automatisch bei der Befolgung der durch die NPM-Techniken vermittelten Logik. Polemisch und etwas überspitzt lässt sich sagen, dass sich die Verweigerung eines öffentlichen Raumes für die Initiative für ein Soziales Zentrum am Median errechnen lässt. Dass die ökonomische Entscheidung in der Tat eine zutiefst politische Entscheidung ist, mag vielen Beteiligten auf Seiten des Bezirks vielleicht gar nicht bewusst sein. NPM ist daher nicht so sehr eine Verwaltungs-, sondern vielmehr eine Herrschaftstechnik. Die Perfidität des NPM liegt vor allem in ihrem 'erzieherischen Charakter': Im Sinne Foucaults werden ökonomische Handlungsrationalität direkt in die Subjekte eingelassen. NPM hat darüber hinaus einen hoch ideologischen Charakter, denn es spiegelt Neutralität, Sachzwänge und wissenschaftliche Stringenz vor, wo tatsächlich zutiefst politische und kontingente Entscheidungsprozesse in Interessen- und Klassenkonflikten ablaufen. Schließlich erzeugen NPM-Techniken einen indirekten, aber sehr wirksamen Ausschluss aller nicht-marktkonformen Projekte vom Zugang zu öffentlichen Ressourcen.

2.2.3 Städtische soziale Bewegungen und der Kampf um offene Räume in Berlin

Im dritten Unterkapitel dieses Teils beschäftige ich mich nun noch einmal genauer mit der Initiative für ein Soziales Zentrum bzw. mit ihrer 'Einbettung' in das lokale Geflecht außerparlamentarischer Politik. Nachdem ich oben bereits die polit-ökonomischen Bedingungen diskutiert habe, unter denen die stadtpolitischen Akteure in Berlin gegenwärtig handeln (müssen), gehe ich hier zunächst auf einen Aspekt ein, der bislang zu kurz gekommen ist, aber gerade für Berlin besondere Bedeutung hat: die Ebene symbolischer Stadtpolitik. Im Anschluss daran frage ich, aus welchen Bewegungsströmungen heraus die Initiative für ein Soziales Zentrum ihre Kampagnenpraxis zwischen 2001 und 2005 entwickelte. Abschließend beschäftige ich mich mit der Frage, unter welchen strukturellen d.h. historisch-systematischen stadtpolitischen Beschränkungen soziale Bewegungen wie die Initiative für ein Soziales Zentrum in Berlin agieren (müssen).

2.2.3.1 Symbolische Stadtpolitik als Bedingungsfeld für Lokalpolitik 'von unten'

Symbolische Stadtpolitik richtet sich in Berlin seit dem Fall der Mauer in hohem Maße an der herrschaftlichen Umstrukturierung des Berliner Stadtraums aus, an seiner Besetzung mit national-staatlichen Symbolen und der Inszenierung kontrollierter Konsumräume.[100] Am besten verkörpert dies die Person von Jörg Schönbohm (CDU), der Anfang der 90er Jahre als Bundeswehrgeneral mit der Eingliederung der ehemaligen NVA-Truppen in die Bundeswehr betraut war, sich von 1996 bis 1998 als Berliner Innensenator um Stil und Ästhetik der neuen Hauptstadt Gedanken machen durfte und danach Innenminister des Landes Brandenburg wurde. Er äußerte zur Symbolpolitik Berlins: „Die Architektur der Berliner Mitte muß das Spannungsverhältnis von Geist, Macht und Moral ausdrücken. (...) Berlin ist mehr als die Summe der Kieze und als Hauptstadt auch die sichtbare Repräsentation der deutschen Nation." (zitiert nach Siemons 1998)

Ganz ausdrücklich geht es hier a) um die Funktionalisierung und Herrichtung des Berliner Stadtraums zu einem materiellen Herrschaftssymbol. Und dabei kommen b) auch auf einer diskursiven Ebene die Mittel der symbolischen Politik zum Einsatz:

> „Denken Sie einfach daran, was der Schönbohm vor einigen Jahren über Kreuzberg gesagt hat: 'Ich fühle mich nicht mehr in einer deutschen Stadt.' Daß kein deutscher Politiker die Frage gestellt hat: Wie fühlt man sich in einer deutschen Stadt? Das

wurde gar nicht mehr diskutiert. Was ist das? Und das ist natürlich, wenn Sie so wollen, ein substanzloser, emotionaler Satz, der aber sofort gezeigt hat, wie symbolische Politik funktioniert. Es wurde plötzlich über alles mögliche diskutiert. Und niemand hat die einfache Frage gestellt: Warum? Wie sollte man sich in einer deutschen Stadt fühlen? Was ist dieses Gefühl, das ihm fehlte?"[101]

Mit Bezugnahme auf MigrantInnen und subkulturelle Szenen stellte der CDU-Fraktionschef Klaus Landowski (CDU) am 28. Februar 1997 in einer Rede vor dem Abgeordnetenhaus fest, dass „dort, wo Müll ist, Ratten sind und dass dort, wo Verwahrlosung herrscht, Gesindel ist." Dies müsse beseitigt werden (Berlinische 1997: 103). Klarer lässt sich das ideologische Programm und der materielle Repressions- und Verdrängungscharakter der symbolischen Inszenierung der 'Berliner Republik' und des wiedervereinigten Deutschlands – materiell und diskursiv – wohl kaum in Worte fassen.

Das Abgleiten des wiedervereinigten Deutschlands in eine militarisierte, ordnungsstaatlich-autoritäre und aggressiv-konkurrenzförmige Normalität, deren historische Wurzeln in den Nationalsozialismus und weit darüber hinaus zurückreichen, hat seinen Ausdruck auch auf der Ebene symbolischer (Stadt-) Politik gefunden. Anders formuliert: Das Projekt des 'Neuen Deutschlands' wird durch die symbolpolitische Neuordnung des Berliner Stadtraums flankiert und nicht zuletzt auch auf dieser Ebene durchgesetzt. Gegenwärtig bildet diese 'Bühne der Macht' die Arena, in der die politischen und sozialen Kämpfe und Konflikte in und um den Berliner Stadtraum stattfinden.[102]

„Gemeint ist der Prozeß der symbolischen Transformation eines Stadtraums, seiner Gebäude, seiner Kultur und Gesellschaft zur Bühne nationaler und internationaler Politik. Denn der Regierungsumzug von Bonn nach Berlin mit all seinen ökonomischen, sozialen, kulturellen und politischen Begleitumständen ist in eine symbolische Politik der Umgestaltung eingebettet. An Bühne und Theaterstück wird dabei gleichzeitig gearbeitet: Es werden zum einen große und kleine Erzählungen der 'Berliner Republik' entworfen, und zum anderen wird ein modifiziertes Bild der Stadt kreiert und zugleich auf die symbolische Transformation des Stadtraums hingewirkt. Regierungsumzug und Hauptstadtwerdung wirken zugleich in alle politischen Handlungsfelder der Stadt hinein und bilden einen neuen Bezugsrahmen für die verschiedensten Bereiche städtischer Politik." (Becker/Binder 2001: 113)

Das wohl eindrucksvollste Beispiel für die stadträumliche Repräsentation der neuen deutschen Mächtigkeit ist der Bau des Berliner Regierungsviertels. Mit dem Ausbau des historischen Reichstagsgebäudes gleich neben dem Brandenburger Tor durch den britischen Stararchitekten Sir Norman Foster, dem Bau eines geradezu übermächtig wirkenden Kanzerlamtes und der Errichtung riesiger Abgeordnetengebäude und zugeordneter Funktionseinheiten entlang des Spreeufers ist mitten in der Berliner Innenstadt eine herrschaftliche Trutzburg entstanden, die ihresgleichen sucht. Die kühlen Glas-Stahlkonstruktionen sollen beim Betrachter und bei der Betrachterin ein Gefühl von Transparenz erzeugen, wartende TouristInnenmassen vor dem Reichstag sind die scheinbare Bestätigung für die (vorgebliche) Bürgernähe. Das Gegenteil ist der Fall. Tatsächlich gleicht das Regierungsviertel einem Hochsicherheitstrakt. Die Polizeidichte dürfte nirgends in Deutschland so hoch sein, wie in der Berliner Innenstadt. „Sondertruppen wie die 'Bundestagspolizei' oder die 'Sicherheitsstaffel Bundesregierung' sind, neben geheimdienstlicher Absicherung, für das Regierungsviertel auf- bzw. ausgebaut worden." (Eick 1998a) Abgeordnete und parlamentarische MitarbeiterInnen verkehren in unterirdischen Tunnelsystemen zwischen den Gebäudeeinheiten, so dass jeder Kontakt zur Außenwelt vermieden werden kann. Kulturelle und soziale Mega-Events wie die Verhüllung des Reichstagsgebäudes durch die AktionskünstlerInnen Christo und Jeanne Claude im Sommer 1995 oder 'Tage der offenen Tür' sollen die bauliche Umstrukturierung und symbolische Neubesetzung der Berliner Innenstadt in die Gesellschaft hineinvermitteln und eine Verankerung in der 'Mitte der Gesellschaft' bewirken.

So wie das neue Regierungsviertel auf der politischen Ebene im engeren Sinne als Symbol für die wiedergewonnene staatliche Souveränität Deutschlands gelten kann, wurden Orte wie der Potsdamer Platz und die Friedrichstraße nach der Wende zu einer Bühne für die Inszenierung von Luxus und Konsum: Städtebauliche Symbole der Aufwertung Berlins zur (vermeintlichen) europäischen Wirtschaftsmetropole. Hier wird der Produktion und Konsumtion von Massengütern und kulturindustriellen Dienstleistungen ein Charakter von Exklusivität verliehen. Um den KonsumentInnen auf der ideologischen Ebene das Gefühl von persönlicher Distinktion und Individualität zu vermitteln, ist die symbolisch-materielle Inszenierung des Konsumraums mindestens ebenso wichtig wie die Inszenierung der Produkte selbst. Denn notwendigerweise stößt die Stilisierung von Exklusivität stets auf den Widerspruch des faktischen Massencharakters von Konsum (siehe auch Prokla 2005b). „The extension of mass consumption makes matter of distinction more complicated. (...) Thus, spaces of controlled circulation (such as shopping centers) come to assure that distinction and separation are still possible in public." (Caldeira 2000: 319) Je austauschbarer das Produkt desto exklusiver müssen der Konsumraum und -prozess gestaltet werden. „Die schicken, pseudo-öffentlichen Räume von heute – Luxus-Einkaufspassagen, Bürozentren, Kulturakropolen usw. – sind voll unsichtbarer Zeichen, die den 'Anderen' aus der Unterschicht zum Gehen auffordern." (Davis 1999: 262) Die ständige und durchaus sichtbare Überwachung durch Videokameras und private Sicherheitsdienste soll den KundInnen ein Gefühl von Sicherheit vermitteln. Unerwünschte Gruppen wie BettlerInnen, DrogenkonsumentInnen oder Straßenmusikerlnnen, die sich dennoch in die Shopping Malls und Einkaufspassagen 'verirren', werden von den Sicherheitsdiensten aus den Konsumräumen verwiesen. Rechtliche Grundlage dazu bildet die private Hausordnung der Mall-Betreiber (Glasze 2001).

Sowohl im Regierungsviertel als auch auf den Bühnen des Konsums versuchen „Archipele des kontrollierten Erlebens (...) die Atmosphäre und das Image eines traditionellen Stadtplatzes zu erzeugen, der gemeinhin mit Kommunikation, Öffentlichkeit und Spektakel gleichgesetzt wird." (Ronneberger 1998: 3) Doch gerade durch den Versuch der Kontrolle von offenen Räumen und der Herstellung von Exklusivität wird ein konstitutives Merkmal urbaner Öffentlichkeit komplett konterkariert: die Begegnung und der Austausch fremder Menschen unter- und miteinander (vgl. Sennett 2002: 60 ff.). Für die Berliner Umstrukturierungen der 1990er Jahre stellt Beate Binder deswegen fest,

> „dass die unterschiedlichen Stadträume immer stärker als Bühnen für ausgewähltes Publikum definiert werden. Sei es für die politische Inszenierung der Bundesrepublik, sei es für bestimmte legitime Interessenvertretungsgruppierungen, oder sei es, wie am Potsdamer Platz, für eine bestimmte Konsumwelt, die sich dort darstellen und flanieren darf und andere dürfen eben dort nicht mehr so unbedingt sein."[103]

Nicht alle subkulturellen Milieus werden dabei gleichermaßen aus dem öffentlichen Stadtraum verdrängt. Neben der unverhohlenen und selbstbewussten Präsentation politischer Macht sind bestimmte 'Szenen' durchaus erwünscht: auf den 'Nebenbühnen' spielt die Loveparade, der Christopher Street Day, die Club-, Party- und Modeszene. Sie alle haben wirtschaftliche Innovationsfunktion, leisten einen Beitrag zur Konstruktion des Berliner Metropolen-Image, erweisen sich als funktional für die Tourismusindustrie und bieten dabei nur geringe Anknüpfungspunkte für eine alternative (Stadt-)Politik. Dagegen werden explizit politische Projekte und Initiativen wie besetzte Häuser, Wagenburgen, Graffity-KünstlerInnen mit ihrer nicht musealisierbaren Kunst oder freie Radiosender, deren Profil und Anspruch sich kaum in das neue Hauptstadtbild und -image einfügen, systematisch ausgegrenzt und kriminalisiert. Auch die Initiative für ein Soziales Zentrum fällt in die zuletzt genannte Gruppe und hatte sich in dem skizzierten, für ihr Anliegen denkbar ungünstig konfigurierten, symbolpolitischen Rahmen zu bewegen.

2.2.3.2 Bewegungsströmungen in der Initiative für ein Soziales Zentrum

In der Initiative kommen (wie im Chronikteil weiter oben schon angedeutet) mindestens vier Bewegungsströmungen zusammen, die sich aus je unterschiedlichen Bewegungsgeschichten und -traditionen und damit auch Praxiserfahrungen speisen: a) HausbesetzerInnen und Freiraum-AktivistInnen, b) (Post-)Autonome, c) GlobalisierungskritikerInnen und d) Erwerbslosenbewegte. An bestimmten Punkten und Personen überlappen sich diese vier Spektren, während sie sich in anderer Hinsicht zu widersprechen oder gar auszuschließen scheinen. Dennoch kamen sie aus unterschiedlichen Gründen, auf die ich im Folgenden näher eingehe, in der Initiative für ein Soziales Zentrum zusammen.

Die globalisierungskritische Bewegung

In gewisser Weise kann die globalisierungskritische Bewegung, die sich Ende der 1990er Jahre formierte, vielleicht als eine Fortführung und gleichzeitig als eine Transformation der 'klassischen' Internationalen Solidarität des 20. Jahrhunderts betrachtet werden. „There is another force in the world today, a 'second superpower' as the New York Times dubbed it, which has powerfully challenged the logics and practices of capitalism, war, corporate democracy, and commodity identity and which thrives and grows still," wie Eddy Yuen feststellt (Yuen 2004: vii).[104] Einen Kristallisationspunkt dieser Transformation stellte der Aufstand der Zapatisten in Chiapas, einer Provinz im Südwesten Mexikos, im Januar 1994 dar. Der bewaffnete Aufstand der EZLN bezog sich ausdrücklich auf das Inkrafttreten des Nordamerikanischen Freihandelsabkommens (NAFTA). Doch im Gegensatz zu anderen bewaffneten Befreiungsbewegungen setzte die Zapatistische Guerilla vor allem (auch) auf globale Kommunikation: Sie organisierte sogenannte 'intergalaktische Encuentros' (Zusammenkünfte) und nutzte moderne Kommunikationsmedien (Internet, E-Mail), um eine permanente weltweite Vernetzung und Repräsentation ihres Widerstandes zu erreichen.

Auch in Europa und Nordamerika war diese Neuorientierung internationalistischer Politik schon früh deutlich zu beobachten. Bereits 1987 fanden in West-Berlin Demonstrationen und Blockaden gegen den Gipfel des IWF (Internationalen Währungsfonds) statt, an denen sich Zehntausende DemonstrantInnen beteiligten. Ziel war es, die 'DrahtzieherInnen' des globalen kapitalistischen Systems und seine Institutionen und Strukturen auch in den vermeintlichen Ruhezonen der Reichtumsmetropolen zu belästigen. In den Gipfelmobilisierungen fanden verschiedene Teile der neuen sozialen Bewegungen insbesondere der Dritte Welt-/Eine Welt-Bewegung und der Gewerkschaften eine wichtige Kontinuität.[105] Viel Aufmerksamkeit erzielten die Proteste vor allem durch neue Aktionsformen, die von Gruppen und Aktionsformen wie Reclaim the Streets in Großbritannien und dem Direct Action Network in Seattle 1999 inspiriert wurden.[106]

Ebenfalls neu waren die 'globalen Aktionstage', die anlässlich des G8-GipfelS 1998 in Köln sowie in mehr als 40 verschiedenen Ländern zu Protesten und Aktionen führten. Im Hinblick auf die massenmediale Wirkung bildeten die Proteste anlässlich der WTO-Ministerkonferenz 1999 in Seattle den Durchbruch der Globalisierungsbewegung. Zahlreiche Demonstrationen, Straßenblockaden und Straßenschlachten ('Battle of Seattle') machten die Eröffnung des Gipfels zu einer Gespensterveranstaltung vor leeren Rängen. Den ungeahnt lebendigen Protesten schlug eine ungeahnte (aber nicht überraschende) Polizeigewalt entgegen. Die massenmediale Repräsentation wurde erstmals quasi erzwungen durch die globale Berichterstattung über das Internet in Nachrichten-Netzwerken wie z.B. Indymedia. Nach weiteren mehr oder weniger spektakulären Gipfelmobilisierungen kam es im Jahre 2001 beim EU-Gipfel in Göteborg zu ersten scharfen Schüssen auf DemonstrantInnen. Beim G8-Gipfel in Genua im selben Jahr gab es systematische Entrechtungen mit Foltercharakter in den Gefängnissen der Polizei und mit Carlo Giuliani den ersten Toten durch Polizeischüsse.

Die globalisierungskritische Bewegung reflektierte ihre 'Reisepolitik' – und den Umgang mit der Gewalt, die ihr auf den Gipfelprotesten zunehmend entgegenschlug – durchaus kritisch. Dabei bekamen diejenigen Positionen Auftrieb, die eher für einen gipfelunabhängigen Prozess stritten: Als eine mögliche Antwort auf die Probleme der Bewegung bot sich die Gründung von Sozialforen auf lokaler, regionaler und globaler Ebene an. So wurde die Sozialforumsstruktur schnell zum zweiten Standbein der globalisierungskritischen Bewegung. Diese fand damit eine Strategie, nicht nur auf die terminlichen und inhaltlichen Vorgaben der politischen und ökonomischen Eliten zu reagieren, sondern in einem selbstbestimmten Prozess eine eigene Agenda aufzustellen. Ausgehend vom Weltsozialforum in Porto Alegre 2001 entwickelten sich die Foren auf kontinentaler Ebene (Europäisches Sozialforum) und dann auf regionaler und lokaler Ebene weiter. Die Initiative für ein Berliner Sozialforum wurde drei Monate nach dem Europäischen Sozialforum in Florenz 2002 gegründet (siehe Abschnitt 2.1.1). So erhielt auch in Berlin die oft als virtuell bezeichnete Reisepolitik der Gipfelmobilisierungen eine kontinuierliche politisch-soziale Struktur, der jetzt nur noch ein Ort fehlte, um regelmäßige Treffen abhalten und Veranstaltungen durchführen zu können. Damit ergab sich aus den Berliner Teilen der globalisierungskritischen Bewegung organisch der Wunsch nach und das Engagement für ein Soziales Zentrum: So sollte ein kollektiver Prozess von der Virtualität der Homepages und E-Mail-Listen in die Realität eines sozialen Ortes überführt werden, wo endlich auch physisch konkret und lokal zusammenkommen sollte, was virtuell, spontan und global schon länger miteinander in Zusammenhang stand.

(Post-)Autonome

Bereits in den 1980er Jahren engagierten sich viele Autonome in internationalistischen Kampagnen (z.B. die IWF-Kampagne vor 1987) und fanden in den 1990er Jahren im 'neuen Internationalismus' der globalisierungskritischen Bewegung einen wichtigen Anknüpfungspunkt. Zudem hatten die Alltagskämpfe um den städtischen Raum der 1980er und 1990er Jahre das Politikverständnis vieler Autonomer geprägt. Die Kampagne für ein Soziales Zentrum, mit ihrem 'globalisierungskritischen Rückrat', stand also gleich in mehrfacher Hinsicht in der 'Tradition' autonomer Politik der 1980er Jahre. Es kann daher nicht überraschen, dass viele Einzelpersonen und Gruppen, die sich dem autonomen Spektrum zuordnen, oder in Gruppen engagiert sind, die sich als post-autonom bezeichnen (z.B. felS, ALB), von Beginn an für ein Soziales Zentrum engagierten. Dabei brachten sie einerseits ihre Bedürfnisse nach einem politischen Ort und andererseits ihre Erfahrungen aus vergleichbaren Auseinandersetzungen mit. Die prominentesten Beispiele solcher autonomen Zentren in Berlin bilden das Köpi in der Köpenicker Straße in Friedrichshain-Kreuzberg, die Yorck 59 (ehemals in Westen Kreuzbergs ansässig und nun im Haus Bethanien) und der Mehringhof in Friedrichshain-Kreuzberg.

Allgemein gesprochen setzt sich die sogenannte autonome Szene aus Mitgliedern antiautoritärer, radikal-libertärer, basis-demokratischer, sozial-revolutionärer und tendenziell eher anarchistischer Zusammenhänge zusammen.[107] Selbst- und Fremdbezeichnung fallen nicht weit auseinander – sie unterscheiden sich allenfalls in der positiven bzw. negativen Wahrnehmung des Begriffes 'autonom'. Etymologisch geht dieser auf zwei Wurzeln zurück: zum einen auf die 'Selbst-Gesetzgebung' im Sinne des alt-griechischen Wortursprungs; zum anderen auf die Autonomia der italienischen Operaisten.[108] Autonome Gruppen haben in der Regel keine festen und/oder transparenten Organisationsprinzipien. Sie stehen in unterschiedlich engen Verbindungen miteinander und bilden eher netzwerkartige Strukturen. Zentral für autonome Praxis sind selbstbestimmte und solidarisch geprägte Freiräume, in denen emanzipative Vergesellschaftung schon im noch herrschaftlich geprägten Hier und Heute beginnen soll. Die Umgangsformen neigen eher zu ironischem Umgang mit Dogmen als zu deren Produktion. Anders als für die italienische Autonomia steht der Operaismus nicht im Zentrum von Theorie und Praxis der bundesdeutschen autonomen Bewegungen.

Das erste Autonomen-Plenum bildete sich im Sommer 1980 in Berlin. Ohne hier eine komplette Geschichte dieser Bewegung leisten zu können, ließe sich zusammenfassen, dass die alten Autonomen in den verschiedenen Teilbereichsbewegungen aufgingen, die sich Ende der 1980er herausbildeten, sich danach in den 1990ern ausdifferenzierten und im Umfeld der globalisierungskritischen Bewegung zu Beginn des neuen Jahrtausends wieder zusammenkamen. Aufgrund der mit vielen Brüchen versehenen Entwicklungen der letzten eineinhalb Jahrzehnte gibt es nicht wenige, die zwar einen mit den klassischen Autonomen vergleichbaren Praxisstil an den Tag legen, mit dem Autonomen-Label auch kokettieren, die 'alten Autonomen' aber an vielen Punkten deutlich kritisieren. Für dieses schwer zu klassifizierende Spektrum bietet sich die Bezeichnung 'Post-Autonome' an.

Vor allem die post-autonome Gruppe felS steht für den Teil der autonomen Bewegung in Berlin, der sich gruppen-intern ausdifferenzierte (mit Arbeitsgemeinschaften zu den Themen internationale Solidarität, Anti-Faschismus, Sozialpolitik und einer eigenen Zeitschriftenredaktion), sich in den letzten Jahren aber entlang der 'sozialen Frage' im Hinblick auf Problemanalyse und Praxisausrichtung nach innen und nach außen in die breiter verstandenen sozialen Bewegungen integrierte. Belege hierfür bieten das Engagement im Rahmen der europaweiten 'Mayday'-Kampagnen und die Beteiligung am Berliner linksradikalen Sozialbündnis Act!. Und eben auch die Orientierung auf und wenigstens zeitweise Mitarbeit in der Initiative für ein Soziales Zentrum.

HausbesetzerInnen und Freiraum-AktivistInnen

Kämpfe um 'offene Räume' und für ein 'selbstbestimmtes Leben' haben in Berlin eine lange Tradition mit vielen konjunkturbedingten Höhepunkten. Für Berlin lassen sich diese zu Beginn der 1970er Jahre, zu Beginn der 1980er Jahre und zu Beginn der 1990er Jahre ausmachen – unter je unterschiedlichen Rahmenbedingungen und mit Schwerpunkten in unterschiedlichen Bezirken.

In den ersten beiden Phasen hatte der Bezirk Kreuzberg noch den Status eines vernachlässigten Randbezirks Westberlins[109] – im Norden und Osten von der Mauer abgeschlossen. Symbolisch und bewegungsgeschichtlich war zu Beginn der 1970er-Jahre der Konflikt um das Haus Bethanien prägend: ein ehemaliges Krankenhaus im Osten Kreuzbergs, das im Jahr 1970 stillgelegt worden war. Das ehemalige Schwesternwohnheim des Bethanien wurde unter dem Namen Georg-von-Rauch[110]-Haus besetzt. Die Rockgruppe 'Ton Steine Scherben' schildert in ihrem Lied 'Rauch-Haus-Song' die gewaltsame Räumung durch die Polizei aus Sicht der BesetzerInnen. Trotz der Räumung wurde der Abriss Anfang der 1970er Jahre von Bürgerinitiativen verhindert. In den folgenden Jahren gründeten sich in dem Gebäudekomplex mehr als 25 soziale und kulturelle Einrichtungen. Über lange Zeit befand sich im Bethanien die einzige auf türkischsprachige Literatur spezialisierte Bibliothek Berlins.

Ab Ende der 1970er formierte sich dann im Zuge der Berliner Flächensanierungspläne eine neue Generation von HausbesetzerInnen. Die Pläne des Senats sahen den Abriss ganzer Altbau-Straßenzüge vor, in denen schon damals überwiegend MigrantInnen, sozial Benachteiligte und Studierende wohnten. Stattdessen sollten Trabantensiedlungen aus Beton entstehen ('Kahlschlagsanierung'), wie es z.B. auf der Westseite des Kottbusser Tor geschah (zur Sanierung und Stadt'erneuerung' in Berlin vor 1989 siehe Becker/Schulz zur Wietsch 1982; Bodenschatz 1987; zur neueren Entwicklung ab 1990 siehe Häußermann/Kapphan 2000). Die HauseigentümerInnen spekulierten auf hohe Verkaufspreise für ihre Grundstücke und ließen die mehr oder weniger gut erhaltenen Altbauten oftmals gezielt verfallen. In dieser Situation gewannen BesetzerInnen mit sogenannten 'Instandbesetzungen' viel Sympathie bis weit ins Westberliner bürgerliche Lager hinein. Denn auch für die bürgerliche Mittelschicht in der ummauerten Inselstadt waren Wohnungsknappheit und hohe Mieten kein unbekanntes Phänomen. Spekulativer Wohnungsleerstand ließ sich leicht skandalisieren. Die dynamische Phase dieser zweiten Berliner Besetzungsbewegung endete im Jahre 1981, als ein Übergangssenat unter H-J. Vogel (SPD) als dem Regierenden Bürgermeister die 'Berliner Linie der Vernunft' erließ: Neu besetzte Häuser, Plätze oder Wohnungen waren innerhalb von 24 Stunden nach Bekanntwerden der Besetzung zu räumen – de facto hieß das: sofortiger polizeilicher Räumungseinsatz ohne Rücksicht auf die konkreten Umstände. Dagegen sollten bereits seit längerem besetzte Häuser nur dann geräumt werden, wenn der Eigentümer Strafantrag stellte und einen zügigen Beginn von Sanierungsmaßnahmen zusichern konnte. Damit wurde die BesetzerInnen-Szene faktisch gespalten. Diese reagierte mit der Parole 'Eine Million Sachschaden pro Räumung'. Bei Protesten gegen Räumungen geriet der Demonstrant Klaus-Jürgen Rattay am 22. September 1981 unter einen BVG-Bus, wurde überfahren und starb. Augenzeugen zufolge wurde er von der Polizei auf die Straße gedrängt, was allerdings vor Gericht keinen Bestand hatte. Danach kam es zunächst zu keinen Neubesetzungen. Von den 1981 rund

170 besetzten Häusern in Berlin wurden 78 bis zum November 1984 durch den Abschluss von Miet-, Kauf- oder Pachtverträgen legalisiert, die Restlichen geräumt (A.G.Grauwacke 2003: 36ff.).

In den verschiedenen Hausbesetzungswellen (gerade auch in Berlin) haben immer auch eher gemäßigte Fraktionen eine große Rolle gespielt, denen es darum ging, eine gerechtere, ökologischere, ungebundenere, eben 'alternative' Lebensweise in einem Verhandlungsprozess zu erreichen. Etwas schematisch lässt sich vielleicht verallgemeinern: Besetzungsszenen spalten sich meist entlang dieses strategischen Konflikts – der immer auch ein Konflikt unterschiedlicher gesellschaftspolitischer Ziele ist. Und zwar umso eher, je mehr Repression der Szene droht. Dabei verlieren beide Fraktionen – radikale und gemäßigte – große Teile ihrer (Verhandlungs-) Macht in dem Moment, in dem sie sich auseinanderdividieren lassen. Letztlich zieht sich diese historische Logik der HausbesetzerInnenbewegungen bis in die Diskussionen um die Formen der (symbolischen) Politik der Initiative für ein Soziales Zentrum. Denn auch hier stellte sich – nicht immer explizit – die Frage, ob und wie sich Aktionen des zivilen Ungehorsams wie Hausbesetzungen, militante Auseinandersetzung mit der Polizei und kooperative Verhandlungsprozesse mit den zuständigen Verwaltungsbehörden kombinieren lassen.

Die Wendezeit nach 1989 eröffnete in Berlin unerwartet neue Aktionsräume für Häuser- und FreiraumaktivistInnen. Denn für einige Monate gab es im Ostteil der Stadt keine handlungsfähige Institution des staatlichen Gewaltmonopols: Die Volkspolizei befand sich in einem informellen Prozess innerer Auflösung und war nicht mehr zu den koordinierten Großeinsätzen fähig, die nötig gewesen wären, um die Besetzungsbewegung zu stoppen. Die Polizei aus West-Berlin war wegen der unklaren Souveränitätsverhältnisse noch nicht befugt, auf Ost-Berliner Territorium einzugreifen. So wurden im Osten Berlins viele leerstehende Altbauwohnungen, ganze Häuser und sogar Straßenzüge besetzt. Allerdings setzte der rot-grüne West-Berliner Senat dem Treiben bereits im November 1990 mit der quasi-militärischen Räumung der gesamten Mainzer Straße ein mehr als symbolisches Ende (A.G.Grauwacke 2003: 251ff.). Die Berliner Linie galt ab sofort auch in Ost-Berlin. In dieser Phase bildete der Osten Kreuzbergs, nach einer alten Verwaltungsbezeichnung szenetypisch SO 36 genannt und direkt westlich der Mauer gelegen, so etwas wie den 'Transmissionsriemen' zwischen den neuen BesetzerInnenkiezen in Friedrichshain und den traditionellen Szenekiezen im ehemaligen Westen Berlins.

1996 begann der Innensenator Schönbohm systematisch gegen den Passus der Berliner Linie zu verstoßen, der die Duldung von bereits besetzten Häusern vorsah (ohne die Berliner Linie freilich offiziell außer Kraft zu setzen). Ein seit 1990 besetztes Haus wurde ohne gerichtlichen Räumungstitel auf Grundlage des 1992 neu erlassenen Allgemeinen Sicherheits- und Ordnungsgesetzes (ASOG) geräumt. Im Herbst 1996 folgten die Räumungen von mehr als einem Dutzend bereits seit langer Zeit besetzter Häuser im Osten und im Westen Berlins.[111] Spätestens zu diesem Zeitpunkt war aus der 'Berliner Linie der Vernunft' die 'Berliner Linie der Macht' geworden: Der Schutz für alte Besetzungen galt nicht mehr, die bedingungslose Räumung für neue Besetzungen wurde jedoch weiterhin vollstreckt, etwa bei den diversen Besetzungsversuchen (Michaelkirchplatz, Glogauer Str., Oranienburger Str.) der Initiative für ein Soziales Zentrum.

Anders im Falle des Hausprojekts in der Yorckstraße 59. Am 6. Juni 2005 wurde das Haus in der Yorckstraße im Westen Kreuzbergs nach einem Eigentümerwechsel geräumt. Acht Wohngruppen mit mehr als 60 Menschen, darunter elf Kinder, hatten in selbstausgebauten Fabriketagen zusammengelebt und standen nun buchstäblich auf der Straße. Auf der Projektetage hatten politische Gruppen und Initiativen gearbeitet, in der Veranstaltungsetage hatte es Treffen, Ausstellungen, Konzerte, Übungsräume für Sport- und Kindertheatergruppen sowie regelmäßig eine Bar mit 'Volxküche' gegeben. Fünf Tage nach der Räumung, am 11. Juni 2005, besetzte eine Gruppe von UnterstützerInnen die zwei Etagen im ehemaligen Krankenhaus Bethanien. Der Seitenflügel des Bethanien war bis Neujahr 2005 als Sozialamt genutzt worden und stand seitdem leer. Die 'HausprojektlerInnen ohne Haus' zogen daraufhin ein und benannten das Projekt in Anknüpfung an ihren ehemaligen Standort 'New Yorck 59'. In den Tagen um die Räumung der Yorkstraße und der Neubesetzung des Bethanien fanden an verschiedenen Orten in der Stadt unterschiedlichste Unterstützungsaktionen statt, mit denen Druck auf die Hauseigentümer und auf die politische Spitze der Bezirksverwaltung in Friedrichshain-Kreuzberg ausgeübt werden sollte.[112] Und die Berliner Linie kam nicht zum Zug: Die besetzten Etagen des Bethanien wurden nicht geräumt, die BewohnerInnen und die Projekte-Etage mit diversen Veranstaltungen und Projekträumen etablierten sich an ihrem neuen Ort. Anhaltender UnterstützerInnen-Druck begleitete die Kontaktaufnahme zwischen den BesetzerInnen und dem Bezirksamt. Auf Grund der Besetzung und eines BürgerInnenbegehrens der Initiative 'Zukunft Bethanien' wurden die Verhandlungen zwischen einem Investor und dem Bezirk Friedrichshain-Kreuzberg über den Verkauf des Bethanien unterbrochen und die bereits beschlossene Privatisierung zumindest aufgeschoben. Bis Mitte 2006 war durch Verhandlungen und das erfolgreiche BürgerInnenbegehren ein langwieriger Prozess etabliert, dessen Ende nicht absehbar ist, der eine repressive Beendigung jedoch kurz- bis mittelfristig unwahrscheinlich erscheinen lässt. So wurden die neu gewonnenen Freiräume (zwar auf prekärer Basis – aber immerhin) offen gehalten.

Auch die Offene Universität Berlin (OUBS) verwirklichte in gewissem Maße die räumliche Zusammenführung alternativer Gruppen und Projekt, wie sie von der Initiative für ein Soziales Zentrum angestrebt worden war. Die OUBS entstand während eines Studierenden-Streiks im Jahr 2003 in besetzten Räumen der Humboldt Universität Berlin. Anstatt die Universität 'nur' zu bestreiken und für den Betrieb zu schließen, begannen die studentischen AktivistInnen, ungenutzte Räumlichkeiten nach eigenen Vorstellungen zu nutzen. Durch geschicktes Agieren innerhalb der Institution Universität gelang es ihnen, im Sommer 2004 in ein komplettes bis dahin leerstehendes Seminargebäude auf dem Nordcampus der Humboldt Universtität in Berlin-Mitte, in der Nähe des Krankenhauses Charité, umzuziehen. Neben autonom organisierten Seminaren und Vorlesungen wird der Ort von sozialen und kulturellen Projekten genutzt: So probt zum Beispiel das Obdachlosentheater Ratten 07 dort und der Arbeitskreis 'Anders Leben' sucht nach Alternativen zum normalen Arbeitsleben und erforscht solidarische Ökonomien. Darüber hinaus stehen die Räume offen und werden immer wieder genutzt von Initiativen wie dem Berliner Sozialforum, der 'Initiative für soziale Mobilität' und für Workshops zu Hartz IV und zur Agenda 2010. Auch die im ersten Teil der Fallstudie erwähnte Bustour der Initiative für ein Soziales Zentrum vom Frühjahr 2005 hatte ihre abschließende Strategiedebatte in den Räumen der OUBS.

Erwerbslosenbewegte und migrantische Organisationen

Die soziale Situation in Kreuzberger Ostkiez SO36 ist durch hohe Erwerbslosigkeit (ca. 30 Prozent Arbeitslosigkeit) und unterdurchschnittliche Einkommen geprägt. Die gestiegenen Kosten für öffentliche Dienstleistungen drücken stark auf die Lebensbedingungen (knappe Kinderbetreuung, privatisierte Schwimmbäder, ein teures BVG-Sozial-Ticket, usw.). Von den sozialen Härten sind Menschen mit Migrationshintergrund in besonderem Maße betroffen. Während sich gut ausgebildete junge Menschen deutscher Herkunft noch mit Hilfe einzelner 'Jobs' prekär 'über Wasser halten', ist Armut für Menschen mit Migrationshintergrund meist mehr als nur Geldmangel. In zunehmendem Maße versperrt die Armutssituation den Zugang zu Bildung und Kultur und betrifft in erschreckendem Ausmaß vor allem Kinder und Jugendliche (zur sozialen Dimension stadträumlicher Exklusion siehe Kronauer 2002; Dangschat 1997). Hier könnte einer der Gründe liegen, warum MigrantInnen in der Initiative für ein Soziales Zentrum stark unterrepräsentiert waren. Denn soziale und ökonomische Marginalisierung übersetzt sich oft auch in politische Exklusion. Hinzu kommen die politischen Ausschlusseffekte der spezifisch deutschen GastarbeiterInnen- und AusländerInnenpolitik. Auf diesen Aspekt komme ich noch einmal ausführlich im Vergleichskapitel zurück (siehe Kapitel 4).

Dabei gehören MigrantInnen und Erwerbslose genau zu denjenigen Gruppen, die die Initiative für ein Soziales Zentrum ansprechen wollte. Dieses Spektrum aktiv und selbstorganisiert in die Kampagne für ein Soziales Zentrum mit einzubeziehen und nicht nur 'StellvertreterInnenpolitik' zu machen, war ein hoher Anspruch, den die Initiative für ein Soziales Zentrum letztlich nicht einzulösen vermochte. Am ehesten gelang dies noch im Hinblick auf die Gruppe der SozialprotestlerInnen und Erwerbslosen. Ausgelöst durch die großen Hartz IV-Proteste vom Herbst 2003 gewann diese auch innerhalb der Initiative für ein Soziales Zentrum an Gewicht. Gerade die Beteiligung migrantischer Gruppen beschränkte sich dagegen bis zum Schluss auf wenige – allerdings gut organisierte – Initiativen (siehe die Abschnitte 2.1.1 und 2.1.3.1).

In der Orientierung auf Alltagsorganisierung, die für Teile der Autonomen, der Erwerbslosen- und migrantischen Selbstorganisation und für die Freiräume-Szene selbstverständlich war, schließt sich der Kreis zu dem Defizit, das die globalisierungskritische Bewegung in ihrem Selbstreflexionsprozess nach Genua erkannt hatte. So konnten in der Initiative Gruppen und Personen zusammenkommen und -arbeiten, die auf den ersten Blick recht unterschiedlich schienen. Auch wenn das Vorhaben nun bis auf weiteres auf Eis gelegt ist, und weitere Treffen der Initiative nicht geplant sind, setzt es sich in anderen Projekten fort: In gewisser Weise (und in räumlich beengteren Verhältnissen) stellen die Projekt-Etage des besetzten Haus Bethanien in Kreuzberg und die OUBS in Mitte denjenigen sozialen Ort dar, für den die Initiative für ein Soziales Zentrum gestritten hat.

Doch hat die räumliche Zersplitterung klare Nachteile im Hinblick auf Synergie-Effekte und eine gemeinsame Alltagsgestaltung. Darüber hinaus gelang es der Initiative nicht, latente Konflikte produktiv zu wenden. So gab es in der Initiative eine starke Fraktion, die sich im Hinblick auf die gewünschte Außenwirkung des Sozialen Zentrums gegen den Stil eines traditionellen autonomen Zentrums und Hausprojekts aussprach. Man wollte sich von den exklusiven Szene-Codes, dem offensiven Kokettieren mit Schmutz und Dreck und einem gewissen Punk Rock-Livestyle lösen. Über gepflegtere Formen sollte eine Öffnung in Richtung des bürgerlichen Spektrums angestrebt werden. Dahinter stand die Einschätzung, dass durch den planmäßigen Sozialabbau, beziehungsweise die Proteste dagegen, viele 'ganz normale' Leute aus dem bürgerlichen Spektrum über die eigene Betroffenheit anpolitisiert würden[113], auf das Soziale Zentrum und die dortigen Aktivitäten aufmerksam werden könnten und dann möglichst wenig von äußeren Formen und Szene-identitären Mustern abgeschreckt werden sollten. In diesem Sinne konnte das wichtigste Anliegen des Projekts nicht verwirklicht werden: die an einer Vernetzung interessierten Gruppen und Personen an einem zentralen und auch 'nach außen' attraktiven Ort zusammenzubringen.

2.2.3.3 Strukturelle Schranken sozialer Bewegungen im 'Stadtstaat des Kapitals'

Im letzten Unterkapitel dieser Fallstudie skizziere ich eine Reihe grundlegender Probleme und Widersprüche, mit der außerparlamentarische und linke Stadtteilpolitik konfontiert ist. Sowohl in der Los Angeles Fallstudie als auch im Vergleichskapitel und in den Schlussüberlegungen werde ich auf darauf zurückkommen.

Kooptierung radikaler sozialer Proteste

Polizeiliche Repression und eine negative oder selektive Darstellung von Basisprotest und Besetzungspraxis in den Massenmedien – also Exklusion aus dem Feld zulässiger politischer Praxen – bilden nur eine Seite des Umgangs mit sozialen Bewegungen. Kooption und Inkorporation bilden eine andere. Die Angst vor der räumlichen Ausbreitung von Haus- und Freiflächenbesetzungen und den damit verbundenen alternativen oder gar systemkritischen Lebensstilen führt immer auch zu integrativen Formen der politischen 'Zähmung'. Gerade die unternehmerische Stadt zeichnet sich dadurch aus, dass sie

> „die stadtpolitische Arena zunehmend auch für neue zivilgesellschaftliche Akteure öffnet. Viele Kommunen beziehen Nonprofit-Organisationen und ehemalige Bewegungsorganisationen heute aktiv in die Entwicklung und Bereitstellung von alternativen Dienstleistungen ein, etwa bei der Wohnungsversorgung. Immer öfter ergeben sich routinisierte Kooperationen zwischen den lokalen Verwaltungen und diesem so genannten Dritten Sektor." (Lebuhn 2006b: 36; vgl. auch Mayer 1998b; Mayer 1999; 2000)

Ein frühes – und sicherlich umstrittenes – Beispiel für eine solche Praxis bietet die Internationale Bauausstellung (IBA), die 1984 in Berlin stattfand. Mit zwei Projektschwerpunkten in Kreuzberg, in der südlichen Friedrichstadt (Kochstraße) und in der Luisenstadt (Oranienstraße) richtete sie sich explizit auch an die radikale HausbesetzerInnen-Szene. Die zwölf Grundsätze[114], die als Ergebnis der

IBA formuliert wurden, markierten die Wende der Berliner Sanierungspolitik von der Kahlschlagsanierung zur sogenannten 'Behutsamen Stadterneuerung'. Deren formuliertes Ziel war es, unter Berücksichtigung gewachsener baulicher und sozialer Strukturen die Sanierung demokratisch zu organisieren. Damit wurden BesetzerInnnen nicht nur auf individueller Ebene bzw. auf Ebene des jeweiligen Hausprojekts politisch gespalten und befriedet, sondern die Befriedungsstrategie wurde als Leitlinie des Stadtumbaus in eine politische Form gegossen. Die Behutsame Stadterneuerung wurde vom Abgeordnetenhaus förmlich bestätigt und über Kreuzberg hinaus auch auf alle weiteren Sanierungsgebiete West-Berlins und ab 1993 auch auf den Osten der Stadt übertragen.

In der Folge wurden die Spielräume für autonome bzw. selbstbestimmte Projekte allerdings nicht unbedingt größer – zumindest, wenn diese Projekte eine nach außen erkennbar systemkritische Stoßrichtung beibehielten oder auch nur offen mit linksradikalen Gruppen und Initiativen zusammenarbeiteten. Die stadtpolitische Kontrolle kam allerdings nicht mehr brachial-gewalthaltig daher. Stattdessen vermittelte sie sich nun über Runde Tische, Subventionszuweisungen und neue Regierungstechniken wie das Quartiersmanagement.[115] Dies hatte auch Folgen für die Initiative für ein Soziales Zentrum. Denn in einer Umgebung, in der scheinbar alternative Entfaltungsmöglichkeiten und Raum für 'bunte Multikulti-Projekte' von der Stadt selbst aktiv gefördert werden, fiel es der Initiative für ein Soziales Zentrum entsprechend schwer, ihren Bedarf nach einem Ort für eine ganz andere soziale Vergesellschaftung glaubhaft zu machen und dieses Anliegen über den Kreis der eigenen Szene hinaus zu vermitteln.

Konfliktentpolitisierung durch parlamentarische Verfahren

Im Folgenden soll es um die Frage gehen, inwieweit die spezifische Herrschaftsform der parlamentarischen Demokratie den Konflikt um das Soziales Zentrum strukturiert hat; ich diskutiere also ein sehr grundlegendes Problem, mit dem alle außerparlamentarischen Proteste in der bürgerlichen Demokratie konfrontiert sind, am spezifischen Einzelfall.

Im ersten Teil der Fallstudie bin ich ausführlich auf die parteipolitische Konstellation in Friedrichshain-Kreuzberg eingegangen. Dabei habe ich eine dynamische Konkurrenzsituation zwischen linken Flügeln von PDS, Grünen und SPD einerseits und außerparlamentarischen Gruppen andererseits festgestellt. Viel grundlegender ist jedoch, dass repräsentativ-demokratische Verfahren sich stets durch bestimmte Modi der gesellschaftlichen Konfliktbearbeitung auszeichnen, die massive Auswirkungen auf die Politik außerparlamentarischer und gesellschaftskritischer Gruppen haben – und zwar unabhängig von konkreten Parteikonstellationen: Sie wirken disziplinierend und einhegend, kanalisieren außerparlamentarische Politik in ihrer Radikalität oder unterdrücken sie, wenn eine Kooption nicht möglich ist. Dies lässt sich auch am Beispiel des Konflikts um das Soziale Zentrum zeigen. Da ich hier keine erschöpfende (parlamentarische) Demokratiekritik leisten kann, werde ich stattdessen exemplarisch entlang der zentralen Aspekte der in dieser Hinsicht immer noch aktuellen Arbeiten von Johannes Agnoli argumentieren (siehe vor allem: Agnoli 1968; 1995a).

Die Initiative für ein Soziales Zentrum setzte sich ausschließlich aus Gruppen zusammen, die sich mit ihrer Politikform im außerparlamentarischen Bereich bewegen. In den vier Jahren kontinuierlicher Arbeit an dem Projekt (2001-2005) schlossen sich der Initiative keine Gruppen mit enger Anbindung an politische Großorganisationen wie Parteien, Wohlfahrtsverbände oder Gewerkschaften an (umgekehrt allerdings: Im Prozess des 'Auf-Eis-Legens' verlagerten Einzelpersonen und Gruppen ihre Prioritätensetzungen zum Teil auf ein Engagement in der neu entstandenen Berliner Linkspartei WASG[116]). Stattdessen agierten in der Initiative überwiegend Basisgruppen, die ein Politikkonzept 'der ersten Person' vertraten und sich vor allem außerhalb formaler Politikstrukturen engagierten. Inhaltlich herrschte, bei aller Differenz der Arbeitsfelder und bevorzugten Aktionsformen, ein 'kapitalismuskritischer' und 'staatsferner' Konsens unter den Beteiligten, und mit felS und ALB waren (zeitweise) auch zwei linksradikale Gruppen in der Initiative engagiert. Das Soziale Zentrum sollte darüber hinaus nach dem Willen der beteiligten Gruppen ausdrücklich ein politisches Projekt sein. Es sollte Raum für einen Dialog über ein gemeinsames politisches Agieren bieten. Die in der Initiative vernetzten Gruppen wollten durch das Zentrum öffentlich wirksam werden und die kritische Auseinandersetzung über zentrale politische Fragen lokal verankern.

Unter diesen Bedingungen war der politische Konflikt mit der Bezirksregierung und dem Senat quasi vorprogrammiert. Dass die Initiative für ein Soziales Zentrum auf Seiten der Stadt auf Skepsis bis hin zur offenen Ablehnung stieß, hatte zwar auch etwas mit den persönlichen Überzeugungen einzelner PolitikerInnen zu tun. Wichtiger aber scheint mir, dass die Distanz zu einem linken außerparlamentarischen Projekt in der Logik parlamentarischer und formaldemokratischer Verfahren und Mechanismen in mehrfacher Hinsicht immer schon angelegt ist.

Akteure, die Positionen parlamentarischer Macht erobern und besetzen wollen, müssen auf dem Weg dahin langwierige und aufwändige Verfahren durchlaufen. Sie müssen sich auf dem Feld parlamentarischer Politik beweisen, lange bevor sie überhaupt in die Nähe demokratischer Macht kommen. Dabei fassen eine Reihe von Mechanismen, die einen erheblichen Anpassungsdruck an die hegemonialen politischen Werte, an gesellschaftliche Konventionen und 'realpolitische Erfordernisse' produzieren.[117]

> „Um als (...) Partei eine Mehrheit zu erhalten, müssen unterschiedliche Interessen und Werthaltungen angesprochen werden. Um in den Medien ernst genommen zu werden (eine wesentliche Voraussetzung dafür, um überhaupt bekannt zu werden), müssen 'realistische', 'umsetzbare' Vorschläge gemacht werden. Bevor es einer Partei gelingt, auch nur in die Nähe der Regierungsbeteiligung zu kommen, durchläuft sie in der Regel einen langjährigen Erziehungsprozess, in welchem sie sich an die 'Notwendigkeiten', d.h. an die Verfolgung kapitalistischen Gesamtinteresses immer weiter anpasst, einfach um einen größeren Wahlerfolg zu haben." (Heinrich 2004b: 207f.)

Parlamentarische Akteure, selbst wenn sie aus fundamental gesellschaftskritischen Traditionen kommen oder aus sozialen Bewegungen entstehen wie 'die Grünen', richten sich schnell an den Erfordernissen von 'Realpolitik' aus und geraten dann genauso schnell und heftig in inhaltliche Konflikte mit Akteuren außerhalb formaler Politikstrukturen – oftmals mit ihrer eigenen sozialen Basis, die die Anpassungsleistung weniger schnell und umfassend vollzieht als die Funktionärsebene des Parteiapparates.[118] Radikale Gesellschaftskritik entwickelt und organisiert sich dagegen vor allem im außerparlamentarischen Bereich. Hat eine Partei eine parlamentarische Machtposition erreicht, dann muss sie Sorge dafür tragen, die erreichte (WählerInnen-)Zustimmung auch zukünftig zu behalten und tendenziell auszubauen. Es müssen also 'gemäßigte Positionen' vertreten werden – zumindest wenn die Partei über ein sehr partikulares Spektrum hinaus 'wählbar' sein möchte.

Die Entschärfung antagonistischer Konflikte findet jedoch nicht nur auf der Ebene der Anpassung von Parteien an einen systemkonformen status quo statt. Das parlamentarische System des bürgerlichen Staates enthält noch andere 'Sicherungssysteme', um „möglichen proletarischen Mißbräuchen entgegnen zu können" (Agnoli 1968: 25), etwa das Repräsentationsprinzip, das „die Mehrheit der Bevölkerung von den Zentren der Macht fernhält." (Ebd.) „Die institutionelle Steuerung setzt allerdings voraus, daß eine solche Organisationsform vom Volk allgemein anerkannt wird und als einziges Mittel der politischen Auseinandersetzung akzeptiert wird." (Hervorhebung von H.L.) (Agnoli 1968: 27) Vor diesem Hintergrund wird einerseits verständlich, warum außerparlamentarische Gruppen strukturell aus dem politischen Feld gedrängt werden. Andererseits wird klar, warum die parlamentarischen Akteure die Forderung der außerparlamentarischer Gruppen – hier: der Initiative für ein Soziales Zentrum – trotzdem ernst nehmen und bearbeiten müssen, obwohl es sich doch tatsächlich 'nur' um die radikale Partikularforderung einer relativ kleinen Gruppe handelt. „In der Gesellschaft vorhandene, teils sich hart widersprechende Kräfte sollen parlamentarisch und durch das Parteiensystem nicht reproduziert und damit potenziert, sondern repräsentiert und in ihrer Widersprüchlichkeit entschärft werden." (Agnoli 1968: 28) Dazu jedoch müssen sie erst einmal aus dem antagonistischen Feld außerparlamentarischer Politik auf das kontrollierte Feld des parlamentarischen Pluralismus überführt werden. Nur dort können sie institutionell und gesichert bearbeitet werden. Genau dieser Versuch war auch im Fall der Initiative für ein Soziales Zentrum zu beobachten.

Dass die Initiative für ein Soziales Zentrum sich den formaldemokratischen Spielregeln nicht vollständig unterwarf, machte die Inkorporation, Bearbeitung und Befriedung des Konflikts für die parlamentarischen Akteure jedoch schwierig: Die beteiligten Gruppen nutzten die Strategie des kontrollierten Regelverstoßes – hier vor allem: Hausbesetzung und Verletzung von Eigentumsrechten –, um einen Handlungs- und Entscheidungsdruck auf den Bezirk und den Senat aufzubauen; sie nutzten den öffentlichen Raum für ein politisches Projekt, das explizit auf das außerparlamentarische Feld fokussierte und sich damit potentiell der Kontrolle und Inkorporation durch parlamentarische Akteure entzog; und sie waren trotz der Drohgebärden des Senats[119] nicht bereit, die linksradikalen Gruppen wie felS und ALB aus der Initiative auszuschließen. Damit war die Grenze erreicht, an der die nicht-parlamentarische Opposition Halt zu machen hat. Denn der Staat spart zwar stets „einen Randbezirk aus, in dem der consensus gebrochen (...) werden kann. Der Randbezirk (meist kultureller Art) bleibt allerdings scharf abgegrenzt und unter ständiger Kontrolle." (Agnoli 1968: 84ff.)

Noch einmal: Die Initiative für ein Soziales Zentrum disqualifizierte sich a) durch ihre inhaltliche politische Zielsetzung (die beteiligten Gruppen machten Politik auf der Basis einer radikalen Gesellschaftskritik); b) durch das Ausmaß der öffentlichen Wirksamkeit, die sie entfaltete (das Soziale Zentrum hatte ausdrücklich den Zweck, die Politik der beteiligten Gruppen in den öffentlichen Raum zu tragen); und c) den Organisationsgrad (die Initiative für ein Soziales Zentrum hatte zwar 'nur' Netzwerkcharakter, doch die beteiligten Gruppen entwickelten trotz aller kommunikativen Schwächen klare Organisationsstrukturen, die eine kontinuierliche politische Arbeit sicherstellten).

Schließlich wurde im Konflikt des sozialen Zentrums noch ein weiterer Mechanismus parlamentarischer Politik im Umgang mit antagonistischen gesellschaftlichen Interessen wirksam: die parteipolitische Fokussierung auf ein abstraktes Gemeinwohl. Die Initiative für ein Soziales Zentrum richtete ihre Forderungen an einer 'Politik der ersten Person' aus. Anstatt stellvertretend für andere gesellschaftliche Gruppen zu sprechen, forderte sie einen öffentlichen Raum für sich selbst ein. Freilich hofften die beteiligten Gruppen, dass andere von der Berliner Spar- und Kürzungspolitik betroffene Initiativen und Institutionen ihrem Beispiel folgen, öffentliche Mittel und Räume 'umsonst' oder zu einem politischen Preis für sich reklamieren und darüber einen „Aufstand des Gebrauchswerts gegen den Tauschwert" (Agnoli 1995a: 55) in Gang setzen würden.[120] Bei der Bezirksbürgermeisterin stieß diese politische Haltung – wie oben bereits wörtlich zitiert – auf verärgertes Unverständnis. Cornelia Reinauer reduzierte die sozialen Forderungen auf die in ihnen zum Ausdruck kommenden Partikularinteressen und sprach diesen mit Verweis auf das 'gesamtbezirkliche' Allgemeininteresse ihre Berechtigung ab.

Was aber ist das Allgemeininteresse in einer kapitalistischen Klassengesellschaft? „Die politische Partei des Verfassungsstaates – dort, wo sie sich am vollsten ausgebildet hat – wirkt in letzter Instanz als Klassenorgan der Konservativen, weil sie keine Klassen mehr zu kennen vorgibt, sondern nur noch 'Menschen', keine gesellschaftlich bezogene Idee, sondern nur 'Sachen'. In ihr herrschen beim Entscheidungsprozeß nicht der Drang und der Druck existenter Bevölkerungsgruppen, sondern der 'Sachzwang'." (Agnoli 1968: 34) Exemplarisch wird genau dies aus Cornelia Reinauers Haltung deutlich. Denn sie formulierte den parlamentarischen Anspruch, ein imaginiertes Gemeinwohl verwirklichen zu wollen, anstatt gesellschaftliche Interessenkonflikte und Klassengegensätze zu benennen und auszutragen. Gerade in der Vertretung eines (scheinbaren) Allgemeinwohls setzt sich Klassenpolitik jedoch durch.

2.2.3.4 Zusammenfassende Bewertung

Die Kampagne für ein Soziales Zentrum in Berlin nahm ihren Anfang unter widersprüchlichen stadtpolitischen Bedingungen, die den Verlauf des Konflikts – und einen möglichen Erfolg – zunächst nur schwer einschätzbar machten. So handelte es sich bei der Initiative zwar 'nur' um ein loses Bündnis, doch bestand dieses aus sehr gut organisierten Basisgruppen und Einzelpersonen. Mit ihrer Forderung nach einem öffentlichen Raum 'umsonst' knüpfte die Initiative außerdem an die Kämpfe und Erfahrungen von HausbesetzerInnenbewegungen und Freiraumaktivismus, an die globalisierungskritische Bewegung und aktuelle Sozialproteste an. Nicht zuletzt auf Grund der Unzufriedenheit vieler Berliner und

Berlinerinnen mit der Sparpolitik 'ihrer Regierung' war die Hoffnung berechtigt, dass die Kampagne ein breite Öffentlichkeitswirksamkeit erzeugen würde.

Doch die Spar- und Privatisierungspolitik des Landes Berlin hat die Entscheidungen von Politik und Verwaltung eng an Marktlogik und Haushaltsfragen ausgerichtet. Dies gilt auch für den traditionell 'linken' und PDS-regierten Bezirk Friedrichshain-Kreuzberg, auf den sich die Kampagne für ein Soziales Zentrum konzentrierte. Vor allem zwei Dynamiken, die auf recht unterschiedlichen Ebenen entstanden sind, zeichnen sich für diese Situation verantwortlich: Zum einen haben regionale Restrukturierungsprozesse wie die De-Industrialisierung, die Zunahme der Standortkonkurrenz, die Spaltung des Arbeitsmarkes etc. in Berlin zu einer massiven Haushaltskrise geführt. Verstärkt wurde diese nach dem Fall der Mauer durch den Abbau der riesigen Bundessubventionen für Berlin. Zum anderen hat der sogenannte 'Berliner Bankenskandal' mit seinen Umverteilungseffekten in zweistelliger Milliardenhöhe zur aktuellen Finanzmisere und damit verbunden zum neoliberalen Umbau der Stadt wesentlich beigetragen.

Unter diesen Bedingungen war die selbstbewusst vorgetragene, außerparlamentarische Forderung nach einem Sozialen Zentrum für die zuständigen LokalpolitikerInnen nicht akzeptabel. Die Idee eines mietfreien Freiraums brach mit der Logik von Markt und Wert, die doch via New Public Management gerade zum Leitbild der Stadtpolitik erhoben worden war; und sie konnte womöglich noch Vorbildfunktion für andere Gruppen und Initiativen entwickeln. So blieb es bei einem 'Nein' seitens des Bezirks.

Dass sich die Initiative für ein Soziales Zentrum nicht gegen die ökonomischen Handlungsrationalitäten durchzusetzen vermochte, verweist einerseits auf deren Wirkmächtigkeit, andererseits zeigt sich daran, dass linke und linksradikale Bewegungen derzeit kaum gesellschaftlich verankert sind und wenig Unterstützung von Gruppen außerhalb ihres Klientels erhalten. So erklärt es sich denn auch, dass die zuständige Bezirksbürgermeisterin die sozialen Forderungen der Initiative mit dem Argument, diese liefen 'dem Allgemeininteresse' entgegen, ihre Berechtigung absprechen konnte. Die implizite Prämisse dieses Arguments ist, dass die haushaltspolitischen Restriktionen, die das Land Berlin dem Bezirk auferlegt, akzeptiert werden und die daraus folgenden Konsequenzen – Sparen, Kürzen, Privatisieren – als Handlungsrahmen angenommen werden. So (und nur so) wird die Unterwerfung unter eine neoliberale Stadtpolitik zur Verwirklichung eines 'gesamtbezirklichen Interesses'. Gemäß der Devise 'wir müssen alle den Gürtel enger schnallen' wurde die rigide Spar- und Privatisierungspolitik der Stadt gegen das Projekt eines Sozialen Zentrums erfolgreich in Anschlag gebracht.

3 Der Konflikt um die South Central Gardens in Los Angeles

Mit dem Verkauf des Community Gardens von South Central an einen privaten Investor begann im Herbst 2003 einer der heftigsten sozialräumlichen Konflikte, die Los Angeles in den vergangenen Jahren erlebt hat. Bis in den Sommer 2006 stritten die South Central Farmer, die die Gärten seit vielen Jahren genutzt hatten, der Investor Ralph Horowitz und die Stadtregierung von Los Angeles um die Nutzung der riesigen öffentlichen Industriebrache. Mittels Debatten und Diskussionen, organisiertem Protest, durch Lobbyarbeit im Rathaus und durch zivilen Ungehorsam versuchten die South Central Farmer zusammen mit einem breiten UnterstützerInnenbündnis ihre Gärten gegen die Privatisierung und gewerbliche Bebauung zu verteidigen. Den Hintergrund des Konflikts bildete ein öffentliches Infrastrukturprojekt, welches das Stadtviertel, in dem die Gärten lagen, für die gewerbliche Nutzung deutlich aufwertete. Während sich einzelne Protagonisten auf Seiten der Stadtregierung immerhin verhandlungsbereit zeigten, stießen die South Central Farmer beim Investor auf unerbittlichen Widerstand. Im Juni 2006 fand der Konflikt mit der polizeilichen Räumung der Gärten ein Ende.

Analog zur Berliner Fallstudie gliedert sich die Untersuchung des Konflikts um die South Central Gardens in zwei Teile: Im ersten Teil bewege ich mich auf der Handlungsebene und diskutiere die Interessen und Strategien der beteiligten Akteure. Im zweiten Teil wird die Beschreibung des Konflikts in eine Analyse der stadtpolitischen und -ökonomischen Rahmenbedingungen eingebettet. Die Ergebnisse werden im nächsten Kapitel die Grundlage für einen systematischen Vergleich mit dem Konflikt um das Soziale Zentrum in Berlin bilden.

3.1 Teil 1: Eine handlungs- und akteurszentrierte Konfliktbeschreibung

Von ihrer Gründung im Jahr 1992 bis zu ihrer polizeilichen Räumung im Sommer 2006 stellten die South Central Gardens[1] den wohl größten Community Garden in den gesamten USA dar. Mit einer Fläche von knapp sechs Hektar – das entspricht etwa neun Fußballfeldern – waren die Gärten inmitten der 'Betonwüste' von Los Angeles eine wahre Obskurität. Sie befanden sich inmitten eines Gewerbegebietes auf der Grenze zwischen dem District South Central und der City of Vernon, etwa 15 Autominuten entfernt vom Financial District bzw. von der Downtown. Im Westen grenzt das Gelände, auf dem die Gärten lagen, an die öffentliche Nahverkehrstraße der 'blauen Linie' (Metro: Blue Line). Dahinter liegt der Stadtteil South Central, der vorwiegend von Afro-AmerikanerInnen und von MigrantInnen aus Lateinamerika bewohnt wird. Im Norden wird das Grundstück durch die 39th Street und im Süden durch die 41st Street begrenzt. Auf beiden Seiten sind die angrenzenden Grundstücke mit Lagerhallen und Industriehöfe bebaut. Darunter befindet sich auch der Gebäudekomplex der Regional Foodbank, die die Gärten offiziell verwaltete. An der Ostseite liegt die Alameda Street. Diese Straße bildet die zentrale Verkehrsachse zwischen der Downtown von Los Angeles und den Häfen von Los Angeles und Long Beach und trennt die Wohngebiete von South Central vom Gewerbegebiet der City of Vernon. Die City of Vernon hat zwar verwaltungstechnisch den Status einer unabhängigen Stadt, gehört aber strukturell zum Stadtgebiet von Los Angeles. Kilometerweit erstrecken sich hier Lagerhallen und Industriebetriebe, die sich in dem Viertel seit vielen Jahrzehnten angesiedelt haben.

Die South Central Gardens wurden überwiegend von MigrantInnen lateinamerikanischer Herkunft genutzt, die in den umliegenden Stadtvierteln wohnen.[2] Viele von ihnen haben keine gültigen Aufenthaltspapiere für die USA und arbeiten illegalisiert und unter prekären Bedingungen in der Bekleidungsindustrie (Sweatshops), in Druckereien und Werkstätten, im Reinigungsgewerbe und ähnlichen Jobs. In den Gärten bauten die Farmer vor allem Obst und Gemüse an. Das milde Klima in Südkalifornien erlaubt bis zu vier Ernten im Jahr. So konnten die South Central Farmer über die Bewirtschaftung der Industriebrache ohne Probleme ein Drittel ihres Lebensmittelbedarfs abdecken, was in sozial benachteiligten Stadtteilen wie Vernon und South Central, in denen das durchschnittliche Familieneinkommen bei etwa 1500 Dollar pro Monat liegt[3], eine erhebliche Erleichterung darstellt. An den Wochenenden kamen NachbarInnen, FreundInnen und Bekannte, um durch die grünen Gärten zu schlendern. Gemüse, Obst und Kräuter wurden verkauft, getauscht und verschenkt. Rechnet man mit ca. drei bis vier NutzerInnen pro Garten – denn viele der Flächen wurden von Familien genutzt – kommt man leicht auf über 1000 Menschen, die unmittelbar an der Bewirtschaftung der South Central Gardens beteiligt waren.

Mit dem Verkauf der öffentlichen Fläche an den privaten Investor Ralph Horowitz im Herbst 2003 brach ein schwerer politischer Konflikt um die South Central Gardens aus. Während der Investor das Gelände räumen und gewerblich bebauen wollte, versuchten die South Central Farmer die Gärten mit allen Mitteln gegen eine Privatisierung zu verteidigen. Binnen weniger Wochen nach dem Verkauf des Geländes sahen sich die zuständigen StadtpolitikerInnen mit einer massiven Kampagne zum Erhalt der Gärten konfrontiert. Erst im Sommer 2006 wurde der Konflikt durch ein Gerichtsurteil und eine polizeiliche Räumung beendet.

In Folgenden soll der Konflikt um die South Central Gardens zunächst auf der Akteursebene behandelt werden. Worin genau bestand der Konflikt? Wie ist er verlaufen? Welche Akteure waren beteiligt? Und mit welchen Interessen und Strategien traten die unterschiedlichen Akteure auf? Entlang dieser Leitfragen gliedert sich die Fallbeschreibung in drei Unterkapitel: a) in eine chronologische Darstellung; b) in eine 'empirische Nahaufnahme', die auf der Grundlage der teilnehmenden Beobachtung eine sehr subjektiv geprägte 'Innenansicht' des Konfliktgeschehens liefert; und c) in eine Reihe von 'Akteursprofilen', in denen ich den Interessen und Strategien der maßgeblichen Akteure im Einzelnen nachgehe.

3.1.1 Chronologische Fallbeschreibung

Die Geschichte des Konflikts um die South Central Gardens lässt sich an verschiedenen Stellen aufnehmen. Der Verkauf des öffentlichen Geländes an einen privaten Investor wurde im August 2003 vollzogen. Das Schreiben, in dem die South Central Farmer aufgefordert wurden, die Gärten an der 41st Street zu verlassen und der gewerblichen Bebauung Platz zu machen, wurde im September 2003 verschickt. Der Beginn der Öffentlichkeitskampagne, mit der die NutzerInnen den Community Garden bis in den Sommer 2006 gegen den Investor und die Stadt verteidigten, lief im Winter 2003/2004 an. Sollen alle Facetten des Konflikts um die Aneignung und Nutzung des Grundstücks erfasst werden, muss die Entwicklung jedoch bis in die 1980er Jahre zurückverfolgt werden.

Bis Mitte der 1980er Jahre war das Grundstück an der 41st Street mit Lagerhallen bebaut. Zu 80 Prozent befand es sich im Besitz der Alameda Barbara Investment Company. Eigentümer der Firma war der Investor und Immobilienmakler Ralph Horowitz. Die übrigen 20 Prozent wurden von acht weiteren Firmen gehalten. Angesichts des wachsenden Müllproblems in der Stadt, plante das Bureau of Sanitation zusammen mit einer Reihe von privaten Interessenverbänden den Bau von drei Müllverbrennungsanlagen: das sogenannte LANCER-Projekt. Unter der Annahme, dass seitens der afro-amerikanischen und lateinamerikanischen BewohnerInnen von South Central kaum umweltpolitische Proteste zu erwarten seien, sollte das erste der drei Megaprojekte auf dem Gelände an der 41st Street realisiert werden (vgl. auch Gottlieb, et al. 2005: 42f.). 1986 enteignete die Stadt die Eigentümer des Grundstücks daher durch ein sogenanntes eminent domain-Verfahren, ließ die Lagerhallen abreißen und begann mit der Planung der Müllverbrennungsanlage (Lebuhn 2005c; 2006a). Ralph Horowitz erhielt dabei eine Entschädigung in Höhe von 4,7 Millionen USD.[4]

Doch wider Erwarten stieß das LANCER-Projekt auf massiven Widerstand in der lokalen Bevölkerung. Zahlreiche Gruppen protestierten dagegen, das Projekt in einem sozial benachteiligten und überwiegend afro-amerikanischen Viertel zu bauen, wiesen auf die möglichen gesundheitlichen Folgen für die AnwohnerInnen hin und argumentierten, es handle sich bei dem Projekt um eine Form von 'environmental racism'. Ende der 1980er Jahre gab Bürgermeister Tom Bradley, der das Projekt zunächst unterstützt hatte, dem Druck der Öffentlichkeit nach und stellte das LANCER-Vorhaben ein. Rückblickend gilt der Protest gegen LANCER zusammen mit der Gründung der 'Heal the Bay' Initiative von 1988 in Santa Monica und der Gründung der Coalition for Clean Air als Beginn der sogenannten community-based environmental justice movements in Los Angeles (siehe Gottlieb et al. 2005: 42f.). Eine zentrale Rolle bei den Protesten spielte die vorwiegend afro-amerikanische Gruppe Concerned Citizens of South Central, die auch im weiteren Verlauf des Konflikts um das Grundstück immer wieder in Erscheinung trat. Zusammen mit Gruppen wie Mothers of East L.A. mobilisierte sie erfolgreich zu den umweltpolitischen Widerständen gegen die geplante Müllverbrennungsanlage. Heute zählt die Gruppe Concerned Citizens of South Central zu den etabliertesten Nonprofit-Organisationen in Los Angeles. Nachdem das LANCER-Projekt gestoppt worden war, lag das Gelände an der 41st Street für mehrere Jahre brach. Gerümpel und Bauschutt machten die Nutzung praktisch unmöglich.

Das änderte sich nach den Rodney King Riots vom Frühjahr 1992. South Central gilt als notorisch rebellisches Viertel. Die Aufstände von 1992 waren keinesfalls die ersten Unruhen, die South Central und Los Angeles erschütterten. Bereits 1965 waren in diesem Stadtgebiet die Watts-Riots ausgebrochen. Die Einschätzungen der Unruhen von 1992 gehen weit auseinander. Je nach Standpunkt des Betrachters und der Betrachterin werden sie als 'Plünderungen des Mobs', als 'ethnische Unruhen' oder als spontaner Ausdruck von Klassenkämpfen interpretiert.[5] Von zentraler Bedeutung für die Geschichte der Gärten ist, dass die Rodney King Riots die Stadt Los Angeles, wenn nicht gar die gesamte USA, mit der äußerst realen Möglichkeit eines sozialen Aufstands der marginalisierten Bevölkerungsschichten konfrontierten. The riots „indicated that life in the city's poorest neighborhoods had become intolerable." (Gottlieb, et al. 2005: 46) Dementsprechend ist es kaum verwunderlich, dass sowohl die 'politische Klasse' von Los Angeles als auch Basisorganisationen und StadtteilaktivistInnen sich im Anschluss an die Aufstände massiv für soziale Projekte und Initiativen in benachteiligten Stadtvierteln und insbesondere in South Central zu engagieren begannen. Im diesem Kontext wendeten sich VertreterInnen der städtischen Behörden auch an die in South Central ansässige Regional Foodbank, um dort Ideen für mögliche lokale Initiativen einzuholen. Die Nonprofit-Organisation, die Lebensmittelspenden sammelt und sie an Wohlfahrtsorganisationen, Arme und Obdachlose weiterverteilt, verwies auf die leere Industriebrache an der 41st Street und schlug vor, dort eine Nutzung für einen Community Garden zuzulassen.[6] Einkommensschwache Familien sollten hier eine kleine Parzelle zur Gartennutzung erhalten. Die Idee wurde unmittelbar umgesetzt: Die Regional Foodbank erhielt von der Stadt den Auftrag, die Einrichtung eines Community Gardens zu initiieren und das Gelände zu betreuen, und noch im selben Jahr begannen AnwohnerInnen das Gelände zu nutzen.

Die Anfänge der South Central Gardens, die 1992 noch keinerlei Bezeichnung oder Namen hatten, gehen also unmittelbar auf die Rodney King-Unruhen zurück und hatten zunächst einen höchst informellen Charakter. Michael Flood, seit 2000 Direktor der Regional Foodbank, betont im Interview, dass die Regional Foodbank anfänglich nicht einmal einen schriftlichen Auftrag für die Einrichtung und Verwaltung eines Community Gardens erhielt, sondern dies sozusagen 'per Handschlag' mit dem Bürgermeister Tom Bradley vereinbart wurde.

Pedro Barrera, der bereits 1992 einen Garten auf dem Gelände an der 41st Street erhielt, erzählt im Interview, dass die AnwohnerInnen zunächst die Südhälfte des Grundstücks völlig eigenständig von Schutt und Müll bereinigten, nach und nach Wasserleitungen verlegten und dann später auch die Nordhälfte des Grundstücks eigeninitiativ nutzbar machten (Lebuhn 2004). Zu Beginn seien viele LehrerInnen und ErzieherInnen der umliegenden Kindergärten und Schulen mit Kindergruppen auf das Gelände gekommen und hätten kleine Beete angelegt. Tatsächlich erwähnt Barrera weder die Foodbank noch Bürgermeister Tom Bradley in seinem Bericht über die Anfangsphase der Gärten – ein weiterer Hinweis darauf, dass die offizielle Umwidmung des Geländes in hohem Maße informell vonstatten ging und die faktische Einrichtung der Gärten eine reine Basisinitiative war.[7]

Der informelle Charakter des Projekts änderte sich im Jahr 1994, als das Department of Public Works, welches mit den Bauarbeiten an dem LANCER-Projekt befasst worden war, das Gelände an der 41st Street für 13,3 Millionen Dollar an die Port-Authorities (namentlich an das Harbor Department) verkaufte und die Regional Foodbank im Zuge dieses Transfers einen schriftlichen Nutzungsvertrag für das Grundstück erhielt.

Der Anwalt der South Central Farmer, Patrick Dunlevy, bezeichnet den Verkauf des Grundsstücks an die Port-Authority als einen 'paper-transfer', der Geld in die leeren Kasse der Stadtverwaltung bringen sollte. Tatsächlich hatte dieser Transfer noch einen anderen Hintergrund, der hier zunächst nur skizziert und weiter unten ausführlich diskutiert werden soll. Bereits 1981 begannen in Los Angeles die ersten Planungen für den Ausbau der Schwerverkehrsanbindung der Häfen von Los Angeles und Long Beach an die im Downtown-District gelegenen Güterbahntrassen. Die Bahnverbindung zwischen den beiden Häfen und den Fernbahngleisen sollte vor allem den Straßenverkehr entlang der Alameda Street entlasten und eine Steigerung des Transportvolumens ermöglichen. Zu diesem Zweck wurde 1989 die Alameda Corridor Transportation Authority (ACTA) gegründet, die zusammen mit der Hafenverwaltung – der Port Authority – den Bau einer 32 Kilometer langen und teilweise unterirdisch verlegten Bahntrasse betreuen sollte: dem Alameda Corridor. Auf der Höhe der 41st Street liegt diese unterirdische Bahntrasse unmittelbar an der Ostgrenze der Gärten unter der Alameda Street. Es ist daher anzunehmen, dass der Verkauf des Grundstücks an der 41st Street an die Port Authorities im Jahr 1994 in direktem Zusammenhang mit den Vorbereitungen für den Bau des Alameda Corridors stand. Dieser begann 1996 und wurde 2001/2002 so weit abgeschlossen, dass die Nutzung der Trasse beginnen konnt.

Nach dem Verkauf von 1994 verwaltete die Regional Foodbank das Gelände also offiziell für die Port Authorities, die öffentliche Hafenbehörde von Los Angeles. Die Aufgabe der Foodbank beschränkte sich hauptsächlich darauf, die individuellen NutzerInnen der Gärten zu registrieren. Diese entrichteten allerdings keine Miete, sondern zahlten eine Gebühr in Höhe von monatlich 13 Dollar, die vor allem die Wasserkosten deckte. Das Gelände war zu diesem Zeitpunkt bereits vollständig erschlossen und von den NutzerInnen in 350 Parzellen eingeteilt worden. Diese waren jeweils durch Zäune voneinander getrennt – eine Art riesiger 'Schrebergarten' mit gemeinschaftlichen Nutzflächen für Veranstaltungen und Treffen. Von 1994 bis 2003 verlief die Bewirtschaftung des Geländes ohne besondere Vorkommnisse. Die Gärtnerin Jenny, die ab 1997 einen Garten auf dem Gelände nutzte, beschreibt das Verhältnis zur Foodbank während dieser Zeit als pragmatisch. Es hätte keine Probleme gegeben, aber auch wenig gegenseitige Sympathie. Auch das Verhältnis der NutzerInnen untereinander war bis zum Jahr 2003 von eher pragmatischer Natur.[8] Jede Familie betreute ihren Garten. Gelegentlich gab es organisatorische Treffen, zu denen alle GärtnerInnen eingeladen wurden. An den Wochenenden kamen Bekannte und AnwohnerInnen und besuchten die öffentlich zugängliche Grünfläche.

Abbildung 3: South Central Farmer in seinem Garten

Foto: Donald G. Rogers

Bereits 1995 wendete sich der ursprüngliche Besitzer Ralph Horowitz mit dem Wunsch an den Los Angeles City Council, das Grundstück zurückzukaufen, um dort wieder Lagerhallen zu errichten. Dass Horowitz sich neun Jahre nach seiner Enteignung – und Entschädigung – wieder für das Gelände zu interessieren begann, erklärt sich vor allem vor dem Hintergrund des Alameda Corridor-Projekts. Denn der Ausbau der Verkehrsachse ab 1996 machte die an den Corridor angrenzenden Grundstücke für Investitionen im Bereich Handel und Transport extrem attraktiv. Im zweiten Teil der Fallstudie werde ich darauf noch ausführlich zurückkommen.

Obwohl VertreterInnen der Stadt einen Vertrag mit Horowitz und der Libaw-Horowitz Investment Company[9] aushandelten, stimmte der City Council dem Verkauf zunächst nicht zu. Da es auch im weiteren Verlauf der Verhandlungen zunächst zu keiner Einigung mit der Stadt kam, zog Horowitz im Jahr 2002 vor Gericht und argumentierte, er hätte einen rechtlichen Anspruch auf das Grundstück. Im Zuge des eminent domain-Verfahrens von 1986 hatte er sich vertraglich ein 'right of first refusal' zusichern lassen. Für den Fall, dass die Stadt das Gelände jemals wieder veräußern würde, war ihm ein Vorkaufsrecht eingeräumt worden. Dieses Vorkaufsrecht machte er im Jahr 2002 rückwirkend geltend. Horowitz und die Libaw-Horowitz Investment Company argumentierten, dass die Stadt das Gelände an der 41st Street nie zu dem Zweck genutzt hätte, zu dem es 1986 enteignet worden war – für den Bau des LANCER-Projekts. Stattdessen hätte die Stadt das Grundstück 1994 an die Port Authorities veräußert, ohne dass er sein 1986 zugesichertes Vorkaufsrecht hätte wahrnehmen können. Zunächst schien es, als würde die Klage von Horowitz gar nicht erst vor Gericht zugelassen.[10] Doch auf Anraten des City Attorney Rocky Delgadillo einigte sich der Los Angeles City Council außergerichtlich mit Horowitz und entschied im August 2003 in einer geschlossenen Sitzung, ihm das Grundstück für 5,05 Millionen Dollar zu verkaufen. Patrick Dunlevy, Anwalt der South Central Farmer, beschreibt das Verfahren von 2002/2003:

> „[T]he Libaw-Horowitz Company filed a lawsuit in 2002 to get this property back, saying that their 'right of first refusal' had been violated. (...) This lawsuit was essentially a very weak lawsuit and the city really shouldn't have settled it. And we have a number of reasons for saying that. One is that the city (-court, H.L.) itself demurred three times to that lawsuit, and like I said before: 'demur' is saying that you haven't stated a cause of action (...). In their lawsuit, three times the court said the whole complaint hadn't stated a cause of action. They (Ralph Horowitz, H.L.) hadn't stated one cause of action. But the judge in that lawsuit gave them a chance to amend each time. And the fourth time they were supposed to amend, they settled the lawsuit, which is very strange, because it looked like that whole lawsuit was about to be thrown out on demur for failure to state a cause of action. And then suddenly they settle."[11]

Nachdem die Stadt und Horowitz übereingekommen waren und der Verkauf des Geländes im August 2003 abgewickelt war, erhielten die South Central Farmer im September 2003 eine schriftliche Mitteilung der Regional Foodbank, dass das Grundstück verkauft worden sei und sie die Gärten zu verlassen hätten. Der eigentliche Hintergrund der geplanten Umnutzung wurde ihnen in dem Schreiben allerdings nicht mitgeteilt. Anstatt die Gärten aufzugeben, entschieden sich die South Central Farmer, politischen Widerstand zu leisten und das Grundstück gegen die Privatisierung zu 'verteidigen'. Der weitere Konflikt um die Gärten, wie er sich dann bis Sommer 2006 entwickelte, verlief in vier Phasen:

1.) Oktober 2003 bis Februar 2004: Im Oktober 2003 gaben sich die GärtnerInnen den Namen South Central Farmer und starteten die Kampagne 'Save the South

Central Gardens'. Sie recherchierten den Hintergrund der Privatisierung und Umnutzung des Grundstücks und fanden heraus, gegen wen ein Protest zu richten war: a) den Investor Ralph Horowitz; b) die für den Verwaltungsbezirk South Central zuständige Abgeordnete im City Council: Jan Perry (Demokraten); c) den City Council von Los Angeles und d) den Bürgermeister von Los Angeles.

Die Regional Foodbank machte keine Anstalten, für den Erhalt der Gärten Partei zu ergreifen. Stattdessen forderte sie die Farmer schriftlich auf, Pflanzen und Zäune vom Gelände zu entfernen. „We were supposed to return the property in the way we received it. So all of the interior fencing would have to go and, basically, all of the foliage," so Darren Hoffman, Communications Manager der Foodbank, gegenüber der Zeitschrift Los Angeles CityBeats.[12] Die South Central Farmer verweigerten darauf hin die weitere Kooperation mit der Foodbank und begannen das Grundstück selbst zu verwalten und für die Erstattung der Wasserkosten Rechnung zu tragen. Die Libaw-Horowitz Investment Company kündigte für Ende Februar 2004 die Räumung der Gärten an. Im Januar 2004 wurde die bürgerrechtlich engagierte Anwaltskanzlei Hadsell&Stormer (mit Sitz in Pasadena) auf die South Central Farmer aufmerksam. Sie entschied sich kurzfristig, die juristische Vertretung der South Central Farmer zu übernehmen und versuchte eine gerichtliche Verfügung gegen die Räumung der Gärten zu erwirken.

Hadsell&Stormer argumentierten, dass der Verkauf des Geländes an Horowitz möglicher Weise illegal gewesen sei und daher gerichtlich überprüft werden müsse. Sie wiesen vor allem auf zwei Umstände hin: a) Beim Verkauf des Grundstücks an Horowitz im August 2003 waren eine Reihe von Verfahren umgangen worden, die im 'administrative code' der Stadt Los Angeles für den Fall der Privatisierung öffentlicher Räume vorgesehen sind. Unter anderem muss den städtischen Verwaltungen vor dem Verkauf einer öffentlichen Liegenschaft Gelegenheit gegeben werden, selbst Nutzungsbedarf anzumelden. Dies war nicht geschehen. b) Offensichtlich war das Gelände 2003 weit unter Marktpreis an den Investor Horowitz verkauft worden. 1986 hatte die Stadt es gegen eine Entschädigung von 4,7 Millionen Dollar in die öffentliche Hand überführt. 1994 war es für 13,3 Millionen Dollar an die Port-Authorities verkauft worden. 2004 lag der Wert des Grundstücks an der 41st Street vorsichtig geschätzt bei 15 Millionen Dollar. Beim Verkauf an Horowitz für 5,05 Millionen Dollar hatte die Stadt daher mindestens 10 Millionen Dollar an öffentlichen Geldern 'verschenkt' – ein Umstand, der in der US-amerikanischen Rechtssprechung als 'government waste' bezeichnet wird.[13]

Drei Tage vor dem Räumungstermin Ende Februar 2004 sprach das zuständige Gericht zunächst eine Temporary Restraining Order gegen die Räumung aus, um die Zulässigkeit der Klage der South Central Farmer zu überprüfen. Nachdem die Klage in einer Reihe von Punkten zugelassen wurde, verfügte der Richter eine Preliminary Injunction, die den Räumungsbescheid für die Dauer des Gerichtsverfahrens aussetzte.

2.) März 2004 bis Juni 2005: Mit der Preliminary Injunction hatten die South Central Farmer vor allem Zeit gewonnen. Hadsell&Stormer strengten mehrere Verfahren an, um die einzelnen Klagepunkte überprüfen zu lassen. Der erste Gerichtstermin wurde für Januar 2005 anberaumt. Patrick Dunlevy, der die Farmer vor Gericht für Hadsell&Stormer vertrat, macht jedoch klar, dass der Konflikt letztlich nicht juristisch, sondern nur politisch gelöst werden konnte. „The legal part is important, but ultimately it is just political," so Dunlevy im Projektinterview. „City Hall can really decide to end this. I think it is extremely important to lobby City Hall."[14] Selbst wenn die South Central Farmer vor Gericht Recht bekommen hätten, was Dunlevy zum damaligen Zeitpunkt für möglich, aber nicht für wahrscheinlich hielt, hätte die Stadt den Verkauf des Geländes noch einmal unter Beachtung aller Verfahren 'korrekt' vollziehen können. Vor allem musste daher die gewonnene Zeit möglichst gut für Öffentlichkeitsarbeit genutzt werden.

Im Mai 2005 erhielten die South Central Farmer kurzzeitig auch Unterstützung von politischer Seite: Im Zuge seines Wahlkampfs für das Amt des Bürgermeisters besuchte der demokratische Kandidat Antonio Villaraigosa die Gärten und versprach, sich für deren Erhalt einzusetzen. Die City Council Abgeordnete Jan Perry, die für South Central zuständig ist, ließ sich dagegen in den Gärten nicht blicken. Sie befürwortete die Privatisierung des Grundstücks und den Bau der Lagerhallen mit dem Argument, dass der Investor Horowitz Arbeitsplätze für die AnwohnerInnen schaffen und Steuereinnahmen für den District bringen würde.

3.) Juli 2005 bis Januar 2006: Am 30. Juni 2005 erreichte Ralph Horowitz vor einem 'Court of Appeal' (Berufungsgericht) die Aufhebung der Preliminary Injunction. Obwohl die gerichtlichen Verfahren zur Feststellung der Rechtmäßigkeit des Grundstücksverkaufs noch liefen, waren die Gärten nun wieder akut räumungsbedroht (Lebuhn 2005d). Dies führte unmittelbar zu einer ersten Eskalation des Konflikts: Im Juli 2005 verlangte eine Gruppe von MitarbeiterInnen der Regional

Foodbank Zutritt zu den Gärten. Die auf dem Grundstück anwesenden Farmer verweigerten dies und 'drängelten' die MitarbeiterInnen der Foodbank aus den Gärten, wobei es auch zu Handgreiflichkeiten kam. Spontan versammelten sich die Farmer mit Familienangehörigen und UnterstützerInnen vor der Regional Foodbank und blockierten die Zufahrten zu deren Lagerhallen, um gegen den Übergriff zu protestieren. Die Polizei trennte die beiden Streitparteien schließlich.

Die Farmer versperrten daraufhin die Zufahrten und Eingänge zu den Gärten, schlugen Zelte auf den Wegen zwischen den Feldern auf und teilten Gruppen von ca. 30 Personen ein, die sich jeweils abwechselnd auf dem Gelände aufhalten sollten, so dass dies 24 Stunden am Tag bewacht blieb. Diese Maßnahmen sollten verhindern, dass die Farmer überraschend ausgesperrt oder die Gärten gar geräumt würden, bevor die gerichtlichen Verfahren um den Verkauf des Grundstücks überhaupt abgeschlossen waren.

Im Oktober 2005 beantragten Hadsell&Stormer vor dem höchsten kalifornischen Gericht, dem California Supreme Court, dass die Preliminary Injunction wieder in Kraft gesetzt würde. Doch das Gericht lehnte es ab, sich mit dem Fall zu befassen.

Zeitgleich gewann die Kampagne 'Save the South Central Gardens' zunehmend an Dynamik: Vor allem viele kleinere Gruppen aus dem gesamten Stadtgebiet unterstützten die Farmer, indem sie zu deren Protesten kamen oder auch einzelne Nächte auf dem Grundstück verbrachten. Insgesamt fast 50 Gruppen und Organisationen unterzeichneten eine Pressemitteilung der South Central Farmer vom 7. September 2005.[15] Die Farmer argumentierten darin, dass die Gärten einen Beitrag zur Ernährungssicherheit der 350 einkommensschwachen Familien leisteten und eine wichtige Funktion als städtische Grünfläche hätten, und sie forderten die Stadtverwaltung auf, deren Erhalt zu gewährleisten. Dazu zogen sie erstmals auch die Möglichkeit in Betracht, die Gärten in einen State Park oder eine stärker gemeinschaftlich genutzte Fläche unter der Obhut einer Nonprofit umzuwandeln.[16]

Trotz der breiten Unterstützung und der öffentlichen Aufmerksamkeit, die die South Central Farmer mittlerweile bekamen, spitzte sich der Konflikt im Januar 2006 weiter zu. Einer Auskunft des Büros des City Attorney zufolge hatte Ralph Horowitz eine Klage gegen die Regional Foodbank angestrengt, die ja das Gelände nach wie vor offiziell verwaltete. Dies war der juristisch notwendige Schritt, um eine polizeiliche Räumung der Gärten zu erwirken. Gegenüber der Zeitschrift 'Los Angeles CityBeat' sagte Horowitz erstmals seit Ausbruch des Konflikts, er sei bereit, das Gelände an die Stadt zurückzuverkaufen, allerdings nur zum Marktpreis.[17] Auch Bürgermeister Antonio Villaraigosa äußerte sich zum ersten Mal seit seiner Wahl zum Bürgermeister öffentlich zu dem Konflikt. Während eines Fernsehinterviews, das der Senders kcal9 am 8. Februar 2006 live ausstrahlte, wurde er nach den South Central Gardens gefragt und antwortete, er suche nach einer politischen Lösung, Ralph Horowitz das Grundstück wieder abzukaufen. Da das Grundstück ca. 15 bis 16 Millionen Dollar wert sei, sollten die Leute, die ihm Protestmails schickten, lieber Geld spenden: „The people who are sending emails, send some money so we can buy this land for the farmers."[18]

4.) Februar 2006 – Juli 2006: Die wohl eher unbedachten Bemerkungen des Bürgermeisters und des Investors, die Farmer sollten das Geld für den Rückkauf des Grundstücks selbst sammeln, leiteten die letzte Phase des Konflikts um die South Central Gardens ein. Denn die South Central Farmer nahmen Villaraigosa und Horowitz beim Wort. Im Frühjahr 2006 gaben die South Central Farmer bekannt, dass sie die Nonprofit-Organisation Trust for Public Land (TPL) für ihre Kampagne gewonnen hatten.[19] Der bundesweit operierende TPL finanziert, verwaltet und betreut Parks, Naturschutzgebiete und Community Gardens.[20] Gemeinsam mit den South Central Farmern erarbeitete TPL ein Nutzungskonzept für die Gärten, stellte ein Startkapital von 5 Millionen USD bereit und beteiligte sich an der Suche nach Sponsoren, um die 16 Millionen USD für den Rückkauf des Geländes aufzubringen. Unter der Schirmherrschaft von TPL konnten die South Central Farmer im Frühjahr 2006 zahlreiche Prominente und PolitikerInnen für ihre Kampagne gewinnen, darunter die bekannte Umweltaktivistin Julia Butterfly-Hill, die Sängerin Joan Baez, die SchauspielerInnen Darryl Hannah und Martin Sheen und die Abgeordnete im US-Kongress Maxine Waters. Nachdem ein von Ralph Horowitz gestelltes 30-Tage-Ultimatum von einem Gericht um einen weiteren Monat verlängert worden war, hatte TPL Ende Mai die 16 Millionen USD tatsächlich über Spenden privater und institutioneller Sponsoren zusammengebracht.

Doch nun weigerte sich der Investor Horowitz, das Grundstück an TPL zu verkaufen. Weder der öffentliche Druck noch das Bemühen des Bürgermeisters den Konflikt zu entschärfen, konnte daran letztlich etwas ändern. Stattdessen kam es nach beinahe dreijährigem Konflikt am 13. Juni 2006 zur Räumung der South Central Gardens.[21] Polizeikräfte riegelten das Gelände weiträumig ab. Mehrere hundert UnterstützerInnen standen vor den Polizeiabsperrungen und mussten mitansehen, wie die South Central Farmer und zahlreiche AktivistInnen, die sich in den Gärten an Bäume gekettet hatten, von der Polizei abgeführt wurden.

Dabei kam es Augenzeugenberichten zufolge auch zu zahlreichen Übergriffen durch die Polizei und zu mehreren Dutzend Verhaftungen.[22] Drei Wochen später, am 5. und 6. Juli 2006, wurden die Gärten von Bulldozern zerstört und Teile des Geländes zur Bebauung planiert. Das 'abschließende' Gerichtsurteil, in dem das Grundstück, auf dem die Gärten lagen, dem Investor zugesprochen und die noch anhängigen Einsprüche der South Central Farmer abgewiesen wurden, erging Ende Juli 2006.

3.1.2 Eine empirische Nahaufnahme: Das Hearing vor dem L.A. City Council

Im Zuge der Feldforschung in Los Angeles hatte ich im Februar 2004 Gelegenheit, eine Delegation der South Central Farmer auf eine öffentliche Anhörung vor dem City Council von Los Angeles zu begleiten. Die beobachtende Teilnahme an diesem Ereignis wird hier dokumentiert, weil sie eine ausgezeichnete 'Innenansicht' des Konflikts liefert. Die Einladung zu der Anhörung erhielt ich bei meinem ersten Besuch der Gärten im Februar 2004 von einem meiner Interviewpartner, Pedro Barrera. Im Gespräch mit Barrera wurde schnell deutlich, dass das bevorstehende Hearing am 6. Februar 2004 für die South Central Farmer von großer Bedeutung war. Ihr Anliegen direkt, persönlich und öffentlich dem höchsten Gremium der Stadtregierung von Los Angeles vorzutragen, schien ihnen Hoffnung zu geben, dass sich kurz vor der bevorstehenden Räumung ihrer Gärten doch noch eine Lösung für den Konflikt finden lassen könnte. Dass die South Central Farmer nur wenige Wochen später eine gerichtliche Verfügung gegen die Räumung erwirken würden, war zu diesem Zeitpunkt noch nicht klar. Von der Anhörung erhofften sie sich vor allem, ihren Vorschlag, das Gartengrundstück mit gespendeten Geldern selbst zu erwerben, mehr öffentliche Aufmerksamkeit zu verleihen.

Der City Council ist das legislative Organ der Stadt Los Angeles. Seine 15 ständigen Mitglieder tagen jeweils dienstags, mittwochs und freitags im Rathaus (City Hall) von Los Angeles, das in der North Spring Street 200 im Zentrum der Stadt (Civic Center) gelegen ist. Jede Woche gibt der City Council in einem öffentlichen Hearing BürgerInnen der Stadt die Gelegenheit, ihre politischen und sozialen Anliegen direkt vorzutragen. Die Beiträge zu einem solchen Hearing müssen im Vorhinein schriftlich angemeldet werden. Die auf der Grundlage der schriftlichen Eingaben erstellte Tagesordnung wird dann innerhalb von etwa zwei Stunden in einer öffentlichen Sitzung abgearbeitet, d.h. die angemeldeten RednerInnen dürfen der Reihe nach vortragen.

Auf dem Weg zur Anhörung, die um 10:00 Uhr morgens beginnen soll, stelle ich meinen Mietwagen nördlich des Zentrums auf einem bewachten Parkplatz ab. Begleitet werde ich von meinem Berliner Kollegen Markus Euskirchen. Zu Fuß gehen wir durch die Hochhausschluchten der Innenstadt zum Rathaus. Wohngebäude – und das für Wohngebiete typische Nachbarschaftsleben – gibt es in diesem Stadtviertel eigentlich nicht. Stattdessen sind hier vor allem Banken, Finanzdienstleistungsunternehmen und Verwaltungseinrichtungen zu finden; und die für eine metropole Innenstadt üblichen Luxushotels und örtliche Sehenswürdigkeiten wie der Pershing Square oder das Museum of Contemporary Art (MOCA).

Gegen 9:50 Uhr treffen wir an der City Hall ein. Das Gebäude wurde in den 1920er Jahren erbaut und 1928 eingeweiht. Die City Hall wirkt völlig überdimensioniert, fast einschüchternd. Ein riesiger Turm auf dem Gebäude erinnert an einen Phallus. Die massiven Steinfassaden mit den kleinen, Schießscharten ähnlichen Fenstern, wecken bei mir Assoziationen an eine Festung. Gerade weil es sich so offensichtlich um eine 'Architektur der Macht' handelt, wirkt das Gebäude schon fast wieder lächerlich.

Der Raum, dessen Nummer Pedro Barrera uns genannt hatte, befindet sich im dritten Stock. Hier gehen Männer in dunklen Anzügen und Frauen in Kostümen geschäftig durch die Flure. Kleingruppen stehen auf den Gängen und unterhalten sich. Wir fragen einen uniformierten Sicherheitsbediensteten nach dem Raum 340, in dem das Hearing stattfinden soll, und er weist uns den Weg.

Als wir den großen Saal betreten, sehen wir schon die kleine Gruppe der Farmer aus der 41. Street. Vier Männer sind gekommen, alle zwischen 40 und 60 Jahre alt. Sie sind in Begleitung eines Mitarbeiters der Los Angeles Land Use Coalition. Da er sowohl Englisch als auch Spanisch spricht, mit dem Ablauf des Hearings vertraut ist und einige der Abgeordneten kennt, ist er heute zur Unterstützung der South Central Farmer mitgekommen. Die fünf Männer tragen grüne T-Shirts mit dem Aufdruck „South Central Farmers" und dem Symbol ihres Community Gardens. Die T-Shirts haben sie sich im Zuge des Konfliktes zugelegt, um bei öffentlichen Veranstaltungen von außen besser als Gruppe erkennbar zu sein. Dazu tragen sie die typische Bekleidung der lateinamerikanischen LandarbeiterInnen in Kalifornien: Blue-Jeans, Turnschuhe, einen Kapuzenpullover oder eine Lederjacke und ein Basecap. Mit dieser Kleidung und ihrer dunklen und wettergegerbten Haut fallen sie im City Council sofort als migrantische Gruppe auf.

Der Saal, in dem das Hearing stattfindet, ähnelt einer großen Kirche oder einem Gericht. Er ist etwa 25 Meter breit und 60 Meter lang, die Decken sind mindestens 10 bis 15 Meter hoch. Links und rechts entlang der Längsachse stehen auf jeder Seite etwa 12 Holzbänke. Sie füllen drei Viertel des Saals und sind der Stirnseite des Raums zugewandt. In jeder Bankreihe haben mindestens 10 Personen Platz. Die Bänke befinden sich zwischen zwei Reihen massiver Marmorsäulen. Zwischen den Säulen und den Seitenwänden gelangt man in den vorderen Bereich des Saals. Im Mittelgang zwischen den Bankreihen befindet sich vorne ein hölzernes RednerInnenpult, das ebenfalls frontal auf die Stirnseite des Saals ausgerichtet ist.

Genau vor dem RednerInnenpult, im vorderen Saalbereich, befinden sich die Tische der 15 Mitglieder des City Council. Sie sind dem Publikum zugewandt bzw. dem hölzernen RednerInnenpult, jedoch durch eine Kordel deutlich vom Publikumsbereich abgetrennt. Uniformierte Sicherheitsbedienstete achten darauf, dass niemand über die Absperrung steigt. In einem Halbkreis angeordnet sitzen die Mitglieder des City Council an massiven und mit geschnitzten Ornamenten versehenen Holztischen. Im Gegensatz zum Publikum nehmen sie auf großen schwarzen Ledersesseln Platz. Über einigen Tischen sind Wappen angebracht. Dahinter, deutlich erhöht, sitzt Eric Garcetti, dem als Assistant President Pro Tempore die Tagesordnung vorliegt und der das Hearing leiten wird. Beidseitig dahinter, an der Stirnseite des Saals, sind die amerikanische Nationalfahne, ein Stadtwappen und weitere Fahnen angeheftet. Ebenfalls an der Stirnseite des Saals, links hinter den Abgeordneten, befindet sich eine Tür, durch welche die Funktionsträger den Arbeitsbereich des City Council betreten und verlassen können, ohne durch das Publikum gehen zu müssen. Seitlich von den Abgeordneten sitzen und stehen zahlreiche Personen, Sicherheitskräfte, ProtokollführerInnen und vermutlich MitarbeiterInnen der Mitglieder des Council, die immer wieder – auch während der laufenden Sitzung – die StadtpolitikerInnen auf dezente Art und Weise mit Information versorgen. Hier stehen auch einige JournalistInnen. Was die mediale Öffentlichkeit angeht, so werden die Sitzungen des City Council – wie aus dessen Website ersichtlich wird – außerdem auf einem Kabelsender, im Internet und über eine Reihe von Service-Telefonnummern live übertragen.

An den Wänden um die Mitglieder des City Council herum sind Kameras angebracht. Sie übertragen das Bild der jeweiligen RednerInnen live auf große Bildschirme an den Stirnseiten des Saals. Auch im hinteren Bereich des Saals, also neben den Sitzreihen des Publikums, sind Großbildschirme installiert. Wenn gerade niemand spricht, wird darauf die Tagesordnung angezeigt.

Die Außenseite des Saals hat zwar hohe Fenster, doch sind schwere rote Samtvorhänge davor gezogen. Trotzdem ist der Saal hell ausgeleuchtet – entweder durch Kunstlicht oder durch ein Oberlicht. Das Ambiente wirkt ehrwürdig und eindrucksvoll. Die Bankreihen sind gut gefüllt und auch in den Gängen links und rechts daneben stehen Besucher in kleinen Gruppen zusammen, insgesamt ist ein Publikum von etwa 250 Personen anwesend.

Wie zu erwarten war, beginnt das Hearing nicht pünktlich um zehn Uhr. Stattdessen vergehen noch ca. 20 Minuten mit geschäftigem Treiben. Weitere BesucherInnen treffen ein, viele Leute unterhalten sich angeregt, der Geräuschpegel im Saal ist hoch, die Stimmung lebendig. Im Publikum sitzen mehrere Schulklassen in Sportuniformen. Die meisten Erwachsenen sind sehr korrekt gekleidet. Mein Eindruck ist, dass hier nicht nur Publikum anwesend ist, sondern auch Angestellte der Stadtregierung, die sich für einen der Tagesordnungspunkte interessieren oder sich auch nur informell mit KollegInnen treffen. Darauf lassen jedenfalls die kleinen Gruppen von Männern in Anzügen schließen, die nicht im Publikum auf den Holzbänken sitzen, sondern sich sehr sicher und zielstrebig durch den Saal bewegen und einander gut zu kennen scheinen.

Die vier Farmer bitten mich als internationalen Besucher der South Central Gardens um einen kurzen Redebeitrag. Ich willige ein. Um noch in die RednerInnenliste aufgenommen zu werden, muss ich ein einseitiges Dokument schriftlich ausfüllen, auf dem ich nicht nur den Tagesordnungspunkt eintrage, zu dem ich etwas sagen möchte, sondern auch eine Reihe persönlicher Daten angeben muss. Das Formular gebe ich an der Absperrung direkt beim Sicherheitsdienst ab, der es weiterleitet.

Als das Hearing beginnt, sind wir überrascht. Wir hatten erwartet, dass sich hier Einzelpersonen, Nachbarschafts- und Bürgerinitiativen mit brisanten politischen Anliegen an den City Council wenden. So wie eben auch die Farmer, mit denen wir hier sind. Stattdessen vergehen die ersten 90 Minuten mit Ehrungen von Sportvereinen und Schulklassen, die irgendeine Auszeichnung oder einen Preis erworben haben. Wie sich nach und nach herausstellt, besteht der Großteil des Publikums aus LehrerInnen, SchülerInnen und deren Angehörigen. Eine komplette Highschool-Sportmannschaft wird von dem Vorsitzenden des Hearings an das RednerInnenpult gerufen. Auf einen Schlag erheben sich etwa 40 Personen von den Bänken und drängeln sich nach vorn. Der Trainer hält eine emotionale Rede. Anschließend spricht eine etwa 14-jährige Schülerin. Leider verstehen wir nicht genau, welchen Wettbewerb das Team gewonnen hat. Dann bricht der Saal in Applaus und Jubel aus. Für einen Moment fühle ich mich wie auf einer deutschen Abiturfeier. Als die Gruppe nach ihrer Ehrung den Saal verlässt, leert dieser sich deutlich.

Verwirrung stiftet bei uns auch der Umgang mit der Tagesordnung, die zwischen den einzelnen Ehrungen immer wieder auf den Großbildschirmen eingeblendet und von dem Abgeordneten Eric Garcetti, der das Hearing leitet, kommentiert wird. Da ich kein Muttersprachler bin, fällt es mir zum Teil schwer, die kurzen Lautsprecheransagen deutlich zu verstehen. Ständig werden Tagesordnungspunkte gestrichen oder übersprungen. Ein System vermag ich nicht dahinter zu erkennen. Als wir unseren Begleiter von der Land Use Coalition danach fragen, meint er, dass weniger wichtige Tagesordnungspunkte aus Zeitgründen verschoben oder gestrichen werden können. Auch die vier Farmer scheinen verwirrt. Immer wieder blicken sie auf die Bildschirme und suchen dort nach ihrem Tagesordnungspunkt, der allerdings noch nicht angezeigt ist. Sie scheinen zu befürchten, dass auch ihr Anliegen heute zu kurz kommt und sie es in der allgemeinen Aufregung nicht einmal mitbekommen. Dann aber beruhigt uns unser Begleiter: Derjenige Teil der Anhörung, zu dem der Tagesordnungspunkt der Gartenräumung gehört, hätte noch gar nicht begonnen.

Kurze Zeit später wird der erste Teil des Hearings für beendet erklärt und es beginnen die eigentlichen Anhörungen, von denen wir dachten, sie liefen bereits. Die Zweiteilung des Hearings war für uns aus der Tagsordnung auf den Bildschirmen gar nicht ersichtlich. Nun wird auf den Großbildschirmen eine große Uhr eingeblendet, die einen Countdown von 30 Minuten herunterzuzählen beginnt. Unser Begleiter von der Land Use Coalition erklärt uns, dass die letzte halbe Stunde des Hearings für die Anhörungen im engeren Sinne reserviert sei. Die vortragenden Parteien teilen sich insgesamt 30 Minuten Netto-Redezeit. Je länger die einzelnen Vorträge zu einem Tagesordnungspunkt dauern, desto weniger Zeit verbleibt für die noch folgenden RednerInnen und ihre Anliegen.

Die Farmer haben Glück. Zwar sind sie als letzte Gruppe auf der Tagesordnung notiert, doch sind außer ihnen nur zwei weitere Tagesordnungspunkte angemeldet. Nachdem diese ihre Anliegen vorgebracht haben, unterbricht Assistant President Eric Garcetti kurz das Prozedere, um eine japanische Delegation im Saal zu begrüßen. Wieder gibt es lauten Applaus. Danach werden die South Central Farmer aufgerufen, und die vier Männer begeben sich gemeinsam mit mit ihrem Begleiter an das RednerInnenpult. Sie wirken aufgeregt und angespannt. Ihnen verbleiben für ihre zwei geplanten Redebeiträge noch etwa acht Minuten Zeit. Der Mitarbeiter der Land Use Coalition weist den Redner der Gruppe an, während seines Beitrags den Abgeordneten Antonio Villaraigosa möglichst direkt anzuschauen.[23] Dieser sei selbst mexikanischer Herkunft und habe in seinem Verwaltungsbezirk, dem 14. Council District, einen großen Anteil von

WählerInnen aus verschiedenen lateinamerikanischen Ländern. Deswegen sei ihm vielleicht auch am ehesten daran gelegen, sich für ihr Anliegen einzusetzen und sich bei seiner Wählerklientel zu profilieren. Außer Antonio Villaraigosa erkenne ich unter den anwesenden City Council Mitgliedern Cindy Miscikowski (11. District), eine Vertretung für Martin Ludlow (10. District) sowie Tony Cardenas (6. District). Drei weitere Abgeordnete im City Council kann ich nicht zuordnen. Jan Perry, die für den 9. District im City Council sitzt, zu dem die Gärten in der 41. Straße gehören, ist heute – wie etwa die Hälfte ihrer 15 KollegInnen – nicht anwesend.

Aus der Gruppe der South Central Farmer spricht ein etwa 50-jähriger Mann. Er tritt an das RednerInnenpult und holt einen zerknitterten Zettel hervor, auf dem er sich auf Spanisch Notizen für seine kurze Rede gemacht hat. Bevor er anfängt wird ihm eine junge Dolmetscherin zugewiesen, die seinen Beitrag anschließend ins Englische übersetzen soll. Sie richtet ihm zunächst das Mikrofon aus. Als er zu sprechen beginnt, stellt sie sich dicht neben ihn und schaut ihm über die Schulter auf seine Notizen. Der Saal hat sich mittlerweile weitgehend geleert. Auch von den Plätzen der Abgeordneten ist die Hälfte nicht besetzt.

> „Ihnen allen einen guten Tag. Mein Name ist (unverständlich) und ich spreche hier für die Gruppe der Campesinos 'South Central Farmer'. Der Grund für unser Kommen ist, dass wir Ihnen einen Landkauf vorschlagen möchten. Wir haben ja schon mit Herrn Antonio Villaraigosa darüber verhandelt…"

Gleich zu Beginn der Rede erhebt sich eine größere Gruppe von den Publikumsbänken, geht links an der Gruppe der Farmer vorbei und verlässt den Saal. Der Redner hält inne und schaut ihnen nach. Anschließend schaut er nach vorne, wo die Mitglieder des City Council sitzen. Er steht vor leeren Tischen. Von den wenigen anwesenden Angeordneten schaut ihn niemand an. Deutlich sucht der Redner mit den Augen nach einem Gesprächspartner oder einer Gesprächspartnerin. Er stockt und hält verunsichert inne. Seine Sprechpause wird immer länger. Es ist unangenehm still. Die Uhr läuft weiter. Nun schauen einige Leute irritiert hoch und sehen ihn an. Der Redner findet den Faden nicht recht wieder.

> „…uns ein neues Stück Land geben, auf das wir alle zusammen umziehen können. Und dass es ein annehmbarer Vorschlag ist. Und nicht wie das andere Grundstück, das uns Frau Jan Perry angeboten hat. Wir alle hoffen, dass dieses Versprechen gehalten wird. Weil wir alle auf ein neues Stück Land warten, um unsere Bäume und Pflanzen anpflanzen zu können, die wir in unseren Gärten haben. Wir wollen (unverständlich) in Erinnerung rufen. Danke für Ihre Aufmerksamkeit."

Wir möchten das Geschehen mit der Videokamera dokumentieren. Um den Redner von vorn filmen zu können, steigen wir über die Absperrung und richten unsere Kamera auf das RednerInnenpult. Sofort kommt ein uniformierter Sicherheitsangestellter auf uns zu und bittet uns um einen Presseausweis. Da der Ausweis jedoch nicht in den USA ausgestellt ist, kommt es zu einem kurzen Streit. Am Ende dürfen wir zwar filmen, doch die Rede ist bereits beendet, so dass wir nur wenige Bilder vom Redner haben. Auf der Tonspur übertönt der Streit mit dem Sicherheitsdienst Teile des Redebeitrags.

Die Uhr wird angehalten und die Dolmetscherin übersetzt den Redetext, so wie er auf dem Papier vorgeschrieben wurde. Bei den ersten Sätzen stockt sie und übersetzt unsicher. Wie auch schon bei den vorangegangenen Tagesordnungspunkten werden keine Fragen gestellt und keine Kommentare gemacht – weder durch die Mitglieder des Council noch aus dem Publikum. Stattdessen werde ich aufgerufen und trete an das RednerInnenpult. Als ich meinen Beitrag beendet habe, verbleiben noch etwa drei Minuten Redezeit auf der Uhr. Die Männer verlassen das RednerInnenpult und ziehen sich in den hinteren Teil des Saals zurück. Es sind nun noch etwa 25 Besucher anwesend. Da dies der letzte Tagesordnungspunkt war, erklärt City Council Mitglied Eric Garcetti das Hearing für beendet.

Die Gruppe der Farmer verlässt den Saal gemeinsam. Sie tauschen ihre Eindrücke von dem Hearing aus, wirken erleichtert, dass sie ihre Aufgabe hinter sich gebracht haben. Auf dem Flur vor dem Saal holt sie der Abgeordnete Antonio Villaraigosa ein. Er ist etwa Mitte 40, einen Kopf größer als die Farmer, sieht sehr gepflegt aus und trägt einen teuren Anzug. Er gibt jedem die Hand. Einer der Männer beginnt ihm etwas zu erklären. „Ich verstehe Dich nicht," sagt Antonio Villaraigosa zunächst auf Spanisch und beugt sich vor. Dann nickt er und meint. „Du willst eine schriftliche Eingabe machen?" Er dreht sich zu den anderen: „Danke, dass ihr gekommen seid. Schauen wir mal, was wir machen können." Ich frage ihn, ob er schon einmal die Gärten besucht hätte, und filme ihn dabei. Das ist ihm sichtlich unangenehm. „Ich werde versuchen (in die Gärten, H.L.) zu kommen," antwortet er, dreht sich mit dem Gesicht von der Kamera weg. „Ok. Danke," sagt er noch in die Runde und geht eilig zurück in den Saal. Im Fahrstuhl lachen die fünf Männer. „Der hat sich versteckt, weil er nicht wollte, dass er gefilmt wird," sagt einer. Ein anderer bemerkt: „Jan Perry war gar nicht da, obwohl sie wusste, dass wir kommen." Er wirkt wütend. „Sie weiß, dass wir kommen, und versteckt sich." Gemeinsam verlassen wir das Gebäude.

3.1.3 Akteure, Interessen, Strategien

Wie aus der Fallbeschreibung deutlich wird, waren fünf zentrale Akteure (bzw. Akteursgruppen) am Konflikt um die South Central Gardens beteiligt: Erstens die South Central Farmer, die das Gelände seit 1992 bewirtschafteten und ab Herbst 2003 den politischen Protest gegen die Privatisierung und kommerzielle Bebauung 'ihrer' Gärten organisierten, sowie eine Reihe weiterer außerparlamentarischer Akteure, die sich teilweise mit recht unterschiedlichen bis widersprüchlichen Interessen in dem Konflikt engagierten. Zweitens die zuständigen stadtpolitischen EntscheidungsträgerInnen und -gremien: Auf der Ebene des Districts South Central war das die Demokratin Jan Perry; auf der Ebene der City of Los Angeles war es der City Council und der Bürgermeister. Drittens der Investor Ralph Horowitz, der zwar ein entscheidender Akteur war, aber in dem Konflikt selbst kaum in Erscheinung trat. Viertens die Regional Foodbank, die das Gelände zwar 'nur' treuhänderisch verwaltete, aber im Zuge des Konflikts 'zwischen die Fronten' der unterschiedlichen Interessengruppen geriet. Fünftens die Polizei von Los Angeles, die abgesehen von einem 'kurzen Auftritt' im Sommer 2005 erst mit der Räumung des Geländes im Sommer 2006 in Erscheinung trat. Wie schon in der Berliner Fallstudie werden die Akteursprofile entlang von drei Leitfragen entwickelt: a) Welche Interesse verfolgten die Akteure in dem Konflikt um die South Central Gardens? b) Welche Strategien wendeten sie zur Durchsetzung ihrer Interessen an? c) Insofern es sich um kollektive Akteure handelte: Wie setzten sich die Akteure zusammen und welche internen Konflikte trugen sie möglicher Weise aus?

3.1.3.1 Die South Central Farmer und das außerparlamentarische Feld

Obwohl die Brachfläche an der 41st Street bereits seit 1992 von über 1000 Menschen bewirtschaftet wurde, traten die NutzerInnen der Gärten erst im Herbst 2003 öffentlich als Gruppe in Erscheinung. Bis zum Ausbruch des Konflikts hatten die Farmer kaum ein gemeinschaftliches oder gar politisches Selbstverständnis, sondern organisierten die Nutzung der Gärten eher pragmatisch. Deutlich spiegelt sich dies darin wieder, dass bis zum Herbst 2003 weder die Gärten noch die Gruppe der Farmer einen Namen oder eine Bezeichnung hatten. Offensichtlich gab es bis zum Ausbruch des Konflikts keinen Grund und vielleicht auch kein Bedürfnis, sich als kollektiver Akteur mit einem kohärenten Gruppenzusammenhalt zu konstituieren.

Dies änderte sich schlagartig mit der schriftlichen Aufforderung vom September 2003, die Gärten zu räumen. Angesichts des zeitlichen Drucks – das Grundstück sollte innerhalb weniger Wochen für die Bebauung mit Lagerhallen frei gemacht werden – entschieden sich die Farmer unmittelbar nach Erhalt des Schreibens zum Widerstand gegen ihre Vertreibung. Nur wenige Wochen später konstituierten sie sich unter dem Namen 'South Central Farmer' als Gruppe und gaben ihren Gärten den Namen 'South Central Gardens'. Die schnelle und eindeutige Entscheidung zum Widerstand spiegelt die Bedeutung wieder, die die Gärten für die Farmer hatten. Die Gärten waren eine Argrarnutzfläche, auf der die prekarisierten MigrantInnen Subsistenzwirtschaft betreiben konnten. Angesichts der Tatsache, dass die South Central Farmer bis zu einem Drittel ihres Nahrungsmittelbedarfs über die Gärten decken konnten, ist die materielle Sicherungsfunktion der South Central Gardens kaum zu unterschätzen. Darüber hinaus kam den Gärten jedoch auch eine wichtige sozio-kulturelle Funktion zu. Die Mehrheit der South Central Farmer kommt aus Lateinamerika und hat einen ländlich-bäuerlichen Hintergrund. Viele von ihnen halten sich illegalisiert in den USA auf, sprechen kaum oder gar kein Englisch und arbeiten in prekären Beschäftigungsverhältnissen. Für viele Farmer hatten die Gärten daher die Bedeutung von 'Heimat'. Hier bauten sie Pflanzen aus ihrer Herkunftsregion an und gingen ihrer traditionellen Beschäftigung nach. Diejenigen Farmer, die regelmäßig zwischen den USA und ihrem Heimatort pendeln, 'schmuggelten' Samen und Pflanzen über die US-Grenze, um diese dann in den Gärten in Los Angeles anzupflanzen.[24] So wurden die Gärten nicht nur zu einem faszinierenden Mikrokosmos lateinamerikanischer Biodiversität, sie erhielten auch die Funktion von kultureller Identifikation und vertrauter Erinnerung in 'der Fremde'.

> „Imagine a space where families gather everyday to work on the community farm. Imagine they have made this special place into a sustainable source of local food. They have created an edible landscape, a green mosaic conjoined from a wide variety of native food crops, medicinal plants, fruit trees, creepers, crawlers, and cacti. Imagine that the people plant family heirloom seeds that have been carefully selected over the generations. Imagine the seeds are at least five thousand years old and are drawn from the ancestral crops of the Americas. Imagine a space where indigenous women cultivate heirloom crops and weave visions and memories of their cultural identity and heritage into the landscape. They are making place; they are making home. Imagine the passing of their knowledge to the next generation in memories of plant stories and the social and ecological skills of the farmer. Imagine youth eagerly assisting with the cultivation of heirloom maíz, frijol, calabaza, guayaba, chipilin, and chilacayote. Imagine youth who know hundreds of wild and cultivated plants, their nutritional and medicinal properties, and what it takes to grow them naturally.

> Now imagine this space is located not in rural Mexico, say Oaxaca or Michoacan. Instead, imagine it is located in the heart of the urban core of one of world's largest and most important global cities, Los Angeles, California." (Peña 2005)

Erst vor diesem Hintergrund wird der entschlossene Widerstand der South Central Farmer gegen die Zerstörung und gewerbliche Bebauung des Gartengrundstücks verständlich. Freilich beteiligten sich nicht alle Farmer am politischen Protest. Bei meinen regelmäßigen Besuchen des Grundstücks ab Januar 2004 wurde deutlich, dass einzelne GärtnerInnen ihre Gärten auch aufgaben und andere wiederum hinzukamen. Ein wesentlicher Grund dafür scheint vor allem der permanente psychische Druck der Räumungsdrohung zu sein, die ab September 2003 wie ein Damoklesschwert über den Farmern hing. In den Interviews wurde immer wieder deutlich, dass die Vorstellung, viel Arbeit, Aufmerksamkeit, Zeit und Liebe in die Bewirtschaftung der Gärten zu stecken, um dann mit ansehen zu müssen, wie diese von Bulldozern zerstört werden, für viele South Central Farmer geradezu unerträglich war.

Abbildung 4: Versammlung der South Central Farmer in den Gärten

Foto: Donald G. Rogers

Unmittelbar nach Ausbruch des Konflikts starteten die South Central Farmer daher die Kampagne 'Save the South Central Gardens', mit der ein möglichst breites Spektrum an UnterstützerInnen zu den Protesten gegen die Privatisierung der Fläche mobilisiert werden sollte. Zusätzlich zu den vier gewählten 'Capitanes', die mit der internen Organisation der Gärten betraut waren, wählten sie zwei weitere Delegierte, Rufina Júarez und Tezozomoc, die die Gruppe nach außen vertraten. Neben Demonstrationen, Presseerklärungen, Protestschreiben an den Bürgermeister und den City Council u.a.m. suchten die Farmer vor allem den Kontakt zu anderen Stadtteilorganisationen, Umweltgruppen, kirchlichen Organisationen und Universitäten. Das nahm einen immensen Zeitaufwand in Anspruch: Zusätzlich zu den wöchentlichen 'internen' Vollversammlungen beriefen die Farmer ein weiteres wöchentliches Treffen für ein Unterstützungskomitee ein. Hinzu kam die Vorbereitung und die Teilnahme an Veranstaltungen und Protesten und ab Sommer 2005 auch die in Schichten organisierte rund-um-die-Uhr-Besetzung der Gärten. Die Strategie der Farmer bestand aus fünf Elementen:

1.) Öffentlichkeitsarbeit: Die Gärten waren bis zum Herbst 2003 in South Central (und in Los Angeles) nur wenig bekannt. Unter diesen Bedingungen hätte eine Räumung der Gärten vonstatten gehen können, ohne dass 'die Öffentlichkeit' davon überhaupt nur Kenntnis genommen hätte. Die Farmer versuchten daher von Beginn des Konflikts an ein Maximum an Öffentlichkeit herzustellen. Sie beteiligten sich an Demonstrationen, protestierten vor der City Hall und informierten AnwohnerInnen in der Nachbarschaft. Zusätzlich richteten die Farmer eine Website und einen Mailverteiler ein, um den Informationsfluss zu gewährleisten, und wendeten sich an die lokalen und regionalen Medien und an 'Multiplikator-Institutionen' wie Universitäten und Nonprofit-Organisationen.

2.) Bündnisarbeit: Als Gruppe, die sich aus überwiegend illegalisierten MigrantInnen zusammensetzte, waren die South Central Farmer gegenüber 'mächtigen' politischen Akteuren wie dem Investor stark benachteiligt. Von Anfang an bemühten sich die South Central Farmer daher massiv um Unterstützung durch andere Gruppen und Einzelpersonen. Dabei schienen sie keinerlei Ausschlusskriterien anzulegen: Wer auch immer sich für die Gärten engagieren wollte, war willkommen. Dass die Bündnisarbeit überaus erfolgreich war und die South Central Farmer innerhalb kürzester Zeit eine Vielzahl von UnterstützerInnen für ihr Anliegen mobilisieren konnten, hat vor allem etwas damit zu tun, dass sie auf ein bereits existierendes Netzwerk an progressiven stadtpolitischen Gruppen zurückgreifen konnten. Darauf gehe ich im zweiten Teil der Fallstudie ausführlich ein.

3.) Lobbyarbeit: Mit der Forderung nach dem Erhalt der Gärten adressierten die South Central Farmer sowohl die zuständige Abgeordnete auf der Ebene des

Districts, Jan Perry, als auch die Stadtverwaltung und den Bürgermeister von Los Angeles (zunächst James Hahn, dann Antonio Villaraigosa). Ab Januar 2004 erschienen die Farmer wöchentlich mit einer Delegation zu den öffentlichen Anhörungen des City Council, um ihre Forderung dort vorzutragen (siehe Abschnitt 3.1.2). Einerseits eröffneten sie dabei den zuständigen EntscheidungsträgerInnen die Möglichkeit, sich mit einer politischen Lösung des Konflikts öffentlich zu profilieren. Andererseits drohten sie implizit, mit der Besetzung des Geländes und einer Mobilisierung im notorisch rebellischen South Central den politischen Preis für eine Räumung in die Höhe zu treiben.

4.) Rechtsweg: Zu dem Zeitpunkt, zu dem die South Central Farmer die Aufforderung erhielten das Gelände zu verlassen, war dieses bereits privatisiert. Obwohl der Verkauf möglicherweise rechtswidrig gewesen war, konnte eine Lösung des Konflikts im Nachhinein nur noch politisch erreicht werden. Die gerichtliche Klage der South Central Farmer hatte daher stark strategischen Charakter. Sie sollte Öffentlichkeit herstellen und Zeit für die Kampagne gewinnen:

> „What this lawsuit is doing is buying some time. We can possibly win the trial and we hope we will. But the city can turn around the next day, do what it has to do and sell the property, and still the farmes could be evicted. In fact, we are surprised that the city hasn't been doing that all along. (...) There is no way legally that we can require that this property is set up for the use of farming. (...) That's a political decision. (...) And that's where we need people to get involved."[25]

5.) Ziviler Ungehorsam: Den South Central Farmern war klar, dass sie das Gelände nicht gegen eine polizeiliche Räumung 'verteidigen' konnten. Doch mit Maßnahmen des zivilen Ungehorsams – durch die Besetzung der Gärten, eine Blockade der Zufahrten, Proteste und Demonstrationen vor der Regional Foodbank, vor dem Büro des Investors Horowitz, vor dem City Council und in Downtown L.A. – machten sie deutlich, dass sie das Gelände nicht ohne Protest aufgeben würden. Sie erzeugten zusätzliche Öffentlichkeit, trieben den politischen Preis für eine polizeiliche Räumung in die Höhe und schützten sich gegen para-staatliche Übergriffe der Foodbank, die im Sommer 2005 versuchte, die Farmer faktisch aus den Gärten auszusperren.

Im Nachhinein zeigt sich, dass für die öffentliche Wahrnehmung der Kampagne gerade die Namensgebung 'South Central Farmer' von strategischer Bedeutung war: Sie erlaubte es, den Konflikt in einer Art und Weise zu 'framen', die Gruppen und Einzelpersonen weit über die Grenzen der Latino-Community hinaus ansprach. Der Fall der South Central Gardens wurde in der Öffentlichkeit weder als 'Latino-Problem' noch als 'Gartenhobby' einer partikularen Gruppe verhandelt. Stattdessen gelang es den Farmern, ihre Forderung nach der Rettung der South Central Gardens mit 'issues' von allgemeiner politischer Bedeutung zu verbinden: Ernährungssicherheit, urbane Armut, Erhalt öffentlicher und inklusiver Räume, Erhalt von Grünflächen, Solidarität und Sicherheit in 'Problemstadtvierteln'. Bis zum Herbst 2005 konnten die Farmer 48 Gruppen für eine öffentliche Unterstützung gewinnen. Im Frühjahr 2006 kamen noch einmal etliche UnterstützerInnen hinzu, die allerdings nicht mehr systematisch erfasst wurden.

Abbildung 5: Demonstration der South Central Farmer in Los Angeles

Foto: Donald G. Rogers

Auffällig ist, dass keine Parteien, Wohlfahrtsverbände oder politische Großorganisationen die South Central Farmer unterstützten. Stattdessen waren es überwiegend kleinere Gruppen, die das Protestschreiben vom Herbst 2005 unterzeichneten und die sich aktiv an den Protesten der Farmer beteiligten. Es ist wenig überraschend, dass sich viele dieser Organisationen im Bereich Migration engagieren und/oder speziell mit LateinamerikanerInnen zusammenarbeiten, wie etwa die Gruppe Carecen oder die L.A. Coalition Against Raid and in Support of Immigrant Rights. Doch auch linksradikale und anarchistische Netzwerke wie die Southern California Anarchist Federation (SCAF), studentische Zusammenhänge wie die USC Graduate Students, die großen Anti-Irakkrieg-Initiativen Code Pink und A.N.S.W.E.R., die alternative Stadtplanungsgruppe Latino Urban Forum, Gewerkschaften wie die Service Employees International Union und vorwiegend afro-amerikanische Interessengruppen wie die African American Association of L.A. County Firefighters standen als UnterstützerInnen auf der Pressemitteilung.

Der Stadtplaner James Rojas beschreibt im Projektinterview, dass die South Central Farmer zu Beginn ihrer Kampagne nur von wenigen etablierten NGOs und Interessenverbänden offen unterstützt wurden. Im zweiten Jahr der Kampagne setzte eine positive Entwicklung ein. Dabei wurde eine Spaltung innerhalb der Landschaft von NGOs und außerparlamentarischen Gruppierungen von Los Angeles sichtbar, die auch in der aktuellen Literatur über neue soziale Bewegungen in der Region beschrieben wird (siehe Nicholls/Beaumont 2004: 128f.). Etablierte soziale Bewegungen und Organisationen, deren soziale Basis oftmals die 'working class' der mexican-american und african-american community ist, halten sich bei neuen und provokativen Kampagnen und Themen eher zurück, um ihre guten Kontakte zu den politischen Eliten nicht zu gefährden und ihr traditionelles Klientel nicht zu verunsichern. Dagegen engagieren sich kleinere und jüngere Polit-Gruppen, die sich oft in den Stadtvierteln der weniger etablierten mittelamerikanischen MigrantInnen konzentrieren, in neuen und radikalen Bewegungen. Zum einen haben sie im Vergleich zu den 'Alteingesessenen' nichts zu verlieren, zum anderen ist ihre soziale Basis oft durch die Einflüsse revolutionärer Bewegungen in Ländern wie Mexiko/Chiapas, Guatemala, El Salvador oder Nicaragua geprägt und politisch stärker 'links' positioniert.

James Rojas, Mitbegründer des Latino Urban Forum, und Robert Gottlieb, Professor am Occidental College, berichten in den Projektinterviews, wie sich diese Spaltung im Fall der South Central Farmer durchsetzte:[26] Die Gruppe Concerned Citizens of South Central, die Mitte der 1980er Jahre maßgeblich an den Protesten gegen LANCER beteiligt gewesen war (siehe 3.1.1), sprach sich im Zuge der Verhandlungen um das Grundstück an der 41st Street explizit *für* den Verkauf an den Investor Ralph Horowitz und *für* die gewerbliche Bebauung aus. Sie argumentierte, dass viele der South Central Farmer gar nicht aus South Central kämen und der Bau von Lagerhallen Arbeitsplätze für die BewohnerInnen des Stadtteils schaffen würde. Impliziert war eine ethnische Argumentationslinie: South Central ist ein klassisch afro-amerikanisches Stadtviertel, das erst in der jüngeren Vergangenheit eine starke Zuwanderung lateinamerikanischer

MigrantInnen erfahren hat. Der 'Verdrängungskonflikt' zwischen den beiden marginalisierten Gruppen ist in diesem District in hohem Maße virulent. Die Concerned Citizens of South Central sind eine Gruppe, die ihre soziale Basis überwiegend in der afro-amerikanischen community hat, und im Falle der South Central Gardens offensichtlich Politik für 'ihr Klientel' machte. Darüber hinaus spielte ebenfalls der gute Kontakt der Gruppe zur (afro-amerikanischen) Demokratin Jan Perry eine Rolle, die als Abgeordnete des Districts South Central im City Council sitzt und ebenfalls die Privatisierung des Gartengrundstücks unterstützte. So berichtet der Anwalt Patrick Dunlevy ausführlich von einem strategischen Treffen zwischen Ralph Horowitz, Jan Perry und einer Vertreterin der Concerned Citizens of South Central, das im Vorfeld des Grundstücksverkaufs stattfand:

> „The Concerned Citizens of L.A. „went from being absolutely, totally, completely, in any way opposed to Ralph Horowitz getting his property and developing it, to being his primary number one supporters. We know that there was a meeting between Ralph Horowitz and Juanita Tate and also Jan Perry, but what happened there, I don't know. Again it smells very fishy."[27]

Für viele andere etablierte soziale Bewegungsorganisationen und Stadtteilgruppen in Los Angeles hätte die Haltung der Concerned Citizens, so James Rojas, zunächst eine Signalwirkung gehabt. Nachdem diese sich gegen die South Central Gardens aussprachen, hätten sich auch andere etablierte Gruppen gegen die Farmer positioniert oder zumindest aus dem Konflikt herausgehalten. Diese Haltung begann erst im zweiten Jahr der Kampagne abzubröckeln. Der Konflikt zwischen den Concerned Citizens of South Central und den South Central Farmern konnte freilich nie beigelegt werden und bestimmte bis in den Sommer 2006 das Verhältnis der beiden Gruppen zueinander.

Trotzdem konnten die South Central Farmer bis Ende 2005 eine beachtliche Unterstützung mobilisieren und überregional auf sich aufmerksam machen. Ein trivialer aber immens wichtiger Faktor für den Erfolg der Kampagne war dabei, dass den South Central Farmern – sowohl untereinander als auch in der Interaktion mit BündnispartnerInnen – die Gärten als ein physischer sozialer Raum zur Verfügung standen, der ihnen eine intensive face-to-face-Kommunikation und dynamische Gruppenbildungsprozesse ermöglichte. Im Hinblick auf die oben angesprochene Spaltung der UnterstützerInnen war das Verhalten seitens schwarzer BürgerrechtlerInnen wie Deacon Alexander, Lil Joe und Connie White von der Gruppe South Central Coalition von besonderem Gewicht. Diese Gruppe steht in der Tradition der Communist Party und der Black Panthers und bezieht keine ethnische bzw. identitätspolitische Position, sondern einen Klassenstandpunkt. Sie sahen in den South Central Farmern eine dynamische Kraft, die South Central (wieder) stärker hätte politisieren können. Mit der Präsenz der afro-amerikanischen AktivistInnen der South Central Coalition in den Gärten wurde dem Vorwurf, es handle sich bei den South Central Farmern um ein reines 'Latino-Projekt', weitgehend der Wind aus den Segeln genommen.

Im Hinblick auf die Frage nach der *Anzahl* der UnterstützerInnen bot ein Solidaritätskonzert, das am Dienstag den 22. November 2005 auf dem besetzten Gartengelände stattfand, nach zwei Kampagnenjahren erstmals die Möglichkeit einer realistischen Schätzung. Über 2000 BesucherInnen aus dem gesamten Stadtgebiet fanden an diesem Abend ihren Weg nach South Central (Lebuhn 2005a). Zahlreiche bekannte Bands aus Kalifornien traten unentgeldlich in den Gärten auf, darunter auch prominente Interpreten wie Zach de la Rocha, der ehemalige Leadsänger der Gruppe Rage Against the Machine. Für die South Central Farmer war das Konzert eine Art 'Indikator' dafür, wie viele Menschen sich im Falle einer polizeilichen Räumung der Gärten zu einem spontanen Protest vor Ort mobilisieren lassen würden. Vielleicht ist das auch der Grund, weswegen die polizeiliche Räumung im Sommer 2006 überraschend an einem Wochentag um fünf Uhr morgens stattfand. So sollte eine massive Protestmobilisierung erschwert werden. Mit Erfolg: Letztlich kamen 'nur' einige hundert Menschen, um spontan gegen den Polizeieinsatz zu demonstrieren.

3.1.3.2 City District und City Council

Im Gegensatz zu den relativ klar verfassten bundesdeutschen Städten und Stadtstaaten setzt sich die Metropolregion Los Angeles verwaltungstechnisch und politisch aus sechs voneinander unabhängigen Counties zusammen: Los Angeles County, Orange County, Ventura County, Riverside County, San Bernardino County und Imperial County. Das Los Angeles County wird vom 'Los Angeles County Board of Supervisors' regiert und umfasst insgesamt 88 Cities. Mit einer Fläche von etwas über 1200 Quadratkilometern und einer Einwohnerzahl von knapp 10 Millionen stellt das Los Angeles County – insofern man im Falle einer polyzentrischen Metropolregion wie Los Angeles davon sprechen kann – das 'Kerngebiet' der 'Greater Los Angeles Region' dar. Die mit Abstand größte Stadt des Los Angeles County ist die City of Los Angeles, zu der auch der District South Central gehört, in dem sich der Konflikt um die South Central Gardens abspielte. Somit waren auf der Seite des 'lokalen Staates' vor allem zwei politische

Ebenen in den Konflikt involviert: Die Ebene der City of Los Angeles (hier vor allem: der City Council von Los Angeles und der Bürgermeister von Los Angeles) und die Ebene des Districts South Central (hier vor allem: die Abgeordnete der Demokraten Jan Perry).

Das zentrale politische Organ der City of Los Angeles ist der City Council von Los Angeles.[28] Er besteht aus dem Bürgermeister und 15 gewählten Mitgliedern. Die auf vier Jahre (und für maximal zwei Legislaturperioden) gewählten Abgeordneten im City Council repräsentieren jeweils einen District (Stadtviertel) und damit ca. 247.000 WählerInnen (Gottlieb et al. 2005: 72). Im Vergleich zu bundesdeutschen Großstädten ergibt sich daraus eine geradezu absurde personelle und institutionelle Machtkonzentration: Ein Gremium von familiärer Größe (16 Personen) hält die politischen Entscheidungsbefugnisse über eine Stadt mit knapp 3.7 Millionen EinwohnerInnen und einem Bruttosozialprodukt, das mit 390 Milliarden USD noch vor Staaten wie den Niederlanden, Australien oder Russland weltweit auf Platz 13 rangiert (Erie 2004: 4). Kennzeichnend für das stadtpolitische Regime von Los Angeles ist darüber hinaus der besondere Einfluss der ökonomischen Eliten auf die Stadtpolitik. In ihrer Studie 'The next Los Angeles' charakterisieren Robert Gottlieb et. al. die politischen Machtverhältnisse im Regierungssystem von Los Angeles als ein historisch gewachsenes Zusammenspiel zwischen extrem starken UnternehmerInnen, einem tendenziell schwachen Bürgermeister sowie 15 City Council Mitgliedern, die 'ihre' Districts praktisch alleinverantwortlich wie 'kleine Reiche' regieren können:

> „At the peak of its power, the role of L.A.'s civic elite had been magnified due to L.A.'s weak mayor and district election system for City Council. It was so full of checks and balances that it was nearly impossible to get things done without the support of the business community. This situation was no accident. Early in the twentieth century, business leaders 'reformed' the city's government structure to restrict the ability of unions, immigrants, political parties, and other potentially unfriendly forces to wield much influence. They gave the mayor few powers. (...) District elections, in turn, established a kind of minifiefdom for the fifteen members of the City Council, since each council member was largely responsible for deciding which development projects would get approved and who would get the contracts to do them." (Gottlieb et al. 2005: 138f.)

Diese Beschreibung der lokalen und regionalen Machtverteilungen wird auch in der Struktur des Konflikts um die South Central Gardens erkennbar, und zwar sowohl im Hinblick auf den Einfluss des Investors Ralph Horowitz als auch was die Rolle der beteiligten politischen EntscheidungsträgerInnen und Gremien angeht.

Wie bereits im letzten Abschnitt zitiert, berichtet Patrick Dunlevy, Anwalt der South Central Farmer, dass im Vorfeld des Verkaufs des Grundstücks ein strategisches Treffen zwischen Jan Perry, dem Investor Ralph Horowitz und VertreterInnen der Concerned Citizens of South Central stattgefunden habe. Im Anschluss an das Treffen hinter geschlossenen Türen hätten die Concerned Citizens of South Central sich *für* den Verkauf des Grundstücks an Horowitz und *gegen* eine Nutzung des Geländes durch die South Central Farmer ausgesprochen. Dies habe für andere etablierte außerparlamentarische Akteure zumindest anfänglich Signalfunktion gehabt, sich ebenfalls gegen die South Central Farmer zu positionieren (s.o.). Folgt man dieser Darstellung, so ist davon auszugehen, dass die Council Woman Jan Perry maßgeblich an der Aushandlung der Interessen des Investors und der wichtigsten lokalen außerparlamentarischen Akteure beteiligt war.

Jan Perry selbst begründete ihr Interesse am Bau der Lagerhallen vor allem mit dem Argument, dass es sich um eine wichtige Investition in dem strukturschwachen Stadtviertel South Central handle: Die zentralen Stichworte waren 'Steuergelder' und 'Arbeitsplätze'. Inwieweit der Verkauf des Grundstücks auch Elemente von Korruption enthielt und Mitglieder des City Council oder auch Nonprofit-Organisationen wie die Concerned Citizens of South Central direkt oder indirekt von dem Verkauf profitiert haben, ist schwer zu belegen. Hinweise darauf gibt es allerdings genug. Nicht nur wurde das Gelände an der 41st Street 2003 weit unter Marktpreis an Horowitz veräußert. Auch wurde der Verkauf hinter geschlossenen Türen und unter Umgehung einer Reihe von Verfahren abgeschlossen, die im 'administrative code' der Stadt für die Privatisierung öffentlicher Liegenschaften vorgesehen sind. Nicht zuletzt spendeten Ralph und Eileen Horowitz zusammen mit ihren Geschäftspartnern Jack Libaw und Timothy Ison zwischen 1999 und 2004 zusammen (offiziell) 6350 USD an Lokalpolitiker, darunter auch an den City Attorney Rockard J. Delgadillo.[29] Dieser riet der Stadtverwaltung 2003 zum Verkauf der Gärten an Horowitz – obwohl dessen gerichtliche Klage gegen die Stadt zum damaligen Zeitpunkt bereits zum dritten Mal abgelehnt worden war. Robert Gottlieb, Professor am Occidental College und seit vielen Jahren im Bereich Stadtforschung tätig, zeigt sich von derlei Hinweisen auf Korruption und Klientelismus alles andere als überrascht. Seiner Meinung nach ist die persönliche Vorteilnahme keinesfalls ein 'stadtpolitischer Ausnahmefall', sondern vielmehr ein zentraler Bestandteil unternehmerischer Stadtpolitik, vor allem in Los Angeles: „That's how things happen a lot of times with big land deals," sagt er geradezu lakonisch im Projektinterview.[30]

Nachdem Jan Perry im Zuge des Grundstücksverkaufs im Herbst 2003 maßgeblich in Erscheinung getreten war, verschwand sie nach Ausbruch des Konflikts praktisch völlig 'von der Bildfläche'. Auch dies scheint mit der speziellen Machtverteilung in Los Angeles zu tun zu haben: Der Investor Horowitz hatte mit seiner Klage gegen die Stadt Los Angeles den City Council unter Druck gesetzt und den Rückkauf 'seines' Grundstücks gefordert. Sein Argument, die Stadt hätte beim Verkauf des Grundstücks 1994 an die Port Authorities sein 'right of first refusal' missachtet, richtete sich gegen den City Council (und nicht gegen den District). Da die City Districts jedoch als 'persönliche Machtbereiche' der jeweiligen gewählten City Council-VertreterInnen gelten, konnte der Verkauf des Grundstücks an Horowitz im August 2003 faktisch nur über Jan Perry abgewickelt werden – auch wenn noch andere Personen und Gremien auf anderen Ebenen an der Aushandlung beteiligt waren. Doch weder Perry noch der City Council oder Horowitz hatten mit dem Widerstand der Farmer gerechnet. Als der Konflikt dann eskalierte, wuchs das Geschehen Jan Perry buchstäblich 'über den Kopf'. Weder die Aushandlung einer politischen Lösung noch eine polizeiliche Räumung oder ein Rückkauf des Grundstücks lagen nunmehr in ihrem Machtbereich. Einzelne Grundstücke in ihrem District, die sie den South Central Farmer als Ausweichobjekte anbot, hatten bei weitem nicht die nötige Größe, um alle South Central Farmer aufzunehmen. Tezozomoc, Delegierter der South Central Farmer, weist im Projektinterview darauf hin, dass Perry mit dem ungelösten Konflikt in 'ihrem District' nun ein 'gebranntes Kind' war. Ihre politische Karriere war bis zur Lösung des Problems blockiert. Bis dahin blieb ihr nichts weiter übrig als abzuwarten und sich so weit wie möglich der öffentlichen Aufmerksamkeit zu entziehen.[31]

Folgt man den Einschätzungen vieler meiner InterviewpartnerInnen, so hätte der Bürgermeister Antonio Villaraigosa im Gegensatz zu Jan Perry den Konflikt mit einer politischen Intervention durchaus lösen können – auch wenn er eigentlich eine eher schwache Figur im politischen Regime der Stadt darstellt.[32] Der Verkauf des Grundstücks war 2003 unter Villaraigosas Vorgänger, dem Demokraten James Hahn, vollzogen worden. Nach Ausbruch des Konflikts hatte dieser sich nicht mehr öffentlich dazu positioniert. Antonio Villaraigosa (ebenfalls Demokrat) verhielt sich da anders – ganz seinem Profil entsprechend. Er gilt als 'leading edge' der 'emerging progressive coalition' und repräsentiert den linken Flügel der Demokraten in Los Angeles (Gottlieb, et al. 2005: 165). Mit seinem Engagement für die afro-amerikanische und die Latino-Community in Los Angeles konnte er sich als 'Brückenbauer' zwischen verschiedenen ethnischen und politischen Gruppen profilieren. Bei den Bürgermeisterwahlen im Mai 2005 gewann Villaraigosa 84 Prozent der Stimmen der WählerInnen lateinamerikanischer Herkunft und etwa die Hälfte der Stimmen der afro-amerikanischen WählerInnen.[33] Angesichts der Tatsache, dass die Gruppe der lateinamerikanischen MigrantInnen mittlerweile die größte Minderheit in Kalifornien darstellt, ist dies von besonderer Bedeutung. Bereits 2004 besuchte Villaraigosa die South Central Gardens – zu diesem Zeitpunkt noch als reguläres Mitglied des City Councils und Repräsentant des 14. Districts. Im Frühjahr 2005 kehrte er im Rahmen seines Wahlkampfes für das Amt des Bürgermeisters in die Gärten zurück und traf sich dort mit den Farmern. Nach seinem Amtsantritt als Bürgermeister nahm Villaraigosas Engagement für die South Central Gardens freilich rapide ab. Über Monate hinweg äußerte er sich nicht mehr öffentlich zu dem Konflikt. Erst im Januar 2006, als er in einem live-Fernsehinterview überraschend nach den South Central Gardens gefragt wurde, sprach er sich erstmals (wieder) öffentlich für eine politische Lösung des Konflikts aus. Allerdings könne die Stadt das für den Rückkauf des Grundstücks nötige Geld in Höhe von ca. 16-18 Millionen USD nicht aufbringen, so Villaraigosa im Interview. Es müssten sich schon andere – also private – Finanzierungsmöglichkeiten finden (s.o.).[34] Damit verwies Villaraigosa implizit auf die finanzpolitischen Restriktionen, denen seine Handlungsspielräume unterliegen – und zwar unabhängig von seinem politischen Willen: Im Frühjahr 2006 wurde für das anstehende Haushaltsjahr 2006/2007 ein Defizit von 271 Millionen USD prognostiziert.[35] Wie sich die finanzpolitischen Rahmenbedingungen auf den Konflikt in South Central auswirkten, soll im zweiten Teil der Fallstudie noch einmal ausführlich diskutiert werden.

Der City Council von Los Angeles, der dem Verkauf des Grundstücks an Horowitz im Herbst 2003 zugestimmt hatte, befasste sich nach dem Ausbruch des Konflikts nicht mehr öffentlich mit den South Central Gardens. Zwar sprach eine Delegation der South Central Farmer ab Januar 2004 wöchentlich (sic!) bei den öffentlichen Hearings des City Councils vor, doch reagierte das Gremium nicht weiter auf die Forderungen der Farmer nach einer Bestandssicherung der Gärten. Dabei hatten die South Central Farmer zumindest anfänglich noch große Hoffnungen in den City Council gesetzt.

1992 gab es also ein starkes Argument dafür, die öffentliche Industriebrache an der 41st Street in eine nicht-kommerzielle Nutzung zu überführen: Die Rodney-King Riots. Nach den Aufständen in Los Angeles war die Umwidmung des Geländes ein für die Stadt praktisch kostenloses politisches Befriedungsprojekt in einem notorisch rebellischen und sozial stark benachteiligten Stadtviertel. Zehn

Jahre später war South Central zwar noch immer eines der sozial schwächsten Stadtviertel, doch politische Mobilisierungen seitens linker Gruppen oder gar militante Aufstände waren nach 1992 ausgeblieben. Stattdessen waren speziell die Grundstücke entlang des Alameda Corridors mit dem Ausbau der Verkehrsanbindung an die Häfen massiv aufgewertet worden (s.o.). Mit dem Verkauf des Geländes an der 41st Street an einen Investor im Jahr 2003 trafen die zuständigen politischen Instanzen daher eine durchaus logische Entscheidung – sie gaben dem Druck von Horowitz nach und votierten zu Gunsten der gewerblichen Stadtentwicklung in South Central.

Doch hatte niemand mit dem Widerstand der Farmer und der breiten öffentlichen Unterstützung für den Erhalt der South Central Gardens gerechnet. Es entstand ein kompliziertes und widersprüchliches Spannungsfeld. Während der City Council dieses 'aussitzen' wollte, versuchte Antonio Villaraigosa eher, die Situation für sich zu nutzen und sich als politischer Vermittler zu profilieren. Freilich ohne dabei finanzielle Verantwortungen zu übernehmen, feste Zusagen zu geben oder Risiken einzugehen.

So bot eine politische Lösung des Konflikts den zuständigen PolitikerInnen in der Tat die Möglichkeit, sich sozialpolitisch zu profilieren. Die polizeiliche Räumung des Geländes war dagegen mit dem Risiko verbunden, einen politischen Skandal zu provozieren. Und die Entscheidung zu Gunsten des Investors stellte einen Schlag ins Gesicht der schnell wachsenden Gruppe der lateinamerikanischen WählerInnen dar.

Andererseits wäre eine Bestandssicherung der Gärten auf eine klare Konfrontation mit unternehmerischen Interessen und möglicher Weise auch mit afro-amerikanischen Interessengruppen hinausgelaufen. Darüber hinaus war die langfristige Haltung der South Central Farmer politisch schwer zu kalkulieren: Mehr und mehr gewannen sie für linke Gruppen in der Stadt an symbolischer und infrastrukteller Bedeutung und erhöhten den Druck auf die parlamentarischen PolitikerInnen. Hätten sich die South Central Farmer im Konflikt durchgesetzt, wären damit auch Maßstäbe gesetzt, beziehungsweise vielversprechende Handlungsräume für andere lokale Kämpfe gegen die Privatisierung öffentlicher Räume eröffnet worden. Nicht zuletzt musste die Stadt den vertraglichen Verpflichtungen gegenüber dem Investor Horowitz nachkommen, die ihr aus dem Verkauf des Geländes erwachsen waren. Zumal sie sich in der Pflicht sah, dass Projekt des Alameda Corridor zu verfolgen und aufzuwerten. Am Ende sprach die Bilanz *gegen* den Erhalt der Gärten. Deren Räumung im Sommer 2006 konnte daher keinesfalls überraschen – doch ebenso wenig war sie unvermeidlich.

3.1.3.3 Ralph Horowitz und die Libaw-Horowitz Investment Company

Das Interesse, das der Investor und Immobilienmakler Ralph Horowitz[36] an dem Gelände an der 41st Street hatte, ist einfach zu beschreiben: Profit. Das gesamte Gebiet entlang des Alameda Corridors wurde mit dem Ausbau der Transportverbindung zwischen den Häfen und den im Downtown District gelegenen Fernbahngleisen deutlich aufgewertet. Die Gärten hatten 2005 einen Schätzwert von mindestens 15 Millionen USD. Nach dem (Rück-)Kauf des Geländes im August 2003 für 5,05 Millionen USD hat Horowitz zwei Möglichkeiten, das Grundstück 'in Wert' zu setzen und einen ansehnlichen Profit zu realisieren; entweder durch eine Bebauung des Geländes mit Lagerhallen und deren anschließende rentable Vermietung oder aber durch Verkauf an einen anderen Investor, womit vermutlich ca. 10 Millionen USD Gewinn zu realisieren wären. Im Interview mit der Zeitschrift Clamor beschreibt Horowitz sein Interesse:

> „My plans are market-driven. When we get the property back, we're gonna determine what the viable use is depending on the market conditions and we'll do that. If someone was in need of a manufacturing plant or a warehouse, we'd do that for them.... We'd market the property for lease, and real-estate brokers would bring people who wanted to do something, and then the negotiations would start."[37]

Horowitz ließ keinen Zweifel daran, dass er zu keinem Kompromiss mit den South Central Farmern bereit war. Im Interview mit der Zeitschrift Clamor argumentierte er, dass die South Central Farmer das Grundstück auf Kosten der Steuerzahler von Los Angeles umsonst nutzten: „From my perspective, the taxpayers of the city of Los Angeles have given this group the privilege of using Los Angeles city land for 12-plus years for free, and the city taxpayers are entitled to a thank-you as opposed to a lawsuit." Die Nutzung der Fläche durch die South Central Farmer wäre exklusiv und würde ausschließlich den privaten Interessen der South Central Farmer dienen: „My point is it's not a public use. These gardeners are wanting to use these little plots themselves, indefinitely." Die Entscheidung, das Grundstück an ihn zurückzuverkaufen und damit wieder in eine wirtschaftliche Nutzung zu überführen, sei eine demokratische Entscheidung des City Council von Los Angeles und käme der wirtschaftlichen Entwicklung der Region zugute:

> „The city made the decision — our elected City Council made the decision to sell this piece of land. (...) The city has made the decision that they have other things that they'd rather subsidize that the city deems more important. The city of LA does have a lot of needs and if they've made a decision that there are needs that are much more pressing than people having a weekend vegetable garden, I can understand. (...)

Obviously on a piece of property that size, in any event, a lot of jobs will be created.... If we develop with a warehouse person or a manufacturing person, anything we do is gonna create a lot of jobs... [The farmers] are not creating any jobs."

Gegenüber der Los Angeles Times machte Horowitz deutlich, dass er seine Interessen – und sein Recht – notfalls auch mit (Staats-)Gewalt durchsetzen würde:

[Horowitz] „said the gardeners want to use the land 'forever without having to pay any taxes, without having to buy it.' People who lounge on blankets in a public park cannot lay claim to that land, Horowitz said, so why should the farmers be allowed to squat on his? He pays for the land, he said, and every day that passes with the farmers on it, he loses money. (...) 'We have to throw them off,' said Horowitz. (...) 'They're not going to walk off voluntarily. They have to be thrown off by a sheriff.'"[38]

Patrick Dunlevy, Anwalt der South Central Farmer, ist einer der wenigen in den Konflikt involvierten Personen, die Horowitz persönlich getroffen haben – vor Gericht. Seiner Einschätzung zufolge war Horowitz an einer Einigung mit den South Central Farmer zu keinem Zeitpunkt interessiert:

„I have met him just briefly in court. When I was in court, just recently, and he was there in the hall, and he gave me a hardful cold look. You could tell, he is really upset about all this, and I don't think he really is interested in trying to find a compromise. He wants the property. He is willing to spend a lot of money to get the property, and I don't think he is willing to consider anything else at this point. I am sure that someone in the city has talked to him about maybe giving up that property and getting another piece of property. But there is no indication that that's gonna happen."

Ralph Horowitz wollte nicht als Person in den Konflikt verwickelt werden, aber er setzte alle möglichen Hebel in Bewegung, um in den Besitz des Grundstückes zu kommen. Obwohl die von den South Central Farmern angestrengten Verfahren zur Feststellung der Rechtmäßigkeit des Verkaufs noch liefen, erwirkte Horowitz im Sommer 2005 die Aufhebung der einstweiligen Verfügung gegen die Räumung. Die polizeiliche Räumung, die letztlich im Sommer 2006 vollzogen wurde, führte über den 'Umweg' einer Klage gegen die Regional Foodbank, die das Gelände offiziell verwaltete. Diese Klage strengte Horowitz umgehend an, ohne die South Central Farmer oder deren Anwalt davon auch nur in Kenntnis zu setzen. Der Druck auf die Regional Foodbank wurde damit so groß, dass diese im Sommer 2005 versuchte, die South Central Farmer mit einem informellen (physischen) Übergriff aus den Gärten auszusperren. Freilich ohne Erfolg, denn die Farmer wehrten sich buchstäblich 'mit Händen und Füßen'. Gegen die Räumung durch mehrere hundert Polizisten im Juni 2006 vermochten die Farmer jedoch nur noch auf einer symbolischen Ebene zu protestieren. So wurde das Eigentumsrecht des Investors nach dreijährigem Konflikt am Ende durch das staatliche Gewaltmonopol gegen die South Central Farmer und ihre UnterstützerInnen erfolgreich durchgesetzt.

3.1.3.4 *Die Regional Foodbank*

Die Regional Foodbank[39] von Los Angeles ist eine Nonprofit-Organisation mit Sitz in South Central, Los Angeles. Sie wurde 1973 gegründet und leitet Nahrungsmittel, die von Supermärkten, Restaurants, etc. gespendet werden, an lokale und regionale Wohlfahrtseinrichtungen weiter. 1989 bezog die expandierende Foodbank das über 5000 Quadratmeter große Gebäude an der 41st Street, unmittelbar gegenüber den South Central Gardens (damals noch eine Brachfläche), von wo aus sie gegenwärtig operiert. Darren Hoffman, Communications Manager der Los Angeles Regional Food Bank, beschreibt die Aufgabe und den derzeitigen Umfang der Tätigkeit der Foodbank: „Our main business is food distribution to nearly 1,000 charitable agencies throughout LA County. Last year we distributed 45 million pounds of food. That's about 33 million meals."[40]

Die Umnutzung der öffentlichen Industriebrache, auf der sich die South Central Gardens befanden, ging ursprünglich auf die Initiative der Regional Foodbank zurück (s.o.). 1992 schlug die damalige Direktorin Doris Block der Stadtverwaltung vor, das Gelände in einen Community Garden umzuwandeln. Schnell wurden die South Central Gardens ein 'Vorzeigeprojekt' der Foodbank, das sowohl auf der offiziellen Website als auch in Interviews mit MitarbeiterInnen lobend erwähnt wird. Da die Foodbank jedoch die offizielle Nutzungsbefugnis für das Gelände hielt, geriet sie mit dem Ausbruch des Konflikts zwischen 'die Fronten' der unterschiedlichen Interessengruppen. Vor allem wurde sie vom neuen Eigentümer Ralph Horowitz unter Druck gesetzt. Denn um die Gärten polizeilich räumen lassen zu können, musste er zunächst gerichtlich gegen die Foodbank vorgehen.

Doch die Foodbank war nicht einfach nur ein Spielball der involvierten Interessengruppen, sondern positionierte sich aktiv auf Seiten des Investors: So informierte sie die South Central Farmer erst nach dem Verkauf des Grundstücks im September 2003, dass diese das Gelände zu verlassen hätten. Dabei war die Privatisierung des Grundstücks bereits seit Monaten, wenn nicht Jahren, zwischen der Stadt und dem Investor verhandelt worden. Eine andere Informationspolitik seitens der Foodbank hätte den South Central Farmern die Gelegenheit gegeben, frühzeitig in den Privatisierungsprozess zu intervenieren und den Verkauf der Gärten vielleicht noch vor Vertragsabschluss zu stoppen.

Auch nach Ausbruch des Konflikts gab sich die Foodbank zwar offiziell solidarisch mit den South Central Farmern. So wies sie etwa auf die Bedeutung der Gärten für die Ernährungssicherheit der South Central Farmer hin. Doch faktisch machte sie wenig Anstalten, mit den NutzerInnen der Gärten zu kooperieren. Spätestens nachdem MitarbeiterInnen der Foodbank im Sommer 2005 versuchten, sich gewaltsam Eintritt in die Gärten zu verschaffen, wurde die Foodbank für die South Central Farmer zu einem politischen Gegenspieler und – in den Augen der Farmer – zu einem 'Instrument' des Investors Horowitz. Deacon Alexander, ein schwarzer Bürgerrechtler von der South Central Coalition, beschreibt die Rolle der Foodbank in einer öffentlichen Rede im Oktober 2005 mit drastischen Worten:

> „The Foodbank (...) is the overseer. You know what the word overseer means, right? (...) Its a vicious system, where the master doesn't oversee his own slaves. (...) He has his overseer to beat the slaves down. (...) And the master stands back and enjoys the profit, but he doesn't get his hands dirty. He had an overseer. (...) The regional foodbank ist the overseer."[41]

Patrick Dunlevy, Anwalt der South Central Farmer, charakterisiert das Verhalten der Foodbank eher als 'pragmatisch'. Seiner Einschätzung nach hätte sich die Foodbank gern so weit wie möglich aus dem Konflikt herausgehalten. Wo dies nicht möglich war, ging sie den Weg des 'geringsten Widerstands'. Und der war nun einmal auf der Seite des Investors:

> „You would think that the Foodbank would be more interested than they seem to be in helping the Farmers. For example, the Foodbank exists to help low-income people. They are gathering food and deliver it to these people. Certainly the people who are farming there on the land (South Central Gardens, H.L.), they all have a very low-income. But the Foodbank has... there is a lot of politics involved in this, and they (the Foodbank, H.L.) are trying to keep a lot of people happy. And unfortunately the situation is like this, where the Farmers are not very powerful. They don't get a lot of support for that reason. People take sides with the people who have money and power, like Horowitz."[42]

Die Einschätzung Dunlevys wird durch die öffentlichen Statements der Foodbank bestätigt – in denen der Übergriff vom Sommer 2005 freilich unerwähnt bleibt. Stattdessen zeichnet der Communications Manager Darren Hoffman das Bild des bemühten – aber gescheiterten – Vermittlers, der es sich nicht leisten kann, noch tiefer in den Konflikt verwickelt zu werden:

> „We're on the outside, kind of a third party to it now. We've facilitated everybody in the city in talking with the farmers. We have no legal right to the land or any say. We've used our influence with the City Council people to find other unused

> city land. We've done everything we can legally. If we continue to stay on the land after the permit's revoked, [Horowitz] would charge us for occupying the land. That would really destroy the Food Bank. We don't want to have that kind of liability. (...) We hate to see this loss, because it's such a great community project. But we don't want any lawsuits to burden us, because we have other programs — this is a small program compared to the big programs we have."[43]

Schließlich mögen für die Foodbank auch noch ganz andere Eigeninteressen eine Rolle gespielt haben. So erwähnt Tezozomoc von den South Central Farmern im Projektinterview, dass die Foodbank zwar eine Nonprofit-Organisation ist, jedoch öffentliche Fördermittel erhält – ein Umstand, auf den auch Patrick Dunlevy hinweist:

> „They do work with the government. Some of their funding is public. I don't really know, what the Foodbank's relationship to the city is. I don't think its that tight. I don't think they have a lot of communication with the city. But certainly the Foodbank is trying to do what it can to promote its own image. This is all PR for them. They wanna come out of this looking good. There are being a lot of hassles for them, because of this lawsuit, which I am sure they would just love to put behind them."[44]

Tezozomoc fügt hinzu, dass die expandierende Foodbank möglicherweise auch ein Interesse daran haben könnte, zusätzlichen Lagerraum auf dem Gelände anzumieten. Die geplante Bebauung des gegenüber der Foodbank gelegenen Gartengrundstücks mit Lagerhallen wäre in dieser Hinsicht durchaus im Interesse der Foodbank.[45]

Es lässt sich bilanzieren, dass die Foodbank in hohem Maße taktisch agierte. Während sie offiziell Sympathie für die South Central Farmer bekundete, positionierte sie sich faktisch auf Seiten des Investors. Obwohl dies zunächst verwundern muss – die Gärten korrespondieren ja *par excellence* mit der originären Aufgabe der Foodbank – wird dieses Verhalten einsichtig, wenn man die Abhängigkeiten und die unmittelbaren Interessen der Regional Foodbank bedenkt: Es gab gute Gründe, weswegen sie sich weder mit ihren öffentlichen Geldgebern noch mit dem privaten Investor überwerfen wollte.

3.1.3.5 Das Los Angeles Police Department

Als fünfter Akteur soll hier, zumindest ganz knapp, die Polizei von Los Angeles diskutiert werden. Eine Untersuchung der Polizei von Los Angeles als eigenständiger Akteur ist insofern interessant, als das diese von Beginn des Konflikts im September 2003 bis zur Räumung der Gärten im Juni 2006 kaum in Erscheinung trat. Damit unterscheidet sich ihr Verhalten maßgeblich von dem der 'Berliner KollegInnen' in der Vergleichsstudie. Im Laufe der dreijährigen Auseinandersetzung tauchte die Polizei von Los Angeles in drei Situationen 'vor Ort' auf:

1. Als die South Central Farmer im Sommer 2005 auf den Übergriff der MitarbeiterInnen der Foodbank reagierten und die Zufahrten der Foodbank blockierten, schlichtete die Polizei die hitzige Situation und gewährleistete das Versammlungsrecht der South Central Farmer vor den Toren der Foodbank.
2. Bei den Vorbereitungen für das Solidaritätskonzert im November 2005 erschien die Polizei vor der Einfahrt zu den South Central Gardens, um die Farmer darauf hinzuweisen, dass die umliegenden Straßen nicht durch die parkenden Fahrzeuge der Konzertgäste blockiert werden dürften. Die PolizistInnen betraten das Gelände jedoch nicht. Weder wurden die Bühnenkonstruktion oder die technischen Anlagen auf dem Gelände inspiziert, noch wurden Lautstärke- und Lärmauflagen gemacht oder durchgesetzt.
3. Mit der Zuspitzung des Konflikts im Frühjahr 2006 suchten die South Central Farmer selbst den Kontakt zur Polizei und erbaten eine frühzeitige Ankündigung der polizeilichen Räumung. Die Polizei kooperierte in geringem Maße und hielt sich weiterhin vom Gelände fern. Erst am 13. Juni 2006 intervenierte die Polizei dann zum dritten und letzten Mal, indem sie das Gelände räumte. Dabei wurden zahlreiche AktivistInnen verhaftet, die sich aus Protest auf dem Grundstück an Bäume gekettet hatten. Im Nachhinein erging eine Reihe von Anzeigen gegen diese AktivistInnen wegen Hausfriedensbruchs und Widerstand gegen die Staatsgewalt.

Dass die Polizei in dem Konflikt über lange Strecken praktisch abwesend war, überrascht aus bundesdeutscher Sicht vor allem angesichts zweier Umstände: Erstens hielten sich viele der South Central Farmer illegal in den USA auf – ein Umstand, der auch der Polizei bekannt sein musste. Dass die Polizei dies nicht zum Anlass einzugreifen nahm und sich 'des Problems' durch eine simple Kontrolle der Aufenthaltspapiere entledigte, erklärt sich durch die US-spezifische migrationspolitische Arbeits- und Kompetenzverteilung zwischen lokalen und bundesstaatlichen Behörden. Die Kontrolle und Durchsetzung von Aufenthaltsgenehmigungen und die Sanktion von Verstößen gegen das Ausländerrecht fallen in den Zuständigkeitsbereich von Bundesbehörden und nicht in den der örtlichen Polizeikräfte. Die für die USA typische Fragmentierung des politischen Systems und des Verwaltungsapparates wirkt sich hier zu Gunsten illegalisierter MigrantInnen aus. Das komplizierte Geflecht an lokalen und nationalen staatlichen

Kompetenzen in den USA eröffnet eine Reihe nicht-intendierter Freiräume, die MigrantInnen und Basisbewegungen geschickt für sich nutzen können (Wells 2004). Viele US-Städte mit einem hohen Anteil an migrantischen BewohnerInnen – so auch Los Angeles – erlassen sogar Verwaltungsrichtlinien, die es den lokalen Behörden verbieten, mit den migrationspolitischen Bundesbehörden zusammenzuarbeiten.[46] Ein gezieltes migrationspolizeiliches Vorgehen gegen die South Central Farmer – eine Verhaftung und Abschiebung auf Grundlage von Verstößen gegen ausländerrechtliche Bestimmungen – hätte mit Sicherheit einen politischen Skandal zur Folge gehabt.

Zweitens sperrten die South Central Farmer die Gärten im Sommer 2005 komplett ab und hielten das Gelände danach bis Juni 2006 rund um die Uhr besetzt. Zwar stand die gerichtliche Anordnung einer polizeilichen Räumung bis zum Sommer 2006 noch aus, doch hielten sich die Farmer – ohne Frage in einer juristischen Grauzone – auf einem Gelände auf, dessen rechtmäßiger Eigentümer seit September 2003 Ralph Horowitz war. Auch aus diesem Grund hätte man eine erhöhte Polizeipräsenz im Umfeld des Konflikts vermuten können. Warum die Polizei sich im Konflikt um die South Central Gardens dennoch bis zum Schluss zurückhielt, kann nur vermutet werden. Tezozomoc von den South Central Farmern äußert im Projektinterview eine Reihe von Überlegungen: Seiner Einschätzung nach sahen die lokalen Polizeieinheiten in den Gärten einen Faktor, der eher zu einer sozialen Befriedung im 'Problemviertel' South Central beitrug, als dass er eine Bedrohung darstellte. Viele PolizistInnen seien selber Afro-Amerikaner oder Latinos und sympathisierten vielleicht auch deswegen mit dem Projekt, so Tezozomoc. Schließlich sei die Polizei von Los Angeles angesichts ihres schlechten Images in der Öffentlichkeit extrem um eine gute Medienarbeit bemüht. Denn das Los Angeles Police Department (LAPD) ist bekannt für Polizeigewalt und rassistisch motivierte Übergriffe gegen 'people of color'.[47] Beim Einsatz gegen die South Central Farmer bewegte sich die Polizei auf Grund der großen öffentlichen Aufmerksamkeit auf 'unsicherem Terrain'. Zeitungsfotos und Fernsehberichte von PolizistInnen, die migrantische Kinder, Frauen und alte Männer aus ihren Gärten vertreiben, hätte leicht skandalisiert werden können.

Die Polizei von Los Angeles hielt sich in dem Konflikt um die South Central Gardens also über lange Strecken zurück und vermied jedes eigeninitiative Vorgehen. Die Gründe dafür sind nicht eindeutig zu benennen, wohl aber der Effekt: Die South Central Farmer konnten ihre Kampagne weitgehend frei von polizeilicher Einschüchterung organisieren und durchführen. Vor allem standen ihnen die

Gärten für eine face-to-face-Kommunikation, als infrastrukturelles Zentrum und als Ort für Bündnis- und für Pressearbeit zur Verfügung. Dass die South Central Farmer eine starke Kampagne organisieren und das Grundstück bis Sommer 2006 gegen das Interesse des Investors Ralph Horowitz verteidigen konnten, ist nicht zuletzt auch auf das de-eskalierende Verhalten der Polizei zurückzuführen. Gleichzeitig wurde deutlich: Trotz aller Gründe, die aus politischen und polizeitaktischen Erwägungen für ein de-eskalatives Einsatzkonzept sprachen, funktionierte der Gewaltapparat im Moment der Räumung einwandfrei. Dass das Eigentumsrecht von Ralph Horowitz nicht durchgesetzt werden würde und sich die South Central Farmer die Gärten tatsächlich in einer rechtlichen Grauzone aneignen könnten, stand offensichtlich zu keinem Moment 'zu befürchten'.

3.2 Teil 2: Die stadtpolitische und -ökonomische Einbettung des Konflikts

Wie schon in der Berliner Fallstudie soll die handlungs- und akteurszentrierte Darstellung des Konflikts um die South Central Gardens nun in eine Diskussion der politischen und ökonomischen Rahmenbedingungen eingebettet werden. Dazu betrachte ich zunächst den Aufstieg der Stadt zu einer Global City. Im Anschluss daran geht es um das Infrastrukturprojekt Alameda Corridor. Denn dieses steht einerseits im Kontext der Globalisierung der Metropolregion Los Angeles und spielt andererseits eine zentrale Rolle in dem Mikrokonflikt um die Gärten in South Central. In einem dritten Schritt diskutiere ich die lokalen sozialen Widerstände gegen unternehmerische Politik und die städtischen sozialen Bewegungen in Los Angeles, die den Konfliktverlauf maßgeblich mitgeprägt haben.

3.2.1 Global City-Politik in Los Angeles

Im internationalen Vergleich ist Stadtpolitik in den USA sehr stark an unmittelbar ökonomischen Kriterien orientiert. Und zwar nicht erst seit dem Beginn der neoliberalen Ära unter der Regierung Ronald Reagan. Ein wichtiger Grund dafür ist die Verfasstheit des politischen Systems der USA, die den wirtschaftlichen Wettbewerb und die politische Fragmentierung auf lokaler Ebene stark begünstigt. US-Städte haben eine weitaus größere 'lokale Autonomie' über Steuern, Landnutzung, öffentlichen Wohnungsbau und Bildung als Städte in anderen Ländern, und sie verfügen kaum über Verfahren und Institutionen zur regionalen Planung und Kooperation. Auch den (Länder-)Finanzausgleich im bundesdeutschen Sinn kennt das US-amerikanische System nicht. Das alles begünstigt den interregionalen Wettbewerb und führt dazu, dass Städte in den USA viel unmittelbarer den 'Kräften des Marktes' ausgesetzt sind, als es in anderen Ländern der Fall ist. Hinzu kommt die für die USA typische „culture of privatism" (Warner 1968: 4), der unerschütterliche Glaube an den liberalen Mythos, dass der unternehmerische Erfolg des Einzelnen auch das Gute für die Gemeinschaft hervorbringt.

> „In other parts of the world, cities have had long histories as the carriers of power, culture, and civilization. By contrast, in the United States the primary and sometimes only purpose of cities was practical. They were places of economic opportunity, or they were nothing (...)." (Judd/Swanstrom 2002: 3)

Die offensive Durchsetzung unternehmerischer Stadtpolitik in Los Angeles ist also zunächst einmal etwas für US-amerikanische Städte durchaus Typisches.[48] Mit der Globalisierung seit Beginn der 1970er Jahre hat sich dieser Trend noch weiter verschärft und historisch-spezifisch ausgeformt. Um zu verstehen, warum private Profitinteressen und unternehmerisches Kalkül die lokale Stadtpolitik in Los Angeles so stark dominieren, gilt es daher zunächst einen Schritt zurückzutreten und einen Blick auf den politischen Kontext der vergangenen Jahrzehnte zu werfen.

Der Durchbruch des Neoliberalismus unter Ronald Reagan stellte in dieser Hinsicht einen entscheidenden Wendepunkt in der jüngeren Geschichte der US-Stadtpolitik dar. Der Abbau von tarifären und nicht-tärifären Handelshemmnissen verschärfte die 'inter-urban competition' (Harvey 1989a), die Konkurrenz zwischen US-amerikanischen Städten und Regionen, und den Wettbewerb zwischen nationalen Wirtschaftsstandorten. So konkurrieren etwa nach dem Inkrafttreten des nordamerikanischen Freihandelsabkommens NAFTA im Jahr 1994 US-amerikanische, kanadische und mexikanische Städte um private Investitionen. Dieser Wettbewerb findet nicht nur zwischen Standorten statt, sondern auch zwischen Wirtschaftssektoren. Denn die seit Mitte der 1970er Jahre vor allem auch von der US-Regierung betriebene Deregulierung der Finanzmärkte führt zu einem strukturellen Abzug des Kapitals aus dem produktiven Sektor. Aktien und Finanzderivate versprechen höhere Renditeerwartungen als die Investition in den Bereichen Industrie und Dienstleistung. Immer stärker müssen Städte sich daher auch im sektoralen Wettbewerb als profitable Standorte profilieren. Schließlich haben sich die Abhängigkeit der Städte von privatwirtschaftlichen Investitionen und der Wettbewerb zwischen Städten und Regionen auch *innerhalb* der USA massiv verstärkt. Dies war vor allem das Ergebnis finanz- und haushaltspolitischer Entscheidungen der Regierung Reagan, die drastische Kürzungen der zentralstaatlichen Subventionen und Transferleistungen für die lokalen Haushalte durchsetzte. Insgesamt wurden die Bundesfinanzhilfen für lokale Politik unter Reagan um 60 Prozent gekürzt. 1980 kam Washington im Durchschnitt für 22 Prozent der Haushalte der amerikanischen Großstädte auf. Am Ende der zweiten Amtsperiode Reagans waren es gerade noch sechs Prozent (Dreier 2004b). Angesichts der Tatsache, dass lokale Regierungen zahlreiche und kostenintensive öffentliche Dienstleistungen bereitstellen, stellt ein derartiger Rückgang an öffentlichen (lokalen) Mitteln die betroffenen Stadtregierungen vor existentielle Probleme: die Instandhaltung von Abwassersystemen, Bürgersteigen und Straßen, die Bezahlung öffentlicher Angestellter in den lokalen Verwaltungen, die Finanzierung lokaler sozialer und gesundheitlicher Dienstleistungen, die Ausbildung, Ausstattung und Bezahlung von Polizei- und Feuerwehrkräften sowie vieles mehr muss aus lokalen Haushalten finanziert werden. In den 1990er Jahren etwa gaben Städte in den USA pro Jahr insgesamt weit über 200 Milliarden USD aus (Judd/Swanstrom 2002: 341). Und in Großstädten und Metropolregionen wie Los Angeles sind diese 'laufenden Kosten' überproportional hoch.

Die durch Finanzkürzungen in Washington entstehenden lokalen Haushaltslöcher führen entweder zu Einsparungen und/oder müssen durch die Erschließung alternativer Ressourcen kompensiert werden. So wird städtische Sparpolitik durch die neoliberale Haushaltspolitik auf Bundesebene geradezu erzwungen. Die aggressive Vermarktung von Städten, die lokale Standortpolitik um jeden Preis und die rigorose Privatisierung öffentlicher Räume und Güter auf der lokalen Ebene ergeben sich damit unabhängig von den politischen Kräfteverhältnissen 'vor Ort'. Die unter Ronald Reagan begonnene Austeritätspolitik hat die US-amerikanischen Städte in eine Art unternehmerischen Sozialdarwinismus geführt: „Cities would survive if they manage to regenerate their local economies. Otherwise, they would be allowed to wither away." (Judd/Swanstrom 2002: 236)

Dass das neoliberale Dogma sich rasant und flächendeckend durchsetzen konnte, ist unter anderem darin begründet, dass die (Welt-)Wirtschaftskrise Anfang der 1970er Jahre und die wachsenden (Sozial-)Ausgaben der US-Städte die lokalen Haushalte in schwere Finanzkrisen gestürzt hatten. Als 'Paradebeispiel' hierfür gilt New York, das Mitte der 1970er Jahre praktisch vor einem finanziellen Bankrott stand. 1975 hatte die Stadt ein Haushaltsdefizit von drei Milliarden USD aufgebaut (siehe Judd/Swanstrom 2002: 358ff.). Doch die Heilsversprechen des Marktes, die dem folgten, waren und bleiben ein Mythos. Sowohl theoretisch als auch empirisch lässt sich zeigen, dass die neoliberalen Sparprogramme keinesfalls eine Patentlösung zur Sanierung der lokalen Haushalte darstellen – von den sozialen Folgen ganz zu schweigen (für eine theoretische Kritik siehe: Krätke 1999; Heine/Herr 2000: 175ff, 219ff, 288ff). Betrachtet man die finanzpolitische Entwicklung der US-Städte seit Anfang der 1980er, so fällt auf, dass sich die Haushalte der Städte abhängig von den jeweiligen lokalen Bedingungen sehr unterschiedlich entwickelt haben. Während sich etwa Chicago durchaus von der Krise der 1970er erholte, kämpfen andere Großstädte wie New York und Washington bis heute mit massiven Haushaltsdefiziten. Auch Los Angeles gehört zu den Städten, die trotz enormer wirtschaftlicher 'Erfolge' bis heute vor schweren finanziellen Problemen stehen. So wurde in Los Angeles für das Haushaltsjahr 2006 ein Defizit von 271 Millionen USD prognostiziert.[49]

Im Anschluss an Ronald Reagan wurde die neoliberale Linie von den Regierungen Bush Senior und (nach einer Unterbrechung durch die Regierung Clinton) von Bush Junior konsequent weiterbetrieben. Gegenwärtig findet sie ihre Fortsetzung in dem drei-Säulen-Programm der Regierung von George W. Bush: 1) Steuererleichterungen für Unternehmen und für die Oberschicht; 2) ökonomische Deregulierung; 3) Erhöhung der öffentlichen Ausgaben im Militär- und 'Sicherheits'bereich in astronomischem Ausmaß. Allein die seit dem 11. September 2001 eingeführten lokalen 'Sicherheits'maßnahmen haben für die US-amerikanischen Städten Kosten in Milliardenhöhe verursacht: „Cities spent $70 million a week simply to comply with each 'orange alert' security threat warning from the federal Department of Homeland Security.“ (Dreier 2004a) Die explodierenden lokalen Ausgaben für die Militarisierung von Flughäfen, Häfen, Bus- und Bahnhöfen und öffentlichen Plätzen führen logischerweise zu Einsparungen in anderen Politikbereichen. Besonders stark sind die Dienstleistungen der Städte im sozialen Bereich betroffen, die zusammen mit Personalausgaben den mit Abstand größten Kostenfaktor in den lokalen Haushalten ausmachen. Auch hier ist Los Angeles als US-Hauptstadt der Welfare-Empfänger und Obdachlosen besonders betroffen. Hinzu kommt die Verknappung der öffentlichen Mittel durch die von Bush gewährten Steuerermäßigungen, insbesondere für Besserverdienende: „Indeed, thanks to his $1.3 trillion tax cuts, mostly for the wealthy, Bush made it impossible for Washington to provide any significant aid to the nation's cities or to the poor.“ (Dreier 2004a)

Wie kaum eine andere Stadt in den USA hat Los Angeles, wo die Lokalpolitik traditionell aufs Engste mit privatwirtschaftlichen Akteuren und Interessen verwoben ist, mit einer offensiven Strategie der unternehmerischen Politik auf die Krise des Fordismus, die neoliberale Globalisierung und den (stadt-)politischen Kurswechsel reagiert. Unter Tom Bradley, der praktisch zeitgleich mit der Weltwirtschaftskrise von 1973 zum Bürgermeister gewählt wurde und bis 1993 im Amt blieb, stieg die Stadt in den 1980er Jahren zu einer Global City auf. Zentral war dabei die für das 'Regime Bradley' typische Mischung aus sozialer Befriedung und offensiver Standortpolitik. Um diese zu verstehen, gilt es zunächst einen kurzen Blick zurück auf die Geschichte der Stadt zu werfen.

Im Gegensatz zu den US-amerikanischen Großstädten des sogenannten Industrial Belt (oder auch Frostbelt) wie Chicago, Detroit und New York, setzte der ökonomische 'take-off' in Los Angeles und die damit verbundene enorme Ausdehnung und Entwicklung der Greater Los Angeles Region erst relativ spät ein. Das bis heute anhaltende demographische Wachstum der Stadt begann zwar bereits Ende des 19. Jahrhunderts. Doch im Gegensatz zu den Industriestädten im Norden der USA basierte die Ökonomie in der südkalifornischen Region um die Jahrhundertwende noch auf Vieh- und Ackerbau, Landspekulation und der Erschließung und Förderung lokaler Erdölvorkommen. Dies änderte sich schlagartig mit der Verbreitung des Automobils und dem Aufkommen der Filmindustrie in den 1920er Jahren. Innerhalb weniger Jahre entwickelte sich Los Angeles von einer verschlafenen Stadt an der amerikanischen Westküste zum regionalen Wirtschaftszentrum. Neben der Automobil- und Filmindustrie spielte dabei vor allem die mit dem Zweiten Weltkrieg einsetzende und im Kalten Krieg fortgeführte US-amerikanische Kriegsökonomie eine zentrale Rolle. Allein zwischen 1950 und 1953, den Jahren des Koreakriegs, entstanden in Los Angeles 95.000 neue Arbeitsplätze in der (militärischen) Flugzeugindustrie (Soja 1989: 195). Stärker noch als die meisten anderen US-Großstädte, erlebte Los Angeles zwischen den 1950er und 1970er Jahren ein rasantes und 'klassisch fordistisches' Wirtschaftswachstum. „Los Angeles came to epitomize the state-managed industrial metropolis. It was an exemplary arena not only for Fordist industrial expansion but also for Keynesian demand stimulation and mass consumerism" (Soja 1989: 196).

Doch mit der Weltwirtschaftskrise 1973 bis 1975 geriet Los Angeles in eine massive ökonomische Krise. Wie in den meisten anderen US-amerikanischen (und europäischen) Großstädten drückte diese sich vor allem im Abbau industrieller Arbeitsplätze aus. In Los Angeles betraf dies zunächst die Autoindustrie. Allein zwischen 1978 und 1982 führte die Schließung einer Reihe von Autowerken zum Verlust von 75.000 Jobs. Mit dem Ende des Kalten Krieges erfasste die Krise auch die militärische Luftfahrtindustrie, deren größter Geldgeber die US-Regierung war: Zwischen 1988 und 1991 sank die Beschäftigung auf diesem Sektor um 60.000 Arbeitsplätze (Scott 2002: 175-176). Bei den seit Ende der 1970er Jahre abgebauten Stellen handelte es sich überwiegend um qualifizierte, gut bezahlte und gewerkschaftlich organisierte Arbeitsplätze. Mit dem Verlust jedes dieser Arbeitsplätze gingen schätzungsweise 1,5 bis 2,5 weitere Jobs in lokalen und regionalen Dienstleistungs- und Transportunternehmen, in Zulieferbetrieben und anderen anhängigen Gewerben verloren; und damit auch der politische Organisationsgrad der Gewerkschaften.

Mit dem strukturellen Abbau industrieller Arbeitsplätze lag Los Angeles voll im nationalen Trend. Doch im Gegensatz zu anderen US-Großstädten ging die 'Krise des Fordismus' in Los Angeles mit einem 'erfolgreichen' Um- und Ausbau der Stadt zu einer internationalen Finanz-, Dienstleistungs- und Handelsmetropole einher. Bereits Anfang der 1970er Jahre verzeichnete Los Angeles einen schnellen Beschäftigungszuwachs im Groß- und Einzelhandel sowie im Finanz-, Versicherungs- und Immobiliensektor. „A tertiarization of the regional economy is proceeding rapidly, but primarily via wholesale and retail trade and finance, insurance, and real estate rather then the service sector." (Soja 1989: 200) Damit verbunden war die für diese Entwicklung typische 'Dualisierung des Arbeitsmarktes' in gut qualifizierte und hoch bezahlte Fachkräfte einerseits und prekär Beschäftigte andererseits. Neben dem Servicesektor blieb die Manufaktur in Los Angeles weiterhin von zentraler Bedeutung. Doch kam es auch hier zu enormen Veränderungen der Beschäftigungsstruktur:

> „As late as the early 1980s, two-thirds of L.A. manufacturing jobs were in higher-paid, often unionized industries such as autos, tires, electronics, and aerospace. (...) By the year 2000, nearly half of the regional manufacturing employment was in lower-wage sectors, exemplified by garment, furniture, toy manufacturing, and food processing." (Gottlieb et al. 2005: 85f.)

Die enorme Nachfrage im Niedriglohnbereich wurde zu großen Teilen von (legalen und illegalisierten) MigrantInnen aus Lateinamerika befriedigt, die ab den frühen 1980er Jahren verstärkt über die US-amerikanische Grenze nach Südkalifornien migrierten. Auf der Flucht vor der US-finanzierten Low Intensity Warfare gegen linke Regierungen und soziale Bewegungen in Guatemala, El Salvador und Nicaragua und vertrieben von der neoliberalen Schuldenkrise und den Strukturanpassungsprogrammen des 'Washington Consensus' verließen diese Menschen ihre Heimatländer in Richtung USA und kamen dort in den informellen und/oder Niedriglohnbereichen unter. Die hochqualifizierten Jobs wurden dagegen überwiegend von der gut ausgebildeten, weißen (und männlichen) US-amerikanischen Mittelschicht besetzt.

Der Anfang der 1970er Jahre einsetzende strukturelle stadtökonomische und -politische Umbau in Los Angeles ist auf das Engste mit dem Namen Tom Bradley verbunden. Von 1973 bis 1993 machte Bradley als Bürgermeister von Los Angeles die Stadt für regionale und globale Kapitalinvestitionen attraktiv. Die Olympischen Spiele von 1984 in Los Angeles stehen symbolisch für den Erfolg dieser Global City-Politik.[50] Gleichzeitig betrieb er eine ausgeprägte Integrationspolitik im Hinblick auf 'ethnische' Minderheiten und die 'working class' von Los Angeles. Als erster afro-amerikanischer Bürgermeister von L.A. gelang es ihm wie kaum einem anderen maßgeblichen Politiker, die schwarze Bürgerrechtsbewegung sowie religiöse und 'ethnische' Minderheiten in die Stadtpolitik einzubinden.

> „Southern California was on the treshold of becoming a world city region. Two characteristics of the emerging Bradley regime accounted for these changing circumstances: the (incomplete) integration of racial and ethnic minorities as well as the working class into the regime; and the programmatic commitment to the erection of the of the world city citadel. (...) The Bradley regime guaranteed an interim integration of centrifugal forces of the Fordist social structure and expressed a willingness to lend political profile to the expansionary drive of capital." (Keil 1998: 74)

Im gleichen Tenor – aber weniger akademisch – beschreibt Deacon Alexander, ein afro-amerikanischer Bürgerrechtler aus Los Angeles und Mitglied der South Central Coalition, die Rolle von Tom Bradley als Bürgermeister von Los Angeles:

> „There is no other mayor in the history of the United States of America that was more pro-development, more pro highrise-development than Tom Bradley. Look at downtown, as you see it today. Tom Bradley was the friendliest... he did everything, he did all the things to bring in the Olympic Games into Los Angeles, all the imaginable for a white-male domination of the inner city and the downtown area. It is incredible what Tom Bradley did for big business."[51]

Ende der 1980er Jahre hatte Bradley 'sein Ziel' erreicht. Die städtische Landschaft von Los Angeles konnte sich mit sämtlichen 'landmarks' eines überregional bedeutsamen Wirtschaftsstandorts schmücken. Wichtige Messe- und Veranstaltungszentren, international renommierte Sportstadien und Entertainment-Center, Shoppingmalls, kommerzielle Tourismusattraktionen, vor allem aber die glitzernden Glasfassaden der Banken, Finanzdienstleister, Luxushotels und Bürogebäude im Financial District von Los Angeles signalisierten: Hier regiert das internationale Kapital. Angesichts schwacher Gewerkschaften, einem Übermaß an billiger Arbeitskraft und auf der Grundlage einer spezifischen (Wirtschafts-)

Mixtur aus High-Tech-Firmen und Finanzunternehmen, regionalem Handel, Niedriglohnlohndienstleistungen im Reinigungs- und Gastronomiegewerbe und prekärer Low-Tech-Manufaktur (z.B. Sweat Shops) war die Stadt im Wettbewerb um regionale und internationale Investitionen zu einer 'Global City' aufgestiegen: „Positioned increasingly as a 'capital of the capital' in the Pacific Basin, Los Angeles has been surging towards the ranks of the three other capitals of global capital, New York, London and Tokyo." (Soja 1989: 210; vgl. Scott/Soja 1996: 11ff.) 1989 skizzierte Edward W. Soja das Bild der 'corprate-financial citadel' von L.A. wie folgt:

> „In the zone stretching from downtown to the ocean and branching south to the airport (LAX) are over sixty major corporate headquarters, a dozen banks and savings and loan companies with assets over one billion dollars, five of the eight largest international accounting firms, two-thirds of the 200 million square feet of high-rise office space in the region, a battalion of corporate law offices unrivalled off the east coast, and the national nucleus of the American military-industrial complex." (Soja 1989: 210)

Mit dem Ende der Ära Bradley im Jahr 1993 und der Wahl des Republikaners Richard Riordan verschoben sich die politischen Kräfteverhältnisse in Los Angeles weiter zu Gunsten der Kapitalseite.[52] Die Global City Politik der 1970er und 1980er Jahre fand ihre Fortsetzung – ohne dass dabei der unter Bradley typische Versuch einer Integration der working class auch nur unternommen wurde. So schreibt Roger Keil:

> „Während das 20-jährige Regime von Bradley aus einem instabilen Spagat von Aktivismus an der städtischen Basis und globalem Kapital getragen wurde, kann Riordan hinter seiner populistischen Maske kaum seine Herkunft aus dem Millionärsclub verbergen. Die Verwandlung der städtischen Verwaltung in eine Organisation, die eher einem privaten Unternehmen gleicht, ist das Ziel vieler Stadtregierungen, doch in Richard Riordan ist dieses Anliegen personifiziert." (Keil 2000: 41f.; vgl. auch Keil 1998b: 90)

Verschiedentlich wird darauf hingewiesen, dass sich globale Kapitalanleger in den 1990er Jahren tendenziell eher aus Los Angeles zurückgezogen hätten. Doch nach wie vor zählen sowohl die City of Los Angeles als auch die Greater Region Los Angeles zu den aktivsten Wirtschaftsregionen der Welt.[53] Nicht zuletzt ist dies auf den gezielten Ausbau der Region zu einem strategischen Knotenpunkt für den Handel zwischen den USA und dem gesamten pazifischen Raum (inkl. China und Mexiko) zurückzuführen. Im Jahr 2001 gehörten die internationalen Flug- und Schiffshäfen und die kontinentalen Verkehrsanbindungen von Los Angeles mit einem Umschlag von Waren im Wert von 270 Milliarden USD zu den weltweit größten Güterumschlagplätzen (Erie 2004: 10). 2001 erwirtschafteten die fünf Counties der Greater Region Los Angeles – Los Angeles, Orange, Ventura, San Beranrdino und Riverside – gemeinsam ein Bruttosozialprodukt von 651 Milliarden USD und lagen damit im internationalen Vergleich auf Platz acht noch vor Ländern wie Mexiko (Platz neun: 594 Milliarden USD), Spanien (Platz zehn: 585 Milliarden USD) oder Indien (Platz elf: 507 Milliarden USD). Das Los Angeles County, zu dem die City of Los Angeles gehört, erwirtschaftete 2001 ein Bruttosozialprodukt von 390 Milliarden USD (Platz 13) und lag damit immer noch vor Staaten wie den Niederlanden (Platz 14: 380 Milliarden USD) und Australien (Platz 15: 355 Milliarden USD).[54]

Wie bereits oben erwähnt ist der wirtschaftliche 'Erfolg' von Los Angeles keinesfalls gleichbedeutend mit einem ausgeglichenen Haushalt oder gar einer relativen politischen Autonomie. Zusammen mit New York und Washington gehört Los Angeles zu den stark verschuldeten Städten in den USA. Wie alle US-amerikanischen Städte muss sie die öffentlichen Ausgaben zu einem großen Teil über verzinste Privatkredite finanzieren, sogenannte municipal bonds (ausführlich dazu siehe: Judd/Swanstrom 2002: 353ff.). Im Schnitt decken US-Städte 20 bis 25 Prozent ihrer Ausgaben über öffentliche Anleihen bei privaten Finanzdienstleistern ab. Investitionen in die städtische Infrastruktur im weitesten Sinne – Schulen, Straßen, Brücken, Krankenhäuser etc. – werden über Kredite mit langen Laufzeiten (long-term bonds) finanziert. Kurzfristige Haushaltslücken werden mit sogenannten tax anticipation notes mit Laufzeiten von 30 bis 120 Tagen überbrückt. In Los Angeles beliefen sich die kurzfristigen 'tax and revenue anticipation notes' für das Jahr 2005 auf eine Höhe von 600 Millionen USD. Die langfristige Verschuldung der Stadt Los Angeles betrug im Januar 2005 insgesamt knapp 10 Milliarden USD.[55] Die Verschuldung der öffentlichen Hand bei der Privatwirtschaft führt in doppelter Hinsicht zu einem enormen Anpassungsdruck städtischer Politik an die Logik des Marktes: Zum einen müssen ausreichend Mittel erwirtschaftet werden, um die Schulden inklusive der Zinsen zurückzuzahlen. Zum anderen hängen die Kreditkonditionen US-amerikanischer Städte von der Bewertung ihrer Kreditwürdigkeit ab. Sogenannte Rating Agenturen erstellen regelmäßig für jede Stadt ein Kreditprofil.[56] Dabei entsteht eine Art Hitliste der Städte. Diese wiederum ist die Grundlage für die Vergabe der Kreditkonditionen. Städte, die beim Rating eine hohe Punktzahl erzielen, können ihre Kredite bei privaten Banken zu günstigen Konditionen aufnehmen. Städte, die schlecht abschneiden, können private Gelder nur zu teuren Zinsen und ungünstigen Laufzeiten aquirieren. Aufgrund ihrer Abhängigkeit von privaten Mitteln, können sich die Städte dem Rating-Verfahren kaum entziehen. Die Stadt Los Angeles etwa publiziert ihre aktuellen Rating-Werte auf einer eigenen Internetseite. Gerade die Städte mit Haushaltsproblemen sind stark darauf angewiesen, ein günstiges lokales Investitionsklima herzustellen und ausreichend Finanzmittel für eine problemlose Rückzahlung ihrer Schulden zu erwirtschaften.

Los Angeles ist also eine wirtschaftlich überaus 'erfolgreiche' Stadt, die sich seit den 1970er Jahren im interregionalen und internationalen Wettbewerb den Status einer Global City 'erkämpft' hat. Jedoch ist dies keinesfalls gleichbedeutend mit politischer oder gar ökonomischer Unabhängigkeit: Stadtpolitik unterliegt in Los Angeles in hohem Maße einer unternehmerischen Handlungslogik, der sich die stadtpolitischen Akteure unterwerfen müssen. Dies wird im nächsten Abschnitt am Beispiel des Alameda Corridors noch deutlicher gemacht. Dass der wirtschaftliche 'Erfolg' der Stadt keinesfalls allen BewohnerInnen von Los Angeles zugute kommt, sondern im Gegenteil zu einer starken sozialen Polarisierung – wie auch zu sozialen Widerständen – führt, ist Thema des übernächsten Abschnitts.

3.2.2 Der Alameda Corridor und die South Central Gardens

Im letzten Abschnitt habe ich gezeigt, wie Los Angeles in den vergangenen drei Jahrzehnten als Standort in der Globalisierung 'fit' gemacht wurde. Vor diesem Hintergrund soll es nun um ein spezifisches Infrastrukturprojekt gehen, das eine zentrale Rolle in dem Konflikt um die Gärten an der 41st Street spielte: um den Alameda Corridor.[57] Der Mitte der 1990er Jahre begonnene und 2002 abgeschlossene Ausbau der Gütertransport- und Verkehrsanbindung an die Häfen von Los Angeles und Long Beach ist zum einen ein Ausdruck der zunehmenden Bedeutung der Stadt als Knotenpunkt für den internationalen Handel. Zum anderen steht der Alameda Corridor in unmittelbarem Zusammenhang mit der Privatisierung der South Central Gardens.

Die Geschichte des Alameda Corridor und seine Bedeutung für den regionalen und internationalen Handel reicht bis ins 18. Jahrhundert zurück. 1771 erbauten die Spanier eine der ersten Niederlassungen im heutigen Kalifornien im geschützten San Gabriel Valley. Unweit der 1850 gegründeten Stadt Los Angeles errichteten sie die 'Mission San Gabriel Arcángel'. Von dort führte bereits Ende des 18. Jahrhunderts ein Pfad für Ochsenkarren zur San Pedro Bay und später zu den in der Bucht angelegten Häfen. Die Tatsache, dass die spanische Conquísta für ihre Mission einen geschützten Standort im Inland wählte, und nicht etwa unmittelbar an der Küste siedelte, stellte die Weichen für die infrastrukturelle Entwicklung in der Region. Die im 19. und 20. Jahrhundert angelegten transkontinentalen Verkehrsanbindungen orientierten sich an den im Inland gelegenen Siedlungskernen und lokalen Wirtschaftszentren. Bis heute reicht keine der transkontinentalen Gleisanbindungen bis an die Häfen. Stattdessen laufen die Gleise der verschiedenen Linien in der Downtown von Los Angeles zusammen. Daraus ergeben sich schwierige logistische und infrastrukturelle Herausforderungen für den überregionalen Güterhandel und speziell für den Seehandel mit den pazifischen Anrainerstaaten. Alle Güter müssen den Engpass zwischen den Häfen und den im Inland befindlichen Verkehrsanbindungen überwinden. Sie müssen durch den 'Flaschenhals' von Los Angeles, bevor sie weitertransportiert oder verarbeitet werden können. Über Jahrzehnte hinweg wurde der Transport in die Downtown zum einen auf der Straße abgewickelt, zum anderen über eine Reihe von lokalen Gleisverbindungen, die jedoch wenig effizient organisiert waren. Die zentrale Verkehrsachse, die die Häfen und die interkontinentalen Gleise in der Downtown auf einer Länge von etwa 32 Kilometern verbindet – der alte Ochsenpfad der Mission San Gabriel – ist der Alameda Corridor.

Weder die Funktion des Alameda Corridor als Verkehrsanbindung noch die sich daraus ergebende gewerbliche Nutzung der angrenzenden Stadtgebiete sind also neu. Doch mit der in den 1970er Jahren einsetzenden neoliberalen Globalisierung und dem oben beschriebenen Ausbau und Wandel der Stadt Los Angeles zu einer Global City erhielt der internationale Handel für die gesamte Region eine qualitativ neue Bedeutung. Der in den 1970er Jahren begonnene und ab Anfang der 1980er Jahre unter Ronald Reagan weiterverfolgte Abbau von Zöllen und Handelshemmnissen und die politische Herstellung von globalen Märkten und regionalen Handelsblöcken drückte sich in Los Angeles in einem immensen Wachstum des Handels- und Verkehrsvolumens aus. Los Angeles verlor den Charakter einer fordistischen und binnenmarktzentrierten Produktionsstätte. Stattdessen entwickelte sich Los Angeles zum 'Trade Gate' für den Handel der USA mit anderen Pazifikanrainerstaaten. Die Globalisierung, die Revolution aller Kommunikationstechnologien und die sogenannte Entgrenzung von Zeit und Raum führten in Los Angeles ironischer Weise vor allem zu einem enormen Anstieg des Handels mit ganz 'klassischen' und 'physischen' Waren aus aller Welt.

Im Jahr 2001 rangierten die Häfen der San Pedro Bay von Los Angeles mit einem Umschlag von knapp 10 Millionen Containern[58] nach Hong Kong und Singapur auf Platz drei unter den weltweit größten Frachthäfen.[59] Tendenz steigend: In monetären Größen wird für den Zeitraum 2000-2020 ein Wachstum des

Umschlags von knapp 200 Prozent erwartet. In Frachtgut gemessen entspricht das einer Zunahme des Güterumschlags um 175 Prozent (siehe Erie 2004: 145). Auf die ebenfalls überragende Bedeutung der Fracht- und Passagierflughäfen von Los Angeles soll hier nicht weiter eingegangen werden. Etwa die Hälfte aller Güter, die in den Häfen von Los Angeles und Long Beach ankommen, setzen ihre Reise ins Inland der USA und teilweise bis an die Ostküste fort. Die andere Hälfte der Güter wird in der Metropolregion von Los Angeles verarbeitet und/ oder konsumiert. Umgekehrt wird ein großer Teil der Exporte aus den USA in die Pazifikstaaten über die Häfen von Los Angeles und Long Beach abgewickelt.

Es ist also kein Zufall, dass die ersten Planungen für den massiven Ausbau der traditionellen Verkehrstrasse Alameda Corridor auf die Anfänge des Neoliberalismus zurückdatieren. 1981 gab die Stadt Los Angeles zwei Studien in Auftrag, um die mit dem rapiden Wachstum der Häfen einhergehenden Infrastrukturprobleme zu erkunden.

> „The origins of the Alameda Corridor can be traced back to 1981, when SCAG (Southern California Association of Governments, H.L.) created the Port Advisory Committee (PAC) in response to growing concerns about the ground-transportation system's ability to handle increasing levels of highway and rail traffic accompanying port expansion. (...) The committee commissioned two sets of port-access studies." (Erie 2004: 149)

Die erste Studie, deren Ergebnisse 1982 vorlagen, beschäftigte sich mit den Straßenanbindungen der Häfen an die Highways. Die zweite Studie, die 1984 fertig gestellt wurde, fokussierte auf die Gleisanbindungen. Das Problem stellte sich wie folgt dar: Schon Anfang der 1980er Jahre überstieg der prognostizierte Anstieg des Handelsvolumens die Transportmöglichkeiten auf den bereits existierenden, alten und überirdisch geführten Bahntrassen, die zudem noch von verschiedenen Bahnunternehmen betrieben wurden. Auf den städtischen Straßenanbindungen musste der Schwerverkehr an vielen Kreuzungen und Ampeln halten, staute sich auf und 'verstopfte' die Durchgangsviertel. Daraus ergab sich auch ein schwerwiegendes Umweltproblem. Das zunehmende Transportaufkommen führte zu einem dramatischen Anstieg der Schadstoff-Emissionen. Mitte der 1990er Jahre sollte sich diese Problemlage durch den Abschluss des NAFTA-Abkommens noch einmal drastisch verschärfen. Denn das Freihandelsabkommen zwischen Mexiko, den USA und Kanada führte zu einer Dynamisierung der regionalen Wirtschaft in Südkalifornien und einer weiteren Steigerung des Handelsaufkommens in Los Angeles, was freilich zum Zeitpunkt der beiden Pilotstudien noch gar nicht abzusehen war.

Zusammen legen die Studien aus den frühen 1980ern gewissermaßen den Grundstein für den 1997 begonnen Ausbau des Alameda Corridor. Zum einen umfasste dieser eine Verbesserung der Straßenverkehrsführung entlang der Alameda Street: Verkehrsspuren wurden erweitert, Fußgängerübergänge auf Brücken und in Tunnels verlegt, und Ampeln und Bahnübergänge beseitigt. Zum anderen wurden die bereits existierenden Bahntrassen zwischen den Häfen und den Fernbahngleisen modernisiert und erweitert und entlang der Alameda Street auf weiten Teilen unterirdisch verlegt. Dies sollte sowohl Abhilfe für das Kapazitätsproblem schaffen und Los Angeles' Rolle als strategischer Knotenpunkt für den internationalen Handel sichern, als auch das Umwelt- und Verkehrsproblem entschärfen. 1994 fasste Ezunial Burts, der damalige Executive Director der Port Authority von Los Angeles, die verschiedenen Motivationen für das Alameda Corridor Projekt aus Sicht der Hafenbehörden so zusammen: 'Für uns ist das ein Transportprojekt, für die Stadt ist es ein Wirtschaftsprojekt.'[60]

Doch von den ersten Studien bis zur Inbetriebnahme des neuen Alameda Corridors im Jahr 2002 war es ein langer Weg.[61] Dabei stellte vor allem die Zersplitterung der politischen Landschaft ein großes Problem für die Realisierung des Projekts dar. Der Ausbau des Alameda Corridor fiel in den Zuständigkeitsbereich einer Reihe von Behörden und betraf zahlreiche Districts und Cities in der Metropolregion Los Angeles. Zentral für das Gelingen des Ausbaus war daher die Gründung einer regionalen Planungsbehörde. 1989 wurde die Alameda Corridor Transportation Authority (ACTA) ins Leben gerufen, die bis heute mit allen Aufgaben rund um das Megaprojekt betraut ist. ACTA bringt nicht nur VertreterInnen der Hafenbehörden, der Metropolitan Transportation Authority und der Stadt Los Angeles zusammen, sondern vor allem auch Repräsentanten der Städte Vernon, Huntington Park, South Gate, Lynwood, Compton und Carson. Diese entlang des Alameda Corridor gelegenen Städte sind zwar faktisch in das Stadtgebiet von Los Angeles eingebettet, haben jedoch rechtlich den Status unabhängiger Städte mit eigenen Verwaltungen und lokalen Gesetzgebungen.

Für viele dieser Städte war der Nutzen des Milliardenprojekts zu Beginn der Planung mehr als fraglich. Dass die Hafenbehörden ein unmittelbares Interesse am Ausbau der Verkehrstrasse hatten, ist klar. Auch Stadtgebiete wie South Central und Vernon konnten von Beginn an damit rechnen, deutlich von dem Ausbau des Corridors zu profitieren. Da sie am innerstädtischen Ende der Verkehrstrasse und relativ dicht an den Ferngleisanbindungen liegen, war davon auszugehen, dass hier mit einer Stärkung der Transport-, Lager- und Großhandelsfunktionen gerechnet werden konnte. Städte wie Compton dagegen, die 'auf halber Strecke' an der Alameda Street liegen, mussten zusätzliche Belastungen während der Bauphase und eine anschließende Zunahme des Verkehrsaufkommens befürchten, ohne dabei notwendiger Weise langfristige positive wirtschaftliche Effekte erwarten zu können. So war die Planungsphase und die Zusammenarbeit innerhalb der ACTA in hohem Maße von politischen Konflikten geprägt (für mehr Details siehe Erie 2004: 157ff.).

Abbildung 6: Alameda Corridor: Schematische Darstellung

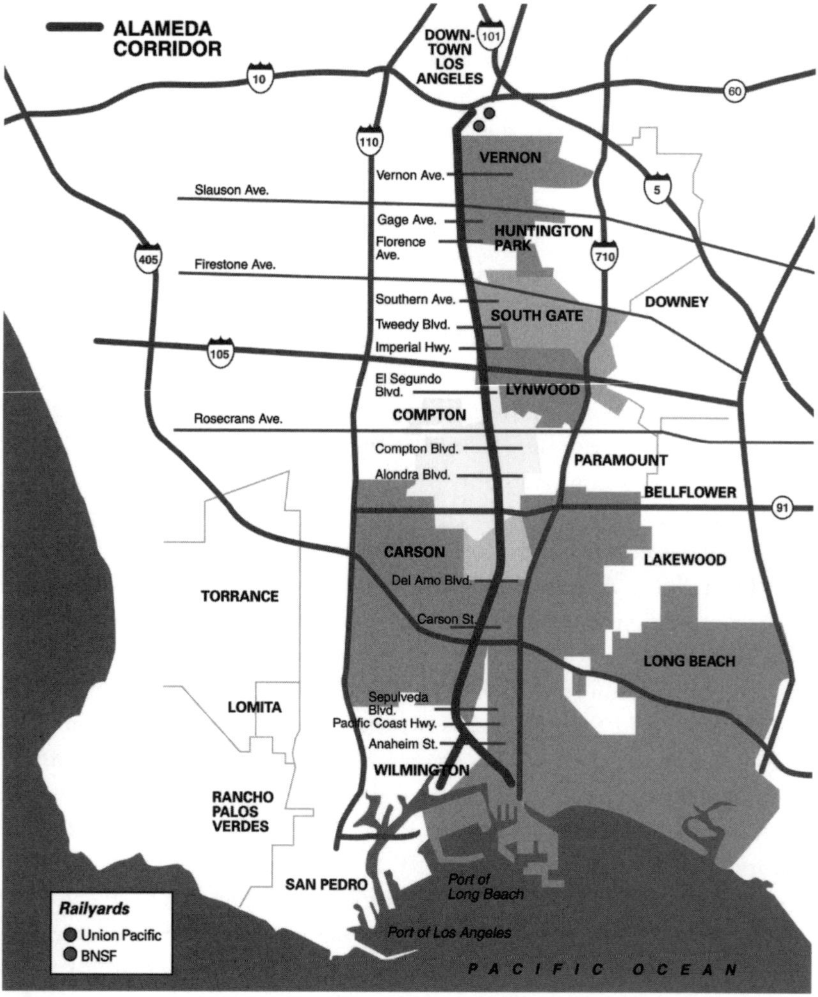

Quelle: ACTA

Ein weiteres Problem bestand in der Finanzierung der 2,4 Milliarden USD, die für das Megaprojekt veranschlagt waren. Noch ein Jahr vor Baubeginn – im Jahr 1996 – fehlten 1,4 Milliarden USD, was vor allem an der Zurückhaltung der Geldgeber auf Bundesebene lag. Obwohl der Ausbau des Alameda Corridor sich offensichtlich positiv auf den Gütertransport in den gesamten USA (und damit verbunden auf die Wirtschaftsentwicklung in zahlreichen Branchen im ganzen Land) auswirken würde, beliefen sich die Zusagen für Bundeszuschüsse noch kurz vor Baubeginn auf nur 127 Millionen USD (Erie 2004: 153). Am Ende wurde der Großteil der Mittel von lokalen Akteuren aufgebracht und fast die Hälfte des Finanzvolumens über eine öffentliche Verschuldung via revenue bonds finanziert (ebd.).

Trotz aller logistischen, politischen und finanziellen Probleme konnte der Ausbau des Alameda Corridor 1997 beginnen und wurde fünf Jahre später im Jahr 2002 erfolgreich abgeschlossen. Erste Auswertungen der Nutzung des Corridors seit seiner Fertigstellung sprechen dafür, dass das Projekt die Handels- und Wirtschaftsfunktionen im Metropolraum Los Angeles ebenso wie die Schadstoff-Emissionen wie erwartet positiv beeinflusst. So vermeldete ACTA im Februar 2006:

> „With trade activity at the Ports of Los Angeles and Long Beach continuing to grow, the Alameda Corridor saw significant increases in the amount of cargo, carried and revenues generated in 2005. The Alameda Corridor's operation has also produced significant air quality benefits to the South Coast Air Basin since opening in April 2002, according to data released at the recently held Alameda Corridor Transportation Authority's (ACTA) Governing Board meeting.“[62]

Die Anzahl der Nutzungen durch Frachtzüge stieg von 14.000 Zügen im Jahr 2003 auf über 17.000 Züge im Jahr 2005. 2005 passierten durchschnittlich 47 Frachtzüge pro Tag den Alameda Corridor. Zwischen 2003 und 2005 stieg die Anzahl der Container, die den Corridor passieren, um 20 Prozent. Insgesamt werden nun 34 Prozent aller Im- und Exporte, die über die Häfen von Long Beach und Los Angeles abgewickelt werden, über den Alameda Corridor transportiert.[63]

Wie man sich leicht vorstellen kann, führt der massive Anstieg des internationalen Güterverkehrs entlang des Alameda Corridors zu einer erheblichen Intensivierung der bereits bestehenden gewerblichen Nutzung der angrenzenden Grundstücke und Stadtgebiete. Eine Autofahrt entlang des Alameda Corridor führt über große Teile der 32 Kilometer langen Strecke an Lagerhallen, Großhandelszentren, Containerstellplätzen, Industrieanlagen, Recyclinghöfen und

Abbildung 7: Luftaufnahme des Alameda Corridor (im Hintergrund L.A. Downtown)

Quelle: ACTA

mittelständischen Betrieben vorbei. Dazwischen finden sich immer wieder ärmliche Wohnsiedlungen, kleine Restaurants und Imbiss-Stuben, die von den lokalen ArbeiterInnen frequentiert werden, und Autowerkstätten, die spezielle Dienste für den LKW-Verkehr anbieten. Besonders intensiv ist die gewerbliche Flächennutzung des Alameda Corridor, wie bereits erwähnt, am innerstädtischen Ende. Etwa 15 Minuten entfernt von der Downtown, östlich der Alameda Street und südlich der großen Verladebahnhöfe, liegt die Stadt Vernon – ein riesiges Gewerbe- und Industriegebiet (zur Ökonomie von Vernon siehe Davis 2002b). Von Vernon ausgehend dehnt sich die gewerbliche Grundstücksnutzung in das sozial benachteiligte Stadtviertel South Central aus, das auf der anderen Seite der Alameda Street angrenzt und überwiegend von African-Americans und lateinamerikanischen MigrantInnen bewohnt wird. Aufgrund der zentralen Lage, stellen beide Stadtgebiete einen extrem attraktiven Standort für Lagerhallen und Großhandelszentren dar, von denen aus die in Los Angeles ankommenden Güter in die Metropolregion und ins Hinterland verfrachtet werden können. Darüber hinaus profitieren sowohl South Central als auch Vernon von ihrer Nähe zur südlichen Downtown, wo große der Teile der in Los Angeles ansässigen Textilindustrie – die sogenannten 'Sweat Shops' – liegen. Auch diese sind durch die Häfen und den Alameda Corridor auf das Engste in die globalen Warenströme eingebunden. Andere Stadtgebiete wie East L.A., Chinatown oder Downtown, die ebenfalls an die interkontinentalen Gleisanbindungen angrenzen, können nur bedingt für Lager- und Handelsfunktionen genutzt werden. Hier gibt die bereits bestehende Bebauung anderen städtischen Funktionen wie Wohnen, Einkaufen, Büroraum, städtischen Verwaltungen und Tourismus den Vorrang.

Auch die South Central Gardens waren von der Intensivierung der gewerblichen Nutzung entlang des Alameda Corridors massiv betroffen. Verwaltungstechnisch gehörten die Gärten zum District South Central, doch grenzten sie unmittelbar an die Alameda Street an und waren daher funktional eng in den benachbarten Gewerberaum der City of Vernon eingebunden. Insofern war das Grundstück, auf dem die South Central Gardens lagen, auch schon vor dem Ausbau des Alameda Corridors für eine kommerzielle Nutzung prädestiniert. Doch mit der öffentlichen Milliardeninvestition in die lokale Infrastruktur stieg der strategische Wert des Grundstücks noch einmal deutlich an. Insbesondere wurde die unternehmerische Attraktivität des Grundstücks an der Alameda Street und der 41st Street durch den Umstand gesteigert, dass es in diesem Stadtgebiet kaum noch größere zusammenhängende Flächen gibt, die gewerblich bebaut oder genutzt werden können. 2004 stellte die Los Angeles County Economic

Development Corporation in ihrem jährlichen Wirtschaftsbericht fest, dass die 'vacancy rate' für industrie-gewerblich nutzbare Grundstücke in South Los Angeles bei nur 1,2 Prozent liegt (LAEDC 2004: 7). Im Vergleich dazu liegt die 'vacancy rate' für industriegewerblich nutzbare Flächen auf County-Ebene bei 3,3 Prozent. Die frei stehenden Büroflächen im Los Angeles County werden gar mit 16,1 Prozent beziffert (ebd.).

Leider gibt es keine Mikrodaten, die die Veränderung der Preise für gewerbliche Grundstücke in South Central entlang des Alameda Corridors ausweisen könnten. Doch alle recherchierbaren Hinweise deuten darauf hin, dass die Knappheit an gewerblich nutzbaren Flächen in Kombination mit dem Ausbau des Alameda Corridors zu einem Anstieg der Grundstückspreise entlang der Alameda Street geführt hat. Michael Flood, Direktor der gegenüber der South Central Gardens gelegenen Regional Foodbank, erzählt im Projektinterview,

> die Foodbank hätte ihren heutigen Standort 1989 bezogen. Damals wären die Grundstückspreise in dieser Gegen noch 'normal' gewesen. Zwar sei das Stadtviertel auch schon in den 1980ern vorwiegend gewerblich genutzt worden, doch hätte dies nicht zu besonders hohen Grundstückspreisen geführt. Mit dem Ausbau der Verkehrstrasse entlang der Alameda Street wäre das Stadtgebiet für gewerbliche Investoren extrem attraktiv geworden. Damit seien auch die Preise gestiegen, und das Grundstück, auf dem die Gärten liegen, für den ehemaligen Besitzer Horowitz besonders interessant geworden.[64]

Ähnlich äußert sich James Rojas, Mitarbeiter der Los Angeles Metropolitan Transportation Authority und Gründungsmitglied des Latino Urban Forums. Rojas erzählt im Projektinterview,

> dass Grundstücks- und Immobilienspekulationen in Los Angeles stets ein wichtiger Wirtschaftsfaktor gewesen seien. Mit der Globalisierung und vor allem mit der Zunahme der Importe aus Asien, die durch die Häfen von Los Angeles und Long Beach in die USA eingeführt werden, hätte die Bedeutung von Immobiliengeschäften in der Region noch einmal massiv zugenommen. Überall entlang der Straßenverkehrs- und Bahntrassen, beginnend an den Häfen von Los Angeles bis weit ins Hinterland, wären die Grundstückspreise in den vergangenen Jahren enorm gestiegen. Allerorts würden Lagerhallen gebaut. Developer und Realestate Unternehmen stellten heute eine der stärksten Interessengruppen in Los Angeles dar.[65]

Für das Gelände, auf dem die Gärten lagen, lässt sich diese Entwicklung zumindest näherungsweise nachvollziehen: 1986 enteignete die Stadt Los Angeles den damaligen Eigentümer Ralph Horowitz, um das Gelände öffentlich zu nutzen. Wie bei eminent domain-Verfahren üblich wurde der Marktwert des Grundstücks geschätzt und der Eigentümer entschädigt. Die Entschädigung betrug zum damaligen Zeitpunkt 4,7 Millionen USD. Acht Jahre später, im Jahr 1994, veräußerte das Department of Public Works das Gelände an der 41st Street für 13,3 Millionen Dollar an das Harbor Department – vermutlich bereits im Zuge der Planungen für den Alameda Corridor. Im Jahr 2006 wurde der Wert des Grundstücks auf weit über 15 Millionen USD geschätzt (Kuipers 2006).

Abschließend lässt sich festhalten, dass die öffentliche Investition in die lokale Infrastruktur eine Maßnahme der unternehmerischen Stadt *par excellence* darstellt. Der Ausbau des Alameda Corridors soll Los Angeles' Rolle als strategischer Knotenpunkt für den internationalen Handel sichern und damit für private Investitionen attraktiv machen. Er soll Arbeitsplätze schaffen und besteuerbare Einkommen und Gewinne erzeugen. Der Wirtschaftsreport 2005 der South 'California Association of Governments' bringt es auf den Punkt: „To provide a world-class port infrastructure is critical to sustaining a growing and prosperous regional economy." (SCAG 2005: 72) Damit geht notwendigerweise auch eine Aufwertung der gewerblich nutzbaren Flächen und Räume entlang des Alameda Corridor einher. Das Interesse des ursprünglichen Eigentümers Ralph Horowitz, das Grundstück an der Alameda Street wieder in seinen Besitz zu bringen, konnte daher kaum überraschen. Ab 1995 versuchte er mit allen Mitteln, die Stadtverwaltung zum Verkauf des Geländes zu bewegen. Aus Sicht eines Kapitalisten, der in der unternehmerischen Konkurrenz bestehen muss, ist dies nur konsequent und folgerichtig. Die treibende Motivation im Prozess der Privatisierung der South Central Gardens, der Vertreibung der South Central Farmer und der gewerblichen Bebauung des Grundstücks war der Ausbau des Alameda Corridor. Hinter den Konfliktlinien zwischen den South Central Farmern, dem Investor und der Stadt Los Angeles liegen freilich die Grundwidersprüche der 'kapitalistischen Stadt' selbst.

3.2.3 Arbeit, Umwelt, Migration: Soziale Kämpfe in Los Angeles

Los Angeles gilt als eine Stadt, die sich seit vielen Jahrzehnten vor allem durch eine ausgesprochen unternehmerfreundliche Politik auszeichnet. „The better-known story depicts corporate and political elites promoting unregulated development, civic boosterism, cheap labor, exploited immigrants, and endless sprawl." (Gottlieb et al. 2005: 11) Wie wir oben gesehen haben, wurde dieses stadtpolitische und -ökonomische Klima in den 1980er Jahren mit dem 'Global City Status' gekrönt – in den Augen von Lohnabhängigen, ImmigrantInnen und marginalisierten Gruppen wohl eher eine 'Dornenkrone'. Doch die krassen sozialen Polarisierungen, die mit dieser Politik notwendiger Weise einhergehen, haben stets auch Widerstände an der sozialen und politischen Basis hervorgebracht. Die lokalen Kämpfe von Gewerkschaften, Bürgerrechtsbewegungen, Black Panther und Brown Beret Gruppen, Umweltinitiativen, MigrantInnennetzwerken und vielen anderen mehr *gegen* die politischen und wirtschaftlichen Eliten der Stadt und *für* ein 'besseres Leben' sind die Kehrseite der kapitalfreundlichen Medaille.

Dass die South Central Farmer ihre Gärten vom Herbst 2003 bis in den Sommer 2006 besetzen beziehungsweise 'verteidigen' konnten, obwohl das Grundstück bereits an einen Investor verkauft war, ist nur im Kontext der Geschichte sozialer Widerstände und vor dem Hintergrund der aktuellen politischen Konstellation in der Stadt verständlich. Die South Central Farmer konnten mit viel Engagement und Erfolg ein eigenes und einzigartiges Bündnis aufbauen. Sie stampften die Kampagne zur Verteidigung der Gärten im wahrsten Sinne des Wortes 'aus dem Boden'. Dass dies innerhalb so kurzer Zeit möglich war, ist vor allem darauf zurückzuführen, dass die Farmer auf eine bereits vorhandene soziale Infrastruktur zurückgreifen und sich aus einer gewachsenen politischen (Widerstands-)Kultur speisen konnten. In diesem Sinne war der Kampf um die Gärten in South Central kein isolierter Protest, sondern eingebettet in ein komplexes Geflecht an lokalen Kämpfen. Diese werde ich im Folgenden skizzieren. Für ein Verständnis der Einbettung des Konflikts um die South Central Gardens sind dabei vor allem drei (miteinander verflochtene) Politikfelder von Bedeutung, die sich wie ein roter Faden durch die Geschichte der städtischen sozialen Bewegungen in Los Angeles ziehen: Arbeit, (Latino-)Migration und Umweltpolitik.

3.2.3.1 Arbeitskämpfe in der ersten Hälfte des 20. Jahrhunderts

Die lokalen Arbeitskämpfe der ersten Hälfte des 20. Jahrhundert verdichten sich in Los Angeles wie in kaum einem anderen Moment in einem Ereignis des Jahres 1923. Die Verhaftung des Schriftstellers und Sozialisten Upton Sinclair am Liberty Hill kann als exemplarisch für die frühe ArbeiterInnenbewegung beziehungsweise für deren Repression gelten. Sinclair, der bereits seit vielen Jahren als sozialkritischer Journalist über die Arbeitsverhältnisse und Lebensbedingungen der Arbeiterklasse in den US-amerikanischen Großstädten geschrieben hatte[66], sprach an diesem Tag vor 3000 streikenden ArbeiterInnen im Hafen von San Pedro in der Bucht von Los Angeles. Die 'Marine Transport Workers Industrial Union 150', die zur Industrial Workers of the World (IWW) gehörte, hatte 99 Schiffe im Hafen von San Pedro festgesetzt und bestreikt, um für höhere

Löhne und bessere Arbeitsbedingungen und gegen die Verhaftung mehrerer GewerkschaftsaktivistInnen zu protestieren. Sinclair begann seine Ansprache vor den Streikenden mit einem Zitat aus der US-amerikanischen Verfassung. Nur Augenblicke später wurde er zusammen mit hunderten GewerkschafterInnen von der Polizei festgenommen und für mehrere Tage 'incomunicado' gehalten. „We'll have none of that Constitution stuff," wird der befehlshabende Polizist zitiert, der Sinclair verhaftete (Gottlieb et al. 2005: 17). Obwohl der Streik von 1923 scheiterte, legte er den Grundstein für erfolgreiche Arbeitskämpfe in den 1930er Jahren. Das kalifornische 'Criminal Syndicalism Law', auf dessen Grundlage Upton Sinclair 1923 verhaftet und festgehalten wurde und das auch gegen zahlreiche andere GewerkschafterInnen zur Anwendung kam, wurde allerdings erst 1968 als verfassungswidrig abgeschafft (Rohde 1990). 'Liberty Hill' – der Ort, an dem Sinclair 1923 verhaftet und die Streikversammlung aufgelöst wurde – gilt bis heute als ein Symbol für den Kampf um Arbeitsrechte und für die Verteidigung der 'Free Speech'.

Die kurze Anekdote um den Hafenarbeiterstreik von 1923 und die Verhaftung von Upton Sinclair verdeutlicht die Kräfteverhältnisse zwischen Kapital und Arbeit in den ersten Jahrzehnten des 20. Jahrhunderts: In der sich rasant entwickelnden fordistischen Industrie von Los Angeles – in den neuen Filmstudios, Automobil- und Reifenwerken, Flugzeug- und Rüstungsfirmen etc. – fanden erfolgreiche gewerkschaftliche Organisationsprozesse statt, die Arbeitskämpfe wurden oftmals militant geführt. Vor allem im Zuge der Great Depression erlangte die Arbeiterbewegung im Los Angeles der 1930er Jahren eine beeindruckende Stärke. Auch hier spielte Upton Sinclair übrigens eine zentrale Rolle, als er maßgeblich an der EPIC-Kampagne (End Poverty in California) mitwirkte. Doch im Kampf um die 'open shops' – die gewerkschaftsfreien Betriebe[67] – blieb die Kapitalseite in Los Angeles stets stark.

> „A greatly expanded Red Squad in the Los Angeles Police Department led the antiradical drive, operating as a near-autonomous instrument of business elites under the direction of Police Captain William 'Red' Hynes. Housed in the Chamber of Commerce building and with ties to the Ku Klux Klan, Red Squad members were also hired by employers to help to break labor strikes, guard borders against immigrants, and undercut any manifestation of progressive politics in the city." (Gottlieb et al. 2005: 21; siehe auch: Donner 1990)

In engen Bündnissen mit dem lokalen Staat (den politischen Eliten und der Polizei) bekämpften einflussreiche Unternehmer die Arbeiterbewegung in Los Angeles und sicherten die Stadt als 'Bastion des Kapitals'.

3.2.3.2 Städtische Aufstände und soziale Bewegungen

Nicht nur der Klassenkonflikt zwischen Kapital und Arbeit hat im Los Angeles des 20. Jahrhunderts besonders krasse und sozialstaatlich kaum abgefederte Formen angenommen. Stets waren kapitalistische Herrschaftsverhältnisse in Los Angeles auch rassistisch kodiert. Für MigrantInnen und African Americans fallen ökonomische Ausbeutung und gesellschaftliche Unterdrückung hier bis heute in fataler Weise zusammen. Edward W. Soja stellt fest, dass Los Angeles bereits in den 1960er Jahren zusammen mit Chicago eine der am stärksten ethnisch segregierten Städte in den USA darstellte. Südlich des Downtown Districts, im heutigen South Central, bildete sich in den 1950er und 1960er Jahren mit der Zuwanderung von etwa 600.000 Afro-AmerikanerInnen das zu diesem Zeitpunkt wohl größte innerstädtische 'schwarze Ghetto' in den USA heraus. Die vor allem aus den US-amerikanischen Südstaaten zugewanderten Schwarzen befriedigten die enorme Nachfrage nach billigen Arbeitskräften in der wachsenden Industrie der Region. Dabei erlaubte die Ghettoisierung der African Americans ihre wirtschaftliche Integration als freie LohnarbeiterInnen bei gleichzeitiger sozialer und territorialer Isolation und Kontrolle in den Stadtteilen der 'Inner City'.[68] In der Hochphase des Civil Rights Movements und kurz vor der Gründung der Black Panther Party (1966 in Oakland) brachen im Stadtteil Watts bürgerkriegsähnliche Zustände aus: die sogenannten Watts Riots von 1965. Auslöser war die Verhaftung eines angeblich betrunkenen Autofahrers. Doch der unbedeutende und alltägliche Vorfall wirkte wie ein Zündfunke am Pulverfass. Polizei und National Guard brauchten sechs Tage, um den Aufstand niederzuschlagen. 34 Menschen wurden getötet, fast alle waren Schwarze. Die Aufstände im Stadtteil Watts bildeten den Auftakt einer ganzen Serie von 'urban riots' in den schwarzen Ghettos US-amerikanischer Großstädte (Los Angeles 1965; Chicago 1966; Newark 1967) – eine Reaktion auf den Rassismus der US-amerikanischen Gesellschaft und die soziale Exklusion großer Teile der nichtweißen Bevölkerung.

Im Gefolge der Politisierung, die die US-amerikanische Gesellschaft ab Mitte der 1960er Jahre mit den städtischen Revolten der Schwarzen, der Bürgerrechtsbewegung, den Vietnamprotesten und der 68er Bewegung an den Universitäten erfasste, differenzierten sich die sozialen Kämpfe deutlich aus – weg von der 'klassischen' ArbeiterInnenbewegung und hin zu lokalen, thematisch vielfältigen und oftmals unmittelbar konfliktbezogenen Protesten.[69] Ein wesentlicher 'Innovationsschub' ging dabei von der 1966 in Oakland gegründeten Black Panther

Party aus, die auch in South Central eine starke Basis hatte. Massenmedial wurden die Black Panther als schwarze Terrorgruppe stilisiert, tatsächlich zeichneten sie sich vor allem durch ihr Konzept der politischen Stadtteilarbeit aus, die sich keinesfalls auf einen schwarzen Befreiungsnationalismus reduzieren lässt. Lokales 'empowerment' – wie es in der modernen Politologensprache heißen würde – und radikales politisches Engagement gegen die weißen kapitalistischen Eliten gingen für die Black Panthers Hand in Hand. Doch die politische Unversöhnlichkeit der Panthers und die Tatsache, dass sie schon nach kurzer Zeit in zahlreichen US-Metropolen (vor allem in Oakland, Los Angeles und Chicago) eine starke soziale Basis aufbauen konnten, führten zur bedingungslosen Repression durch die lokalen Polizeibehörden und vor allem durch das FBI (Demny 2004).

Im Konflikt um die South Central Gardens waren es gerade die älteren, im Umfeld der Black Panther Bewegung (und der Kommunistischen Partei) politisierten afro-amerikanischen AktivistInnen, die sich für den Erhalt der Gärten engagierten. Sie verbinden eine klassenkämpferische und kapitalismuskritische Position mit dem Fokus auf Alltagsengagement und Stadtteilarbeit in ihrer Community. Im Gegensatz zu Gruppen und Einzelpersonen, die ihre politische Arbeit über ethnische Zugehörigkeiten definieren, unterstützten sie die South Central Farmer ab Beginn des Konflikts im Jahr 2003 und erklärten immer wieder öffentlich, dass sich Latinos und Schwarze in South Central nicht gegeneinander ausspielen lassen dürften.

Bis heute bildet eine Vielzahl der in den 1970er Jahren entstandenen lokalen Gruppen und Organisationen eine wichtige Basis für die städtischen sozialen Bewegungen in Los Angeles. Die 1976 gegründete 'Liberty Hill Foundation'[70] etwa gehört zu den etabliertesten 'zivilgesellschaftlichen' Organisationen der Stadt. Sie gilt als eine der zentralen Stützen für das breite Netzwerk an progressiven Gruppen und Organisationen, das sich seit Mitte der 1980er Jahre in Los Angeles herausgebildet hat. Der Name der Liberty Hill Foundation geht auf den bereits oben erwähnten Streik der WerftarbeiterInnen im Jahr 1923 und die Verhaftung Upton Sinclairs zurück. Die Stiftung unterstützt grassroots movements mit Stipendien, bietet Expertisen und Training für politische Gruppen und Projekte an und fungiert als Schnittstelle zwischen unterschiedlichen Bürgerrechts- und Stadtteilbewegungen, Universitäten und progressiven PolitikerInnen (Nicholls 2003: 889).

Doch das kontinuierliche Engagement der in den 1960er und 1970er Jahren entstandenen politischen Zusammenhänge – und auch der Gewerkschaften – hat wenig an der strukturellen Stärke der politischen und wirtschaftlichen Eliten von Los Angeles geändert. Die sozialen Polarisierungen haben zugenommen, die bescheidenen sozialstaatlichen Ausgleichsmomente und Sicherungssysteme sind weitgehend abgebaut. Die 1967 von Präsident Lyndon B. Johnson einberufene 'Kerner Commission', die sich mit den Ursachen und Folgen der damaligen städtischen Aufstände auseinandersetzen sollte, reflektierte die rassistische Grundstimmung der US-amerikanischen Gesellschaft und die ökonomischen Exklusionsmechanismen und riet zu grundlegenden Reformen in der Bildungs-, Beschäftigungs- und Sozialpolitik. 1968 warnte die Kommission davor, dass sich in den USA zwei Parallelgesellschaften herausbilden würden: eine schwarze und eine weiße (Kerner-Commission 1989). Knapp 40 Jahre später geht die institutionelle Diskriminierung der African Americans weiter.

Heute hat die Prekarisierung der Lebens- und Arbeitsverhältnisse für viele Bevölkerungsgruppen zugenommen. So hat sich zum Beispiel seit Anfang der 1980er Jahre mit der Zunahme der Migration aus Lateinamerika eine neue 'Reservearmee' an illegalisierten BilligarbeiterInnen herausgebildet. Die neoliberalen Strukturanpassungsprogramme und der US-Interventionismus hat Millionen von Menschen aus Mexiko und Mittelamerika vertrieben und komplette Dörfer in transnationale Diasporagemeinschaften transformiert (Davis 2000: 77-89). In den USA konkurrieren diese mit African Americans und älteren Einwanderungsgruppen um die politisch knapp gehaltenen Ressourcen. Insgesamt wird die Zahl der illegalisierten MigrantInnen in den USA auf etwa 12 Millionen geschätzt. Um das 'Migrationsproblem' zu 'bekämpfen' (im wahrsten Sinne des Wortes) hat George W. Bush seit seinem Amtsantritt das Budget für die 'Sicherheits'maßnahmen an den US-Grenzen um 66 Prozent erhöht und die Militarisierung der Grenzen permanent vorangetrieben.[71] Immer mehr Menschen werden so auf Migrationsrouten in unwegsame und nur zu oft tödliche Wüstengebiete abgedrängt. Bei dem Versuch, die streng bewachte US-mexikanische Grenze illegal zu überqueren, kamen 2005 nach Angaben des mexikanischen Außenministeriums 473 Menschen ums Leben. Sie erstickten in Containern, ertranken in Flüssen, verdursteten in abgelegenen Wüstengebieten oder wurden Opfer von Überfällen. Mehr als die Hälfte der illegalisierten MigrantInnen reist jedoch legal in die USA ein und bleibt dann einfach im Land. Gerade Los Angeles fungiert dabei für viele MigrantInnen – nicht nur aus Lateinamerika, sondern auch aus anderen Teilen der Welt – als eine Art 'Gateway'. 2002 klassifizierte der California 'Population Survey Report' nur 45,7 Prozent der Bevölkerung Kaliforniens als 'White'. 34,5 Prozent der Kalifornier wurden im Rahmen der Erhebung als 'Hispanic' erfasst und 12,2 Prozent als 'Asian' oder 'Pacific Islanders'.[72] Noch in den 1960er Jahren galt Los Angeles als die größte 'white City' der USA – heute sind etwa 40 Prozent der BewohnerInnen von Los Angeles nicht in den USA geboren und die Stadt ist die wohl internationalste Metropole auf dem gesamten amerikanischen Kontinent. Hier können MigrantInnen auf bereits bestehende soziale Netzwerke zurückgreifen, finden sich in ihrer Muttersprache zurecht und überleben in der informellem Großstadtökonomie (zur aktuellen Debatte um die US-Einwanderungspolitik siehe Lebuhn 2006b; Benz 2006).

Die Lateinamerikanisierung von Los Angeles – die US-amerikanische Zeitschrift Newsweek spricht gar von einer 'New Latino Nation'[73] – drückte sich ab den 1980er Jahren in der Gründung einer Vielzahl von grassroots organisations, Stiftungen und Nonprofits aus, in denen sich die neuen Einwanderungsgruppen politisch und sozial organisierten. Viele MigrantInnen brachten nicht nur ihre Arbeitskraft mit, sondern auch ihre spezifischen Protestkulturen, ihre kollektiven Erfahrungen aus sozialen Kämpfen und ihre grenzüberschreitenden Solidarnetzwerke. Als ein Beispiel dafür kann die Organisation CARECEN (Central American Resource Center) gelten, die sich von 2003 bis 2006 auch für den Erhalt der South Central Gardens eingesetzte. Sie wurde 1983 von einer Gruppe von Flüchtlingen aus El Salvador gegründet, die sich zunächst auf die Arbeit mit Bürgerkriegsflüchtlingen aus El Salvador und Guatemala konzentrierte. Im Fokus stand dabei die Sicherung des legalen Aufenthaltsstatus von Flüchtlingen in Los Angeles.

Wie oben bereits angemerkt hat die Organisationswelle der 1980er Jahre – gerade im Hinblick auf die MigrantInnengruppen aus Mittelamerika – unter den sozialen Bewegungen in Los Angeles auch zu neuen Spaltungen geführt. Die jüngeren Gruppen müssen sich den Zugang zu öffentlichen Ressourcen und ihre Stimme in der öffentlichen Debatte erst einmal 'erkämpfen'. Etablierte und stärker institutionalisierte soziale Bewegungsorganisationen, deren Basis die 'working class' der mexican-american und african-american Community ist, nehmen jüngere Gruppen eher als Konkurrenz denn als solidarische Partner wahr. Hinzu kommt, dass die Klientel der in den 1980er Jahren entstandenen Gruppen oftmals in den linken Aufstandsbewegungen in Guatemala, El Salvador und Nicaragua sozialisiert wurde. Auch wenn diese MigrantInnengruppen in Los Angeles mit ähnlichen Problemen konfrontiert sind wie ältere EinwanderInnengruppen, agieren sie mit einem anderen politischen Erfahrungshintergrund. Es scheint daher schlüssig, wenn Nicholls und Beaumont feststellen,

> „for the older associations primarily concentrated in Mexican American and African American working-class neighbourhoods, the incentive has been to hold ground

> against any further losses of power. Community-based organisations in these areas have attempted to hold this ground primarily by mobilising through existing clientelistic networks. (...) For the newer associations concentrated in the Central American neighbourhoods, a central incentive has been to penetrate the public sphere (policy communities and government boards) in order to represent the interests and needs of their constituents. As these associations were largely excluded from the public sphere, they faced minimal risks for their strong participation in building a justice movement. The incentive for penetrating the closed public sphere, the fact that they faced no risks for sustained engagement in contentious political activities, and a common experience with revolutionary activities in their home countries, led many of these associations to assist in the formation of anchor organisations and to participate in their activities." (Nicholls/Beaumont 2004: 128f.)

Nicht nur 'people of color' erleben bzw. *erleiden* die 'Peripherisierung' der Lebensverhältnisse in Los Angeles. Auch die weiße 'underclass' ist massiv von den Verelendungsprozessen betroffen. Nach dem brutalen Abbau der sozialen Sicherungssysteme unter Ronald Reagan, hat der 1996 unter Bill Clinton verabschiedete 'Personal Responsibility and Work Opportunity Reconciliation Act' die letzten Reste des 'Social Welfare' Systems abgeschafft und den Druck auf *alle* sozial benachteiligten Gruppen massiv erhöht – gleich welcher Hautfarbe. In Los Angeles lassen sich die Konsequenzen dieser systematischen Entsicherungspolitik an einer ganzen Reihe von 'Rekorden' ablesen: Die Stadt kann die landesweit größte Gefängnispopulation aufweisen. Überproportional handelt es sich dabei um afro-amerikanische Insassen. Darüber hinaus zählt L.A. die meisten Obdachlosen – Zehntausende allein im alten Downtown District unmittelbar angrenzend an den Financial Center. Ganze Stadtteile sind völlig verarmt und von der sozialen, wirtschaftlichen und politischen Teilhabe am öffentlichen Leben der Stadt faktisch ausgeschlossen. Besonders stark sind jedoch die Latinos und Latinas betroffen. Sie stellen nicht nur die jüngste Einwanderungsgruppe dar, sondern auch die am stärksten marginalisierte. Über ein Fünftel lebt unterhalb der Armutsgrenze.[74] Bereits Ende der 1980er Jahre beschrieb Mike Davis eindrucksvoll die geradezu apokalyptisch anmutenden Arbeits- und Lebensverhältnisse der Unterschichten in der 'City of Quartz' (deutsche Übersetzung: Davis 1999). Heute liegt das durchschnittliche Familieneinkommen im sozial schwachen South Central bei etwa 1.500 USD monatlich.[75] In Stadtteilen wie East L.A. oder auch Teilen der Downtown erinnert der informelle Sektor und Straßenhandel eher an eine lateinamerikanische Armutsmetropole als an eine US-Großstadt. Neben den StraßenhändlerInnen, BettlerInnen und Obdachlosen stehen in Südkalifornien täglich etwa 15.000 bis 20.000 Latinos an den Straßenecken und kämpfen als illegalisierte Tagelöhner ums Überleben (Lebuhn 2005b; Valenzuela

Jr. 2000). Die AutorInnen aus dem Umfeld der L.A. School beschreiben Los Angeles daher auch als 'Hauptstadt der Dritten Welt'.

Roger Keil macht deutlich, dass die massive Verarmung und soziale Exklusion großer Teile der Bevölkerung von Los Angeles nicht *trotz*, sondern gerade *aufgrund* der gezielten Aufwertung von Los Angeles zu einem attraktiven Standort für die Anlage globalen und regionalen Kapitals stattfand.

> „Bradley's 'impossible dream', his strategy of linking the growth of the world class city to improvements in the low-income communities, failed because, in reality, it led to a deepening to the social divide. (...) Geographical terms such as 'Westside', 'East LA', and 'South Central came to stand in for socially, economically and politically opposed versions of the world-city politics." (Keil 1998: 86)

Im Jahr 1992 führte die soziale Polarisierung in der Stadt zu den wohl größten Unruhen in den USA im gesamten 20. Jahrhundert. Wie schon 1965 bei den sogenannten Watts Riots war der Auslöser für den urbanen Aufstand ein für Los Angeles geradezu alltägliches Ereignis: Im Zuge einer Routinekontrolle schlugen mehrere Polizisten auf den wehrlos am Boden liegenden Afro-Amerikaner Rodney King ein. Ein zufällig aufgenommenes Amateurvideo wurde von zahlreichen TV-Sendern ausgestrahlt und machte den rassistischen Polizeiübergriff überregional bekannt. Als die involvierten Polizisten am 29. April 1992 von einem kalifornisches Gericht freigesprochen wurden, brachen in South Central spontane Unruhen los, die schnell auch auf andere Stadtteile übergriffen. Mike Davis betont, dass diese Aufstände keinesfalls als 'Rassenunruhen' oder 'wilde Plünderungen' charakterisiert werden können,[76] wie dies in den mainstream-Medien überwiegend der Fall war, sondern tatsächlich eher den Charakter spontaner Klassenkämpfe hatten (siehe etwa Davis 2002a). Er weist darauf hin, dass nicht nur African Americans, sondern praktisch alle marginalisierten Bevölkerungsgruppen an den Unruhen beteiligt waren – in diesem Sinne unterscheiden sich die Aufstände von 1992 auch von den Watts Riots von 1965, die viel deutlicher ethnisch kodiert waren. Die Gruppe 'Aufheben' fasst dies in 'The Rebellion in Los Angeles' trefflich zusammen:

> „For the residents of South Central, the King incident was just a trigger. They ignored his televised appeals for an end to the uprising because it wasn't about him. The rebellion was against the constant racism on the streets and about the systematic oppression of the inner cities; it was against the everyday reality of racist American capitalism." (Aufheben 1992)

In den mehrtägigen Auseinandersetzungen kamen insgesamt 50 Menschen ums Leben, 4000 wurden verletzt, der Sachschaden belief sich auf mehr als eine Milliarde

Dollar. 12.000 Personen wurden verhaftet. Der Aufstand signalisierte, „dass auch im angeblich befreiten Westen noch Gründe zur gesellschaftlichen Korrektur bestanden. (...) Los Angeles war zur paradigmatischen Musterstadt des ausgehenden 20. Jahrhunderts stilisiert worden. Die Revolte dort war ein Symbol für das Scheitern eines bestimmten Typus von postfordistischem Kapitalismus." (Keil 2000: 48)

3.2.3.3 Das 'Progressive Los Angeles'

Die Aufstände von 1992 überraschten und erschütterten ausnahmslos alle Akteure in der stadtpolitischen Arena von Los Angeles. Ähnlich wie in der Phase der späten 1960er und frühen 1970er Jahre führten sie zu einem Boom des 'community organizing'. Die Antwort des Bürgermeisters Tom Bradley auf die Unruhen bestand vor allem in der Initiierung des Programms 'Rebuild L.A.' (RLA). Unter der Leitung des Unternehmers Peter Ueberroth, der auch schon die Olympischen Spiele von 1984 in Los Angeles organisiert hatte, sollte RLA die lokale Wirtschaft in benachteiligten Stadtvierteln stärken und die Arbeitslosigkeit bekämpfen. Doch das Programm blieb weitgehend wirkungslos und hatte eher kosmetischen Charakter. Auch Stadtteilgruppen, MigrantInnennetzwerke, Nonprofits und Gewerkschaften begannen vor dem Hintergrund der Aufstände mit neuen Strategien und Bündnissen zu experimentieren. Gottlieb et. al. stellen fest: „The civil unrest and its aftermath also helped to energize a new set of progressive initiatives." (Gottlieb et al. 2005: 46) Hinzu kam, dass der demokratische Bürgermeister Tom Bradley, der seine Global City Politik immer auch mit einer geschickten sozialen Bündnis- und Befriedungspolitik verbunden hatte, 1993 von dem Republikaner Richard Riordan abgelöst wurde. Damit gewann der Widerstand außerparlamentarischer Akteure gegen die offizielle Stadtpolitik eine zusätzliche Dynamik. Anhand der folgenden vier Beispiele wird deutlich, wie sich im Laufe der 1990er ein neues Netzwerk an progressiven stadtpolitischen Akteuren herausbildete, welches unterschiedliche Politikfelder, vor allem lokale Arbeitskämpfe, Umweltpolitik, Stadtplanung und Migrationspolitik, in bis dato unbekannter Weise zusammenführte (Nicholls 2003: 881). Sowohl in der aktuellen Literatur als auch von den AktivistInnen selber wird dieses Netzwerk oft als 'progressive L.A.' bezeichnet und als eine neu im Entstehen befindliche städtische Bewegung interpretiert (Candaele/Dreier 2000; Gottlieb et al. 2005; Nicholls 2003; Pastor Jr. 2001).

1.) Gruppen wie die Community Coalition, die Association of Community Organizations für Reform Now (ACORN), die Los Angeles Coalition to End Homelessness and Hunger und Crystal Stairs intervenierten in den 1990er Jahren in die laufenden Welfare-to-Workfare Reformen der Bundesregierung. Sie stellten sozial- und beschäftigungspolitische Forderungen für 'ihre' marginalisierten Stadtviertel, die weit über die lokalen Wirtschaftssubventionen des offiziellen 'Rebuild L.A.' Programms hinausgingen.[77]

2.) Anfang der 1990er baute das Labor Community Strategy Center eine 'Bus Rider Union' auf, die sich für den Ausbau des öffentlichen Nahverkehrs in sozial schwachen Stadtvierteln einsetzte. Mit theaterähnlichen Interventionen warben die AktivistInnen in den überfüllten Bussen und an den Haltestellen für ihre Kampagne. Zusammen mit dem NAACP Legal Defense Fund ging die Bus Rider Union gerichtlich gegen die Metropolitan Transporation Agency (MTA) vor. Sie argumentierte, dass der schlecht ausgebaute öffentliche Nahverkehr Minderheiten wie Latinos, Schwarze und Asiaten sozial benachteilige und dies wiederum gegen den Civil Rights Act von 1964 verstoße. 1996 verpflichtete sich die MTA, insgesamt eine Milliarde USD in den Ausbau des Busnetzes zu investieren.

3.) Die Kampagne gegen die Proposition 187 brachte Mitte der 1990er Jahre fast hunderttausend Menschen auf die Straßen von Los Angeles. Mit dieser Gesetzesnovelle sollten AusländerInnen, die sich illegal im Land aufhalten, von der Inanspruchnahme aller öffentlichen Dienstleistungen wie Schulen und Krankenhäuser ausgeschlossen werden. ÄrztInnen, LehrerInnen und Verwaltungsangestellte wurden dazu verpflichtet, verdächtige Personen bei den zuständigen Behörden anzuzeigen. Im Zuge der Proteste dagegen wurden viele MigrantInnen mobilisiert, die zuvor kaum am politischen Leben der Stadt teilgenommen hatten. Nach massivem politischen Widerstand und etlichen Gerichtsverfahren wurde die Proposition 187 Ende der 1990er Jahre auf Eis gelegt.[78]

4.) Die Justice for Janitors-Kampagne gilt als Grundstein der neuen 'Latino-Labor Coalition', in der migrationspolitische Fragen und die Arbeitskämpfe der flexibilisierten und deregulierten postfordistischen Stadtökonomie von Los Angeles gemeinsam verhandelt werden. Überwiegend migrantische Putzkräfte, viele von ihnen illegalisiert, legten zusammen mit der Service Employees International Union (SEIU) ihre Arbeit in den Bürohochhäusern der großen Konzerne von Los Angeles nieder, um für bessere Arbeitsbedingungen zu protestieren. Von dort sprang der Funke auf andere US-amerikanische Großstädte über. Im April 2000 konnten die Putzkräfte und Dienstleistungsangestellten der Justice for Janitors-Kampagne in Los Angeles eine Lohnerhöhung von 26 Prozent über drei Jahre erstreiten.[79]

Die vier Beispiele verdeutlichen, wie „new alliances among environmentalists and community and labor groups are attempting to link clean air and economic concerns through issues like community development, housing, mass transit, job creation and workplace health." (Candaele/Dreier 2000) Walter Julio Nicholls identifiziert drei Typen von Organisationen, denen sich die Akteure des 'progressive L.A.' zuordnen lassen: „labor unions, community based organizations (CBO: grassroots political and service organizations and local churches) and local universities." (Nicholls 2003: 881) Um die semi-institutionalisierten Verfahren der Kommunikation und Koordination und des Austauschs von Ressourcen zwischen den höchst heterogenen und fragmentierten Gruppen zu beschreiben und zu erklären, greift Nicholls auf das Konzept der 'organizational infrastructure' zurück. Eine zentrale Rolle in dieser Infrastruktur spielen vor allem zwei Mechanismen:

Zum einen die 'spaces of reflexive interactions', bei denen es sich um Räume handelt, in denen sich die außerparlamentarischen Akteure begegnen und kennenlernen und sich über ihre partikularen Erfahrungen aus vergangenen Kampagnen und Kämpfen austauschen. Diese Räume werden von 'neutralen' Institutionen wie Universitäten und Stiftungen bereitgestellt. Eine wichtige Rolle spielen dabei unter anderem eine Reihe lokaler Hochschulen wie die University of California, Los Angeles, (UCLA) und das Occidental College. Hier sind vor allem die Bereiche 'Urban Studies' und 'Labor Studies' ausreichend stark mit engagierten DozentInnen besetzt, um die Infrastruktur der Universitäten für eine kritische Stadtpolitik 'von unten' zu öffnen.

Zweitens die 'anchor organizations', bei denen es sich um finanziell und infrastrukturell gut ausgestattete Arbeitszusammenhänge handelt, in denen Akteure aus zwei oder drei Gruppen (Gewerkschaften, Stadtteilorganisationen, Universitäten) organisatorisch zusammengefasst werden. Sie haben deutlich weniger Mitglieder als Kampagnen oder Bündnisse, arbeiten langfristig auf ausgewählten Politikfeldern und zeichnen sich durch klare Regeln, Verfahren und Arbeitsteilungen aus. Ihre 'Aufgabe' ist es, sozialen Kämpfen über kurzfristige und punktuelle Konjunkturen hinweg Kontinuität zu verleihen und aus der persönlichen Zusammenarbeit entstandene Netzwerke zu institutionalisieren und zu formalisieren.

Dass das 'progressive L.A.' in den 1990ern zunehmend Einfluss auf die Stadtpolitik nehmen und in zahlreichen Kampagnen und Kämpfen wichtige Siege erringen konnte, hat ganz offensichtlich auch damit zu tun, dass die Politik des Netzwerks anschlussfähig ist für linksliberale PolitikerInnen, fortschrittliche Fraktionen innerhalb der städtischen Behörden und Verwaltungen, bürgerliche Stiftungen, ArchitektInnen und StadtplanerInnen. Das 'progressive L.A.' setzt sich für eine 'livable City' ein – für eine lebenswerte Stadt –, nicht aber für eine 'andere Welt'. So setzte sich die 'Living Wage'-Kampagne mit der Forderung nach einem (lokalen) Mindestlohn 1997 erfolgreich gegen den konservativen Bürgermeister Richard Riordan und gegen die lokalen Unternehmereliten durch. Doch thematisierte die Kampagne eben 'nur' die Höhe des Lohns als Problem, nicht aber 'Lohnarbeit' selbst. An den Kampagnen und Bündnissen des 'progressive L.A.' beteiligen sich durchaus auch kapitalismuskritische oder gar linksradikale Gruppen. Viele Einzelpersonen, etwa aus den marxistisch geprägten Forschungs- und Arbeitszusammenhängen an der UCLA, agieren vor dem Hintergrund einer grundlegenden Gesellschaftskritik. Doch innerhalb des Spektrums des 'progressive L.A.' stellen die radikalen Positionen einzelner Gruppen oder Personen bestenfalls eine Position unter vielen dar. Dies erklärt die 'Politiktauglichkeit' und die engen Beziehungen und sogar personellen Überschneidungen des 'progressive L.A.' zu offiziellen StadtpolitikerInnen. Die linke Demokratin Jackie Goldberg etwa, City Council Woman von 1993 bis 2000, agierte praktisch als Brückenkopf der außerparlamentarischen Gruppen im City Council von Los Angeles und „became a master of the inside/outside game. She utilized her close ties to grassroots groups to help to lobby City Council members while she worked with them inside city hall." (Gottlieb et al. 2005: 164) Auch der Demokrat Antonio Villaraigosa arbeitet eng mit Gruppen aus dem Spektrum des 'progressive L.A.' zusammen. Diese wiederum trugen mit ihrer Unterstützung erheblich dazu bei, dass er 2005 die Wahl zum Bürgermeisters von Los Angeles gewann (Dreier/Freer 2006).[80]

3.2.3.4 Die South Central Farmer

Die South Central Gardens entstanden 1992 im Kontext der sogenannten Rodney King Riots. Die Bemühungen der Stadtregierung, soziale (Befriedungs-)Projekte in den benachteiligten Vierteln zu fördern, fielen zusammen mit dem Engagement von Drittsektor-Organisationen (in diesem Fall die Regional Foodbank) und dem Engagement von AnwohnerInnen. Dass das Grundstück 1992 überhaupt für ein solches Projekt zur Verfügung stand, geht allerdings auf die Umweltproteste der 1980er Jahre zurück. Denn diese hatten schließlich den Bau des LANCER-Projekts auf dem Gelände verhindert. Doch um die Nutzung der brachliegenden Fläche für ein nicht-kommerzielles Stadtteilprojekt zu initiieren, bedurfte es erst noch massiven politischen Drucks. Die VertreterInnen der Stadtregierung wandten sich unmittelbar im Anschluss an die Rodney King Riots an die im

'Problemstadtviertel' South Central ansässige Regional Foodbank: Was können wir aus eurer Sicht für South Central tun? lautete die Frage. Die Foodbank schlug vor, die Brachfläche in einen Community Garden für einkommensschwache Familien umzuwandeln. Dass dies im Falle einer derart wertvollen öffentlichen Liegenschaft so schnell und unbürokratisch vonstattenging, erklärt sich nur vor dem Hintergrund der Aufstände bzw. der höchst begründeten *Angst* der politischen Eliten vor dem völligen Kontrollverlust. Nachdem die Stadtregierung der Foodbank grünes Licht für das Projekt gegeben hatte – wobei beide Akteure möglicherweise ganz unterschiedliche Motive mit der Einrichtung der Gärten verbanden – waren es schließlich die AnwohnerInnen selbst, die die Industriebrache faktisch umnutzten und mit viel Arbeit, Zeit und Engagement in eine 'grüne Oase' verwandelten.

Die South Central Gardens waren also im engeren Sinne kein Projekt, das auf das Engagement von Akteuren aus dem Spektrum des 'progressive L.A.' zurückgeht bzw. vermittels Kampagnen gezielt durchgesetzt wurde. Die AnwohnerInnen, die 1992 mit der Nutzung des Grundstücks begannen, profitierten eher von einer günstigen politischen Konstellation. Tatsächlich waren die Gärten – die ihren Namen ja erst 2003 erhielten – auch unter stadtpolitischen AktivistInnen bis zum Ausbruch des Konflikts mit dem Investor kaum bekannt. Die South Central Gardens entstanden in ihrer Gründungsphase eher abseits der öffentlichen Aufmerksamkeit und durch die alltägliche Nutzung seitens der vorwiegend lateinamerikanischen MigrantInnen.

Diese subtile Form der Aneignung städtischer Räume durch MigrantInnen ist durchaus typisch für das gegenwärtige Los Angeles. Auch sie kann als eine Art Widerstand gegen die Militarisierung, Privatisierung und Kommerzialisierung des öffentlichen Raums in Los Angeles interpretiert werden. Hier zeigt sich, dass die kulturell kodierte Nutzung des Stadtraums eine zentrale Rolle bei der Produktion des 'built environments' spielt. In Stadtteilen wie East Los Angeles, die mittlerweile überwiegend von Latinos bewohnt werden, lässt sich beobachten, wie der 'tote öffentliche Raum' (Sennett 2002: 27) für eine soziale Nutzung zurückerobert wird. Und zwar durch die ganz alltäglichen Aneignungspraxen der migrantischen StadtbewohnerInnen: durch abendliche Treffen an der Straßenecke oder durch Partys in den Vorgärten und Garageneinfahrten (siehe die Studie über Alltagsleben in East L.A. von: Rojas 1991). Der Raum wird, wie der französische Marxist Henri Lefebvre feststellte, durch die Interaktion zwischen Menschen produziert, reproduziert und organisiert (Lefebvre 1972). Er unterliegt im Zuge der Konflikte um seine Nutzung einem kontinuierlichen Bedeutungswandel. Zwar gilt Los

Angeles immer noch als Paradebeispiel für die Privatisierung des öffentlichen Raums, doch erinnert das Straßenbild in vielen Stadtvierteln heute eher an das lebendige und oftmals chaotisch scheinende öffentliche Leben in einer lateinamerikanischen Stadt als an den Prototyp einer hypermodernen US-Metropole. Es ist daher auch kein Zufall, dass eine ganze Reihe von aktuellen Projekten, in denen es um die nicht-kommerzielle Aneignung und Nutzung des Stadtraums geht, eng an traditionellen Formen der gemeinschaftlichen Landnutzung in Lateinamerika orientiert sind. Dies ist nicht nur bei den South Central Gardens der Fall, sondern beispielsweise auch beim 'Proyecto Jardin' in East L.A.[81] und bei dem Projekt 'Not-A-Cornfield'[82] unmittelbar westlich der China Town.

Nach dem Ausbruch des Konflikts um die South Central Gardens im Jahr 2003 reagierten die durchsetzungsstarken Akteure des 'progressive L.A.' zunächst eher zögerlich. Unterstützung für die South Central Farmer kam zuerst von kleineren Gruppen. Erst nach und nach positionierten sich auch die etablierten außerparlamentarischen Gruppen und Organisationen auf Seiten der South Central Farmer. Wie oben bereits ausgeführt, ist die anfängliche Zurückhaltung wohl vor allem darauf zurückzuführen, dass die Concerned Citizens of South Central sich deutlich gegen die South Central Gardens aussprachen (siehe Abschnitt 3.1.3.1). Hier machte sich die von Nicholls und Beaumont beschriebene Spaltung zwischen zwischen jüngeren und radikaleren außerparlamentarischen Akteuren einerseits und den 'alteingesessenen' Organisationen mit guten Beziehungen zu lokalen PolitikerInnen und einem oftmals ethnisch definierten Klientel andererseits bemerkbar. Dennoch konnten die Farmer klar vom politischen Klima in der Stadt profitieren. Ihre Proteste fielen im wahrsten Sinne des Wortes auf den 'Nährboden' einer starken außerparlamentarischen Szene. Grassroots organizations, MigrantInnengruppen, Umweltinitiativen usw. waren nach den Kämpfen und Kampagnen der 1990er Jahren gut vernetzt, konnten auf einen reichen Erfahrungsschatz zurückgreifen und agierten vor dem Hintergrund zahlreicher Kampagnenerfolge. Zeitungen, Radio- und Fernsehsender waren für stadtpolitische Themen sensibilisiert. Einzelne City Council-Mitglieder und auch der Bürgermeister Villaraigosa arbeiteten eng mit den außerparlamentarischen Akteuren des 'progressive L.A.' zusammen, hatten ihre Wahlen vielfach mit den Stimmen der 'people of color' gewonnen und konnten sich – wie auch immer sie zu den South Central Farmern standen – zumindest nicht umstandslos *gegen* den Erhalt der Gärten positionieren. Ab Herbst 2005 schlug die Öffentlichkeitskampagne der South Central Farmer dann voll durch und die UnterstützerInnenbasis verbreiterte sich rasant.

Wie ich bereits oben gezeigt habe (siehe Abschnitt 3.1.3.1) war der Erfolg der Kampagne wohl vor allem auch darauf zurückzuführen, dass sich die Gruppe unter dem Namen 'South Central Farmer' konstituierte. Dieser Name ermöglichte es ihnen, die Gärten als ein Projekt zu thematisieren, das sich gerade nicht über ethnische Identitäten definierte. In der öffentlichen Debatte konnten die Farmer den Konflikt um die Gärten als einen Kampf gegen Hunger, unter umweltpolitischen Aspekten und im Hinblick auf die positiven Auswirkungen auf die Sicherheit im Stadtviertel diskutieren. Auf diese Weise gelang es der Gruppe, ihr konkretes Anliegen – die Verteidigung der Gärten – mit einer Vielzahl sozialer Probleme in der Stadt zu verknüpfen. Schließlich machte auch die innere Organisation der South Central Farmer die Gruppe für andere grassroots organizations attraktiv (siehe die Abschnitte 3.1.1 und 3.1.3.1). Die basisdemokratischen Abstimmungen und Verfahren der Farmer, die offenen Treffen mit UnterstützerInnen und die wenig 'professionalisierten' Strukturen ließen allen Beteiligten viel Raum für Mitbestimmung und Mitgestaltung.

3.2.3.5 Zusammenfassende Bewertung

Die Geschichte der ehemaligen Industrie-Brache an der Alameda Street und der 41st Street, beziehungsweise die sich verändernden Sinngehalte der South Central Gardens, verweisen auf bedeutungsvolle und sich verändernde politische und soziale Kontexte. Dies wird im Rückblick deutlich. Von 1992 bis 2003 waren die Gärten vor allem ein sozialer und materieller Reproduktionsort für eine Gruppe höchst marginalisierter und größtenteils illegalisierter MigrantInnen. Ab 2003 rückten bei den Auseinandersetzungen um die Nutzung der Gärten zunehmend explizit politische Aspekte in den Vordergrund. Praktisch 'über Nacht' wurden die NutzerInnen zu einem Beispiel *par excellence* für die 'insurgent civil society' von Los Angeles (Roger Keil) – für eine 'rebellische Zivilgesellschaft'. Hier kamen BewohnerInnen aus vielen verschiedenen Vierteln von Los Angeles zusammen, um sich kollektiv gegen die Privatisierung von öffentlichem Raum zu organisieren und ein gemeinschaftliches Projekt gegen Geschäftsinteressen und unternehmerische Stadtpolitik zu verteidigen: mittels Debatten und Diskussionen, organisiertem Protest, durch Lobbyarbeit im Rathaus und durch zivilen Ungehorsam. Die South Central Farmer können daher als exemplarisch für eine städtische soziale Bewegung gelten.

So erfolgreich die Kampagne jedoch auch war – sie konnte eine klar vorgegebene Grenze nicht überwinden: die privaten Eigentumsrechte des Investors Ralph

Horowitz. Obwohl das politische Klima und die Akteurskonstellation für die South Central Farmer günstig waren, konnten die Gruppe und ihre UnterstützerInnen an der Privatisierung des Grundstücks rückwirkend nichts mehr ändern. Weder der Rückkauf der Gärten mit öffentlichen Mitteln noch die (Wieder-) Enteignung des Investors per eminent domain-Verfahren standen ernsthaft zur Debatte. Im Kontext des Milliardenprojekts 'Alameda Corridor' war der Verkauf Grundstücks an der 41st Street für den City Council konsequent und die 'in-Wert-Setzung' der Fläche folgerichtig. Denn aus der Perspektive unternehmerischer Stadtentwicklung spricht wenig für die ökologische beziehungsweise mikrowirtschaftliche und soziale Nutzung, aber alles für die gewerbliche Verwendung des Geländes. 'Progressive L.A.' hin oder her – wo Standortlogik, Kapitalinteresse und Eigentumsrechte gegen organisierte soziale Widerstände stehen, sind die politischen Kräfteverhältnisse in Los Angeles gegenwärtig klar. Vielleicht hätte es einen weiteren Aufstand von 1992 gebraucht, um daran etwas zu ändern.[83]

4 Berlin – Los Angeles: Vergleichende Überlegungen

Im Zuge der Darstellung der beiden Fallstudien ist deutlich geworden, dass sich die beiden Konflikte in Berlin und in Los Angeles unter sehr unterschiedlichen Voraussetzungen und Rahmenbedingungen abspielten. Los Angeles ist ein 'place of economic opportunity' (Judd und Swanstrom), eine 'Unternehmer-Stadt', in der privatwirtschaftliche und politische Interessen untrennbar und oftmals auch personell miteinander verflochten sind. Seit der europäischen Kolonisierung und Besiedlung ist die 'gebaute Umwelt' hier stets eine profitable Ware gewesen. Zwar sind auch die vielfältigen lokalen Widerstände von ArbeiterInnen, MigrantInnen und UmweltaktivistInnen tief in die Geschichte – und damit auch in die Gegenwart – von Los Angeles eingeschrieben und haben nach den Aufständen von 1992 an Dynamik und Kohärenz gewonnen. Doch konnten sie die Kräfteverhältnisse bislang nur wenig zu ihren Gunsten verschieben. Im Gegensatz dazu ist Berlin eine 'europäische Stadt' (Walter Siebel) – und zwar nicht nur im geographischen Sinne, sondern auch im Hinblick auf ihre starken Verwaltungen und komplexen politischen Institutionen. Berlin verfügt über einen gewachsenen lokalen Sozialstaat, der zwar gegenwärtig im Ab- und Umbau befindlich ist und mit neuen Formen neoliberaler 'governance' experimentiert, der aber in dieser Ausprägung und in diesem Ausmaß in Los Angeles nie existiert hat. Auch die städtischen sozialen Bewegungen haben sich in Berlin in vielerlei Hinsicht anders entwickelt bzw. andere Organisations- und Widerstandsformen gefunden. Aus diesem Grund sind die beiden Fallstudien zunächst getrennt voneinander dargestellt und diskutiert worden.

In diesem Kapitel werde ich die Konflikte um das Soziale Zentrum in Berlin und um die South Central Gardens in Los Angeles systematisch miteinander vergleichen. Die Wahl der Vergleichsaspekte ergibt sich dabei zum einen aus dem Forschungsdesign und aus der übergreifenden Fragestellung. Untersucht werden soll der Zusammenhang zwischen unternehmerischer Stadtpolitik, der Privatisierung öffentlicher Räume und den sozialen Widerständen gegen eine solche (Stadt-)Politik:

- Wer sind die zentralen Akteure in Privatisierungskonflikten und wie verlaufen die Konfliktlinien in den Auseinandersetzungen um städtische Räume?
- Welches sind die treibenden Kräfte in diesen Prozessen?
- Wie und unter welchen Bedingungen konstituieren sich die sozialen Widerstände gegen den herrschenden neoliberalen Konsens und für städtische Freiräume?

Zum anderen ergeben sich eine Reihe von spezifischen Fragen aus der getrennten Bearbeitung beider Fallstudien: Welche Rolle spielen z.B. bestimmte Verwaltungs- und Budgetierungsverfahren bei der Vergabe öffentlicher Räume in Berlin und Los Angeles (Stichwort New Public Management)? Warum war die Mobilisierungsfähigkeit der South Central Farmer so viel größer als die der Initiative für ein Soziales Zentrum? Und wie wirkte sich das unterschiedliche Verhalten der Polizei auf die Konflikte aus?

Was den Geltungsanspruch des Vergleichs angeht, so stehen die „Fallanalysen (...) erst einmal für sich selber, für den analysierten Fall und geben Auskunft über den analysierten Gegenstandsbereich" (Gerhards 1993: 18). Geht man jedoch von der Strukturiertheit sozialer Realität aus, so kann die exemplarische Erkenntnis, die in Fallstudien gewonnen wird, mit Vorsicht auch über den Einzelfall hinaus verallgemeinert werden (Kannonier-Finster 1998). Ausführlich habe ich diesen Forschungsansatz in den methodologischen Vorbemerkungen zu dieser Arbeit dargestellt (siehe Einleitung). In den vorliegenden Fallstudien betrifft dies insbesondere die Handlungsrationalitäten der beteiligten Akteure, die ich sowohl für den Berliner Fall als auch für Los Angeles identifiziere. In dieser Hinsicht haben die beiden Fallstudien im wahrsten Sinne des Wortes 'beispielhaften Charakter'. Denn gerade die Restriktionen und Rahmenbedingungen für politisches Handeln, die durch Haushalts- und Finanzpolitik, Verwaltungsverfahren, parteipolitische Konkurrenz und die Struktur des politischen Systems konstituiert werden, dürften nicht nur bei den hier untersuchten Fällen sondern auch in vielen anderen Konflikten um die Privatisierung öffentlicher Räume bestimmend sein.

4.1 Privatisierungsdruck in Berlin und Los Angeles

Wenn ich in den empirischen Fallstudien auf die Unterschiedlichkeit von Berlin und Los Angeles abstelle, so bestehen doch auch viele Vergleichbarkeiten zwischen beiden Städten. Historische Phasen und Konstellationen werden unter jeweils lokal spezifischen Bedingungen 'verarbeitet'. Dabei ergeben sich Parallelen und Unterschiede zwischen den beiden Orten, die eine Reflexion sinn- und wertvoll machen. Für die hier untersuchten Fallstudien betrifft dies vor allem die Weltwirtschaftskrise der 1970er Jahre und die anschließenden globalen Restrukturierungsprozesse. Denn gerade die jüngere Geschichte von Berlin und von Los Angeles ist durch sehr ähnliche polit-ökonomische Krisen und lokale Krisenlösungsstrategien gekennzeichnet (siehe vor allem die Abschnitte 2.2.1 und 3.2.1). Im Folgenden zeige ich, wie die aktuellen Transformationsprozesse in Berlin und in Los Angeles zum Aufbau eines enormen Privatisierungsdrucks und in der Folge zu erheblichen sozialen Exklusionseffekten geführt haben.

In beiden Städten waren in den vergangenen drei Jahrzehnten starke De-Industrialisierungsprozesse zu beobachten, die freilich in Los Angeles etwas früher einsetzten als in Berlin. Berlin galt noch bis Ende der 1980er Jahre als 'verlängerte Werkbank' der westdeutschen Industrie. 1989 hatte die Berliner Industrie ca. 400.000 Beschäftigte. Ab Anfang der 1990er Jahre war jedoch ein massiver Verlust an Arbeitsplätzen im produzierenden Gewerbe zu beobachten. 1998 waren gerade noch 130.000 Menschen in der Berliner Industrie beschäftigt. Das entspricht einem Arbeitsplatzverlust von 67 Prozent (Krätke/Borst 2000: 7). In Los Angeles wurden bereits unmittelbar nach der Weltwirtschaftskrise der 1970er Jahre gut bezahlte und meist gewerkschaftlich organisierte Arbeitsplätzen in der Industrie zu Zehntausenden abgebaut. Zwischen 1978 und 1982 verloren allein in der Automobilindustrie 75.000 Beschäftigte ihre Jobs (Scott 2002: 175-176); eine Tendenz, die sich bis in die 1990er Jahre fortsetzte.

In beiden Städten kam es gleichzeitig mit dem Prozess der De-Industrialisierung zu einem Ausbau der Dienstleistungsindustrie; in Los Angeles gewannen zudem Low-Tech-Manufakturen zum Beispiel in der Textilverarbeitung und Möbelfertigung (Stichwort: Sweat Shops) erheblich an Bedeutung. Damit einher ging sowohl in Berlin als auch in Los Angeles die für viele Städte typische Spaltung des Arbeitsmarktes in ein niedrig qualifiziertes und prekarisiertes Arbeitsmarktsegment einerseits (Reinigungsbetriebe, Sicherheitsdienstleister, Gastronomie, etc.) und ein hoch qualifiziertes und gut bezahltes Arbeitsmarktsegment andererseits (Banken, Finanzdienstleistungen, Technologieunternehmen, etc.).

In Los Angeles (bzw. in den USA) und auch in Berlin (bzw. in der Bundesrepublik Deutschland) wurden diese durch den Arbeitsmarkt vermittelten gesellschaftlichen Polarisierungsprozesse durch eine repressive (bundesstaatliche) Sozialpolitik flankiert und verstärkt. In den USA setzte diese Entwicklung bereits Anfang der 1980er Jahre unter Ronald Reagan ein und wurde 1996 von Bill Clinton mit dem Personal Responsibility and Work Opportunity Reconciliation Act vorerst abgeschlossen. Die massive Kürzung sozialpolitischer Programme und die Abschaffung eines Rechtsanspruchs auf ein Existenzminimum drängen heute jeden noch irgendwie (lohn-)arbeitsfähigen Menschen in schlecht bezahlte und ungesicherte Jobs. In den 1990er Jahren führte dies zu der Entstehung einer neuen 'working-poor' Schicht, die nicht aufgrund fehlender Beschäftigung, sondern vielmehr trotz einer Vollzeitbeschäftigung arm ist. In Deutschland ließen sich seit den späten 1990er Jahren ähnliche Phänomene beobachten. Der

US-amerikanische Paradigmenwechsel von 'Welfare zu Workfare'[1] fand seine bundesdeutsche Entsprechung in der Sozialpolitik der Regierung Schröder. Mit der Agenda 2010 und den Hartz-Gesetzen wurde eine Form von Arbeitszwang etabliert, die in der Bundesrepublik (also nach 1949) so noch nicht dagewesen ist. Ebenfalls neu in der Bundesrepublik ist, dass die Verarmung von Teilen der ehemaligen Mittelschichten nicht nur toleriert, sondern intentional betrieben und vom Gesetzgeber in Rechtsform gegossen wird. Dass der Beschäftigungskrise in Deutschland freilich nicht beizukommen ist, ohne tatsächlich auch neue Arbeitsplätze zu schaffen, zeigt sich an den Statistiken der neu eingerichteten Personal-Service-Agenturen (PSA) bzw. Job-Center: Ende 2003 hatten die knapp 1.000 beauftragten PSA und privaten Zeitarbeitsfirmen „mit einem Kostenaufwand von umgerechnet 31.990 Euro pro Person lediglich 5.339 Personen (...) in eine Stelle vermittelt" (Eick et al. 2004: 41).

In Berlin wie in Los Angeles wurden diese krisenhaften Restrukturierungsprozesse insofern gedämpft bzw. zeitlich leicht verzögert, als beide Städte im Kalten Krieg eine wirtschaftliche Sonderstellung genossen. Als 'Bastion gegen den Sozialismus' empfing (West-)Berlin noch bis in die 1990er Jahre massive Bundessubventionen. 1989 finanzierte sich der Berliner Landeshaushalt zu 50 Prozent aus Bundesmitteln, die dann allerdings bis zum Jahre 1995 vollständig gekürzt wurden. Los Angeles profitierte bis in die späten 1980er Jahre von dem Umstand, dass die Stadt sich als strategischer Standort für die Rüstungsindustrie etabliert hatte, deren zahlungskräftiger Hauptauftraggeber die US-Regierung war. Mit dem Ende des Kalten Krieges und der Systemkonkurrenz wurden nationale Rüstungsprogramme gestrichen, und die industrielle Krise erfasste auch die Flugzeug- und Rüstungsindustrie von Los Angeles und führte zu einem weiteren Verlust von blue-collar jobs in Höhe von mehreren hunderttausend Arbeitsplätzen.

In der Regulationstheorie, die mir mit ihrem begrifflichen und theoretischen Apparat als 'Orientierungshilfe' dient, werden die hier skizzierten Prozesse meist als 'Krise des Fordismus' und als 'postfordistische Restrukturierung' beschrieben (siehe etwa Mayer 1994; Hirsch/Roth 1986; Hirsch 1995; Alnasseri et al. 2001). Die De-Industrialisierung, die Beschäftigungskrise, die Spaltung des Arbeitsmarktes und der Wegfall von Bundessubventionen für Städte und Sozialprogramme machen es für beide Städte immer schwerer, die nötigen Finanzmittel zum Erhalt 'des Urbanen' aufzubringen. Berlin und Los Angeles 'stopfen' ihre Haushaltslöcher daher zu einem großen Teil über verzinste Kredite. Damit aber erhöhen sie langfristig den fiskalpolitischen Druck, der auf den städtischen Haushalten lastet, müssen sie doch stetig wachsende Mittel für die Rückzahlung ihrer Schulden an die private Hand erwirtschaften. Ein weiterer Umstand, der die Situation verschärft, ist die neoliberale Öffnung nationaler Märkte (zum Beispiel durch NAFTA und durch die Erweiterung der EU), durch welche sich die interurbane, regionale und globale Konkurrenz um Investitionen, Arbeitsplätze und Steuergelder für beide Städte beträchtlich erhöht hat.

Vor diesem polit-ökonomischen Hintergrund kann es kaum verwundern, dass die LokalpolitikerInnen und die Verwaltungen in Berlin und Los Angeles ihr Handeln in hohem Maße an ökonomischen Kriterien ausrichten. Die Entscheidung der politisch Verantwortlichen in Berlin, der Initiative für ein Soziales Zentrum *keine* ungenutzten öffentlichen Räume zu überlassen, ist angesichts der wirtschaftlichen Siuation nur 'konsequent'. Denn öffentliche Liegenschaften sollen gewinnbringend privatisiert werden. Auch im Fall Los Angeles ist es gemessen an ökonomischen Kriterien 'rational', dass die zuständigen PolitikerInnen die gewerbliche Nutzung des Grundstücks an der 41st Street einer nicht-kommerziellen Urban Farm vorziehen. Ein Community Garden produziert zwar – um es mit Marx auszudrücken – hohe 'Gebrauchswerte', aber wenig 'Tauschwert'. In beiden Fällen erhofft sich der lokale Staat einmalige Einnahmen durch den Verkauf öffentlicher Flächen/Räume sowie anschließend die Schaffung von Arbeitsplätzen und Steuereinnahmen, denn der Verkauf impliziert eine nachfolgende privatwirtschaftliche und gewinnorientierte Nutzung der betreffenden Räume.

Trotz der hier dargelegten wirtschaftlichen Handlungsrationalitäten behalten LokalpolitikerInnen Entscheidungsspielräume – und seien sie auch noch so klein. In der unternehmerischen Stadt herrscht eine betriebswirtschaftliche Logik, aber kein Entscheidungs*zwang*. Zwar nehme ich in dieser Arbeit eine stark strukturtheoretische Perspektive ein und argumentiere, dass die Ökonomisierung des lokalen Staates unter den vorgefundenen (bzw. politisch hergestellten) Bedingungen logisch und konsequent ist. Doch bleiben PolitikerInnen letztinstanzlich verantwortliche EntscheidungsträgerInnen. Weder in Berlin noch in Los Angeles (noch anderswo) ist ihr Handeln ökonomisch *determiniert*.

Insofern gilt, dass im Berliner Fall eine durchsetzungsfähige Mehrheit in der Bezirksversammlung Friedrichshain-Kreuzberg das Projekt eines Sozialen Zentrums durchaus hätte realisieren können. Denn es gibt zwar Vorgaben des Landes an die Bezirke, aber trotzdem könnten diese einen öffentlichen Raum zu einem politischen Preis an linke Gruppen abgeben – sie müssen dann eben die Folgen in Kauf nehmen (siehe die Abschnitte 2.2.2 und 4.2). Dies hätte vermutlich zu dem folgenden Szenario geführt: Einerseits wäre es zu einer engeren Zusammenarbeit zwischen den verantwortlichen LokalpolitikerInnen und den beteiligten Basisinitiativen gekommen. Dies hätte wahrscheinlich eine Signalfunktion für andere Stadtteilgruppen mit 'Raumbedarf' gehabt, die daraufhin die Nähe zum Sozialen Zentrum – und zu den betreffenden politischen EntscheidungsträgerInnen – gesucht hätten. Andererseits hätten die eher konservativen Teile der Bezirksversammlung, vor allem aber die staatstragenden Flügel der PDS, Grünen und SPD auf Landesebene versucht, die 'dissidenten' KollegInnen in Friedrichshain-Kreuzberg zu isolieren und zu disziplinieren. Schließlich hätte die Entscheidung sich negativ auf den Haushalt des Bezirks ausgewirkt; und möglicherweise wäre es sogar zu einer finanziellen Sanktion durch das Land Berlin gekommen. Das Szenario in Los Angeles gestaltet sich ähnlich. Auch hier wäre es noch nach dem Verkauf der South Central Gardens an Ralph Horowitz 'technisch' möglich gewesen, ein eminent domain-Verfahren anzustrengen (wie ja bereits 1986 geschehen), den Eigentümer aus städtischen Mitteln zu entschädigen und das Grundstück wieder in die öffentliche Hand zu überführen bzw. für die Nutzung als Community Garden zu sichern. Zusätzlich zu den politischen Turbulenzen zwischen konkurrierenden LokalpolitikerInnen, dem Bürgermeister, unterschiedlichen Parteifraktionen und den gespaltenen lokalen Bürgerinitiativen hätte dies eine folgenschwere Konsequenz für alle Mitglieder des City Council und vor allem für den Bürgermeister gehabt: Angesichts eines derart klaren Signals *gegen* die lokalen UnternehmerInneninteressen wäre wahrscheinlich die komplette Kapitalistenklasse von Los Angeles gegen den City Council aufgebracht worden. In einem politischen System, in dem Stadtentwicklung, Wahlkampagnen und Ämtervergaben aufs Engste mit unternehmerischen Privatinteressen verknüpft sind, hätte dies die politischen Karrieren aller beteiligten PolitikerInnen zutiefst gefährdet.

An den kurzen hypothetischen Szenarios soll deutlich werden, dass sich die verantwortlichen PolitikerInnen gegen die hegemoniale Logik in der unternehmerischen Stadt hätten entscheiden können. Doch taten sie dies nicht, weil a) die politischen und ökonomischen Rahmenbedingungen, welche die Konflikte strukturierten, äußerst stark waren und b) das Moment der parteipolitischen Disziplinierung und Konkurrenz sehr wirksam ist. Dass weder in Berlin noch in Los Angeles eine politische Entscheidung gegen die unternehmerische Handlungslogik getroffen wurde, zeugt darüber hinaus von der ungebrochenen Hegemonie neoklassischer Dogmen und neoliberaler Ideologie innerhalb der politischen Eliten beider Städte (siehe etwa Krätke 1999). In beiden Fällen gerieten 'progressive' LokalpolitikerInnen – die PDS-Bürgermeisterin Cornelia Reinauer und der demokratische Bürgermeister Antonio Villaraigosa – in Entscheidungskonflikte. Sie befanden sich 'zwischen den Fronten' der Privatisierungslogik einerseits und den Forderungen sozialer Bewegungen andererseits. In beiden Fällen wählten sie den 'Weg des geringsten Widerstandes': Sie beugten sich dem Privatisierungsdruck. Gerade darin zeigt sich die Hegemonie der neoliberalen Ideologie. Hegemonie bedeutet in diesem Sinne nicht, dass jeder und jede LokalpolitikerIn vom gesellschaftlichen Nutzen neoliberaler Privatisierungspolitik überzeugt ist, sondern dass sich diese Ideologie – ganz materiell und ungeachtet individueller Überzeugen – als die systemisch durchsetzungsfähige Handlungsmaxime erweist.[2]

Vergleicht man beide Fallstudien, fällt darüber hinaus auf, dass die sozialräumlichen Exklusionsprozesse sowohl in Berlin als auch in Los Angeles in ganz ähnlicher Art und Weise zum Zuge kommen, obwohl doch die beiden Städte die beschriebenen ökonomischen Restrukturierungsprozesse der 1980er und 1990er Jahre sehr unterschiedlich 'gut' bewältigt haben. Gemessen an dem Kriterium der 'Standortpolitik' gilt Los Angeles heute als 'erfolgreiche' Global City. Die unter dem Bürgermeister Tom Bradley betriebene Internationalisierung der Stadt führte spätestens in den 1980er Jahren dazu, dass Los Angeles trotz der oben beschriebenen Krisenmomente zu einem wichtigen Knotenpunkt für internationale Kapital-, Handels- und Informationsströme wurde und gegenwärtig in der 'Top-Ten' der Global Cities rangiert (vgl. Abschnitt 3.2.1). Folgt man P. J. Taylor, dann gehört Los Angeles seit den 1980er Jahren zur Gruppe der 'führenden Weltstädte'. Auf der Grundlage einer quantitativen Auswertung von Wirtschaftsindikatoren modelliert er eine Skala von eins bis zwölf, um die relative Positionierung von Städten zueinander gemäß ihrer globalen Kontrollfunktionen darzustellen (Taylor 2000). Er identifiziert insgesamt 55 'World Cities' mit einer besonderen räumlichen Konzentration an Headquarter-Funktionen und hierarchisiert diese in vier Gruppen. Los Angeles wird hier mit einem hohen Wert von zehn gleich nach New York, Paris, London und Tokyo der Gruppe der 'Alpha Global Cities' zugeordnet (ebd.). Berlin dagegen rangiert mit einem eher niedrigen Wert von vier in der Gruppe der 'Gamma World Cities' (ebd.). Berlin konnte, anders als in den frühen 1990er Jahren erwartet, nur wenig Kapital an sich binden, das überregionale Kontrollfunktionen ausübt, und hat sich kaum von den krisenhaften Umbrüchen der frühen 1990er Jahre erholt. Die bundesdeutsche Hauptstadt leidet nach wie vor an struktureller Massenarbeitslosigkeit und vermag kaum die Zinsen auf die angehäuften Schulden zu zahlen – geschweige denn die Schulden selbst.

Unter diesen Bedingungen wäre es zumindest nicht abwegig zu vermuten, dass Los Angeles es sich eher als Berlin 'leisten' kann, öffentliche Stadträume zu bewahren und neue (soziale) Freiräume zu schaffen. Stattdessen scheinen beide Städte unter einem ähnlich starken fiskalpolitischen Druck zu stehen und richten ihre Politik eng an ökonomischen Kriterien aus. Sowohl in der Fallstudie in Berlin als auch in Los Angeles müssen Nonprofit-Projekte einem kommerziellen Vorhaben weichen (Community Garden versus gewerbliche Nutzung) oder erhalten gar nicht erst den Zugang zum öffentlichen Stadtraum (Soziales Zentrum versus Privatisierung via Liegenschaftsfonds). Trotz aller Unterschiedlichkeit der Rahmenbedingungen und Konfliktverläufe in Berlin und Los Angeles ist das Resultat das gleiche: Betriebswirtschaftliche Überlegungen werden zum Maßstab für Stadtpolitik gemacht und öffentliche Räume einem gnadenlosen Privatisierungsdruck unterworfen.

Interessant ist auch der Blick auf die lokalen Transformationsprozesse der Arbeits- und Lebensbedingungen in den Global Cities, auf die Veränderungen in der politischen Arena und auf die sozialräumlichen Inklusions- und Exklusionsprozesse. In diesem Zusammenhang bestätigen die hier untersuchten Fallstudien eine der zentralen Thesen des Global City-Ansatzes (Sassen 1991; 1999; 2000): Die soziale Ungleichheit in den Metropolen, die die internationale Städtehierarchie anführen, ist nicht weniger ausgeprägt als an anderen Orten. Vielmehr produzieren Global Cities ihre eigenen Formen sozialer Polarisierungen und Fragmentierungen (Sassen 1999). In Anlehnung an Roger Keil lassen sich am Beispiel der South Central Farmer – und weniger ausgeprägt auch am Konflikt um das Soziale Zentrum in Berlin – acht Aspekte unterscheiden, die für die lokalen Konflikte in Global Cities von zentraler Bedeutung sind (Keil 1998b: 13-16):

1. Die lokale Ökonomie erfährt eine starke Internationalisierung.
2. Die Migrationsbewegungen in die Global Cities nehmen zu.
3. Im Zusammenhang mit der Zunahme der Migration gewinnt auch die kulturelle und identitäre Dimension von Stadtpolitik erheblich an Bedeutung.
4. Die Dichotomisierung zwischen kommerzieller 'Weltkultur und Spektakel' und lokaler 'Community-Kultur' prägt sich aus.
5. Es verschärfen sich die Konflikte um die Nutzung von Stadträumen zur Verwertung von globalem Kapital einerseits und für die lokale Reproduktion andererseits.
6. Neue Formen sozialer Kämpfe kommen auf, z.B. im Bereich des Dienstleistungsgewerbes.

7. Die Konflikte um den Ab- und Umbau des lokalen Sozialstaates sind besonders virulent.
8. Themen der ökologischen Nachhaltigkeit gewinnen in den sozialen Kämpfen an Bedeutung.

Im Hinblick auf die beiden Fallstudien ist besonders der fünfte Aspekt zentral, der auf Konflikte um die Nutzung von Stadträumen zur Kapitalverwertung versus Funktionen der lokalen Reproduktion abstellt. Auf die unterschiedliche Art und Weise, wie sich die 'in-Wert-Setzung' von Stadträumen in Berlin und in Los Angeles durchsetzt, gehe ich weiter unten noch ausführlich ein. Hier ist zunächst festzuhalten, dass eine gelungene Standortpolitik zunächst einmal 'nur' die erfolgreiche Verwertung von Kapital in einer Stadt oder Region impliziert. Im Fall von Los Angeles führt dies gerade nicht zur Schaffung günstigerer Bedingungen für den Zugang zu öffentlichen Freiräumen, sondern spitzt die sozialräumlichen Exklusionsprozesse weiter zu. Roger Keil stellt daher fest, dass die Prozesse sozialer und ökonomischer Exklusion in Los Angeles nicht *trotz*, sondern gerade *aufgrund* der gezielten Aufwertung der Stadt zu einem attraktiven Wirtschaftsstandort stattfinden (Keil 1998b: 86). Dies hat wichtige stadtpolitische Implikationen, auf die ich in den Schlussfolgerungen noch einmal eingehe.

Sicher lassen sich die Konflikte in Global Cities nicht auf eine Dichotomie zwischen globalem Kapital und lokaler (hier: vor allem migrantischer) Arbeitskraft reduzieren; und schon gar nicht, wie Margit Mayer anmerkt, auf einen Antagonismus zwischen den 'übermächtigen' Kräften der Finanzmärkte und den 'guten' lokalen Betroffenen (Mayer 1998b). Doch zweifelsohne spielen die sozialen und politischen Kämpfe der marginalisierten Bevölkerungsgruppen eine zentrale Rolle für die zukünftige Entwicklung in Städten wie Berlin und Los Angeles. Saskia Sassen beschreibt dies mit den Worten:

> „The global city concentrates a disproportionate share of global corporate power and is one of the key sites for its overvalorization. It also concentrates a disproportionate share of the disadvantaged and is one of the key sites for their devalorization. (...) The marginalized people have found their voice and are making claims on the city (...): Whose city is it?“ (Sassen 1999: 99, 114)

Sassen spitzt die komplexen Konfliktdimensionen auf die Frage: 'Whose City is it?' zu. Wem gehört die Stadt? Im Fall der South Central Gardens hieße dies: Gehört sie den MigrantInnen und AnwohnerInnen in South Central, die die öffentliche Fläche an der 41st Street als Community Garden nutzen? Oder einer auf Zeit gewählten politischen Elite, die über die Nutzung des Stadtraums entscheiden kann? Oder derjenigen Fraktion, die eine zahlungskräftige Nachfrage stellt? Soll

Sassens (fast schon rhetorische) Frage auf mehr verweisen als nur auf eine moralische Dimension von Stadtpolitik, dann hängt die Antwort von der politischen Durchsetzungsfähigkeit der unterschiedlichen Interessengruppen ab. Dabei geht es immer auch um die Grenzziehungen zwischen der öffentlichen und privaten Sphäre. Dies ist sowohl für den Fall der South Central Gardens als auch für das Berlin Soziale Zentrum zentral. Die Neuvermessung öffentlicher und privater Räume unter den Bedingungen neoliberaler Globalisierung soll daher weiter unten in einem eigenen Abschnitt ausführlich behandelt werden (siehe Abschnitt 4.6).

4.2 Neoliberale Bürokratie versus Privatisierungsregime

Oben habe ich argumentiert, dass der Privatisierungsdruck, der in beiden Fallstudien zu beobachten ist, vor allem durch ökonomische Restrukturierungsprozesse entstanden ist, die in Berlin und in Los Angeles durchaus ähnliche Ursachen und Verläufe hatten und haben (siehe 4.1). Was jedoch die politische *Verarbeitung* des ökonomischen Drucks angeht, so unterscheiden sich die beiden Fallstudien erheblich voneinander. Die Institutionen und Verfahren, durch welche die krisenhaften Restrukturierungsprozesse in einen Privatisierungsdruck übersetzt werden, und die Art und Weise, wie sich dieser Privatisierungsdruck im politischen Prozess durchsetzt, sind in Berlin und in Los Angeles sehr verschieden. Das wiederum hat wichtige Implikationen für Privatisierungs*konflikte* und für soziale Bewegungen, die gegen die städtische Privatisierungspolitik mobilisieren.

Wie wir im Abschnitt 2.2.2 gesehen haben, ist der Umgang der Berliner Bezirke mit ihren öffentlichen Liegenschaften in hohem Maße durch die Einführung sogenannter New Public Management-Techniken (NPM) geprägt: durch die Vergabe von Globalbudgets, die kontinuierlich verknappt werden; durch die Vorgabe der zu erreichenden Leistungen (Output) und der gewünschten Wirkungen (Outcome); durch die Messung der Leistungen mittels definierter 'Produkte'; durch die Einführung von Wettbewerbselementen in die öffentlichen Verwaltungen und durch betriebswirtschaftliche Controlling-Maßnahmen.

Die Einführung dieser Techniken durch grundlegende Verwaltungsreformen geht auf die Ergebnisse einer Enquete-Kommission zur Neuordnung der Finanzstruktur im Land Berlin aus dem Jahr 1984 zurück. Ab Mitte der 1990er Jahre wurde mit der systematischen Umsetzung der Reformen begonnen (Senatsverwaltung 1995). Mittlerweile gilt der Prozess als weitgehend abgeschlossen. Der Konflikt um das Soziale Zentrum in Berlin illustriert, wie durchschlagend die neuen NPM-Techniken ihre Wirksamkeit entfalten.

Im Hinblick auf die Vergabe öffentlicher Räume durch die zuständigen Bezirksverwaltungen spielt vor allem die Einführung der sogenannten 'budgetunwirksamen' bzw. 'kalkulatorischen' Kosten eine zentrale Rolle. Sie führen, wie ich oben gezeigt habe, zur Konstruktion eines 'Privatisierungszwangs' und tendenziell zum Ausschluss nicht-kommerzieller Projekte vom Zugang zu öffentlichen Liegenschaften (siehe Abschnitt 2.2.2). Hinzu kommt, dass die Stadt Berlin eine offensive Privatisierung *aller* ungenutzten öffentlichen Immobilien über den sogenannten Liegenschaftsfonds betreibt. Die Frage, ob eine ungenutzte Immobilie in den Fonds überführt wird oder nicht, ist keine Entscheidung, die die Bezirke selbstständig treffen, sondern sie wird per Verwaltungsrichtlinie aus der mittleren Ebene (Land) an die untere (Bezirk/Kommune) vorgegeben. Im Hinblick auf Konflikte um die Privatisierung öffentlicher Räume in Berlin ergeben sich daraus eine Reihe wichtiger Konsequenzen:

Die Einführung von NPM-Techniken (vor allem der kalkulatorischen Kosten) und die Einrichtung des Liegenschaftsfonds führen zu einer Politik der brachialen Vollprivatisierung. Alle ungenutzten öffentlichen Räume werden zur Privatisierung freigegeben; und zwar ungeachtet der Frage, ob es überhaupt eine konkrete und zahlungskräftige Nachfrage gibt. Durch die Überschwemmung des Immobilienmarktes mit öffentlichen Liegenschaften wird der Preis der einzelnen Objekte massiv gedrückt. Unabhängig von der Frage, ob die Privatisierung überhaupt wünschenswert ist oder nicht, erreicht die Stadt dadurch genau das Gegenteil dessen, was sie vorgibt zu bezwecken: einen 'guten Preis' für ihre Liegenschaften zu erzielen. Stattdessen können private Investoren interessante öffentliche Immobilien zu Spottpreisen abgreifen.

Bis Ende 2004 wurde seitens der verantwortlichen PolitikerInnen nicht einmal abgewogen, ob die Nutzung durch ein nicht-kommerzielles Projekt im Einzelfall der Privatisierung vorzuziehen sein könnte. Im Konflikt um die leer stehende Kita in der Glogauer Straße stand die Frage der Finanzierbarkeit im Mittelpunkt der gesamten Verhandlung zwischen der Bezirksverwaltung Friedrichshain-Kreuzberg und der Initiative für ein Soziales Zentrum (siehe vor allem Abschnitt 2.1). Da die Initiative nicht bereit war, die Kita zum Marktpreis zu mieten, sondern einen 'politischen Preis' forderte, kam sie als Nutzerin prinzipiell nicht in Frage. Die 'harte Linie' änderte sich geringfügig mit der neuen Richtlinie der 'Senatsverwaltung für Finanzen' vom November 2004, welche die Möglichkeit einer befristeten Zwischennutzung zu Betriebskosten eröffnete. Interessanterweise wurde auch diese rein fiskalpolitisch begründet: nämlich mit der „Entlastung des Haushalts von Unterhaltskosten für leerstehende Gebäude."[3]

Die Durchsetzung des Privatisierungsdrucks via NPM-Techniken impliziert zudem eine enorme Zentralisierung und Hierarchisierung politischer Vorgaben. Für viele NPM-Techniken gilt, dass sie auf den ersten Blick eine Dezentralisierung von Verantwortlichkeiten bewirken. So führt die Einrichtung von Globalhaushalten für die Bezirksregierungen tatsächlich erst einmal zu einer größeren kommunalen Entscheidungsfreiheit darüber, wofür Haushaltsmittel aufgewendet und ausgegeben werden sollen. Doch gleichzeitig geben die oben beschriebenen NPM-Techniken, vor allem die Errechnung der Haushalte an einem 'Median' und die Einführung kalkulatorischer Zinsen, allen Bezirken eine strenge betriebswirtschaftliche Handlungslogik vor und richten ihre Politik und ihre Entscheidungen 'zentral' am Maßstab der Privatisierung und Ökonomisierung aus.

Wie oben bereits angesprochen, ist damit ein deutlicher Entpolitisierungsprozess verbunden. NPM-Techniken suggerieren gerade dort Neutralität, Sachzwang und wissenschaftliche Stringenz, wo tatsächlich zutiefst politische und kontingente Entscheidungsprozesse ablaufen. Die lokalen EntscheidungsträgerInnen müssen ihre Positionen im Privatisierungskonflikt nicht mehr explizit politisch begründen, sondern können und sollen sich auf Haushaltsvorgaben und Verwaltungsverfahren zurückziehen. Damit aber wird die Neuvermessung der Grenzen zwischen Öffentlich und Privat dem politischen Aushandlungsprozess tendenziell entzogen. Im untersuchten Fall prallen die Mobilisierungen und die Argumente der Initiative für ein Soziales Zentrum an einer Mauer von bürokratischen Verfahren und politisch geschaffenen Verwaltungsvorgängen und Haushaltsrestriktionen ab.

Auch im Konflikt um die South Central Gardens spielten ökonomische und haushaltspolitische Faktoren eine zentrale Rolle. Doch im Vergleich zur Berliner Fallstudie wurden diese Faktoren kaum verwaltungs- und verfahrenstechnisch vermittelt (siehe vor allem Abschnitt 3.1.3.2). Die BefürworterInnen der Privatisierung und der gewerblichen Bebauung des Gartengrundstücks an der 41st Street führten wichtige wirtschaftspolitische Argumente gegen die South Central Farmer ins Feld: die Schaffung von Arbeitsplätzen und Steuereinnahmen und die Finanzmisere der Stadt Los Angeles. Die Aushandlung des Konflikts fand dabei vor dem Hintergrund des Infrastrukturprojekts Alameda Corridor statt, durch das die Metropolregion Los Angeles ihre Bedeutung als regionaler Handelsknotenpunkt zu sichern und auszubauen versucht (siehe Abschnitt 3.2.2). Damit bestätigt sich, dass „das Leitmotiv Wirtschaftswachstum die Diskussion um Stadtentwicklung in amerikanischen Städten dominiert" (Strom/Mollenkopf 2004: 287). Doch wurde im Fall der South Central Gardens kaum mit Sach*zwängen* argumentiert, und es wurden weder Verwaltungsrichtlinien noch Vorgaben des Senats bzw. des Los Angeles County oder gar des Bundesstaates ins Feld geführt. Im Gegensatz zum Berliner Konflikt, in dem die Kampagne für ein Soziales Zentrum daran scheiterte, dass ungenutzte öffentliche Räume per se zur Privatisierung freigegeben werden, was wiederum durch NPM-Techniken und extra eingerichtete Fonds und Verfahren gewährleistet bzw. 'erzwungen' wird, hatten der Verkauf und die gewerbliche Bebauung der South Central Gardens a) einen konkreten stadtplanerischen Rahmen: das Infrastrukturprojekt Alameda Corridor; b) gab es eine konkrete Nachfrage durch den Investor Ralph Horowitz und c) kam es zu expliziten Entscheidungen durch die verantwortlichen Gremien, PolitikerInnen und die Justiz.

Darüber hinaus waren die involvierten StadtpolitikerInnen im Konflikt um die Gärten viel stärker exponiert als im Berliner Fall. Parteipolitische Fronten spielten in Los Angeles eine untergeordnete Rolle, individuelle EntscheidungsträgerInnen standen dagegen deutlicher in der Verantwortung. Dies hat eine Reihe von Gründen, die im politischen System der US-Städte angelegt sind: So werden hier vor allem Einzelpersonen in politische Ämter und Positionen gewählt, nicht aber Parteien. Dahinter steht ein Politikverständnis, nach dem LokalpolitikerInnen zwar mit unterschiedlichen Programmen um die Gunst der WählerInnen konkurrieren. Doch geht es dabei weniger um die weltanschauliche und parteipolitische Diskussion, was das 'Gemeinwohl' sein könnte, sondern eher um die Frage, wer die lokalen Konflikte zwischen privaten Interessengruppen am besten vermittelt: eine tendenziell technokratische Vorstellung von Politik als 'Konfliktmanagement' (Keating 1991: 18). Darüber hinaus ist US-amerikanische Stadtpolitik typischer Weise durch Koalitionsbildungen zwischen LokalpolitikerInnen, wirtschaftlichen Eliten und wichtigen Drittsektor-Organisationen geprägt. In der Stadtforschung ist dies vor allem in der sogenannten Regime-Theorie verarbeitet worden (Stone 2005; Stoker 1995). Aufgrund ihrer engen Ausrichtung am Ziel des Wirtschaftswachstums werden die lokalen Machtblöcke, die bei solchen Koalitionsbildungen entstehen, auch als 'growth machines' bezeichnet (Harding 1995). Für Los Angeles sprechen Gottlieb et. al. davon, dass die City Council-Mitglieder der Stadt 'ihre' Districts praktisch alleinverantwortlich wie 'kleine Reiche' regieren und lokale Wirtschaftspolitik dadurch die Form persönlicher 'Deals' zwischen PolitikerInnen und UnternehmerInnen annimmt (Gottlieb et al. 2005: 139). Los Angeles City Controller Laura Chick beschreibt dies in einem Interview mit der Zeitschrift City Beats wie folgt:[4]

> „This is how it happens now: Developers will approach a council office, and say, 'Boy, have I got a deal for you! Look at this project I want to do in your area.' Convince a

council office to approach the CRA [Community Redevelopment Authority] and say, 'Do it.'"

Dass Einzelpersonen in Los Angeles so stark im lokalpolitischen Rampenlicht stehen, hat schließlich auch schlicht mit der Anzahl der lokalen RepräsentantInnen zu tun: Der City Council, der das zentrale Organ darstellt, welches Los Angeles unterhalb der Ebene des County regiert, setzt sich aus nur 15 Personen zusammen. In Berliner Konflikt waren dagegen sowohl das Abgeordnetenhaus mit seinen 141 Mitgliedern (Landesebene) als auch die Bezirksverordnetenversammlung (BVV) mit 55 ehrenamtlich tätigen Bezirksverordneten sowie das Bezirksamt (BA) als Verwaltungsbehörde des Bezirks maßgeblich in den lokalen Politikprozess involviert. Hinzu kamen die verschiedenen Senatsverwaltungen mit ihren Verwaltungsapparaten. Allein schon die Tatsache, dass eine viel niedrigere Anzahl von politischen Repräsentanten die Stadt Los Angeles regiert, führt zu einer deutlichen Personalisierung von Politik.

Die spezifische Verfasstheit und Konfiguration der politischen Arena und ihrer Akteure und Institutionen führte im Fall der South Central Gardens zu einer paradoxen Situation: Einerseits wurde der Verkauf des öffentlichen Grundstücks an der 41st Street an den Investor Ralph Horowitz höchst informell und intransparent zwischen Einzelpersonen ausgehandelt und unter Umgehung von vorgeschriebenen Verfahren zu einem 'Freundschaftspreis' vollzogen. In dem Moment jedoch, in dem es den South Central Farmern und ihren UnterstützerInnen gelang, den Konflikt um die Gärten in die öffentliche Debatte einzubringen, wurden die beteiligten Akteure und Personen mit ihren spezifischen Interessen sehr deutlich sichtbar. Die unterschiedlichen Positionen und Argumente – seien sie stadtplanerischer, wirtschaftspolitischer, migrationspolitischer oder umweltpolitischer Art – standen 'zur Debatte'. Das jedoch ist überhaupt erst die Voraussetzung dafür, dass die Grenzziehung zwischen Öffentlichem und Privatem politisch verhandelt werden kann und dass Initiativen und Gruppen wie die South Central Farmer in den (formal-)politischen Prozess intervenieren können. Darüber hinaus hatten die South Central Farmer nun die Möglichkeit, den Konflikt neu zu 'framen' – nämlich als Konflikt um Umwelt, Armut, Arbeit und Migration.

Die in der aktuellen Literatur oft beschriebene Öffnung der stadtpolitischen Arena für Drittsektor-Organisation, NGOs, Bürgerinitiativen usw. – eine Tendenz, die als typisch für die unternehmerische Stadt angesehen wird – lässt sich an den beiden Fallstudien *nicht* feststellen. Die berühmten 'Runden Tische' – Instrumente des 'sanften Neoliberalismus' – wurden weder im Konflikt um das

Soziale Zentrum noch in der Auseinandersetzung um die South Central Gardens einberufen. Zwar konnte die Initiative für ein Soziales Zentrum 2003/2004 eine Verhandlung mit der zuständigen Bezirksregierung *erzwingen*. Und auch die South Central Farmer vermochten sich erfolgreich in die öffentliche Debatte einzubringen. Doch kann kaum die Rede davon sein, dass Nachbarschaftsgruppen und betroffene AnwohnerInnen aktiv in formalpolitische Entscheidungsprozesse *einbezogen* und dabei gar kooptiert worden wären. Vielmehr erkämpften sich beide Initiativen offensiv einen Platz in der öffentlichen Debatte und zwangen PolitikerInnen dazu Rechenschaft abzulegen.

Dass der Privatisierungsdruck in der Berliner Fallstudie stark verwaltungs- und verfahrenstechnisch vermittelt wurde, dürfte nicht überraschen: Denn eine starke institutionelle und bürokratische Verregelung wird als herausragendes Merkmal der 'europäischen Stadt' und speziell des bundesdeutschen Städtewesens angesehen (siehe etwa Siebel 2004). Zwar kennen auch die US-amerikanischen Städte viele Verfahren und Instrumente der Stadtplanung, doch waren US-Städte, wie Dennis Judd und Todd Swanstrom in ihrem Buch 'City Politics' zeigen, vor allem immer „places of economic opportunity" (Judd/Swanstrom 1994: 3). In diesem Sinne ist die US-Metropole das Sinnbild des ungezügelten Kapitalismus, die 'europäische Stadt' gilt dagegen als 'soziale Stadt'.

Diese Dichotomie muss in den beiden untersuchten Fallstudien etwas korrigiert werden. In vielerlei Hinsicht kann die aktuelle Berliner Privatisierungspolitik, die am Beispiel des Sozialen Zentrums sichtbar wird, als rigider und umfassender bezeichnet werden, als es in Los Angeles der Fall ist. Galten die bundesdeutschen Verwaltungen bislang eher als 'ausgleichendes Moment' zwischen den unterschiedlichen lokalpolitischen Akteuren und als eine Art 'Vertretung gesamtstädtischer Interessen', so muss hier festgestellt werden: Eine neoliberal konfigurierte Bürokratie schließt eine Privatisierungspolitik hermetisch ab und bietet außerparlamentarischen Akteuren wenig Möglichkeiten zur Intervention. Damit soll der in Los Angeles untersuchte Fall nicht 'schön geredet' werden – auch hier setzte sich die unternehmerische Logik am Ende 'ohne wenn und aber' durch. Und auf Grund der langen Tradition unternehmerischer Stadtpolitik und der Dominanz privatwirtschaftlicher Interessen, hat Los Angeles deutlich weniger öffentliche Räume als Berlin. Doch bietet die Art und Weise, *wie* der Privatisierungsdruck in Los Angeles gegenwärtig verarbeitet wird, wenigstens auch viele 'politische Angriffsflächen' für städtische soziale Bewegungen.

Neil Brenner und Nik Theodore argumentieren, dass sich 'das neoliberale Programm' immer orts- und kontextspezifisch durchsetzt. Denn wie alle anderen sozialen Formen auch, ist der Neoliberalismus gesellschaftlich 'embedded'. Brenner und Theodore sprechen daher vom 'real existierenden Neoliberalismus'. Sie plädieren für die Untersuchung der unterschiedlichen (städtischen) Konfigurationen des Neoliberalismus und für eine Empirie-geleitete Theoriebildung (Brenner/Theodore 2002). Für die beiden hier bearbeiteten Fallstudien folgt aus diesem Ansatz, dass die unterschiedlichen stadtpolitischen Konfigurationen nicht unbedingt in 'besser' und 'schlechter' – oder gar: in die 'gute' europäische Stadt versus die 'schlechte' US-amerikanische Stadt – hierarchisiert werden müssen. Stattdessen erlaubt der Vergleich einen differenzierten Blick auf die unterschiedlichen Effekte einer Politik, die sowohl in Berlin als auch in Los Angeles zum Ausschluss sozial benachteiligter Gruppen von der Teilhabe am städtischen Leben und zur Umverteilung öffentlicher Ressourcen in private Vermögen führt. In diesem Sinne hat neoliberale Privatisierungspolitik stets ausschließende und anti-soziale Effekte, doch nimmt sie (in Berlin und in Los Angeles) unterschiedliche Formen an. Was das für soziale Bewegungen bedeutet, welche die gesellschaftlichen Kräfte gegen eine solche Politik mobilisieren und organisieren und dementsprechend mit sehr unterschiedlichen Situationen konfrontiert sein können, wird weiter unten diskutiert.

Sowohl an der Berliner Fallstudie als auch im Fall Los Angeles lässt sich schließlich beobachten, wie öffentliche Institutionen und EntscheidungsträgerInnen aufs Engste mit privaten Investoren und profitorientierten Interessen verflochten sind – persönliche Vorteilnahme und Korruption sind die Folge. So wurde der Konflikt um das Soziale Zentrum in hohem Maße durch den sogenannten Bankenskandal strukturiert (siehe Abschnitt 2.2.1). Die systematische Umverteilung öffentlicher Mittel zu Gunsten privater Vermögen – als Folge einer gescheiterten Spekulation auf die Global City-Werdung Berlins –, die ab 1994 von den politischen und wirtschaftlichen Eliten der Stadt unter dem Dach der Berliner Bankgesellschaft betrieben wurde, riss ein gigantisches Loch in den städtischen Haushalt. Die Initiative Berliner Bankenskandal schätzt, dass der Stadt bis zu 21,6 Milliarden Euro Kosten aus den Machenschaften des Berliner Immobilienfilzes entstehen könnten. Vom Berliner Bankenskandal führt eine direkte Verbindung zur Einrichtung des sogenannten Liegenschaftsfonds, über den seit 2001 alle ungenutzten öffentlichen Immobilien privatisiert werden, sowie zu den strikten Sparauflagen des Landes und der Bezirke. All dies hatte unmittelbare Folgen für den Konflikt um das Soziale Zentrum. Denn die längerfristige Nutzung eines öffentlichen Raums zu Betriebskosten durch die Initiative für ein Soziales Zentrum wurde dadurch praktisch völlig verunmöglicht.

Auch im Fall der Privatisierung der South Central Gardens gibt es ein relevantes Element von Korruption, allerdings auf der unmittelbaren Konfliktebene: Trotz des aktuellen Marktwertes von ca. 16-18 Millionen USD wurden die Gärten für nur 5 Millionen USD an den Investor Ralph Horowitz verkauft. Dabei umgingen die zuständigen LokalpolitikerInnen eine Reihe von städtischen Ausschüssen und Verfahren, was sich klar zu Gunsten des Investors auswirkte. Diese 'Vorteil*gabe*' hatte für die Stadt selbst freilich keinerlei fiskalpolitischen Folgen im engeren Sinne, so wie es in Berlin der Fall ist, wo der Bankenskandal wohl noch für Jahre (wenn nicht Jahrzehnte) bestimmend sein wird für die städtische Haushaltspolitik.

In beiden Fällen ist Stadtpolitik jedoch durch eine unternehmerische Dynamik geprägt, die wesentlich durch Korruption und persönliche Vorteilnahme gekennzeichnet ist. Die vorliegende Arbeit legt nahe, dass die hier diagnostizierten Interessenverflechtungen keine Anomalie darstellen. Korruption und Vorteilnahme waren nicht nur 'zufällig' (in Berlin stärker als in Los Angeles) zu beobachten. Angesichts der Tatsache, dass *public private partnership*-Projekte ein grundlegendes Element unternehmerischer Stadtpolitik darstellen, ist zu vermuten, dass das systematische Aufweichen der Grenze zwischen privatwirtschaftlichen Akteuren und öffentlichen EntscheidungsträgerInnen ein grundlegendes Merkmal der aktuellen Restrukturierungsprozesse kapitalistischer Stadtökonomien darstellt. Wenn sich diese Vermutung als richtig erweist, dann enthält unternehmerische Stadtpolitik eine deutliche Tendenz, lokale Politik der Kontrolle durch öffentliche Ausschüsse und Verfahren und der Mitbestimmung und Kontrolle durch 'den Bürger' und 'die Bürgerin' zu entziehen.

4.3 Soziale Widerstände: Unterschiede und Gemeinsamkeiten

Sowohl im Fall der South Central Gardens als auch im Fall des Sozialen Zentrums in Berlin stieß unternehmerische Stadtpolitik – und die Privatisierungsideologie – auf sozialen Widerstand. Der politische, ökonomische und ideologische Kontext ist dabei in beiden Fällen durchaus ähnlich. Stadtpolitik in Berlin und in Los Angeles ist gegenwärtig durch massiven Sozialstaatsumbau, die Spaltung des Arbeitsmarktes, die Prekarisierung der Arbeits- und Lebensverhältnisse der lohnabhängigen Bevölkerung und die Privatisierung öffentlicher Raum und Güter geprägt (siehe Abschnitt 2.2.1 und 3.2.1 und 4.1). Sowohl die Initiative für ein Soziales Zentrum in Berlin als auch die South Central Farmer entstanden im Kontext dieser anti-sozialen städtischen Politik. In diesem Sinne waren beide Bewegungen nicht einfach nur *urban* im *geographischen Sinne*, sondern sie reagierten in spezifischer Art und Weise auf ihr städtisches Umfeld mit seinen historisch-spezifischen Herrschafts- und Machtverhältnissen.

Für die South Central Farmer stellte die Bewirtschaftung ihrer Gärten zunächst einmal eine Strategie der Existenzsicherung dar. Von 1992 bis 2003 waren die Gärten ein Ort, an dem knapp 350 einkommensschwache und teilweise illegalisierte migrantische Familien Subsistenzwirtschaft betrieben. In einer marktfernen Nische stellten sie die Ernährungssicherheit für ihre Familien und die Reproduktion ihrer Arbeitskraft sicher. Darüber hinaus kamen den Gärten wichtige kulturelle und soziale Funktionen zu, die andere öffentliche Stadträume in Los Angeles den Farmern nicht boten. Die Privatisierung und Militarisierung des urbanen Raums und der US-amerikanische Alltagsrassismus verdrängt vor allem MigrantInnen aus vielen Bereichen der öffentlichen Sphäre. In diesem Kontext stellten die Gärten eine Art geschützten Bereich dar, der die Exklusion der Latino-Community von den 'öffentlichen Bühnen' der Stadt kompensierte und den South Central Farmern trotzdem Möglichkeiten der Kommunikation, Gemeinschaftsbildung, Interaktion und des Austausches außerhalb ihrer privaten Wohnräume eröffnete.

Ein politisches Projekt im engeren Sinne waren die Gärten freilich zunächst 'nur' in ihrer Anfangsphase: Sie entstanden in Folge der Rodney King-Aufstände von 1992. Im Anschluss an die Gründungsphase der Gärten trat ihr explizit (stadt-)politischer Charakter in den Hintergrund. Für etwa zehn Jahre schlummerte die stadtpolitische 'Sprengkraft' der Gärten, um erst im Jahr 2003 zu neuem Leben zu erwachen. Angesichts des Verkaufs des Grundstücks an der 41st Street und der bevorstehenden Räumung, entwickelten sich die Gärten ab Herbst 2003 binnen weniger Monate zu einem Ort, an dem sich BewohnerInnen aus vielen verschiedenen Vierteln von Los Angeles gemeinsam organisierten. Von Juli 2005 bis in den Sommer 2006 hielten die South Central Farmer und ihre UnterstützerInnen die Gärten gar rund um die Uhr besetzt. Die Forderungen und die Visionen, die in der hoch-politisierten 'Schlussphase' des Konflikts seitens der South Central Farmer und ihrer UnterstützerInnen formuliert wurden, reichten weit über den bloßen Zugang zu urbanen Grünflächen hinaus: Rassismus, städtische Armut, stadträumliche Exklusion, menschliche Sicherheit und Umweltschutz sind nur einige der Themen, die im Rahmen des Konflikts um die Gärten auf die öffentliche Agenda gesetzt wurden.

Die Initiative für ein Soziales Zentrum in Berlin unterscheidet sich insofern von den South Central Gardens, als dass sie von Anfang an ausdrücklich ein politisches Projekt verfolgte und dies auch nie in den Hintergrund trat. Die Idee eines Sozialen Zentrums entstand 2001 aus dem Wunsch und der Notwendigkeit einer Vielzahl von politischen Gruppen und Einzelpersonen, einen Ort der Vernetzung und der institutionellen und räumlich gesicherten Zusammenarbeit zu schaffen (siehe vor allem die Abschnitte 2.1.1 und 2.2.3). Das Projekt war ein Kind der globalisierungskritischen Bewegung bzw. deren lokaler Basis in Berlin, und es schloss unmittelbar an die Erfahrungen stadtpolitischer Basisbewegungen der 1970er, 1980er und der frühen 1990er Jahre an, in denen vor allem Hausbesetzungen neue Räume für alternative Lebensentwürfe, städtische Gegenkultur und politische Bewegungen geschaffen hatten. Viele Gruppen und Einzelpersonen, die sich in der Initiative engagierten, waren mittelbar oder unmittelbar an das linksradikale Spektrum angebunden und/oder in der HausbesetzerInnenbewegung politisiert (siehe Abschnitt 2.2.3.2).

Dass die Initiative für ein Soziales Zentrum in Berlin eine durchgängig und ausdrücklich politische Bewegung war, erklärt vielleicht auch, warum sie von Anfang an mit einer drastischen Polizeirepression konfrontiert war. Die Berliner LokalpolitikerInnen nahmen das Soziale Zentrum auf dieser Ebene vor allem auch als 'sicherheits'politisches Problem wahr und nicht nur als sozialpolitisches – was unter anderem zur Überwachung des Berliner Sozialforums durch verdeckte MitarbeiterInnen der Polizei und des Verfassungsschutzes führte. Für die Initiative für ein Soziales Zentrum wurde die ohnehin schon schwierige Herausforderung, in Zeiten der Privatisierungspolitik einen öffentlichen Raum zu erstreiten, um zusätzliche Problemdimensionen ergänzt: um die Konkurrenz kritischer außerparlamentarischer Bewegungen mit parteipolitischen und parlamentarischen Akteuren und um die politische und polizeiliche Repression.

Im Vergleich zum Berliner Fall entwickelten sich die South Central Gardens erst im Laufe des Konflikts zu einem 'politischen Brennpunkt'. Sie waren anfänglich noch politisch 'unverdächtig': ein Dorn im Auge des Investors, aber keine Gefahr für die Abgeordnete des Districts, für den Bürgermeister oder die City Hall. Dies änderte sich mit der Zuspitzung des Konflikts. Das Bündnis zur Verteidigung der Gärten entwickelte sich zu einem wichtigen politischen Akteur, dem große öffentliche Aufmerksamkeit zuteil wurde. Dass die Polizei von Los Angeles im Sommer 2006 die Räumung der Gärten so entschlossen durchsetzte und zahlreiche Strafverfahren wegen 'Hausfriedensbruch' und 'Widerstand gegen die Staatsgewalt' einleitete, hat sicher auch damit zu tun, dass zu diesem Zeitpunkt deutlich geworden war: Hier entsteht eine soziale Bewegung, in der umweltpolitische, migrantische und kapitalismuskritische Gruppen ein starkes, durchsetzungsfähiges und öffentlichkeitswirksames Bündnis aufbauen. Auf die Folgen der polizeilichen Repression werde ich weiter unten noch einmal gesondert eingehen.

Trotz aller Unterschiede können sowohl die South Central Farmer als auch die Initiative für ein Soziales Zentrum in Berlin als Beispiele *par excellence* für städtische soziale Bewegungen gelten (grundlegend dazu, siehe: Nicholls/Beaumont 2004):

- Die organisatorische Infrastruktur beider Bewegungen war auf dem lokalen städtischen Terrain angesiedelt.
- Die AktivistInnen der Bewegungen nahmen die urbane Arena als einen strategischen Ort wahr, um UnterstützerInnen zu mobilisieren.
- Die Bewegungen stellten ihre Forderungen vor allem auf der stadtpolitischen Ebene.

Beide Bewegungen hatten starken Netzwerkcharakter, arbeiteten mit dezentralen Protestformen und nutzten effektive zeitgemäße Kommunikationsmedien (E-Mail, Websites etc.). In diesem Sinne initiierten sowohl die Initiative für ein Soziales Zentrum in Berlin als auch die South Central Farmer sehr moderne und flexible, städtische soziale Bewegungen, die sich durch ein breites Repertoire an UnterstützerInnen, Techniken und Taktiken auszeichneten.

In der aktuellen Debatte werden derlei städtische soziale Bewegungen den neuen sozialen Bewegungen zugeordnet. Dabei handelt es sich, so Joachim Raschke, „um einen schwach strukturierten, fluiden und offenen Typ sozialer Bewegung", der sich vor allem durch fünf Merkmale auszeichnet (Raschke 1985: 412):

(1) Neue soziale Bewegungen besitzen kaum eine einheitliche geschlossene Ideologie.
(2) Sie bearbeiten eine Vielfalt von Themen und wechseln relativ schnell die 'issues'.
(3) Sie sind dezentral und locker organisiert, kaum bürokratisiert und zeichnen sich durch eine explizite FührerInnenfeindlichkeit aus.
(4) Sie greifen auf eine Vielfalt unterschiedlicher Aktionsformen zurück, oftmals handelt es sich dabei um sogenannte 'direkte Aktionen'.
(5) Sie bestehen aus einer Vielzahl autonomer und stark vernetzter Teilbewegungen.

Im historischen Vergleich zu den städtischen Bewegungen der 1970er und 1980er Jahre, die „im Kontext einer breiten Bewegung (die ihre Wurzeln in der antiautoritären Revolte der 60er Jahre hatte) standen und sich in massiven Auseinandersetzungen um städtische Infrastruktur, Häuserkämpfe und später

Instandbesetzerbewegungen manifestierten", sind die aktuellen urbanen Protestbewegungen ausdifferenzierter und vielfältiger, sie „sind ungleich heterogener und fragmentierter und spielen widersprüchliche Rollen" (Mayer 1998b: 257). Denn im Prozess der neoliberalen Restrukturierung von Macht- und Herrschaftsbeziehungen auf globaler und regionaler Ebene lösen sich die einheitlichen Konfliktmuster und Bewegungsprofile des Fordismus tendenziell auf. Um den Überblick über die vielfältigen und unterschiedlichen Gruppen, Initiativen und Bewegungen auf dem sich wandelnden stadtpolitischen Terrain zu bewahren, schlägt Margit Mayer vor, die dominanten Trends im aktuellen politischen Transformationsprozess zu identifizieren und die sozialen Widerstände als Reaktion auf die Veränderungen auf den jeweiligen Politikfeldern zu systematisieren (Mayer 2000). Sie unterscheidet soziale Bewegungen auf den Gebieten:

- der neuen wettbewerbsförmigen Politiken der Stadtentwicklung und der Imagepolitik (z.B. die Proteste gegen Mega-Projekte wie die NOlympia-Kampagne 1991-93 in Berlin);
- der Erosion des 'traditionellen' Sozialstaates (z.B. die Organisierung von Obdachlosen);
- der Öffnung und Erweiterung der städtischen Politikarena (hier werden Gruppen und Initiativen in unterschiedlicher Form stadtpolitisch eingebunden, z.B. bei sogenannten Runden Tischen oder als öffentlich finanzierte Nonprofit-Dienstleister).

Neben der Ausdifferenzierung nach Politikfeldern lässt sich schließlich auch danach unterscheiden, wie staats*nah* oder staats*fern* stadtpolitische Gruppen und Initiativen agieren. So beobachtet Mayer eine „Strategie vieler Kommunen, nicht-staatliche Akteure, inklusive Dritt-Sektor-Organisationen und vormalige Bewegungsorganisationen bei der Entwicklung und Implementierung von (alternativen) Dienstleistungen, in der Wohnungsversorgung und Wirtschaftsentwicklung einzusetzen." Gleichzeitig entstehen „sowohl defensive, pragmatische Bewegungen, die bestehende Lebensqualität oder Privilegien zu verteidigen suchen (...), als auch politisierte und militante Auseinandersetzungen darüber, wem die Stadt gehören soll, wie z.B. in Anti-Gentrifizierungs-Kämpfen und in Bewegungen gegen sonstige Formen von Wachstumspolitik" (Mayer 1998b: 257 ff.).

Vor dem Hintergrund dieser Diskussionen lassen sich sowohl die Initiative für ein Soziales Zentrum in Berlin als auch die South Central Farmer als städtische soziale Bewegungen 'klassifizieren', die a) gegen neue wettbewerbsförmige Politiken mobilisieren und dabei b) Anti-Prekarisierungskämpfe führen, die mit dem massiven Ab- und Umbau des Sozialstaats einhergehen. Darüber hinaus verweigerten sich beide Bewegungen weitgehend der stadtpolitischen Einbindung und widerstanden der neoliberalen Kooption. Was ihre Binnenorganisation angeht, so waren sie in hohem Maß horizontal, partizipativ und anti-autoritär strukturiert; im Hinblick auf ihre Aktionsformen und ihren 'Politikstil' waren sie außerparlamentarisch, militant, aber gewaltfrei (eine wichtige Unterscheidung).[5]

Doch der 'Netzwerkcharakter' neuer sozialer Bewegungen hat nicht nur Vorteile (siehe Kriesi 1996). Viele soziale Bewegungen sehen sich mit einer Reihe negativer Konsequenzen dieser Strukturen konfrontiert, vor allem im Hinblick auf ihr Organisations- und Mobilisierungspotential. Denn Netzwerk-Organisationen leiden oft unter einem geringen inneren Gruppenzusammenhalt und unter mangelnder Kontinuität. Dementsprechend ist es besonders bemerkenswert, dass die South Central Farmer und ihre UnterstützerInnen eine starke kollektive Identität aufbauen konnten und großen Rückhalt bei zahlreichen engagierten AktivistInnen hatten. Der klare Vorteil der South Central Farmer: Ihr Kampf war unmittelbar mit einem 'realen Ort' verbunden. Die Gärten boten einen physischen Raum für Organisation und Mobilisierung. Der persönliche Kontakt und Austausch ermöglichte intensive Gruppenbildungsprozesse. Symbolisch und materiell standen die South Central Gardens für einen Ort, an dem autonome Selbstorganisationsprozesse stattfanden und für ein bereits existierendes ökologisch nachhaltiges Projekt. Die Gärten waren ein 'realer Ort', an dem Solidarität und Gegenseitigkeit (im Gegensatz zu Tauschverhältnissen) jeden Tag erfahrbar waren.

Im Vergleich dazu fehlte der Initiative für ein Soziales Zentrum in Berlin genau dieser Ort – denn um gerade diesen ging es ja. Die Initiative sah sich daher von Anfang an mit einer hohen Fluktuation ihrer AktivistInnen und Gruppen konfrontiert. Es fiel ihr schwer, einen kontinuierlichen Druck auf lokale PolitikerInnen und Institutionen aufzubauen bzw. aufrechtzuerhalten. Stattdessen war die Kampagne für ein Soziales Zentrum von mehreren Höhepunkten und Teilerfolgen gekennzeichnet, die aber immer wieder von Phasen niedriger Aktivität und Diskontinuität unterbrochen wurden. Eine Reihe von Gruppen, die in der Initiative anfänglich stark präsent waren, suchten (und fanden) im Laufe des Konflikts individuelle Lösungen für ihr 'Raumproblem'. Zwar unterstützten sie weiterhin die Initiative, doch ließ ihr Engagement merklich nach. Die Initiative für ein Soziales Zentrum in Berlin blieb über weite Strecken eine 'virtuelle Bewegung' ohne sozialräumliche Verankerung.

Ein weiterer wichtiger Unterschied zwischen beiden Bewegungen betrifft ihre soziale Zusammensetzung. Bei den South Central Farmern fällt sofort der hohe Anteil an migrantischen AktivistInnen auf. Die South Central Farmer waren anfänglich eine Gruppe mit überwiegend lateinamerikanischem Migrationshintergrund, allerdings definierten sie sich zu keinem Zeitpunkt als exklusives Latino-Projekt. Im Verlauf der Konflikts gewann die Bewegung an Heterogenität, sowohl was die thematische Ausrichtung der beteiligten Gruppen anging als auch im Hinblick auf ethnische und kulturelle Identitäten der beteiligten Einzelpersonen und Gruppen: Die Spannbreite reichte von Latino-Gruppen über afro-amerikanische AktivistInnen, feministische Initiativen bis zu militanten UmweltaktivistInnen. Die Initiative in Berlin dagegen scheiterte in gewisser Weise an ihrem eigenen Anspruch, ein möglichst heterogenes Spektrum einzubinden. Dies betrifft besonders migrantische Gruppen und Einzelpersonen. Zwar interessierten sich einzelne Gruppen mit türkischem und/oder kurdischem Migrationshintergrund für die Kampagne. Doch blieb die Initiative für ein Soziales Zentrum bis zum Schluss eine Bewegung, deren AktivistInnen vorwiegend 'weiß' waren, einen deutschen Pass besaßen und tendenziell einen akademischen Hintergrund hatten.

Die Gründe für die unterschiedliche Zusammensetzung der beiden Bewegungen sind vielfältig. Vor allem die unterschiedliche migrationspolitische Konfiguration der beiden Staaten bzw. Städte scheint dabei zentral. Trotz des harten (und oftmals mörderischen) Grenzregimes an der Staatsgrenze der USA zu Mexiko und trotz des US-amerikanischen Alltagsrassismus im Inland sind Migration und Zuwanderung konstitutive Bestandteile der US-amerikanischen Gesellschaft. Dass sich die US-amerikanische Bevölkerung aus einer Vielzahl von Menschen mit unterschiedlichstem Migrationshintergrund zusammensetzt, ist gesellschaftlich anerkannt.

Gerade in Metropolen wie Los Angeles nehmen MigrantInnen allein schon auf Grund ihres hohen Anteils an der Gesamtbevölkerung stärker am politischen Leben teil, als dies irgendwo in der Bundesrepublik Deutschland der Fall ist. Wie im Abschnitt 3.2.3 deutlich wurde, haben sich in Los Angeles vor allem die lateinamerikanischen MigrantInnen seit Mitte der 1980er Jahre überaus erfolgreich politisch organisiert. Im Kampf gegen die Proposition 187 und im Rahmen der Justice for Janitors-Kampagne konnten MigrantInnen in den 1990er Jahren wichtige politische Erfolge erzielen und agierten in politischen Bündnissen mit US-amerikanischen Gewerkschaften, unterschiedlichen lokalen grassroots organizations und progressiven LokalpolitikerInnen. Im Frühjahr 2006, auf dem Höhepunkt der Kampagne zum Erhalt der South Central Farmer, demonstrierten bis zu eine Million Menschen in Los Angeles gegen die Migrationspolitik der Regierung Bush. Es ist wohl keine Übertreibung zu sagen, dass 'Stadtpolitik von unten' in Los Angeles langsam aber sicher die Spaltungen entlang ethnischer Zugehörigkeiten und Identitäten auflöst bzw. migrantische und US-amerikanische grassroots organizations entlang konkreter 'issues' zusammenführt. Dies ist auch an der Fallstudie über die South Central Farmer deutlich abzulesen.

In Berlin dagegen bleibt die Bevölkerung mit Migrationshintergrund weiterhin politisch und sozial isoliert. Die typisch deutsche 'Gastarbeiterpolitik', wie sie seit Anfang der 1950er Jahre von der Bundesregierung verfolgt wurde, hat eine Integration von Menschen ohne deutschen Pass systematisch verhindert und drei Generationen von MigrantInnen, die am alltäglichen sozialen und ökonomischen Leben in Deutschland teilnehmen, als 'Ausländer' stigmatisiert. Daran haben auch die zögerlichen Reformen des Staatsbürgerschaftsrechts und der Zuwanderungsbeschränkungen unter der Regierung Schröder wenig geändert, die vor allem von einem erneuerten Interesse an wirtschaftlich 'attraktiven' EinwanderInnen geprägt waren – deutsche Migrationspolitik ist und bleibt Standortpolitik.[6] Mit der deutschen 'Leitkulturdebatte' wurde parallel dazu eine Spaltung entlang ethnischer und religiöser Unterschiede weiter verschärft.

> „Die Vorstellung einer nationalen Kultur (wurde) wiederbelebt, die ihrerseits definiert werden muss durch Tradition, Herkunft, Sprache und am Ende ihre Grundlage in einer Abstammungsgemeinschaft, einer biologischen Entität findet. Diese Ideologie ist geeignet, zur Assimilation zu zwingen, und von den spezifischen Lebensformen, die die Migration hervorbringt, abzusehen. Es ist eine autoritäre Geste auch denen gegenüber, die als Deutsche zu Deutschen gemacht werden." (Prokla 2005a: 325)

Linke, kritische und alternative Projekte wie die Initiative für ein Soziales Zentrum in Berlin agieren nicht unabhängig von 'der deutschen Ausländerpolitik'. Sie sind mit den Fragmentierungen, Spaltungen und Vorurteilen konfrontiert, die das deutsche Migrationsregime Tag für Tag produziert und reproduziert. Dass die Initiative für ein Soziales Zentrum die politisch erzeugten und sozial konstruierten Grenzen zwischen 'Ausländern' und 'Deutschen' nicht einfach überwinden und (quasi voluntaristisch) ein multi-ethnisches Bündnis aus dem Boden zu stampfen vermochte, kann daher gerade nicht überraschen.

Dennoch hatte die Berliner Initiative in anderer Hinsicht durchaus eine stark internationalistische Komponente: als Bestandteil der globalisierungskritischen Bewegung und als Versuch, die internationalen Sozialforen lokal zu verankern. Wie in der Fallbeschreibung deutlich wurde, ist die Dynamik der Initiative für ein Soziales Zentrum – vor allem in der Anfangsphase – eng an die bundesweiten Sozialproteste in Berlin sowie an die Gipfelproteste 2001 in Genua und an die

Europäischen Sozialforen 2002 in Florenz und 2003 in Paris gebunden. Viele Berliner Gruppen und Einzelpersonen nahmen an diesen Protesten und internationalen Treffen teil und kamen inspiriert davon wieder nach Berlin. Auch wenn die Initiative für ein Soziales Zentrum am Ende ein relativ homogenes Projekt blieb und kaum migrantische AktivistInnen einzubinden vermochte, ist und bleibt sie Teil dieser internationalistischen Bewegung.

An der Fallstudie in Los Angeles lässt sich schließlich gut ablesen, dass soziale Bewegungen eine kaum zu unterschätzende Kraft gewinnen können, wenn es ihnen gelingt, die politisch gezogenen Grenzen zwischen ethnischen Communities zu überwinden. Denn die MigrantInnen bringen nicht nur ihre Arbeitskraft mit, sondern auch ihre spezifischen Protestkulturen, ihre kollektiven Erfahrungen aus sozialen Kämpfen und ihre transnationalen Netzwerke. In den Global Cities sind sie mittlerweile eine prägende Kraft im Kampf um bessere Arbeitsbedingungen, gesicherte Aufenthaltsrechte und den Zugang zu öffentlichen Räumen und Gütern für prekarisierte ArbeiterInnen und Erwerbslose geworden. Wo junge migrantische Protestbewegungen sich mit Gruppen und Initiativen zusammenschließen, die bereits seit längerem gut lokal verankert sind und ein hohes Mobilisierungspotential unter der 'einheimischen Bevölkerung' haben, können mächtige Bündnisse entstehen. Die South Central Farmer können als ein Beispiel dafür gelten. Hier war eine soziale Bewegung auf dem besten Weg, eine solche Dynamik zu entwickeln. Mit dem Verkauf der Gärten und der polizeilichen Räumung des Grundstücks im Sommer 2006 wurde daher nicht nur eine wirtschaftliche Entscheidung getroffen, sondern die lokalen Eliten zogen auch eine 'politische Notbremse' und verweigerten einer dynamischen sozialen Bewegung im Entstehen ihre sozialräumliche Basis.

4.4 Politik und Protest: Kräfteverhältnisse und Konkurrenzen

Wie im vorangegangenen Abschnitt festgestellt wurde, ähnelten sich die Initiative für ein Soziales Zentrum in Berlin und die South Central Farmer in Los Angeles im Hinblick auf ihre organisatorische Struktur, ihre Strategien und ihr politisches Aktionsfeld. In beiden Fällen handelte es sich um außerparlamentarische Bewegungen, die vor allem auf städtischem Terrain agierten, dezentral und netzwerkartig organisiert waren und auf vielfältige Aktionsformen zurückgriffen. Sowohl in Berlin als auch in Los Angeles engagierten sich die AktivistInnen in Medienkampagnen, nahmen an Demonstrationen teil, verhandelten unmittelbar mit zuständigen LokalpolitikerInnen und organisierten 'direkte Aktionen' wie

Besetzungen und Maßnahmen des zivilen Ungehorsams. Jedoch agierten sie dabei in sehr unterschiedlich verfassten stadtpolitischen Arenen. Dies ist ein wichtiger Aspekt um zu verstehen, warum die South Central Farmer eine so starke Kampagne zum Erhalt der Gärten zu organisieren vermochten, während die Initiative für ein Berliner Zentrum nur vergleichsweise geringe Unterstützung außerhalb 'ihrer politischen Szene' mobilisieren konnte.

Die South Central Farmer wurden zwar im Sommer 2006 aus ihren Gärten vertrieben, doch hielten sie das Gelände nach dem offiziellen Verkauf im Herbst 2003 für fast drei Jahre besetzt und konnten viel Sympathie und breite Unterstützung für 'ihre Sache' organisieren. Zu einem Solidaritätskonzert im November 2005 kamen ca. 2000 Menschen aus dem gesamten Stadtgebiet nach South Central – ein guter Indikator dafür, dass die Farmer innerhalb von nur zwei Kampagnenjahren eine starke soziale Basis aufgebaut hatten. Das soll hier als ein 'Erfolg' bewertet werden, der auf den ersten Blick überraschen muss. Denn nach dem Verkauf des Grundstücks im Herbst 2003 waren die Gärten dem Investor juristisch gesehen übereignet – wenn auch zunächst noch nicht mit einem gerichtlichen Räumungstitel ausgestattet. Damit befand sich die Gruppe auf dem Gelände in einer rechtlichen Grauzone, was gerade in den USA mit ihrem starken Eigentumsregime keine gute Voraussetzung für die Organisation sozialer Proteste bildet. Die rechtliche Unsicherheit der South Central Farmer wurde noch durch den Umstand verstärkt, dass ein großer Teil der Gruppe gar keine legalen Papiere für den Aufenthalt in den USA besaß (und besitzt). Viele von ihnen sprechen kaum oder gar kein Englisch. South Central gilt zudem als 'berüchtigtes' Stadtviertel, als 'Ghetto', dessen BewohnerInnen im öffentlichen Diskurs als 'underclass' stigmatisiert sind. Die bürgerliche Wahrnehmung der sozialen Konflikte in diesem District beschränkt sich weitgehend auf Drogenmissbrauch, Gewalt und Jugend- und Bandenkriminalität. Ein weiterer Nachteil der South Central Farmer war, dass sie sich erst ab Herbst 2003 als kohärente Gruppe organisierten und daher zunächst weder eine eigene Lobby noch eine eigene politische Bündnisstruktur besaßen. Die Rahmenbedingungen für eine öffentlichkeitswirksame Kampagne der Farmer waren zunächst also denkbar schlecht.

Wie jedoch oben bereits erläutert, konnten die South Central Farmer in Los Angeles auf eine soziale Infrastruktur zurückgreifen und die Kraft einer gewachsenen politischen (Widerstands-)Kultur nutzen (siehe Abschnitt 3.2.3). In Los Angeles haben die erfolgreichen Kämpfe der 1990er Jahre und die Entstehung eines progressiven stadtpolitischen Milieus eine Basis geschaffen, die auch für neue Gruppen und Themen ein solides Fundament bildet (siehe Abschnitt 3.2.3.3).

Trotz der strukturellen Überlegenheit der UnternehmerInneninteressen in Los Angeles gibt es ein starkes Netzwerk an progressiven stadtpolitischen Akteuren, welches unterschiedliche Politikfelder zusammenbringt, über organisatorische und personelle Ressourcen verfügt und funktionierende Kommunikationswege aufgebaut hat. Da das 'progressive L.A.' eher reformerische Forderungen stellt und konstruktive Positionen vertritt, ist es auch für das bürgerliche und 'realpolitische' Spektrum anschlussfähig. Das hat zwiespältige Folgen, die sich jedoch zu Gunsten der unmittelbaren Organisationsfähigkeit auswirken: Einerseits bietet dieser Rahmen nur bedingt Anknüpfungspunkte für eine radikale Gesellschaftspolitik. Andererseits führt die Relevanz des 'progressive L.A.' in den Alltagskämpfen und in konkreten Auseinandersetzungen um Mindestlöhne, Umweltstandards und stadtplanerische Maßnahmen zu einem eindrucksvollen Mobilisierungspotential. Auch wenn die South Central Farmer bis 2003 kein fester Bestandteil dieses Netzwerks waren, profitierten sie von dieser günstigen außerparlamentarischen Konstellation. Selbst die Tatsache, dass viele Farmer illegalisiert in den USA leben, wirkte sich unter diesen Bedingungen eher günstig auf die Kampagne der South Central Farmer aus. Denn die Verteidigung der Gärten wurde damit untrennbar in die Dynamik der lokalen migrationspolitischen Kämpfe eingebunden.

Für viele grassroots organizations in Los Angeles fügte sich die Kampagne zum Erhalt der Gärten in South Central nahtlos ein in den Kampf für eine 'livable city'. Von ihren UnterstützerInnen wurden die South Central Farmer nicht als isolierte Protestgruppe und als partikulares Interesse wahrgenommen, sondern als integraler Bestandteil der lokalen Kämpfe. Nicht zuletzt ist das auf die geschickte Diskurspolitik der South Central Farmer zurückzuführen. Denn es gelang ihnen, ihr konkretes Anliegen – die Verteidigung der Gärten – mit einer Vielzahl sozialer Probleme in der Stadt zu verknüpfen (speziell zur Frage des 'framings' siehe Snow et al. 1986; Snow/Benford 1988).

Im Berliner Fall schien die Initiative für ein Soziales Zentrum zunächst unter besseren Bedingungen an den Start zu gehen. Zwar war allen Beteiligten klar, dass die Privatisierungspolitik der Stadt im Kampf für ein Soziales Zentrum eine hohe Hürde darstellen würde. Doch in der Tat gab (und gibt) es zahlreiche ungenutzte öffentliche Räume; und mit der Gründung des Berliner Sozialforums bzw. der Initiative für ein Soziales Zentrum schienen gute Rahmenbedingungen geschaffen, um eine gelungene Kampagne für einen solchen Raum zu organisieren. Viele der hier vernetzten Gruppen waren bereits seit längerem politisch tätig und konnten auf einen reichen Erfahrungsschatz an lokalen Kämpfen zurückgreifen.

Die in der Initiative engagierten Einzelpersonen waren teilweise öffentlich hoch profiliert und ausgezeichnet vernetzt. Auch schien es, als hätte die Forderung nach einem Sozialen Zentrum gute Chancen, ein positives öffentliches Echo zu finden. Denn viele BerlinerInnen waren tagtäglich von den Folgen des Bankenskandals, von der Berliner Privatisierungspolitik und von den brutalen Sparmaßnahmen des Senats betroffen. Doch die öffentliche Unterstützung für ein Soziales Zentrum, das allen Bürgern und BürgerInnen offen stehen sollte, blieb begrenzt. Die Mobilisierung außerhalb des Spektrums der unmittelbar involvierten Gruppen und Personen war sehr beschränkt. Das machte es dem Senat und dem Bezirk Friedrichshain-Kreuzberg leicht, die Vergabe einer öffentlichen Liegenschaft zu einem politischen Preis zu blockieren. Am Ende gelang es der Initiative trotz ihres hohen Professionalisierungsgrades nicht, einen ungenutzten öffentlichen Raum zu erstreiten.

Im letzten Abschnitt wurde bereits das 'Raumproblem' erwähnt. Die Initiative für ein Soziales Zentrum gründete sich, um eine räumliche Zusammenführung der beteiligten Gruppen zu ermöglichen. Eben dieser Mangel an einem festen Ort für face-to-face Kommunikation trug erheblich zur inneren Fragmentierung und Schwächung der Initiative bei (s.o.). Zudem gelang es der Initiative kaum, ein eher bürgerliches Spektrum zu interessieren, geschweige denn zu mobilisieren. Zu einer Solidaritätsparty in der besetzten Kita in der Glogauer Straße, die im Herbst 2003 stattfand, kamen zwar etwa 700 BesucherInnen. Doch das Spektrum war überwiegend jung, weiß und studentisch. Familien, MigrantInnen, Kinder oder ältere Menschen besuchten die Veranstaltung kaum, obwohl das Gebäude mitten im 'alternativen Kiez' Kreuzberg 36 mit vielen nicht-deutschen Familien liegt. Dies war nur einer von vielen Momenten, in denen sichtbar wurde, dass sich die Unterstützung für die Initiative für ein Soziales Zentrum auf ein sehr spezielles Milieu beschränkte: die stark politisierten und organisierten Gruppen der linken, post-autonomen und HausbesetzerInnen-Szene und Teile der neuen Erwerbslosen- und Hartz IV-Proteste. Warum sich die progressiven Teile der bürgerlichen Öffentlichkeit, die sich durchaus kritisch zu den regierenden Parteien in Berlin verhalten, nicht weiter für das Projekt interessierten, ist schwer verständlich. Drei mögliche Gründe für die mangelnde öffentliche Unterstützung sollen hier kurz angesprochen werden:

Erstens sind alternative und vor allem politische Stadtteilprojekte durch die Berliner Symbolpolitik seit 1989 zunehmend ins Abseits gedrängt worden (siehe Abschnitt 2.2.3.1). Die ideologische Dimension der herrschaftlichen Umstrukturierung des Berliner Stadtraums ist folgenreich in die Köpfe der Berliner und

BerlinerInnen eingesickert. Mega-Projekte wie der Bau des gigantischen Kanzleramts, des Reichstags und des Potsdamer Platzes vermitteln ihre Botschaft erfolgreich in die Öffentlichkeit: Der Stadtraum ist eine Bühne, auf der sich Berlin als erfolgreiche Metropole und als Zentrum Europas (wenn nicht der Welt) inszenieren darf und soll. Viele BürgerInnen mögen mit der Politik der Berliner Parteien nicht zufrieden sein. Dennoch prägt diese Symbolpolitik ihre Wahrnehmung und ihre Vorstellung von Öffentlichkeit und Repräsentation. Ein alternatives Soziales Zentrum hat in einem solchen Konzept von städtischem Raum keinen Platz. Es wird bestenfalls geduldet, aber kaum unterstützt.

Zweitens geht der Verdrängungsprozess alternativer Stadtteilprojekte Hand in Hand mit einer Stigmatisierung linker Politik. Die Gruppen und Personen, die sich an der Initiative für ein Soziales Zentrum beteiligten, sind politisch weitgehend marginalisiert. Dies steht keinesfalls im Widerspruch zur Regierungsbeteiligung der PDS (jetzt Linkspartei) an der Berliner Landesregierung. Ganz im Gegenteil: Links und kritisch sein heißt heute vor allem, bereit zu sein 'Regierungsverantwortung' zu tragen. Die Grünen haben dies seit 1998 meisterhaft vorgeführt. Drastische Sparmaßnahmen, Privatisierungspolitik und Workfare-Programme werden in Berlin von der PDS bzw. Linkspartei umstandslos mitgetragen (siehe Lebuhn/Stützle 2005).[7] Vor diesem Hintergrund musste die utopische Forderung aus dem Umfeld der Initiative für ein Soziales Zentrum und des Berliner Sozialforums – 'Ein gutes Leben für alle!' – gerade für PragmatikerInnen, die sich selbst als 'links' verstehen, anmaßend und naiv wirken. Die öffentliche Berichterstattung über die Initiative für ein Soziales Zentrum wurde bestenfalls mit Neugier verfolgt. Doch wurde die Initiative kaum als ernsthaftes politisches Projekt wahrgenommen, für das es sich lohnen würde auf die Straße zu gehen.

Ein dritter Aspekt ist schließlich die Hegemonie neo-konservativer Gruppen in den öffentlichen Institutionen: Dass sich neoliberale Politik auf (fast) allen Ebenen als alternativlos durchzusetzen vermag, hat viele Gründe. Im Rahmen der hier bearbeiteten Fallstudien in Berlin und Los Angeles fallen vor allem die unterschiedlichen Rollen der Universitäten auf. Eine Reihe von Fakultäten und Einrichtungen der University of California, Los Angeles (UCLA) und des Occidental College sind mit den progressiven sozialen Bewegungen in der Stadt eng verbunden (siehe Abschnitt 3.2.3.3). Sie fungieren als institutionelle Anker, Multiplikatoren und Think Tanks der neuen sozialen Bewegungen in Los Angeles. Kritische AkademikerInnen und AktivistInnen konnten ihre Position innerhalb der Universitäten in den 1980er und 1990er Jahren zumindest behaupten, wenn nicht sogar noch ausbauen. In Berlin dagegen wurden kritische Forschungs- und Arbeitszusammenhänge in den 1990er Jahren erfolgreich aus den Universitäten gedrängt, weggespart und konter-reformiert. Damit ist den sozialen Bewegungen in Berlin eine wichtige Stütze weggebrochen, was im Konflikt um das Soziale Zentrum deutlich spürbar wurde.

Dass die Initiative für ein Soziales Zentrum in Berlin politisch marginalisiert blieb und nur wenig öffentlichkeitswirksam wurde, hat nicht zuletzt auch mit dem Verhalten der Berliner Polizei zu tun. Die Rolle der staatlichen Gewaltapparate im Berliner Konflikt und in Los Angeles soll daher im nächsten Abschnitt gesondert diskutiert werden.

Interessant ist schließlich, dass sich trotz aller Unterschiede weder die Initiative für ein Soziales Zentrum in Berlin noch die South Central Farmer mit ihren Forderungen durchzusetzen vermochten. Beide Bewegungen stießen am Ende auf ein ähnliches Problem: Sie setzten eine Stadtregierung bzw. eine Bezirksregierung unter Druck, die sich selbst als 'progressiv' profilieren wollte. Damit aber trat ein verhängnisvolles Moment der Konkurrenz in Kraft. Gerade für diejenigen StadtpolitikerInnen, die sich zwar als links und progressiv verstanden, sich aber dennoch unter einem Spar- und Kürzungsdruck befanden, entstand ein großes Drohpotential. Ausführlich habe ich dies im Abschnitt 2.2.3.3 entlang des Berliner Beispiels diskutiert (s.o.). Sowohl in Los Angeles als auch in Berlin steht der lokale Staat unter einem enormen ökonomischen Druck. Zwar stellten weder das Soziale Zentrum noch die South Central Gardens an der 41st Street für sich genommen ein haushaltspolitisches Problem dar. Doch die außerparlamentarischen Dynamiken, die sich in beiden Fällen formierten, hätten für andere Basisgruppen zum Vorbild werden und eine breite Bewegung initiieren können, die von der Stadtregierung nicht mehr zu kontrollieren gewesen wäre. Besonders problematisch aus Sicht der städtischen Regierungen und Verwaltungen beider Städte wirkte der Umstand, dass sich weder die Berliner Initiative noch die South Central Farmer kooptieren und in die formalpolitische Arena integrieren ließen. In beiden Konflikten bewahrten sich die beteiligten Gruppen ein hohes Maß an Autonomie im Hinblick auf ihre Organisations- und Aktionsformen. Neben dem ökonomischen Aspekt ist dies ein zentraler Grund dafür, dass beide Bewegungen letztendlich ohne Zugeständnisse aus der politischen Arena – und aus dem öffentlichen Raum – gedrängt wurden.

4.5 Die staatliche Repression sozialer Bewegungen

Die Erforschung und Kritik staatlicher Gewaltapparate (grundlegend zum staatlichen Gewaltmonopol: Narr 1980) wird heute bestenfalls noch als Sonderdisziplin betrieben, etwa in der Friedens- und Konfliktforschung, und hier vornehmlich im Kontext internationaler Beziehungen. Einzelne Abgeordnete, Forschungsinstitute und Gruppen wie das CILIP[8] und das 'Komitee für Grundrechte und Demokratie'[9], die sich kritisch mit der Polizei und den Geheimdiensten beschäftigen, bilden mittlerweile eine Ausnahme. Kritische Gewaltforschung, die sich mit staatlichen Akteuren in Deutschland beschäftigt, wird fast nur noch von außer-universitären Initiativen betrieben, die bei ihren eigenen politischen Aktionen und Kampagnen mit Polizeigewalt und Repression konfrontiert sind: bei Demonstrationen, antifaschistischen Aktionen, in der Arbeit mit MigrantInnen oder auch im Fußballstadion.[10] Entsprechend gering sind die Ressourcen und damit die Nachhaltigkeit der Arbeit. Nicht erst seit den Anschlägen vom 11. September 2001 nehmen die Repressionen und präventiven Maßnahmen gegen Basisinitiativen, Kampagnen und Gruppen – quer durch das gesamte außerparlamentarische Spektrum – stetig zu. Eine Auseinandersetzung mit den Ursachen und Effekten dieser repressiven Daumenschraubenpolitik sollte daher eigentlich integraler Bestandteil vieler sozialwissenschaftlicher Forschungsfelder sein.[11]

In diesem Abschnitt sollen weder das Verhalten der Berliner Polizei noch das Verhalten der Polizei in Los Angeles über die untersuchten Einzelfälle hinaus verallgemeinert werden (wofür einiges spräche). Der Zweck dieses Abschnitts ist ein anderer: Entlang des Vergleichs beider Fälle soll die Bedeutung staatlicher Gewaltakteure für außerparlamentarische Basispolitik diskutiert werden. Exemplarisch lässt sich zeigen, dass die 'neutrale' Durchsetzung von 'Recht und Ordnung' in der Tat einen hochpolitischen Charakter hat und dass Polizeiverhalten die Entstehung bzw. Wirkmächtigkeit außerparlamentarischer Bewegungen immens behindern kann.

In der Berliner Fallstudie sah sich die Initiative für ein Soziales Zentrum von Anfang an einer harten Repression durch die Berliner Polizei ausgesetzt. Wie sich im Frühjahr 2006 herausstellte, wurde die Initiative zudem von verschiedenen Geheimdiensten überwacht (s.o.). Die Maßnahmen der staatlichen Gewaltakteure gegen die Initiative für ein Soziales Zentrum konterkarierten deren Bemühen um eine Öffentlichkeitswirksamkeit völlig. Dies führte für die Initiative für ein Soziales Zentrum zu einem schwerwiegenden Dilemma: Einerseits nutzte sie außerparlamentarische Strategien wie Demonstrationen und Hausbesetzungen, um den neoliberalen Konsens der parlamentarischen Akteure (Privatisierungspolitik, Sparpolitik, Kürzung öffentlicher Subventionen, etc.) aufzubrechen. Andererseits wurde sie für genau diese außerparlamentarischen Strategien und Mittel kriminalisiert und aus dem politischen (Diskurs-)Feld gedrängt. Dies soll an zwei Beispielen, die ich in der empirischen Nahaufnahme dokumentiert habe, illustriert werden (siehe Abschnitt 2.1.2):

1.) Die bundesweite Demonstration gegen Sozialabbau am 3. April 2004 in Berlin: Etwa 1000 Menschen fanden sich am Act!-Block ein, der als Teil der Großdemonstration mit insgesamt mehreren Zehntausend TeilnehmerInnen durch die Berliner Innenstadt zog. Von Beginn der Demonstration an wurde der Act!-Block von BereitschaftspolizistInnen in kompletter Einsatzmontur (Helm, Panzerung, schwere Stiefel, Schlagstock etc.) eng umringt und permanent mit Videokameras gefilmt. Im Gegensatz zum Rest der Demonstration bewegte sich dieser Abschnitt während der gesamten Veranstaltung wie ein Wanderkessel durch die Stadt. Die Isolation eines Demonstrationsabschnitts hat allerdings eine ganze Reihe schwerwiegender Folgen, die die Öffentlichkeitswirksamkeit – den originären Zweck einer Demonstration – stark beeinträchtigen. Einige dieser Effekte sollen hier kurz angesprochen werden: Von außen wird der betreffende Demonstrationsabschnitt notwendigerweise als Bedrohung wahrgenommen. Warum sollte die Polizei ihn sonst isolieren? Außenstehende BeobachterInnen, andere DemonstrationsteilnehmerInnen, FernsehzuschauerInnen und ZeitungsleserInnen sind in der Folge weniger aufgeschlossen für die von diesem Demonstrationsteil kommunizierten Inhalte – wenn sie sie überhaupt wahrnehmen. Denn Flugblätter und Transparente finden ihren Weg kaum in die Öffentlichkeit, wird diese doch von einer Polizeikette abgeschirmt. Die Polizeipräsenz hat auch auf die TeilnehmerInnen der Demonstration selbst einen dramatischen Effekt: Die Präsenz der Polizei führt zu einer fatalen Schließung des betroffenen Demonstrationsteils. Als Schutz gegen die Videoüberwachung tragen die TeilnehmerInnen bevorzugt dunkle Bekleidung und Sonnenbrillen, und die Seitentransparente werden als Sichtschutz hoch gehalten. Unter diesen Bedingungen wird der betroffene Demonstrationsabschnitt von außen im wahrsten Sinne des Wortes als *Block* wahrgenommen. Die Polizei absorbiert die gesamte Aufmerksamkeit der TeilnehmerInnen, die doch eigentlich auf der Demonstration sind, um mit der stadträumlichen und medialen Öffentlichkeit zu interagieren und zu kommunizieren. Niedrigschwellige Regelverstöße – am 3. April 2004: Farbeier gegen die Fassade des 'Haus der Deutschen Wirtschaft' – führen zu einer sofortigen

Eskalation und oftmals zum Abbruch der Demonstration durch die Polizei. Von außen wird dies dann in der Regel undifferenziert als 'unpolitischer Krawall' wahrgenommen.
2.) Die Hausbesetzung am 3. April 2004: Im Zuge der Demonstration besetzten AktivistInnen aus dem Umfeld der Initiative für ein Soziales Zentrum kurzzeitig ein leer stehendes Gebäude im Besitz der Humboldt Universität. Mit dieser Aktion sollte das Anliegen der Initiative öffentlich sichtbar gemacht und öffentlicher Leerstand skandalisiert werden. Für etwa zwei Stunden war das Haus in der Oranienburger Straße 'in der Hand' der BesetzerInnen. Den Zweck der Besetzung machten die AktivistInnen durch großflächige Transparente an der Außenfassade und auf Flugblättern für die AnwohnerInnen kenntlich und verschickten Pressemitteilungen an die Berliner Tageszeitungen. Die Polizei jedoch räumte nicht nur das Gebäude, sondern entfernte auch umgehend alle 'kommunikativen Spuren' der Besetzung. Als die ersten MedienvertreterInnen vor Ort eintrafen, waren alle Plakate bereits von der Außenwand des Gebäudes entfernt. Da die Polizei nicht nur das Haus geräumt, sondern auch alle Personen, die sich vor dem Haus aufhielten, vertrieben, eingekesselt oder 'in Gewahrsam' genommen hatte, konnte auch niemand mehr Flugblätter verteilen oder Interviews geben. In der Folge war die Öffentlichkeitswirksamkeit der Besetzung gering. Die öffentliche Berichterstattung konnte sich einzig auf einen kurzen Polizeibericht und auf die per E-Mail verschickte Presseerklärung der BesetzerInnen beziehen. ReporterInnen, JournalistInnen oder auch PassantInnen hatten kaum eine Chance, sich einen eigenen Eindruck 'vor Ort' zu machen.

Im Vergleich zu der Berlin-Fallstudie war die Polizei von Los Angeles im Konflikt um die South Central Gardens ausgesprochen zurückhaltend (siehe Abschnitt 3.1.3.5). Erst als im Sommer 2006 ein richterlicher Beschluss gegen die South Central Farmer erging, räumte die Polizei die Gärten gewaltsam. Andere Gelegenheiten in den Konflikt zu intervenieren, die sich ab Herbst 2003 mehrfach boten, ließ die Polizei verstreichen. Von Demonstrationen, Öffentlichkeitsaktionen und Bündnistreffen der South Central Farmer hielt sich die Polizei weitgehend fern. Ein derart deeskalatives Verhalten scheint für die Polizei in Los Angeles eher untypisch zu sein. Tatsächlich ist sie bekannt für ihren unverhältnismäßigen und oftmals rassistisch motivierten Gewalteinsatz (siehe etwa Blum 2002: 190). Die möglichen Gründe für die Zurückhaltung der Polizei im Fall des Konflikts um die South Central Gardens habe ich oben diskutiert (siehe Abschnitt 3.1.3.5). An dieser Stelle möchte ich genauer auf die Konsequenzen dieser Zurückhaltung eingehen.

Im Zuge ihrer Kampagne sahen sich die South Central Farmer mit einer Vielfalt von Schwierigkeiten konfrontiert. In der empirischen Nahaufnahme (3.1.2) habe ich ausführlich die Kommunikationshürden und die kulturellen und institutionellen Barrieren dokumentiert, auf die die South Central Farmer im Umgang mit VertreterInnen der Stadtregierung und mit öffentlichen Verwaltungen stießen. Im Gegensatz zu der Berliner Fallstudie verzichtete der lokale Staat in Los Angeles jedoch darauf, die Farmer zusätzlich mit polizeilichen Repressionen zu überziehen. Stattdessen erlaubte die Abwesenheit der Polizei den Farmern, sich relativ angstfrei zu organisieren. Das erhöhte ihre Chancen erheblich, bei Demonstrationen, in Gesprächen mit MedienvertreterInnen und bei Veranstaltungen in den Gärten an der 41st Street öffentlichkeitswirksam zu werden. Gerade der Vergleich mit der Berliner Fallstudie macht dies deutlich. Obwohl die Farmer die Gärten ab Sommer 2005 faktisch besetzt hielten, wurden sie in der medialen Berichterstattung zu keinem Zeitpunkt als gefährliche oder gewalttätige Gruppe charakterisiert – damit blieb auch das bürgerliche Spektrum für ihre Argumente aufgeschlossen. Mit Sicherheit ist dies auch darauf zurückzuführen, dass es bis zum Zeitpunkt der Räumung zu keinerlei nennenswerter Konfrontation mit der Polizei gekommen war.

Das ist im Fall der South Central Farmer vor allem auch deswegen von großer Bedeutung, da sich ein Teil der Betroffenen illegalisiert in den USA aufhält. Eine erhöhte Polizeipräsenz im Umfeld der South Central Gardens – oder auch eine mediale Kriminalisierung der Bewegung – hätte mit Sicherheit dazu geführt, dass viele Farmer gar nicht erst an der Kampagne zur Verteidigung ihrer Gärten teilgenommen hätten. Von der Außenwirkung ganz zu schweigen. Das Risiko, bei einem Polizeieinsatz nach den Aufenthaltspapieren gefragt zu werden, wäre den Betroffenen wahrscheinlich einfach zu hoch gewesen.

Die Berliner Polizei dagegen schöpfte ihre rechtlichen Befugnisse voll aus und interpretierte ihre Machtkompetenzen stets zu *Ungunsten* der Initiative. Dennoch agierte die Berliner Polizei dabei im Rahmen ihres gesetzlichen Auftrags. In diesem Sinne setzte sie tatsächlich 'nur' Recht und Gesetz durch.[12] Um es ganz deutlich zu machen: Die Repression außerparlamentarischer Bewegungen ist demokratisch legitimiert und die dafür zur Verfügung stehenden Mittel kommen tagtäglich gegen soziale Bewegungen zum Einsatz. Für viele soziale Bewegungen ist ein derart konfrontatives Verhalten der Polizei, wie es in Berlin zu beobachten war, (leider) Normalität. Die vergleichende Fallstudie in Los Angeles zeigt jedoch, dass auch staatliche Gewaltapparate durchaus Handlungsspielräume haben und ihre Kompetenzen nicht unbedingt bis an die Grenzen ausreizen müssen. Das macht sie zu Akteuren im eigentlichen Sinne des Wortes und nicht bloß zu Funktionsträgern, die das staatliche Gewaltmonopol 'exekutieren'. Damit stellt sich schließlich die schwierige Frage, ob und wie soziale Bewegungen auf das Verhalten der staatlichen Gewaltakteure Einfluss nehmen können, ohne sich dabei kooptieren zu lassen.

4.6 Öffentlicher Raum als Konfliktfeld

Mit der neoliberalen Penetration aller gesellschaftlichen Bereiche durch die Logik des Kapitals, d.h. mit der Durchsetzung eines 'introvertierten Imperialismus' (Narr 2003), geht auch eine Neuvermessung der gesellschaftlichen Grenzen zwischen Privat und Öffentlich einher (Weber 2001). Unternehmerische Stadtpolitik im Sinne einer postfordistischen Krisenlösungsstrategie fungiert dabei als Motor der Privatisierung und der Redefinition des urbanen Raums nach Verwertungskriterien. Der 'Kampf' um öffentliche Räume und Güter und die Frage danach, was als 'öffentlich' und als 'privat' gilt, stehen heute im Mittelpunkt vieler gesellschaftlicher Konflikte.

Die vorliegenden Fallstudien wurden bislang relativ unproblematisch als 'Konflikte um die Privatisierung öffentlicher Räume' bearbeitet. Dabei bin ich von einer Minimaldefinition ausgegangen: 'Öffentlich' und 'Privat' wurden in dieser Arbeit bislang über Eigentums- und Nutzungsrechte definiert. Sowohl die South Central Gardens als auch die Berliner Liegenschaften, die für ein Soziales Zentrum in Frage kamen, waren in *öffentlicher Hand*. In beiden Fällen entfachten sich die sozialräumlichen Konflikte daran, dass die betreffenden öffentlichen Stadträume mit *privaten Eigentumstiteln* belegt wurden bzw. in Berlin belegt werden sollen. Daraus resultierte der Ausschluss der South Central Farmer von der Nutzung des Grundstücks an der 41st Street und die Exklusion der Initiative für ein Soziales Zentrum von der Nutzung eines städtischen Gebäudes.[13] Nachdem das empirische Material nun für beide Fallstudien dargelegt und ausführlich diskutiert wurde, möchte ich die Begriffe Öffentlich und Privat in diesem Abschnitt noch einmal grundlegend problematisieren.

Entlang von vier Dimensionen, die bei Siebel und Wehrheim entwickelt werden (Siebel/Wehrheim 2003: 4), soll zunächst ein Blick auf die beiden Fallbeispiele geworfen und die Polarität von öffentlichen und privaten Räumen über die bloße Erfassung von Eigentumsverhältnissen hinaus ausdifferenziert werden.

- *Juristisch*: Öffentlicher Raum steht unter öffentlichem Recht, privater Raum untersteht dem privaten Hausrecht des Eigentümers. Diese Kategorie scheint am deutlichsten ausgeprägt. In der Berliner Fallstudie waren die fraglichen Liegenschaften, für die sich die Initiative für ein Soziales Zentrum interessierte, Eigentum der Stadt Berlin und wurden von den jeweiligen Stadtbezirken verwaltet und genutzt (bzw. standen leer). In Los Angeles fiel die Verwaltung der South Central Gardens einer Nonprofit-Organisation zu. Eigentümerin war auch hier die Stadt. In beiden Fällen waren die betreffenden Stadträume eindeutig der öffentlichen Sphäre zuzuordnen.

- *Funktional*: Dem öffentlichen Raum von Platz und Straße sind die Funktionen Markt und Politik, den privaten Räumen von Betrieb und Wohnung die Funktionen von Produktion und Reproduktion zugeordnet. Hier zeigt sich, dass die South Central Gardens Merkmale von privatem *und* öffentlichem Raum erfüllten. In ihrer öffentlichen Funktion stellten sie vor allem einen Versammlungsort dar; sie waren ein Ort, an dem sich kulturelle, kollektive und politische Prozesse vollzogen. In ihrer privaten Funktion stellten sie einen Rückzugsort dar und hatten für die South Central Farmer wichtige Reproduktionsfunktionen. Das geplante Soziale Zentrum in Berlin hätte im Sinne einer politischen Infrastruktur für basispolitische Gruppen eindeutig öffentliche Funktionen gehabt.
- *Sozial*: Der öffentliche Raum als 'Vorderbühne' (Goffman 1973) ist Ort distanzierten und anonymen Verhaltens. Im Gegensatz dazu ist der private Raum eine 'Hinterbühne' (Gleichmann 1976), ein Ort von Intimität, Emotionalität und 'verhäuslichter Vitalfunktionen' (Wagner 1999). Auch hier lassen sich für die South Central Gardens soziale Funktionen von Öffentlichkeit und Privatheit identifizieren. Ein Soziales Zentrum hätte in dieser Hinsicht, wie der Name schon sagt, vor allem einen öffentlichen Charakter gehabt.
- *Materiell/symbolisch*: Ein breites Repertoire an architektonischen und städtebaulichen Elementen signalisiert Zugänglichkeit im Hinblick auf die Exklusivität von Räumen. Die Gestaltung und die verwendeten Materialien und Symbole betonen die juristischen, funktionalen und sozialen Differenzierungen öffentlicher und privater Räume. Auch hier lassen sich für beide Fallstudien Mischformen identifizieren: Bis 2005 waren die South Central Gardens ein öffentlich zugängliches Gelände; mit der Eskalation des Konflikts beschränkten die South Central Farmer den Zugang. Für ein Soziales Zentrum lässt sich nur vermuten, dass der Zugang ähnlich offen geregelt worden wäre, wie es bei Stadtteilzentren, Jugendtreffs etc. in der Regel der Fall ist.

Mit Blick auf die von Siebel und Wehrheim unterschiedenen vier Dimensionen zeigt sich, dass sich die betreffenden Räume gar nicht eindeutig einem der beiden

Pole zuordnen lassen. Gerade der Umstand, dass die Räume von relativ kleinen Gruppen mit partikularen Interessen genutzt wurden (oder werden sollten), scheint die Zuordnung zu problematisieren. Die South Central Gardens etwa waren zwar formal ein öffentlicher Raum – sie befanden sich von 1986 bis 2003 im Besitz der öffentlichen Hand –, doch wurden sie 'nur' von einer Teilöffentlichkeit genutzt: von den South Central Farmern und von NachbarInnen und AnwohnerInnen. Ähnlich verhält es sich mit dem Sozialen Zentrum in Berlin. Zwar hätte es allen Interessierten offen gestanden, doch waren die Initiative, Zweck und Nutzung klar auf eine relativ kleine Gruppe beschränkt.

Dennoch hatten beide Projekte – und das festzustellen scheint mir wichtig – im Hinblick auf ihre soziale Exklusivität gerade *keinen privaten*, sondern einen *öffentlichen* Charakter. Denn da sich sowohl die Gruppe in Los Angeles als auch die Berlin Initiative politisch bestimmten, blieben sie öffentlich zugänglich. Mehr noch: Inklusion, Partizipation und Öffentlichkeit waren integraler Bestandteil beider Projekte.

Tatsächlich wurde der Umstand, dass die South Central Gardens 'nur' von einer kleinen Gruppe genutzt wurden, von der Gruppe Concerned Citizens of Los Angeles und von der Abgeordneten Jane Perry sofort gegen die Farmer in Anschlag gebracht. Sie argumentierten, dass die Gärten nicht wirklich öffentlich seien, und dass die Nutzung der Brache als Community Garden ein Partikularinteresse privilegieren würde. Auch der Investor Ralph Horowitz vertrat die Position, dass hier eine kleine und exklusive Gruppe von einer großen öffentlichen Subvention profitiere (vgl. die Positionen und Argumente der beteiligten Akteure: Abschnitt 3.1.3). Im Fall des Berliner Konflikts kritisierte die Bürgermeisterin Reinauer die Initiative für ein Soziales Zentrum mit einem ähnlichen Argument. Angesichts knapper Ressourcen – ein Problem das den gesamten Bezirk Friedrichshain-Kreuzberg betreffe – könne die Initiative doch nicht einfach einen öffentlichen Raum zur Verwirklichung ihrer partikularen Interessen einfordern (siehe Abschnitt 2.1.3.2).

Dieses Argument gegen die South Central Farmer und gegen die Initiative für ein Soziales Zentrum in Berlin impliziert, dass öffentliche Räume *allen* Menschen – also: der Öffentlichkeit – zugänglich sein sollen und es in der Regel auch sind. In der Diskussion um den Begriff der Öffentlichkeit ist diese Position weit verbreitet. Nils Leopold bringt sie auf den Punkt, wenn er behauptet: „Öffentlicher Raum (...) ist unabhängig von Eigentumsverhältnissen für den freien Zugang, Aufenthalt und die Kommunikation grundsätzlich aller Menschen offenstehender Raum. (...) Alle Menschen haben das gleiche Recht, den öffentlichen Raum zu nutzen."

(Leopold 2004: 37) Im Kontext der hier untersuchten Fallstudien muss diese Position in mehrfacher Hinsicht kritisiert werden.

Richtig ist, dass der private Eigentumstitel an städtischem Raum die Möglichkeit zu Ausschluss und exklusiver Nutzung eröffnet. Doch leider kann im Umkehrschluss kaum davon ausgegangen werden, dass der öffentliche Raum notwendiger Weise inklusiv und allen Menschen zugänglich ist. Der normativ hoch aufgeladene 'emphatische Öffentlichkeitsbegriff' verstellt den analytischen Blick auf die herrschaftliche Verfasstheit bürgerlicher Öffentlichkeit (Habermas 1962). In der Konsequenz führt er auch immer wieder zu widersprüchlichen Positionen und kontrafaktischen Behauptungen. Bürgerliche Öffentlichkeit, so soll hier stattdessen argumentiert werden, ist immer schon durch vielfältige Exklusionsmechanismen entlang politischer, ökonomischer, kultureller und (vermeintlich) ethnischer Grenzen und Konfliktlinien gekennzeichnet. Das lässt sich sowohl theoretisch als auch empirisch zeigen.[14] Sowohl für die USA als auch für Deutschland sind die 'Mikrotechniken der Macht' (Foucault), die auf Straßen, öffentlichen Plätzen, in Parks, Bahnhöfen usw. zum Zuge kommen, umfassend dokumentiert. Behauptungen, die auf eine herrschaftsfreie Öffentlichkeit abstellen, sind daher schlicht und ergreifend falsch.

- So unterscheidet der bundesdeutsche Gesetzgeber beispielsweise klar zwischen StaatsbürgerInnen und MigrantInnen und beschneidet beide Gruppen in unterschiedlichem Maße bei der Nutzung öffentlicher Räume, etwa im Art. 8 GG: „Alle *Deutschen* haben das Recht, sich ohne Anmeldung oder Erlaubnis friedlich und ohne Waffen zu versammeln." (Hervorhebung H.L).
- Verschiedene Interessengruppen haben aufgrund unterschiedlicher Organisations- und Konfliktfähigkeit höchst ungleiche Chancen der öffentlichen Interessendurchsetzung – ein in der Demokratieforschung längst bekannter Umstand (Offe 1972; Schmidt 1997: 159).
- Der lokale Staat diskriminiert unerwünschte Gruppen im öffentlichen Raum 'ohne wenn und aber'. So stellt Klaus Selle fest, dass bundesdeutsche „Kommunen (...) von ihren Möglichkeiten Gebrauch (machen) und versuchen vor allem zentrale (Einkaufs-)Bereiche von Obdachlosen, Bettlern, Punks oder Drogenabhängigen freizuhalten und auf vielfache Weise unerwünschtes Verhalten zu unterbinden" (Selle 2004: 143). Für Los Angeles hat vor allem Mike Davis die Militarisierung des öffentlichen Raums ausführlich dokumentiert (Davis 1999: 257ff.).

Die Liste ließe sich beliebig verlängern. Öffentlichkeit sollte daher als „Ort des Kampfes um Hegemonie vor dem Hintergrund ungleicher sozioökonomischer

Ausgangsbedingungen und Verfügungsstrukturen" untersucht werden (Candeias 2004a: 29). Vor diesem (systematisch-theoretischen) Hintergrund erscheint der Vorwurf schwach, die Initiative für ein Soziales Zentrum und die South Central Farmer würden partikulare Interessen vertreten. Denn er geht von einem irreführenden Öffentlichkeitsbegriff aus. Stattdessen lässt sich mit Beat Weber feststellen, dass eine emanzipatorische Politik des Öffentlichen sich nicht nur darum kümmert, möglichst viel Öffentlichkeit und öffentliche Bereiche zu schaffen. „Viel entscheidender ist die Struktur dieser Öffentlichkeit: Wer hat Zugang, wer kontrolliert diesen, wer setzt die Agenda, was sind die geltenden Regeln, um Einfluss zu gewinnen (...)?" (Weber 2001: 35)

Auch im historischen Kontext ist es interessant, dass die GegnerInnen der South Central Gardens und des Sozialen Zentrums das Öffentlichkeits-Argument gegen die beiden Initiativen ins Feld führten. Etymologisch lässt sich die lebensweltliche Unterscheidung einer öffentlichen von einer privaten Sphäre bis in die griechische und römische Antike zurückverfolgen. Das griechische 'agora' steht für die Volks- und Heeresversammlung, für die (öffentliche) Rede, Verhandlung, Beratung, Versammlungsplatz, Markt(-platz) und Marktwaren. Das griechische 'oikos' lässt sich dagegen mit den Begriffen Haus, Wohnung, Zimmer, Haushalt, Vermögen, Familie, Geschlecht übersetzen. Im Lateinischen werden dem Begriff 'publicus' üblicherweise zwei Bedeutungen zugeschrieben: (1) zum Volk als Gemeinde zugehörig, zum Staat gehörig; (2) dem Volk als der ganzen Bevölkerung eigen, öffentlich, allgemein. Lucian Hölscher bemerkt:

> „In besonderem Maße stand 'publicus' in der Antike für alles, was sich 'draußen', auf der Straße ereignete (in publico), im Gegensatz zum Haus. Damit war gleichzeitig auch der rechtliche Gegensatz von Besitzverhältnissen bezeichnet: Straßen, Plätze, das Theater und die Viadukte hießen 'publicus'; das Haus des pater familias, sein Boden und die ihm eigene väterliche Gewalt dagegen 'privatus'." (Hölscher 1975: 420)

Scheinen die antiken Begriffe auf den ersten Blick fast deckungsgleich mit unserem heutigen Verständnis von privat und öffentlich, so weist Hölscher doch ausdrücklich auf die Gefahr der begrifflichen Rückprojektion hin:[15] In unserer Unterscheidung von 'öffentlich' und 'privat' macht sich „die neuzeitliche Dichotomie von Staat und Gesellschaft, Fürst und Untertan geltend, die den Verhältnissen der römischen res publica weitgehend fremd war" (Hölscher 1975: 420). Unser heutiges Verständnis von Begriffen ist an eine historisch spezifische Alltagspraxis und -erfahrung gebunden, die mit den materiellen Lebensverhältnissen in anderen Gesellschaftsformationen und den darauf aufbauenden intellektuellen, kulturellen und emotionalen Ausdrücken wenig gemein haben. Für die moderne Bedeutung des Öffentlichkeitsbegriffs sind vor allem zwei 'Bedeutungsschwellen' zentral (Hölscher 1975: 413): Zunächst nahm 'Öffentlichkeit' im Laufe des 17. Jahrhunderts infolge der Ausbildung des modernen Staatsrechts die Bedeutung von 'staatlich' an. Seit dem Ende des 18. Jahrhunderts bekam 'Öffentlichkeit' dann mit der Herausbildung eines 'räsonierenden Publikums' (Habermas) die Bedeutung eines staatsfernen und kritischen Diskursraumes.

Nicht nur angesichts systematisch-theoretischer Überlegungen, sondern auch vor dem historischen Hintergrund muss überraschen, dass die beiden Initiativen mit dem Öffentlichkeits-Argument kritisiert wurden. Denn wenn man den 'emphatischen Öffentlichkeitsbegriff' beim Wort nimmt, dann kam die Nutzung der Industriebrache an der 41st Street durch die South Central Farmer und dann käme ein Soziales Zentrum dem historischen Ideal eines öffentlichen Raums in der Tat überraschend nahe: Genau diese (historische) Funktion des öffentlichen Raums – die Gewährleistung von staatsfernen und gesellschaftskritischen Diskursen und Praxen – waren (bzw. wären) nämlich sowohl in den South Central Gardens als auch in einem Sozialen Zentrum erfüllt. Beide Orte bzw. beide Bewegungen waren, um noch einmal Roger Keil zu bemühen, Beispiele für eine 'Insurgent Civil Society'. In beiden Fällen handelte es sich um 'von unten' und 'autonom angeeignete' Räume (zur aktuellen Aneignungsdebatte siehe: Dyk/Stützle 2004), in denen ein- und ausschließende Eigentums- und Versammlungsrechte, Sondernutzungsverordnungen, die Exklusion qua Staatsangehörigkeit und dergleichen mehr zunächst einmal außer Kraft gesetzt wurden. Hier entstanden (Frei-)Räume für kritische Debatten und politische Interventionen, hier wurde *local citizenship* praktiziert. Beide Fallstudien illustrieren aber auch: Wo derlei Experimente der Eröffnung 'herrschaftsfreier' Räume unternommen werden, wird der öffentliche Raum – im emphatischen Sinne – unverzüglich herrschaftlich eingehegt und den geltenden Regeln, Restriktionen und Gesetzen bürgerlicher Öffentlichkeit unterworfen, im Zweifelsfall auch unter Rückgriff auf das staatliche Gewaltmonopol.

Das Öffentlichkeits-Argument *gegen* die South Central Farmer und *gegen* die Initiative für ein Soziales Zentrum in Berlin ist schließlich noch in anderer Hinsicht irreführend: Denn die geplante Privatisierung öffentlicher Liegenschaften in Berlin und der Industriebrache in South Central entzieht diese Räume ja ausdrücklich der öffentlichen Nutzung und führt sie stattdessen dem Zweck der privaten Profitmaximierung zu. Zwar ist es richtig, dass der lokale Staat ein 'berechtigtes' Interesse an der privatwirtschaftlichen Nutzung von Stadträumen hat. Das Argument, damit würden Arbeitsplätze und Steuereinnahmen geschaffen, was wiederum im Interesse 'der Öffentlichkeit' läge, ist nicht falsch. Doch so, wie es von den betreffenden LokalpolitikerInnen in den Fallstudien in Berlin und in Los Angeles verwendet wurde, handelt es sich eher um eine Art 'rhetorisches Manöver', um ein 'Scheinargument'. Denn hier wird vielmehr ein grundlegendes Paradoxon der bürgerlichen Gesellschaft sichtbar: Der Staat muss die private Kapitalakkumulation garantieren, um die Reproduktion der Gesellschaft als Ganzes zu gewährleisten. Er ist 'Staat des Kapitals', wie Johannes Agnoli es treffend ausdrückte (Agnoli 1995). Die Widersprüche der kapitalistischen Klassengesellschaft sind tief in die öffentliche Sphäre eingeschrieben. Die Reproduktion bürgerlicher Öffentlichkeit hängt – ganz materiell – immer auch von der gelungenen Verwertung privater Kapitale ab. In diesem Sinne – aber auch *nur* in diesem Sinne – ist es richtig, dass privatwirtschaftliche und öffentliche Interessen in der Privatisierung der South Central Gardens und der Berliner Liegenschaften zusammenfielen.

Im Berliner Fall war in diesem Zusammenhang eine ironische Wende zu beobachten: Eine Reihe von Basisgruppen im Umfeld der Initiative für ein Soziales Zentrum fanden individuelle Lösungen für ihr Raumproblem und mieteten ganz regulär günstige Gewerbeflächen und leer stehende Ladenräume an. In gewisser Weise suchten sie sich also private 'Schutzräume' gegen die öffentliche Privatisierungspolitik und gegen die Verwertungslogik des lokalen Staates. Dies war allerdings nur auf Grund des billigen Berliner Mietmarktes möglich. Denn wenn der Mietpreis steigt, werden auch die privaten Schutzräume knapper. Darüber hinaus zahlten die Berliner Gruppen den Preis der räumlichen Fragmentierung ihrer sozialen Bewegung – und konterkarierten damit auch ihr originäres Anliegen, die beteiligten Akteure in einem gemeinsamen Sozialen Zentrum räumlich zusammenzuführen.

Im Fall der South Central Gardens war die private Ausweichmöglichkeit nicht gegeben. Für die 350 sozial schwachen Familien, die die Kerngruppe der South Central Farmer konstituieren, gab es keine privaten Schutzräume. Die Gruppe war zu groß und der Miet- und Immobilienmarkt zu teuer. Hier zeigt sich vielmehr, dass der lokale Staat am Ende doch die einzige Instanz ist, durch die marginalisierte Gruppen und Nonprofit-Projekte sich den Stadtraum erkämpfen und nutzen können.

4.7 Zwischenfazit

Bei dem Vergleich der beiden Fallstudien habe ich in vielerlei Hinsicht auf die Ähnlichkeiten zwischen dem Konflikt um die South Central Gardens und dem Konflikt um das Soziale Zentrum in Berlin abgestellt. Dies soll nicht darüber hinwegtäuschen, dass sich beide Konflikte in sehr verschieden konfigurierten stadtpolitischen Arenen abspielten. Doch in gewissem Sinne ist es gerade die unterschiedliche historische, politische, ökonomische und soziale 'Einbettung' beider Konflikte, angesichts derer ich die Ähnlichkeiten zwischen den Fallstudien betone.

In beiden Fällen ging es um die Frage der Privatisierung und 'in-Wert-Setzung' öffentlicher Stadträume und um die damit einhergehende Exklusion nicht-profitorientierter Gruppen von der Nutzung dieser Räume. Sowohl in Berlin als auch in Los Angeles standen sich dabei lokale Basisbündnisse einerseits und VertreterInnen des lokalen Staates andererseits gegenüber. Während in Los Angeles der Investor Ralph Horowitz ein unmittelbares Interesse an der profitablen Nutzung der Gärten hatte, ging die Privatisierung der betreffenden Liegenschaften in Berlin auf die Initiative der Stadt selbst zurück. Beim Vergleich der beiden Konflikte erweisen sich die South Central Farmer als überraschend durchsetzungsstark. Dies hat zum einen mit ihrer Binnenorganisation zu tun, vor allem aber auch damit, dass sie über einen physischen Raum zur Organisation ihrer Kampagne verfügten (die Gärten) und von einer vorteilhaften außerparlamentarische Konstellation profitieren konnten (dem progressive L.A). In Berlin dagegen kämpfte die Initiative für ein Soziales Zentrum vergeblich gegen die Isolation und Marginalisierung der 'linken Szene' in Berlin, sie blieb eine weitgehend virtuelle Bewegung ohne sozialräumliche Verankerung und nicht zuletzt war sie mit einer starken Polizeirepression konfrontiert.

Am Ende konnten sich allerdings weder die Initiative für ein Soziales Zentrum in Berlin noch die South Central Farmer in Los Angeles gegen die städtische Privatisierungspolitik durchsetzen. In Berlin ist in diesem Zusammenhang besonders die verwaltungstechnische Komponente des Konflikts hervorzuheben. Denn im Gegensatz zu der Fallstudie in Los Angeles stießen die Proteste und Forderungen der Initiative für ein Soziales Zentrum auf ein besonderes Hindernis: Die Ökonomisierung der Berliner Verwaltungsapparate und politischen Institutionen via New Public Managment-Reformen. In Los Angeles dagegen scheiterten die South Central Farmer an der Durchsetzungsfähigkeit eines lokalen Investors im unmittelbaren politischen Konflikt und an den starken Bündnissen zwischen

StadtpolitikerInnen und lokalen Kapitalfraktionen. Dabei spielte sich der Konflikt vor dem Hintergrund einer strategischen (und gelungenen) gewerblichen Aufwertung des betreffenden Stadtraums ab. Am Ende setzten sich in beiden Fällen Privateigentum und Unternehmertum als (staatsgewaltig fundierte) Grundprinzipien kapitalistischer Entwicklung durch – je unterschiedlich, aber mit dem gleichen Ergebnis.

Folgt man meiner Argumentation, dann sind die Ähnlichkeiten zwischen den Konflikten in Berlin und Los Angeles – der Privatisierungsdruck, der gegenwärtig auf öffentlichen Räumen lastet und die sozialen Widerstände dagegen – nicht nur als allgemeiner Ausdruck kapitalistischer Widersprüche zu verstehen. Vielmehr manifestieren sich hier sozialräumliche Konflikte, die typisch sind für postfordistische Stadtpolitik. Es ist die historisch-spezifische Krisenlösungsstrategie unternehmerischer Stadtpolitik – oder vielmehr: das *Experimentieren* mit neuen Formen regionaler und lokaler Standortpolitik – die in Berlin und in Los Angeles zu ganz ähnlich gelagerten sozialräumlichen Konflikten und Konfliktkonstellationen führt. Darauf gehe ich im letzten Kapitel noch weiter ein.

Angesichts der historischen Dimension, welche die Fordismus-Postfordismus-Debatte mit sich bringt, wäre es lohnend, die hier untersuchten Fälle mit zwei ähnlichen sozialräumlichen Konflikten zu vergleichen, die sich in den 1960er oder 1970er Jahren in Berlin bzw. Los Angeles abspielten: zum Beispiel mit einer frühen Hausbesetzung im Berliner Bezirk Schöneberg und/oder mit einer illegalisierte Freiflächennutzung in South Central oder East Los Angeles zu Beginn des 'Bradley-Regimes'. Letztlich ließe sich nur so überprüfen, inwieweit sich die Akteurskonstellationen und Konfliktverläufe vor und nach dem in der Regulationstheorie diagnostizierten kapitalistischen Strukturbruch der 1970er Jahre – also vor und nach dem Ausbruch der sogenannten 'Krise des Fordismus' – voneinander unterscheiden. Dies kann die vorliegende Arbeit (leider) nicht leisten. Stattdessen werde ich im letzten Kapitel noch einmal 'einen Schritt zurücktreten' und die beiden Mikrostudien in einen größeren Debattenzusammenhang einbetten.

5 Schlussbemerkungen

Die Auseinandersetzung mit den beiden Fallstudien hat deutlich gemacht, dass die aktuellen Konflikte um die Privatisierung öffentlicher Räume in Berlin und Los Angeles durch komplexe und teilweise auch widersprüchliche politische Prozesse gekennzeichnet sind. Sie verlaufen unter ortsspezifischen Bedingungen und Konstellationen, führen jedoch in beiden Städten zu einem ganz ähnlichen Ergebnis: zu einer 'in-Wert-Setzung' des Öffentlichen – auch gegen starke Basisproteste. Im Folgenden sollen die beiden Fälle noch einmal im Kontext der aktuellen Debatten um die unternehmerische Stadt und um die postfordistische Rekonfiguration des Städtischen diskutiert werden. Dabei konzentriere ich mich vor allem auf drei Aspekte, die am empirischen Material ausführlich diskutiert wurden: Zunächst gehe ich auf die Frage ein, auf welchen Politikebenen der Privatisierungsdruck entsteht, der die unternehmerische Stadtpolitik kennzeichnet. Dies ist wichtig, um zu verstehen, wo die Handlungsrationlitäten der beteiligten Akteure angelegt sind und wie dementsprechend Einfluss auf sie genommen werden kann. Zweitens diskutiere ich die Rolle des lokalen Staates in der unternehmerischen Stadt. Denn beide Fallstudien weisen daraufhin, dass dieser auch unter den Bedingungen neoliberaler Globalisierung ein zentraler Akteur bleibt. Drittens gehe ich auf die Konsequenzen ein, die sich daraus für städtische soziale Bewegungen ergeben. Am Ende des Kapitels ziehe ich ein kurzes Fazit.

5.1 Privatisierungspolitik in der unternehmerischen Stadt

In Berlin und in Los Angeles ist Stadtpolitik stark durch die neoliberale Haushaltspolitik auf Bundesebene und durch strukturelle Transformationsprozesse auf nationaler und globaler Ebene geprägt. Der Wegfall und die Kürzung zentralstaatlicher Subventionen und Transferleistungen haben beide Städte schwer getroffen. Massive Prozesse der De-Industrialisierung und die zunehmende Spaltung des Arbeitsmarktes mit einem Ausbau des prekären Niedriglohnsegments, insbesondere im Dienstleistungsbereich, haben die Stadtökonomien von Berlin und Los Angeles grundlegend verändert – vor allem zu Lasten der lohnabhängigen Bevölkerung. Eine hohe Erwerbslosenquote und/oder die Ausweitung prekärer Beschäftigungsverhältnisse belasten die sozialen Sicherungssysteme, führen zu Verlusten bei öffentlichen Steuereinnahmen und schwächen die lokale Nachfrage – was wiederum die bereits bestehenden Krisenmomente noch verstärkt. Der Begriff der Krise muss dabei mit Vorsicht verwendet werden, denn was des einen Not, ist des anderen Gewinn: Die beschriebenen Prozesse müssen zwar für eine Stadtökonomie als krisenhaft eingeschätzt werden – sie gefährden die materielle Grundlage der sozialen und politischen Reproduktion des Systems Stadt. Jedoch heißt das keinesfalls, dass es sich dabei auch um eine Krise der agierenden Einzelkapitale handeln muss. Für einzelne Unternehmen ist das Outsorcing, die Entlassung von MitarbeiterInnen oder die Standortverlagerung vielmehr Ausdruck einer Strategie des Krisen*managements* oder sogar der Profiterhöhung. Ob diese Strategie erfolgreich ist, kann nur im Einzelfall beurteilt werden. Auf jeden Fall gilt: Unternehmerische Ziele, Interessen der ArbeitnehmerInnen und stadtpolitische Ziele stehen oftmals im Widerspruch zueinander. Ähnliches gilt für den Immobiliensektor und die Privatisierung öffentlicher Räume und Liegenschaften. Der Berliner Bankenskandal ist ein Musterbeispiel dafür, dass BauunternehmerInnen, GrundstücksmaklerInnen, SteuerabschreiberInnen, Bilanzjongleure und auch PolitikerInnen im Moment der Krise große Profite realisieren können – und diese sich nur zu oft direkt aus den knappen öffentlichen Haushalten speisen.

Eine maßgebliche Rolle im Prozess der Rekonfiguration des Städtischen spielt die verschärfte Standortkonkurrenz zwischen Städten und Regionen auf nationaler und auf internationaler Ebene. Standortkonkurrenz darf dabei nicht als subjektloser Prozess verstanden werden, sondern als Reaktion auf die Akkumulationskrise des Fordismus. Markt und Konkurrenz wurden und werden politisch hergestellt: vor allem durch den Abbau von tarifären und nicht-tarifären Handelshemmnissen. Dabei sind neben nationalen Regierungen zunehmend auch nicht-staatliche Akteure, also etwa Banken und Fonds, sowie supranationale Organisationen und Netzwerke wie die G8 und die WTO an der Herstellung globaler Märkte beteiligt (siehe Narr/Schubert 1994). Diese globalen Prozesse verursachen tiefgreifende Veränderungen auf der lokalen Ebene, doch haben LokalpolitikerInnen wenig oder gar keinen Einfluss auf sie. In den hier untersuchten Fällen sind beide Städte also starken strukturellen Kräften unterworfen, die außerhalb ihrer lokalen Handlungsreichweite liegen.

Berlin und Los Angeles bilden in dieser Hinsicht keine Einzelfälle. Das hier skizzierte Szenario trifft auf die meisten Metropolen westlicher Industrienationen zu. In praktisch allen westlichen Demokratien wurde städtische Politik seit den 1980er Jahren zunehmend von Themen der wirtschaftlichen Entwicklung, des industriellen Wachstums und der strukturellen Wettbewerbsfähigkeit dominiert (Brenner/Heeg 1999). Dies bedeutet keinesfalls, dass Stadtpolitik vorher nicht ebenso den strukturellen Zwängen des Kapitalismus unterworfen gewesen wäre. Doch es ändert sich der urbane Regulationszusammenhang, in dem die kapitalistischen Widersprüche lokal ausgehandelt und ausbalanciert werden. Mit der Erosion des spezifisch fordistischen Regulationsregimes ab Mitte der 1970er Jahre werden neue wirtschaftspolitische Strategien implementiert und das städtische Politikfeld mit seinen öffentlichen und privaten Akteuren rekonfiguriert.

David Harvey hat den Begriff der 'unternehmerischen Stadt' geprägt, um diese Entwicklungen konzeptionell zu fassen (Harvey 1989a). Er beschreibt, wie sich Städte unter den Bedingungen der Krise des Sozialstaates, zunehmender Kapitalmobilität und verschärfter Weltmarktkonkurrenz immer stärker einer betriebswirtschaftlichen Logik unterwerfen. Städte und Regionen werden zu Marktakteuren, die um Kapitalinvestitionen, Arbeitsplätze und Steuergelder konkurrieren (siehe etwa Clarke/Gaile 1998: 55-88; Jessop 1997; Mayer 1995). Margit Mayer unterscheidet drei dominante Trends, die sich im Zuge der unternehmerischen Restrukturierung von Stadtpolitik herausbilden (Mayer 1994; 1999).

- Im Hinblick auf eine aktivierende Wirtschaftspolitik gewinnt die regionale und lokale Ebene in allen entwickelten Industrienationen erheblich an Bedeutung. Die lokale Förderung von Megaprojekten wie dem Potsdamer Platz in Berlin oder der Olympiade 1984 in Los Angeles, 'Steuergeschenke' an Großunternehmen und die Privatisierung kommunaler öffentlicher Güter sind Beispiele für diesen Politiktrend. Durch eine geschickte Imagepolitik sollen bestimmte Bilder der Stadt – Innovation, Kreativität, Erfolg – sowohl gegenüber den eigenen BewohnerInnen als auch nach außen vermittelt werden.
- Dabei werden sozialpolitische Ziele den wirtschafts- und beschäftigungspolitischen Zielen zunehmend untergeordnet. Ausgaben für Wohnungsbau, Kultur, Bildung, Soziales und Gesundheit werden zurückgefahren, während Großprojekte wie Veranstaltungsarenen, Konzerthäuser und Hightech-Forschungszentren oftmals großzügige Förderungen erfahren.
- Im Zuge dieser Entwicklung öffnet sich die stadtpolitische Arena auch für neue Akteure. Stadtteilgruppen, Nonprofit-Organisationen, Consulting-Firmen usw. werden in Form von *public private partnership* stadtpolitisch eingebunden. Mit den neuen Partizipationschancen, die von der Beteiligung an stadtplanerischen Entscheidungen bis hin zu öffentlich geförderten Dienstleistungen reichen, wächst jedoch auch der 'realpolitische' Anpassungsdruck auf den 'Dritten Sektor'.

Gerade angesichts großer öffentlicher Investitionen in prestigeträchtige Großprojekte möchte man die Krise der öffentlichen Haushalte gern anzweifeln. In den beiden hier untersuchten Fällen äußerten viele AktivistInnen, dass das finanzpolitische Argument der Stadtverwaltungen und LokalpolitikerInnen, es gäbe kein Geld, um ein Soziales Zentrum in Berlin bzw. die South Central Gardens in Los Angeles zu finanzieren, vorgeschoben sei. Als 'Beweis' dafür wurde angeführt, dass sowohl Berlin als auch Los Angeles ja ständig Finanzmittel in hohem Umfang für andere Projekte wie zum Beispiel Sportstadien, Forschungseinrichtungen und Infrastrukturprojekte zur Verfügung stellten. Dieses Argument ist nicht falsch, aber genauso wenig ist es richtig. Denn unternehmerische Stadtpolitik heißt gerade nicht, dass es überhaupt keine öffentlichen Mittel mehr gäbe. Vielmehr bewirkt der fiskalpolitische Druck, dass die vorhandenen Gelder unter der Maßgabe der Rentabilität in spezifische Projekte kanalisiert werden. Jede öffentliche Investition wird darauf befragt, ob sie im Hinblick auf die Herstellung eines günstigen Investitionsklimas und die Schaffung öffentlicher Revenuen 'sinnvoll' ist, ob sie 'sich lohnt'. Auch scheinbar unwirtschaftliche Megaprojekte fügen sich in dieses Bild, sollen sie doch das Image einer erfolgreichen Stadt vermitteln und dem Wirtschaftsstandort Attraktivität verleihen. Es gilt die Stadt wie einen Betrieb zu führen – einschließlich Korruption und Vetternwirtschaft, die mit dem Verschwimmen der Grenzen zwischen öffentlichen und privatwirtschaftlichen Interessen zwangsläufig einhergehen. Insofern sind die Argumente der LokalpolitikerInnen in den beiden hier untersuchten Konflikten auch nicht vorgeschoben. Der wirtschaftliche Druck, der auf den Städten und den Gemeinden lastet, ist real. Er wird durch vielfältige Strukturen und Mechanismen aufgebaut, von der globalen und regionalen Politikebene 'nach unten' vermittelt und setzt sich schließlich (auch) auf der Ebene der Stadt- und Kommunalpolitik durch.

Doch nicht nur die 'externe' Ausrichtung auf Wettbewerb und Wachstum wird zum festen Bestandteil unternehmerischer Stadtpolitik, sondern auch die 'interne' Reorganisation der lokalen Verwaltungen nach betriebswirtschaftlichen Effizienzkriterien. Bei den hier untersuchten Fallstudien ist dies vor allem im Konflikt um das Soziale Zentrum in Berlin relevant, wo die in den 1990er Jahren eingeführten New Public Management-Techniken einen massiven Privatisierungsdruck auf das Land und die Bezirke erzeugen. Der Konkurrenzkampf zwischen Städten und Regionen, so Klaus Ronneberger, ist in vollem Gange – mit all seinen katastrophalen sozialpolitischen Folgen (Ronneberger 1998):

> „Die veränderten Standortstrategien der Unternehmen und die ökonomische Strukturkrise intensivieren die Rivalität zwischen den Stadtregionen, die miteinander um Wachstumspotentiale und Prosperitätseffekte kämpfen. Anstelle der sogenannten Daseinsvorsorge, d.h. der Bereitstellung von Infrastrukturen oder Ausbau des so-

zialen Wohnungsbaus, setzen sich ökonomische Rationalisierungsmodelle in der Verwaltung und Privatisierungskonzepte für öffentliche Dienstleistungen durch. Angesichts des massiven Abbaus industrieller Arbeitsplätze, des Rückgangs der Gewerbesteuern und wachsender Sozialausgaben werden solche Bestrebungen gegenwärtig noch forciert. Die städtische Administration definiert sich zunehmend als dynamisches Management des 'Unternehmens Stadt', bei der es hauptsächlich um eine aggressive Strategie der Standortprofilierung geht. Als Bestandteil dieses Konzepts betreibt man die bauliche Aufwertung bestimmter Stadtviertel, fördert die Expansion von Büroflächen und organisiert Festivalisierungsprojekte wie Messen oder Weltausstellungen. Auch unternehmen die Kommunen große Anstrengungen, Touristenströme und einkommensstärkere Bevölkerungsgruppen anzuziehen. Insbesondere die Zentren sollen der Öffentlichkeit als 'Visitenkarte' präsentiert werden. Urbane Kultur und 'Lebensqualität' entwickeln sich damit zu einer wichtigen Kapitalanlage der Städte."

Die dominanten neuen Trends in der unternehmerischen Stadt lassen sich, wie hier skizziert, mittlerweile relativ sicher diagnostizieren. Doch kann dabei (noch) kaum von einem gefestigten Regime gesprochen werden. Aus Sicht der Regulationstheorie zeichnen sich stabile Regime durch Kohärenz, Komplementarität und Kongruenz aus. Angesichts der permanenten Krisenhaftigkeit des gegenwärtigen Kapitalismus, des Rangierens am Abgrund öffentlicher Finanzkrisen und privatwirtschaftlicher Bankrotte und der Prekarisierung großer Teile der lohnabhängigen Bevölkerung scheint heute eher das Gegenteil der Fall zu sein. Nach der kurzen Phase des Fordismus mit seiner relativen Stabilität hat sich weder auf lokaler noch auf regionaler, nationaler oder supranationaler Ebene ein stabiles und funktionierendes Zusammenspiel von Normen, Regeln und Institutionen herausgebildet, das die systemimmanenten Krisentendenzen des Kapitalismus zumindest zeitweise eindämmen könnte. Stadtpolitik ist, wie Roland Roth es formuliert, zu einem politischen, ökonomischen und sozialen 'Experimentierfeld' geworden, zu einer Art Laboratorium verzweifelter Wettbewerbspolitik (Roth 1998b: 109). Unter den Bedingungen ökonomischer Krisen- und Restrukturierungsprozesse und verschärften Konkurrenzbedingungen müssen Städte heute eine Politik 'erfinden', welche die notwendige privatwirtschaftliche Kapitalakkumulation gewährleistet, von der die Reproduktion 'des Urbanen' unmittelbar abhängt.

Damit wird klar, dass es im Hinblick auf die Privatisierung öffentlicher Räume keinen neoliberalen 'Mastermind' gibt. Eher schon ließe sich von einer Art 'Privatisierungspolitik im neoliberalen Mehrebenensystem' sprechen.[1] Die ökonomischen Handlungsrationalitäten, die außerhalb der lokalpolitischen Entscheidungsreichweite aufgebaut werden, prägen die lokalen politischen Kräfteverhältnisse, institutionellen Arrangements, Verwaltungsverfahren, Gesetzgebung usw. Dabei entsteht ein enger handlungsleitender Rahmen, dem sich die LokalpolitikerInnen und andere lokale Akteure nicht einfach 'voluntaristisch' entziehen können; und indem lokale Politik den neuen 'Spielregeln' folgt, trägt sie wiederum dazu bei, die für die 'Krise des Fordismus' charakteristischen nationalen und globalen Krisen- und Restrukturierungsprozesse noch zu verschärfen bzw. treibt sie selbst aktiv voran. Städte entwerfen 'innovative Wettbewerbspolitiken'. Sie machen den lokalen Standort 'fit' für die Konkurrenz gegen andere Städte und Regionen. Sie investieren ihre öffentlichen Mittel gezielt in 'Zukunftsprojekte'. Sie privatisieren öffentliche Räume und Güter und setzen sie 'in-Wert'. Sie kürzen ihre sozialpolitischen Ausgaben, drücken die Löhne (indem sie wie etwa in der Bundesrepublik die Tarife der öffentlichen Hand kündigen oder nicht verlängern) und tragen via Workfare-Maßnahmen zur Spaltung des Arbeitsmarktes und zur Durchsetzung eines Niedriglohnsektors bei. Die Liste ließe sich beliebig verlängern. Roland Roth beschreibt die aktive Rolle der Städte, die eine ganze Reihe verschiedener Politikfelder berührt:

> „Lokale Politik wird zu einem schwierigen, politisch aufgeladenen Terrain mit wachsender Eigenverantwortung und einer erweiterten Akteurskonstellation. Dafür sprechen die von den Kommunen ausgehenden transnationalen Suchbewegungen, die sich in jüngster Zeit nicht mehr allein auf unternehmerische Strategien des Stadtmarketing und der Festivalisierung beziehen, sondern zunehmend (auch) auf workfare-Modelle (...) und lokale Sicherheitspolitik (...). Aus der Perspektive des Konzepts 'nationaler Wettbewerbsstaat' wäre es vermutlich angemessen, von einem 'lokalen Wettbewerbsstaat' im Sinne verschärfter städtischer Standortkonkurrenz zu sprechen." (Roth 1998: 109)

Der wechselseitige Wirkungszusammenhang, der hier deutlich wird, stellt alternative politische Projekte vor ein Dilemma: Einerseits prägen systemische Krisenprozesse auf globaler Ebene die lokale Politikarena. Andererseits wirkt Lokalpolitik aktiv zurück auf 'das große Ganze'. Wo kann Widerstand in diesem 'Teufelskreis' noch sinnvoll ansetzen? Zumindest eine Diagnose lässt sich – gewissermaßen nach dem Ausschlussprinzip – verlässlich stellen: Es kann keine 'linke Standortpolitik' geben! Die erfolgreiche Unterwerfung unter das Kapital eröffnet *keine* neuen Handlungsspielräume, die außerhalb der Verwertungslogik liegen. Vielmehr setzen sich die funktionalen Imperative des Weltmarkts bis auf die Mikroebene durch. Der Fall der South Central Farmer in Los Angeles stellt dafür ein tragisches Beispiel dar: Die ab den 1970er Jahren politisch erzwungene Öffnung regionaler Märkte führte im pazifischen Raum zu einer immensen Zunahme des Güterhandels. In diesem Kontext gelang es der Stadt Los Angeles, sich durch gezielte städtische Investitionen in die lokale Infrastruktur zu einem globalen Wirtschaftsstandort aufzuwerten und gegen konkurrierende Hafen- und Handelszentren an der US-amerikanischen Westküste (wie Oakland und San Diego) durchzusetzen. Der Ausbau des Alameda Corridors ab den 1980er Jahren in seiner Funktion als 'bottleneck', der die internationalen Häfen der Greater Region Los Angeles mit dem US-amerikanischen Inland verbindet, spielte dabei eine zentrale Rolle. Doch trägt dieser Ausbau eben nicht nur zu einem günstigen Investitionsklima, zur Schaffung von Arbeitsplätzen und Steuereinnahmen bei, sondern führt gleichzeitig zur Privatisierung und 'in-Wert-Setzung' öffentlicher Räume. Im speziellen Fall der South Central Gardens mussten 350 einkommensschwache Familien dem Bau von Gewerberäumen weichen. Hier wird deutlich, wie sich die Widersprüche der *globalen* kapitalistischen Vergesellschaftung bis auf die *lokale* Ebene durchsetzen.

Die Tatsache, dass Los Angeles unter dem 'Bradley-Regime' konsequent zu einem attraktiven Standort für global agierende Unternehmen aus- und aufgebaut wurde, ändert also nichts daran, dass große Teile der Bevölkerung von Los Angeles in hohem Maße marginalisiert sind und unter völlig prekären Lebensverhältnissen leben – im Gegenteil. In Los Angeles – d.h. in einer Stadt, die am Kriterium der 'Standortpolitik' gemessen, als eine 'erfolgreiche' Global City gilt – geht es den Menschen keinesfalls besser als in der Krisenmetropole Berlin. Die mittlerweile zum Allgemeinplatz gewordene Forderung, den 'Gürtel enger zu schnallen', zu sparen und zu hoffen, dass der wirtschaftliche Aufschwung 'nach unten durchsickert', ist kaum mehr als eine ideologische Pille, mit der die Forderungen nach einer 'alternativen Stadtpolitik' frühzeitig 'sediert' werden sollen. 1992 eskalierte die soziale Polarisierung in Los Angeles mit den sogenannten Rodney King Riots. Erst die gewaltförmige Entladung der sozialen und politischen Spannungen in der Stadt führte in den 1990er Jahren zu einer (neuen) Welle der (städtischen) Befriedungspolitik – keinesfalls jedoch zu ernsthaften Lösungsversuchen der sozialen Probleme. Auch weiterhin müssen die stadtpolitischen Gruppen und Kampagnen, die sich seit Mitte der 1980er Jahre unter dem Label 'progressive Los Angeles' für eine 'livable city' engagieren, ihre Forderungen *gegen* die politischen und wirtschaftlichen Eliten der Stadt durchsetzen. Bestenfalls können sie temporäre Bündnisse mit einzelnen progressiven LokalpolitikerInnen eingehen.

Schließlich steht die Privatisierung öffentlicher Räume und Güter, wie sie hier untersucht wurde, in engem Zusammenhang mit der Verflechtung öffentlicher FunktionsträgerInnen mit privatwirtschaftlichen Interessen. Sowohl in Berlin als auch in Los Angeles führt dies zu einer systematischen Umverteilung öffentlicher

Mittel zu Gunsten der politischen und wirtschaftlichen Eliten beider Städte. Der Fall der South Central Gardens weist darauf hin, dass die Privatisierung öffentlicher Räume unter anderem deswegen so 'reibungslos' und profitabel (für den Käufer oder die Käuferin) funktioniert, weil sie einer massiven staatlichen Subvention privater Unternehmen gleichkommt. Immerhin verkaufte die Stadt Los Angeles dem Investor Horowitz die South Central Gardens für nur 25 Prozent des eigentlichen Marktwerts. Im Fall des Berliner Bankenskandals wird die Haushaltspolitik des Senats noch über Jahre hinweg durch die Machenschaften des 'Berliner Immobilienfilz' bestimmt werden. Die SteuerzahlerInnen müssen die privaten Gewinne einzelner PolitikerInnen und UnternehmerInnen (der FondskäuferInnen) in zweistelliger Milliardenhöhe re-finanzieren. Dies ist keine Anomalie. Vielmehr gibt es für Schwindel und Korruption im Kapitalismus strukturelle Ursachen, wie Michael Krätke feststellt (Krätke 2007: 11). Denn durch Schwindel lässt sich „Geld machen, ohne die Gefahr der Produktion" (ebd.). Wenn das Bestehen in der Konkurrenz und die Vermehrung von Profit zur obersten Handlungsmaxime werden, ist Korruption eine nahe liegende Geschäftsstrategie. Zwar erlaubt es die vergleichende Untersuchung zweier Mikrokonflikte kaum, eine generelle Aussage über den Zusammenhang zwischen Neoliberalismus und Korruption zu treffen. Doch ist die Vermutung plausibel, dass beides strukturell zusammengehört. In der neoliberalen Stadt stehen Vetternwirtschaft und Vorteilnahme gerade nicht im Widerspruch zu Marktlogik und Wettbewerbspolitik. Natürlich hat es Korruption auch im Fordismus schon im großen Stil gegeben, vor allem auf Grund der Größe und Intransparenz von Apparaten. Doch mit der Transformation des Verhältnisses zwischen öffentlichen und privaten Akteuren entsteht eine Dynamik, die der Korruption höchst förderlich ist. Unter den Bedingungen einer systematischen Privatisierungspolitik und im Zuge der Öffnung der Arena postfordistischer Stadtpolitik für privatwirtschaftliche Akteure, darf die kriminelle Verflechtung politischer FunktionsträgerInnen und privater UnternehmerInnen nicht überraschen.

Mit all diesen strukturellen Kräften, die auf der lokalen Ebene wirken – von knappen öffentlichen Haushalten, stagnierenden Steuereinnahmen, über verstärkten Wettbewerb bis hin zu korrupten Formen der Vorteilnahme und -gabe – müssen die an den Privatisierungskonflikten beteiligten Akteure 'vor Ort' sich zunächst einmal 'arrangieren'. Und auch wenn keiner dieser Faktoren die Lokalpolitik *determiniert*, stehen PolitikerInnen wie Cornelia Reinauer und Antonio Villaraigosa in ihrer Alltagspolitik doch 'mit dem Rücken zur Wand'. Angesichts der aktuellen politischen Kräfteverhältnisse reduzieren sich ihre Möglichkeiten auf eine 'lokale Notstandverwaltung': Kürzen, Sparen, (Konter-)Reformieren und weiter Privatisieren sind die Folge.

> „[E]ven the most resolute and avantgarde municipal socialists will find themselves, in the end, playing the capitalist game and performing as agents of discipline for the very processes they are trying to resist." (Harvey 1989a: 5)

Am Ende wird unternehmerische Stadtpolitik – als verzweifelte Krisenlösungsstrategie – daher gerade auch von progressiven PolitikerInnen offensiv vorangetrieben. Die betriebswirtschaftliche Logik setzt sich unabhängig von Parteipolitik und Ideologie bis auf die Mikroebene der Quartierspolitik durch.

5.2 Der neoliberale Interventionsstaat

Neoliberale Politik wird oft als Deregulierung, Liberalisierung und als Rückzug des Staates aus ehemals öffentlichen Angelegenheiten beschrieben. Wo der keynesianische Interventionsstaat einst regulierend eingriff, so die herrschende Meinung quer durch das politische Spektrum, regieren nun die ungezügelten Kräfte von Angebot und Nachfrage. Die 'soziale Marktwirtschaft' würde zunehmend ersetzt durch die 'freie Marktwirtschaft' – 'frei' von planenden und regulierenden Eingriffen seitens staatlicher Instanzen.

In den beiden hier untersuchten Fallstudien ist das Gegenteil der Fall. Zwar werden mit den oben beschriebenen Entwicklungen starke ökonomische Handlungsrationalitäten eingerichtet und den Verhandlungs- und Entscheidungsspielräumen auf der lokalen Ebene enge fiskalpolitische Grenzen gesetzt. Doch die Stadtregierungen von Berlin und Los Angeles sind deswegen keinesfalls 'machtlos'. Auf der Grundlage und im Rahmen der neoliberalen Handlungslogik intervenieren sie in das urbane Umfeld, um die sozialen und wirtschaftlichen Verhältnisse in der Stadt aktiv zu gestalten. Dabei stellen sie gezielt günstige Bedingungen für die Verwertung privater Kapitale her, was keinesfalls gleichbedeutend ist mit einem Verschwinden des Staates. Im Gegensatz zu dem, was der Diskurs über den 'schlanken Staat' suggeriert, bleiben die lokalen Verwaltungen und Regierungen wichtige Akteure in der politischen Arena und zeichnen sich durch einen 'verstärkten lokalen ökonomischen Interventionismus' aus (Mayer 1996).

In den hier untersuchten Konfliktkonstellationen standen die involvierten Einzelkapitale, die von der Privatisierung der betreffenden Stadträume profitieren, gar nicht wirklich im Mittelpunkt der Auseinandersetzungen. In Los Angeles verhandelte der Investor Ralph Horowitz zwar mit lokalen PolitikerInnen und drohte mit gerichtlichen Klagen und Räumungsverfahren. Jedoch resultierte seine Initiative, das Grundstück der South Central Farmer unter seine Kontrolle zu bringen, überhaupt nur aus der Aufwertung des betreffenden Stadtraums im Rahmen des öffentlichen Infrastrukturprojekts Alameda Corridor. Nicht zufällig fallen seine Bemühungen um das Gartengelände zeitlich mit dem Ausbau der für den überregionalen Handel bedeutsamen Verkehrstrasse zusammen. Der konfrontativen Haltung des Investors ging also eine offensive öffentliche Standortpolitik voraus. Im Konflikt mit den South Central Farmern wiederum blieb Horowitz weitgehend im Hintergrund. Dieser wurde vor allem über die Abgeordnete des Bezirks South Central, über die Regional Foodbank und über den Bürgermeister Antonio Villaraigosa vermittelt. Auch die Polizei von Los Angeles spielte eine zentrale Rolle, setzte sie doch die (neuen) Eigentumsrechte des Investors durch die gewaltsame Räumung der Gärten faktisch durch. Das Interesse des Investors im Konflikt war klar und wurde kaum 'verhandelt' – er wollte die öffentliche Fläche eben profitabel nutzen. Die zentralen Auseinandersetzungen fanden vielmehr zwischen AnwohnerInnen, NutzerInnen, politischen Basisorganisationen und öffentlichen EntscheidungsträgerInnen statt: Welches öffentliche Interesse besteht am Erhalt der South Central Gardens? Und: Was ist das öffentliche Interesse? Die gewerbliche Nutzung der Grundstücke entlang des Alameda Corridor? Mehr Arbeitsplätze für South Central und Steuergelder für die öffentlichen Kassen? Oder eine Urban Farm, die den AnwohnerInnen einen kulturellen, sozialen und politischen Treffpunkt bietet? Entlang dieser Fragen blieb die Privatisierung und kommerzielle Bebauung des Grundstücks an der 41st Street bis zum Ende des Konflikts umstritten.

Das Paradigma neoklassischer Wirtschaftstheorie übersetzt sich also keinesfalls reibungslos in neoliberale Realpolitik. Während ersteres nahe legt, dass das reine Marktverhältnis zwischen nutzenmaximierenden Individuen das größte Allgemeinwohl hervorbringt (ausführlich zu Neoklassik und Neoliberalismus: Krätke 1999), bedarf es im politischen Alltag unzähliger Auseinandersetzungen und Argumente darum, was denn das Allgemeinwohl überhaupt sein könnte und wie es denn wohl erreicht werden soll. Sozialräumliche Konflikte werden auch im Neoliberalismus (offensichtlich) nicht unmittelbar zwischen den 'MarktteilnehmerInnen' ausgetragen – hier: zwischen den privaten Investoren und den NutzerInnen öffentlicher Räume –, sondern durch Interessengruppen, politische RepräsentantInnen, Verfahren und Verwaltungen vermittelt.

Im Fall des Sozialen Zentrums in Berlin gab es zum Zeitpunkt des Konflikts (noch) gar keinen privaten Interessenten, der mit der Initiative für ein Soziales Zentrum um die Nutzung der betreffenden öffentlichen Immobilien hätte konkurrieren können. Hier war es die öffentliche Hand selbst, die das Politikziel der Privatisierung formulierte – Privatisierung 'per se' als wünschenswert ansah – und im politischen Prozess die potentiellen Käufer und KäuferInnen gewissermaßen *simulierte*. Denn gegenüber der Initiative für ein Soziales Zentrum traten die zuständigen politischen EntscheidungsträgerInnen auf, als gäbe es bereits eine zahlungskräftige Nachfrage auf dem Immobilienmarkt. Das war aber gar nicht der Fall. Der Überschuss an öffentlichen Liegenschaften auf dem Berliner Immobilienmarkt ließ eher vermuten, dass die Aussichten auf eine lukrative Privatisierung alles andere als gut waren. Dennoch trieben die LokalpolitikerInnen in Friedrichshain-Kreuzberg das Privatisierungsprojekt aktiv voran. Dies ist unter anderem auf die im Zuge der New Public Management-Reformen durchgesetzte Ökonomisierung des lokalen Staates zurückzuführen. Auf der Grundlage des Foucaultschen Gouvernementalitätsbegriffs habe ich gezeigt, dass die Kürzungs- und Privatisierungspolitik nicht einfach nur im Sinne einer 'von oben' verordneten Richtlinie durchgesetzt – oder eben auch umgangen – wird, sondern dass die PolitikerInnen und MitarbeiterInnen der Stadt Berlin und des Bezirks Friedrichshain-Kreuzberg die betriebswirtschaftliche Logik aktiv als eigene Handlungsmaxime einbringen.

Verstehen wir unter dem Begriff des 'lokalen Staates' das Arrangement all jener staatlichen Institutionen, die auf der kommunalen Ebene 'physisch' präsent sind und die sozialen Beziehungen in der Stadt regulieren (Magnusson 1985; siehe auch Krätke/Schmoll 1987), dann kann weder in Berlin noch in Los Angeles die Rede davon sein, dass sich der lokale Staat zurückzieht. Weder die Einrichtung des Liegenschaftsfonds und die massive Privatisierung kommunaler Liegenschaften in Berlin noch der Bau des Alameda Corridor und der Verkauf der South Central Gardens in Los Angeles lassen sich treffend mit den Begriffen Deregulierung oder Liberalisierung beschreiben. Im Gegenteil: Der lokale Staat stellt die Markt- und Tauschbeziehungen bewusst her. Er initiiert die Privatisierung öffentlicher Güter und Räume, indem er diese den privaten InvestorInnen weit unter Marktwert anbietet und nicht-marktförmige Nutzungskonzepte planvoll – notfalls auch mit Polizeigewalt – ausschließt. Mehr und mehr konzentriert er sich auf 'produktive Aufgaben' und sich zieht sich gleichzeitig aus seinen 'reproduktiven Funktionen' zurück. Soziale Widerstände werden in diesem Prozess, wie beide Fallstudien zeigen, schon allein durch die nur scheinbar politikneutrale Durchsetzung von Eigentums- und Aufenthaltsrechten, Versammlungs- und Demonstrationsauflagen, auf der Grundlage von Spachbarrieren und durch bürokratische und formalpolitische Verfahren eingehegt und eingeengt. Wo sie sich nicht konstruktiv in den staatlich vermittelten Aushandlungsprozess inkorporieren lassen, sondern ein hohes Maß an Eigenständigkeit oder gar politischer Militanz an den Tag legen, werden sie eingeschüchtert, unterdrückt und aus dem politischen Feld gedrängt.

Dass der Staat sich unter den Bedingungen neoliberaler Globalisierung nicht zurückzieht, sondern als 'lokaler Interventionsstaat' aktiv Politik betreibt, lässt sich nicht nur empirisch beobachten, sondern auch theoretisch begründen. Zwar bietet diese Arbeit nicht den Rahmen, eine 'Staatstheorie des Neoliberalismus' auszuarbeiten, dennoch sollen einige zentrale Bezüge auf staatstheoretische Debatten zumindest skizziert werden.

Die Reproduktion der politischen Form des modernen Staates ist untrennbar mit der Aufrechterhaltung der kapitalistischen Akkumulation verbunden. Die unterschiedlichen Funktionen und Charakteristika, die dem Staat als 'realem Gesamtorganisator' (Agnoli 1995) der kapitalistischen Gesellschaft zukommen, wurden vor allem in den eng an Marx orientierten staatstheoretischen Debatten der späten 1960er und 1970er Jahre diskutiert.[2] Danach ist es eine zentrale Funktion des Staates, das *kapitalistische Gesamtinteresse* zu formulieren, um so die allgemeinen Produktionsbedingungen zu garantieren. Gerät die kapitalistische Akkumulation in die Krise, stehen die materiellen Reproduktionsbedingungen des 'Steuerstaates' selbst auf dem Spiel. Dies gilt auch für die lokale Ebene; umso mehr angesichts der zunehmenden Verlagerung staatlicher Kompetenzen und Wettbewerbspolitiken auf die subnationale Ebene bei gleichzeitiger Kürzung zentralstaatlicher Transferleistungen.

Gehen wir davon aus, dass die neoliberale Globalisierung räumlich-zeitliche und politisch-soziale Ungleichheiten hervorbringt, dann macht dies die 'Erfindung' lokal-spezifischer policies und deren ebenfalls lokal-spezifische Umsetzung erforderlich (Keil 1998: 623ff.). Die Institutionen, Regeln und Repräsentationsmechanismen, durch welche die lokalen Interessen- und Klassenkonflikte *unter der Maßgabe der Wettbewerbsfähigkeit* verhandelt werden können, werden in erheblichem Maße auf der Ebene der Stadtpolitik bereitgestellt. Die Rolle des Staates als 'realer Gesamtorganisator' wird unter den Bedingungen globaler Restrukturierungsprozesse – dem 're-scaling of politics' (Swyngedouw 1997; Brenner 2003) – auf lokaler Ebene also noch gestärkt. Roger Keil stellt daher fest: 'Globalization makes states' (Keil 1998). 'Local states', gilt es in diesem Zusammenhang hinzuzufügen.

> „[T]he entrepreneurial approaches to urban governance that have proliferated during the post-1979s period can be interpreted as significant expressions and catalysts

of 'glocalization strategies' orientated towards a fundamental rescaling of national space. In contrast to the project of national territorial equalization associated with Keynesian welfare national states, glocalization strategies promote the formation Glocalizing Competition State Regimes (GCSRs) in which a) significant aspects of economic regulation are devolved to subnational institutional levels and b) major socioeconomic assets are reconcentrated within the most globally competitive urban regions and industrial districts.“ (Brenner 2004: 450)

In diesem Sinne ist (auch) die Stadt ein lokaler Wettbewerbs- und Steuerstaat, der sich um günstige Standortbedingungen für private Unternehmen sorgen muss. Doch aus der allgemeinen Reproduktionserfordernis, die kapitalistische Verwertung aufrechtzuerhalten, lassen sich noch keine konkreten politischen Maßnahmen ableiten. Vielmehr muss das (lokale) kapitalistische Gesamtinteresse im politischen Prozess immer wieder neu ermittelt werden. Die ökonomische Verwertungslogik strukturiert das Feld staatlicher Politik vor, ohne es zu bestimmen. Die Ermittlung des kapitalistischen Gesamtinteresses lässt also nicht nur Raum für konflikthafte Dynamiken, sondern bringt diese selbst hervor und macht ihre politische Bearbeitung erforderlich. Dies gilt umso mehr beim Auftreten historischer Strukturbrüche, in denen sich etablierte und eingespielte Politikmechanismen und -muster auflösen und neu formieren, wie dies im Zuge der postfordistischen Transformationsprozesse der Fall ist.

Theoretisch gesprochen ist dies der Hauptgrund, weswegen auch der neoliberale Staat eine zentrale Rolle in der politischen Arena einnimmt. Indem sich die verschiedenen gesellschaftlichen Interessengruppen im staatlich vermittelten Konfliktaustragungsmodus aktiv aufeinander beziehen, konstituieren sie sich überhaupt erst als Akteure. Die globalen Restrukturierungsprozesse, die sich seit den 1970er Jahren mit der 'Krise des Fordismus' weltweit abspielen, machen staatliches Handeln nicht obsolet. Vielmehr vollzieht sich diese Restrukturierung überhaupt nur als Konsequenz staatlich-politischer Entscheidungen, d.h. 'in der' und 'durch die' staatlich-politische Aushandlung gesellschaftlicher Konflikte und der Etablierung neuer 'Spielregeln' für die temporäre Befriedung kapitalistischer Widersprüche.

In gewissem Sinne stellt 'der Staat' also als eine Art 'Feld' dar, auf dem die gegensätzlichen Interessen der unterschiedlichen gesellschaftlichen Gruppen verhandelt und ihre politischen und ökonomischen Konflikte ausgetragen, vermittelt und temporär befriedet (aber selten gelöst) werden. Ein solches Verständnis von Staatlichkeit legt freilich einen weiten Staatsbegriff nahe, der sich nicht nur auf die Regierung und die Staatsapparate im engen Sinne beschränkt. Ein solcher Ansatz findet sich in der neueren staatstheoretischen Diskussion vor allem bei Nicos Poulantzas (Poulantzas 1978).

> Poulantzas entwickelt einen Begriff des Staates „der beides verbindet: Klassenkampf und Klassenkompromisse einerseits, verstetigte Herrschaftsfunktion andererseits. Er verbindet beide Elemente der Analyse in der These, dass der kapitalistische Staat die materielle Verdichtung der Kräfteverhältnisse zwischen den herrschenden und beherrschten Klassen ist. Der Staat ist selbst eine Form von Klassenkampf, er agiert im Feld der instabilen Kompromissgleichgewichte für die Erhaltung der Herrschaft der bürgerlichen Klasse und die Hegemonie einzelner ihrer Fraktionen." (Demirović 2006b: 293)

Nimmt man Poulantzas' viel zitierte Formel vom Staat als 'materielle Verdichtung von Kräfteverhältnissen' beim Wort, so bedeutet das für die hier untersuchten Fallstudien: Die unterschiedliche Konfigurationen des lokalen Staates in Berlin und in Los Angeles weisen auf die jeweils ortsspezifischen Klassenkonflikte und -konstellationen hin. In gewissem Sinne verdoppeln sich die an den Konflikten beteiligten Akteure. Sie existieren zum einen als eigenständige und handelnde Akteure in der stadtpolitischen Arena. Die South Central Farmer, die Initiative für ein Soziales Zentrum in Berlin, der Investor Ralph Horowitz wie auch alle anderen beteiligten Gruppen und Personen gehören spezifischen lokalen Klassenfraktionen an und versuchen ihre gegensätzlichen Interessen im politischen Prozess gegeneinander durchzusetzen. Zum anderen haben diese Akteure die Strukturen des lokalen Staates und die Kräfteverhältnisse in den Staatsapparaten und öffentlichen Verwaltungen historisch mitgeprägt. In gewissem Sinne existieren sie also auch als Bestandteil der staatlichen Institutionen – sie haben dort ihren 'Abdruck' hinterlassen. Sie sind innerhalb der Strukturen und Verfahren präsent, in denen die staatlichen Aushandlungsprozesse stattfinden und deren Entscheidungen und Ergebnisse durch das staatliche Gewaltmonopol durchgesetzt werden.

Dass sich die politischen Entscheidungsverfahren und die bürokratischen Verwaltungsstrukturen zu Ungunsten der South Central Farmer und gegen die Initiative für ein Soziales Zentrum auswirkten, zeugt von der strukturellen und historischen Schwäche dieser beiden Akteure in ihren stadtpolitischen Arenen. Zwar konnten die South Central Farmer in der unmittelbaren politischen Konfliktsituation eine temporäre Stärke gewinnen, die ihnen die Verteidigung der Gärten über einen Zeitraum von drei Jahren ermöglichte; und die Berliner Initiative für ein Soziale Zentrum konnte der zuständigen Bezirksregierung vom Herbst 2003 bis zum Sommer 2004 mehrmonatige Verhandlungen abringen. Doch historisch und strukturell sind die Interessen dieser Gruppen kaum in die Formierung des lokalen Staates eingegangen. Stattdessen wurde dieser sowohl in Berlin als auch in Los Angeles stärker von Kapitalinteressen geprägt; sie konnten die Entscheidungsverfahren und Repräsentationsmechanismen und die formalen und informellen Verhandlungsstrukturen (historisch) zu ihrem Vorteil prägen. Dies ist ein wesentlicher Grund, weswegen beide Konflikte am Ende gegen eine 'Stadtpolitik von unten' entschieden wurden.

Der staatstheoretische Exkurs soll hier nicht weiter vertieft werden. Vor allem müsste eine weitergehende Diskussion empirisches Anschauungsmaterial zur Grundlage nehmen, in dem auch unterschiedliche Kapitalfraktionen in Konflikt miteinander stehen. Nur so können auch die aktuellen Kräfteverhältnisse und staatlich vermittelten Aushandlungsmodi zwischen konkurrierenden Kapitalen theoretisiert werden. Dies war bei den hier untersuchten Fallstudien aber nicht der Fall. Darüber hinaus müsste eine grundlegende Analyse der Veränderungen von Staatlichkeit unter den Bedingungen postfordistischer Restrukturierungsprozesse die aktuellen Verschiebungen des Verhältnisses zwischen Politik und Ökonomie noch stärker zum Gegenstand machen. Denn mit der tendenziellen Auflösung einer klaren Trennung zwischen öffentlicher und privater Sphäre – auf stadtpolitischer Ebene zum Beispiel in Form von *public private partnership*, *cross border leasing*, der Privatisierung ehemals staatlicher Kernbereiche, systematischen Verflechtungen zwischen öffentlichen EntscheidungsträgerInnen und Institutionen und privatwirtschaftlichen Interessen etc. – zeichnet sich möglicher Weise auch ein Wandel der politischen Form des Kapitalismus ab, der eine materialistische Staatstheorie vor völlig neue konzeptionelle Herausforderungen stellt. „Im Zentrum einer erneuten Diskussion (...) müsste deshalb die Frage stehen, ob die These von der Öffentlichkeit der Staatsgewalt im Kapitalismus allgemeine Gültigkeit beanspruchen kann." (Gerstenberger 2007: 194) Das alles kann hier, wie schon gesagt, nicht geleistet werden. Immerhin wird empirisch und theoretisch belegt, dass die starke Intervention und die gestaltende Politik des lokalen Staates strukturelle Gründe haben.

Daraus folgt schließlich eine wichtige Konsequenz für soziale Bewegungen: Bleibt der Staat ein zentraler Akteur, durch den sich die gegensätzlichen gesellschaftlichen Interessen überhaupt erst konstituieren, der sie bündelt und vermittelt, dann bildet er auch weiterhin den zentralen Ansprechpartner für soziale Widerstände und politische Proteste. Dass Staatlichkeit sich historisch wandelt, ändert daran nichts. Soziale Bewegungen müssen daher, ob sie wollen oder nicht, ein strategisches Verhältnis zum Staat entwickeln. Die Auseinandersetzung mit dem Staat zu verweigern, ihn als konstitutives und strukturierendes Merkmal bürgerlicher Gesellschaft zu ignorieren, wie dies beispielsweise bei John Holloway nahegelegt wird (Holloway 2006), ist analytisch falsch und politisch fatal. Nur im Staat und durch den Staat hindurch lassen sich Staat und Kapital als soziale Verhältnisse letztlich überwinden und durch einen 'Verein freier Menschen' (Karl Marx) ersetzen – so utopisch das an dieser Stelle auch klingen mag. Damit komme ich im nächsten Abschnitt zur Frage der sozialen Widerstände.

5.3 Soziale Widerstände und Freiraumpolitik

Sowohl für Berlin als auch für Los Angeles habe ich zu zeigen versucht, welche konkreten Mechanismen, Verfahren und Kräfteverhältnisse zur Privatisierung öffentlicher Räume führen und zugleich die alternative Nutzung des Stadtraums für soziale und basispolitische Projekte erschweren oder gar verunmöglichen. Die unterschiedlichen Konstellationen, die ich in diesem Zusammenhang aufgezeigt habe, sind über Jahre – wenn nicht über Jahrzehnte – gewachsen: Das betrifft Verwaltungsreformen und Verwaltungsrichtlinien, Budgetierungsverfahren, die Formierung lokaler Machtblöcke und politischer Kräfteverhältnisse, die Verankerung sozialer Bewegungen in Stiftungen und Universitäten und die polizeiliche Repression einer Stadtpolitik 'auf der Straße'. Allen diesen Faktoren liegen politische Entscheidungen und Auseinandersetzungen zu Grunde, die prinzipiell kontingent sind und sich beständig wandeln. Lokale Politik ist daher niemals durch die auf der nationalen und globalen Ebene entfesselten Kräfte des Marktes *determiniert*. Vielmehr ist sie im Prozess der oftmals chaotischen globalen Restrukturierung von Staaten und Märkten beständigen Veränderungen unterworfen.

Die sozialen Kämpfe, die diesen Prozess begleiten und ihn vorantreiben, sind in der Logik kapitalistischer Vergesellschaftung selbst angelegt. Sozialräumliche Konflikte um Wohnraum, Stadtplanung, kommunale Versorgungseinrichtungen, die Privatisierung öffentlicher Räume, Güter und Dienstleistungen usw. müssen, wie David Harvey es formuliert, als Teil des Akkumulationsprozesses des Kapitals und als Ausdruck von Klassenkämpfen interpretiert werden (Harvey 1989b). Eine Auseinandersetzung mit unternehmerischer Stadtpolitik, die die systemischen Triebkräfte und Widersprüchlichkeiten der gegenwärtigen Transformation des Städtischen erfassen will, darf daher nicht nur auf die Implementierung neoliberaler policies fokussieren. Stets muss sie auch die widerständigen Reaktionen auf diese Politik in den Blick nehmen

Vor diesem Hintergrund gewinnen städtische soziale Bewegungen erheblich an Bedeutung. Nicht nur, weil sie analytisch stets mitgedacht werden müssen, sondern auch als politische Akteure von Gewicht. Eine Stadtpolitik, die sich *nicht* primär an der 'in-Wert-Setzung' des Urbanen orientiert, wird derzeit kaum aus den lokalen Regierungen und Verwaltungen kommen. Zu tief ist die Privatisierungslogik in den Strukturen der unternehmerischen Stadt verankert, zu groß ist der 'realpolitische' Druck auf die formaldemokratischen Akteure. Eine politische Alternative wird nur durch den Protest außerparlamentarischer Akteure auf die Agenda gesetzt werden, und sie wird sich dabei *gegen* die Handlungsrationalitäten durchsetzen müssen, die gegenwärtig in der parlamentarischen und parteipolitischen Sphäre herrschen. Denn im Gegensatz zu ParteipolitikerInnen, Abgeordneten und Verwaltungsangestellten können außerparlamentarische Bewegungen zunächst einmal frei(er) von formalpolitischen Handlungsbedingungen agieren; ihre Politik darf einem 'utopischen Moment' folgen. Damit aber stellt sich die Frage, unter welchen Bedingungen die sozialen Widerstände gegen den Ab- und Umbau des Sozialstaates, gegen die Einführung von Workfare-Programmen, gegen Privatisierungspolitik, sozialräumliche Exklusion und staatliche Repression überhaupt Erfolg haben können.

Im Fall der South Central Farmer hat die Privatisierungspolitik der Stadtregierung den kollektiven Widerstand und die Mobilisierung auf der lokalen Ebene gestärkt. Nachdem die South Central Gardens von 1992 bis 2003 vor allem für Subsistenzwirtschaft und für soziale Funktionen genutzt worden waren, löste der Verkauf des Grundstücks eine starke Politisierung aus. Die Gärten wurden zum Mittelpunkt einer breiten grassroots-Kampagne. Die marginalisierte Gruppe migrantischer Farmer entwickelte sich für einen kurzen Moment zu einem mächtigen kollektiven Akteur. Erfolgreich sprengte die Gruppe die engen Grenzen ihrer ethnischen Community und brachte im Kampf für einen städtischen Freiraum unterschiedlichste politische und soziale Initiativen zusammen. Die ökologischen Anti-LANCER-Proteste aus den 1980er Jahren fanden in der aktuellen Auseinandersetzung um die South Central Gardens eine wichtige Fortsetzung. Offensichtlich befördert neoliberale Politik unter bestimmten Umständen den Kampf für *local citizenship* und fungiert als eine Art Katalysator für eine Stadtpolitik 'von unten'. Auch die Initiative für ein Soziales Zentrum in Berlin stand in der Kontinuität städtischer Basisbewegungen der 1970er, 1980er und 1990er Jahre. In vielerlei Hinsicht war sie von den Erfahrungen früherer BesetzerInnenbewegungen geprägt und wurde von deren AktivistInnen mitgetragen. Vor allem aber war sie ein lokaler Ausdruck der globalisierungskritischen Bewegung der 1990er Jahre und der aktuellen Proteste gegen den massiven Ab- und Umbau sozialstaatlicher Sicherungssysteme in Deutschland.

An den beiden Fallstudien wird deutlich, dass die neoliberale Rekonfiguration der stadtpolitischen und -ökonomischen Arena verschiedene 'Lösungen' findet, die sich aus den ortsspezifischen institutionellen Arrangements und politischen Kräfteverhältnissen ergeben. Daher stehen soziale Bewegungen von Ort zu Ort vor ganz unterschiedlichen Problemen. Für die hier untersuchten Fälle gilt, dass sich die US-amerikanische Variante der Privatisierung öffentlicher Räume in Los Angeles – trotz aller undurchsichtigen 'Deals' zwischen den LokalpolitikerInnen und Investoren – relativ leicht mit verantwortlichen EntscheidungsträgerInnen und wirtschaftlichen Interessen identifizieren lässt. Dies eröffnet grassroots movements und OppositionspolitikerInnen die Möglichkeit, konkrete Akteure mit ihren unmittelbaren Interessen zum Thema der öffentlichen Debatte zu machen. Die Kehrseite dieser öffentlichkeitswirksamen Fokussierung auf konkrete Personen ist eine verkürzte Kritik, die über systemische Kräfte und strukturelle Ursachen neoliberaler Stadtpolitik leicht hinwegsieht und diese stattdessen in die privaten Interessen von Individuen hineinverlegt.

Im Vergleich dazu war der Berliner Fall von einer starken städtischen Verwaltungsstruktur und einem komplexen lokalen Regierungssystem geprägt. In der Folge wurde der Konflikt stärker 'entpersonalisiert', doch wirkte sich dies nicht unbedingt zum Vorteil der Initiative für ein Soziales Zentrum aus. Denn die im Zuge von New Public Management (konter-)reformierten Berliner Verwaltungen begünstigen eine hermetisch abgedichtete Privatisierungspolitik. Diese bietet kaum noch Angriffsflächen für progressive PolitikerInnen und soziale Bewegungen. Die bürokratische Variante der Privatisierungspolitik gibt sich tendenziell unpolitisch, interessen- und subjektlos und (pseudo-)wissenschaftlich. Hier wird der neoliberale Umbau gegen jede Form von Kritik, Protest und Diskussion immunisiert. Wenn dies über den hier untersuchten Berliner Fall hinaus verallgemeinerbar ist und als Merkmal neoliberal 'modernisierter' Verwaltungen gelten kann, dann ergeben sich daraus schwerwiegende Konsequenzen für städtische soziale Bewegungen und für Privatisierungskämpfe in der Zukunft. Vergleicht man die hier untersuchten Fälle, so scheint es fraglich, ob die 'europäischen Stadt' für soziale Bewegungen ein günstigeres politisches Feld darstellt als 'die US-amerikanische Metropole'.

Hypothesenartig können vier Tendenzen identifiziert werden, die sich jeweils ortsspezifisch ausformen und das Terrain prägen, auf dem städtische soziale Bewegungen heute agieren müssen:

- Globalisierungsprozesse übersetzen sich lokal in einen erhöhten ökonomischen Druck. Die Reproduktion 'des Urbanen' hängt unmittelbar von einer erfolgreichen Kapitalverwertung auf lokaler Ebene ab. Damit werden marktferne Bereiche zunehmend dem Diktat von Kapital und Profit unterworfen. Die Wurzeln dieses Prozesses lassen sich auf die Logik der kapitalistischen Stadt selbst zurückführen. Dementsprechend befördern sie grundlegende Konflikte um die Exklusion und Inklusion entlang der kapitalistischen (Neu-)Vermessung des urbanen Raums.

- Der ökonomische Druck wird in politischen Aushandlungsstrukturen und verwaltungstechnischen Verfahren institutionalisiert und durch diese wirksam. Damit etabliert sich in der unternehmerischen Stadt eine betriebswirtschaftliche Handlungslogik, die unabhängig von den parteipolitischen Überzeugungen und Präferenzen individueller EntscheidungsträgerInnen funktioniert. Soziale Bewegungen, die im Kontext aktueller Privatisierungskämpfe für städtische Freiräume eintreten, sind in der politischen Arena zunehmend strukturell benachteiligt; oder genauer gesagt: noch stärker benachteiligt, als sie es eh schon waren.
- Je stärker sich unternehmerisches Handeln als neues stadtpolitisches Paradigma durchsetzt, und je weiter die Privatisierung und Kommerzialisierung des Stadtraums fortschreiten, desto tiefer wirkt dies auch auf der Ebene symbolischer Politik. Der Stadtraum ist immer auch eine Bühne, auf der sich legitime Interessen, Erzählungen und Akteure darstellen können. Wenn alternative Projekte jenseits von Ausschluss und Eigentum aus dem öffentlichen und öffentlich-wahrnehmbaren Raum gedrängt werden, verschwinden sie ebenso aus der politischen Vorstellungskraft breiter Teile der Bevölkerung. Damit wird ihre Durchsetzungskraft weiter geschwächt; es sinken die Chancen, Freiräume – im Sinne von öffentlichen Räumen frei jedes Verwertungsdrucks – zu erkämpfen und zu behaupten.
- Progressive LokalpolitikerInnen und sozialistisch oder sozialdemokratisch regierte Städte und Kommunen entsolidarisieren sich tendenziell mit außerparlamentarischen Gruppen und Projekten. Unter den hier skizzierten Bedingungen – enge fiskalpolitische Entscheidungsspielräume und starke ökonomische Handlungsrationalitäten – erscheinen gerade linksradikale Gruppen und Bündnisse eher als Bedrohung und Konkurrenz denn als Verbündete der parlamentarischen Linken. Der öffentlich wirksamen und politisch engagierten Forderung nach einem öffentlichen Raum 'umsonst' kann kaum stattgegeben werden – selbst wenn sie für sich genommen haushaltstechnisch kein Problem darstellt –, könnte dies doch zu einem 'Präzedenzfall' für andere Initiativen werden.

Zwar lassen sich aus diesen vier Tendenzen noch keine allgemeinen 'Politikempfehlungen' für städtische soziale Bewegungen ableiten, doch ergeben sich aus den Befunden dieser Arbeit eine Reihe weiterer Aspekte, die für eine 'Politik von unten' von Relevanz sind. Manuell Castells weist in diesem Zusammenhang auf drei entscheidende Momente hin, an denen sich die Frage entscheidet, ob eine soziale Bewegung erfolgreich Einfluss auf ihr stadtpolitisches Umfeld zu nehmen vermag (Castells 1983).

- Schafft es eine städtische Bewegung, ihre partikularen Anliegen mit den zu Grunde liegenden politischen und ökonomischen Ursachen und Wirkungszusammenhängen in Verbindung zu setzen?
- Gelingt es ihr Bündnisse aufzubauen, in die andere stadtpolitische Gruppen und Organisation über die eigene unmittelbare Forderung hinaus eingebunden werden?
- Vermag sie mehrere grundlegende Wirkungszusammenhänge (Armut, Umweltzerstörung, Nationalismus) miteinander in Bezug zu setzen und politische Forderungen mit universellem Anspruch zu formulieren?

Diese recht allgemeinen Bedingungen einer erfolgreichen außerparlamentarischen Bewegungspolitik müssen, wie wir gesehen haben, unter jeweils spezifischen Umständen konkretisiert werden. Der Vergleich der South Central Farmer mit der Initiative für ein Soziales Zentrum in Berlin lässt dabei auf eine Reihe weiterer Aspekte schließen, die unter den gegenwärtigen stadtpolitischen Bedingungen von Bedeutung sind.

So benötigen soziale Bewegungen einen physischen Raum, um sich erfolgreich zu organisieren. Face-to-face-Kommunikation ist ein wichtiger infrastruktureller Aspekt. Sie stärkt das Zusammengehörigkeitsgefühl und das Engagement der AktivistInnen, erleichtert die Ansprechbarkeit nach außen und die Vernetzung mit anderen Gruppen. Moderne und dezentrale Kommunikationsstrukturen via E-Mail und Internet können sozialen Bewegungen große Dienste leisten, Kohärenz und Kontinuität vermögen sie allerdings nicht herzustellen. Dazu braucht es 'reale' Gruppendynamiken. Die physische Aneignung und Nutzung öffentlicher Räume ist also zentral für jede städtische Bewegung. Zudem trägt diese auf einer symbolpolitischen Ebene dazu bei, alternative Ideen und Projekte – und die Menschen, die für sie eintreten – im städtischen Alltag sichtbar zu machen.

Darüber hinaus hängt die Durchsetzungsfähigkeit sozialer Bewegungen davon ab, ob es ihnen gelingt, das stadtpolitische Feld aktiv mitzugestalten, und ob sie auf die lokalen Kräfteverhältnisse und auf die materiellen Verfahren der politischen Verhandlung und Entscheidung Einfluss nehmen können. Dies ist freilich ein schwieriges Unterfangen, kommen den außerparlamentarischen Akteuren doch zunehmend die parlamentarischen AnsprechpartnerInnen abhanden – sollten sie jemals da gewesen sein. Und das oben ausführlich diskutierte Moment der Konkurrenz zwischen linken Parteien (in der Regierungsverantwortung) und außerparlamentarischen Gruppen (in der Opposition) birgt gerade in der unternehmerischen Stadt eine kaum zu unterschätzende Dynamik. Die ökonomische Handlungsrationalität wirkt unabhängig von Parteizugehörigkeiten und Weltanschauungen und zieht eine klare Grenze zwischen formalpolitischen Akteuren einerseits und kritischen Kräften außerhalb des Parlaments andererseits.

Auch die für den Neoliberalismus typische Stärke der Kooption sozialer Bewegungen ist in diesem Kontext von Bedeutung. Die Wandlung des städtischen Politikfeldes und seine Öffnung für neue Akteure bietet neue Partizipationschancen – und erzeugt dabei einen realpolitischen Anpassungsdruck: Stadtteilgruppen und Organisationen, die als soziale Dienstleister, Experten oder Partner am Runden Tisch in die Stadtplanung und die politischen Entscheidungsprozesse einbezogen werden wollen, dürfen sich bei städtischen Protesten nicht allzu weit aus dem Fenster lehnen; vor allem, wenn sie für ihre Arbeit öffentliche Gelder erhalten. Mit dem Trend zur Professionalisierung nimmt auch die Fragmentierung zwischen den Gruppen zu, die sich außerhalb von Parlament und Partei stadtpolitisch engagieren, denn „häufig wollen die inzwischen professionalisierten, institutionalisierten oder 'unternehmerischen' Bewegungsorganisationen, die jetzt von der formalisierten Zusammenarbeit mit dem lokalen Staat profitieren, nichts mit jungen Besetzergruppen oder kulturellen Aktivisten zu tun haben." (Mayer 1998b: 267)

Im Umgang mit außerparlamentarischen Gruppen lösen die neuen Formen von *urban governance* im Sinne einer Vielfalt foucaultscher Regierungstechniken, die bis auf die Quartiersebene wirken (siehe etwa Heeg/Rosol 2007), die klassischen Mittel staatlicher Repression allerdings nicht ab, sondern ergänzen diese 'nur'. Das Maß an Repression, mit dem der lokale Staat auf außerparlamentarische Widerstände reagiert, entscheidet sich dabei vor allem an der Eigentums- und Militanzfrage. Denn der 'weiche' Neoliberalismus basiert auf einem 'harten' Eigentumsregime. Wo dieses von sozialen Bewegungen effektiv – oder auch nur symbolisch – in Frage gestellt wird, erfolgt weiterhin die Disziplinierung durch die harte Hand des staatlichen Gewaltapparates. Das wurde in beiden Fallstudien sehr deutlich. Gerade der Fall der South Central Farmer ist ein Beispiel dafür, dass auch überaus erfolgreiche außerparlamentarische Kampagnen letztendlich an der unausgesprochenen Prämisse unternehmerischer Stadtpolitik (oder gar:

der kapitalistischen Stadt) scheitern: am Vorrang privater Eigentumsrechte vor kollektiven Bedürfnissen im Sinne einer klassischen 'non-decision'. Radikale städtische Bewegungen, die sich nicht als politische Partner am Runden Tisch, sondern als antagonistischer Gegenpol zur herrschenden Ordnung verstehen, stellt dies vor ein Dilemma. Denn einerseits provoziert der neoliberale Konsens innerhalb der formalpolitischen Institutionen außerparlamentarische Proteste. Andererseits wird gerade diese 'Unversöhnlichkeit' mit einer Kriminalisierung und einem Ausschluss aus dem legitimen politischen Feld geahndet. Eine zentrale Herausforderung für soziale Bewegungen besteht daher darin, die noch existierenden Freiräume gegenüber staatlicher Repression zu sichern und auszuweiten; dies gilt insbesondere für Bewegungen, die (auch mit Mitteln wie Besetzungen und zivilem Ungehorsam) an grundsätzlichen Forderungen festhalten. Das kann freilich kaum im Dialog mit den Gewaltapparaten selbst geschehen, ohne dabei die relative Autonomie außerparlamentarischer Proteste zu gefährden.[3]

Trotzdem – oder gerade deswegen –, so ließe sich argumentieren, hängt das Organisations- und Mobilisierungspotential außerparlamentarischer Gruppen davon ab, inwieweit sie sich in Stiftungen, Stadtteilorganisationen, Universitäten und anderen gesellschaftlich relevanten Institutionen verankern können – und zwar *zusätzlich* zu ihrem originären Aktionsrepertoire, also zusätzlich zu Öffentlichkeitskampagnen, Demonstrationen, direkten Aktionen, zivilem Ungehorsam etc. Der Fall der South Central Farmer, die bei ihrer Kampagne stark von der sozialen Infrastruktur des 'progressive L.A.' profitierten, ist ein gutes Beispiel dafür. In Los Angeles haben Basisinitiativen, Stadtteilgruppen und Teile der Gewerkschaften seit den 1980er Jahren offensiv die politische Auseinandersetzung um institutionelle Hegemonie gesucht und dabei eigene Institutionen und feste Gruppen-, Multiplikator- und Kommunikationsstrukturen aufgebaut. Sicherlich bleibt der Balanceakt zwischen Widerstand, Kooperation und Kooption stets prekär. Doch letztlich hängt die Stärke oppositioneller Bewegungen davon ab, inwieweit es ihnen gelingt, die Kräfteverhältnisse auf lokaler Ebene zu Gunsten außerparlamentarischer Akteure zu verschieben – und damit im Übrigen auch dissidenten PolitikerInnen den Rücken zu stärken.

Dass die ökonomischen Handlungsrationalitäten in der unternehmerischen Stadt auf verschiedenen, eng miteinander verflochtenen Politikebenen entstehen, stellt städtische soziale Bewegungen schließlich vor eine weitere Herausforderung. Sie müssen die spezifischen Akteure, Institutionen, Regeln und Normen auf lokaler Ebene identifizieren, die für ihre städtischen Kämpfe relevant sind. Darüber hinaus müssen sie ihre Proteste und Forderungen möglicherweise aber auch auf regionaler und gar nationaler und globaler Ebene artikulieren, um erfolgreich Einfluss auf das Politikfeld Stadt zu nehmen (vgl. Nicholls/Beaumont 2004). Dazu sind unterschiedliche Strategien erforderlich, die möglicherweise eine Kooperation in verschiedenen lokalen, regionalen und internationalen Bündnissen erfordern. Soziale Bewegungspolitik in der unternehmerischen Stadt ist also hoch komplex und geht weit über die lokale Ebene hinaus. Wenn sie erfolgreich sein will, muss sie zu einem widerständigen Spiegelbild der globalisierten Kräfte und Akteure der neoliberalen Globalisierung selbst werden.

5.4 Fazit

Mit der unternehmerischen Rekonfiguration der städtischen Politikarena ist eine Dynamik entstanden, die den öffentlichen Raum unmittelbar nach kapitalistischen Verwertungskriterien reorganisiert. Während die Regulation der gesellschaftlichen Widersprüche in der fordistischen Stadt oftmals über die Gewährleistung marktferner Bereiche funktionierte, führen die Krisenprozesse und Restrukturierungsstrategien der vergangenen drei Jahrzehnte zu einer Expansion des Kapitals in die innersten Nischen der Gesellschaft. In den hier untersuchten Fallbeispielen wurde deutlich, dass die 'soziale Stadt Berlin' der 'US-amerikanischen Metropole Los Angeles' in dieser Hinsicht (leider) in nichts nachsteht – sowohl in Berlin als auch in Los Angeles führt unternehmerische Stadtpolitik derzeit zu einer radikalen Redefinition des öffentlichen Raums. Dabei lässt sich die 'in-Wert-Setzung' des Stadtraums mit dem Begriff der 'Privatisierung' nur teilweise erfassen. Nur zu oft können die betreffenden Stadträume unter den Bedingungen eines 'introvertierten Imperialismus' (Narr 2003) gar nicht klar einer der beiden Kategorien 'privat' oder 'öffentlich' zugeordnet werden. Vielleicht ließen sich die hier untersuchten Konflikte in Berlin und in Los Angeles sogar treffender als (kapitalistischer) Widerspruch zwischen der 'Allmende' und der 'Individualisierung von Besitz und Eigentum' beschreiben. Die Privatisierung der South Central Farm wäre dann eine moderne Form der *enclosure of the commons*, deren historische Vorläufer Karl Polanyi in *The Great Transformation* beschrieben hat (Polanyi 1990). Hier wurde ein marktferner Raum der gemeinschaftlichen und gebrauchswertorientierten Nutzung entzogen und stattdessen der Logik von Ausschluss, Eigentum und Tauschwert unterworfen – gleichzeitig wurden die kollektiven NutzerInnen dieses Raums aktiv proletarisiert, indem man ihnen ihre Subsistenzbasis entzog. Historisch ist dies der gewaltförmige Prozess, durch den die Grundvoraussetzungen für kapitalistische Produktion, ja für kapitalistische

Vergesellschaftung überhaupt hergestellt wurden. Offensichtlich vollzieht sich dieser Prozess bis heute – selbst in den kapitalistischen Metropolen – immer wieder von neuem.

In diesem Sinne ist die Privatisierung öffentlicher Räume auch kein Selbstzweck, wie der Ausdruck es manchmal suggeriert. Treibende Kraft in diesem Prozess ist die profitorientierte Nutzung der betreffenden Räume. Zu diesem Zweck müssen sie zunächst mit privaten Eigentumstiteln und exklusiven Nutzungsrechten belegt werden. Denn erst als privater Raum kann der Stadtraum unmittelbar in den Kreislauf der Kapitalakkumulation eintreten und Revenuen für ein privates Kapital produzieren. Umgekehrt bedeutet das: Die Existenz einer Allmende hängt davon ab, ob sie vor der Logik des Privateigentums geschützt werden kann. Dabei kommt der öffentlichen Hand eine wichtige Rolle zu.

Die Folge der Tendenz hin zur Privatisierung des Öffentlichen sind neue Mikrokonflikte um die Aneignung und Nutzung des städtischen Raums: Lokale Klassenkonflikte flammen auf, die sich an der Frage entzünden, wer den öffentlichen Raum zu welchem Zweck nutzen und andere von seinem Gebrauch ausschließen darf. Entscheidend für die Frage, wie spezifische Stadträume genutzt werden und wer die Regeln für diese Nutzung definiert, ist dabei nicht so sehr die statische Einordnung des Raums in die Dichotomie 'privat' versus 'öffentlich', sondern der funktionale Wert, den die BewohnerInnen, PolitikerInnen und Interessenverbände spezifischen Stadträumen zumessen. Die soziale Bedeutung eines Ortes und die Herstellung eines lokalen Konsenses über einen spezifischen Raum und dessen Nutzungen geraten zum politischen Konflikt (Sambale/Veith 1998: 40f.).

Zwar stößt der starke Privatisierungsdruck in der unternehmerischen Stadt auf vielfältige soziale Widerstände, doch haben diese derzeit einen schweren Stand. Die AnwohnerInnen, Stadtteilgruppen und Bürgerinitiativen, die sich gegen eine Unterwerfung 'ihres Stadtraums' unter das Diktat der Kapitalverwertung sträuben, sind gegenüber privatwirtschaftlichen Akteuren strukturell benachteiligt. Dies gilt umso mehr, als die Ursachen für die sozialräumlichen Konflikte letztlich in den globalen Strukturen der kapitalistischen Gesellschaft selbst angelegt sind. Der lokale Staat agiert mit seiner Privatisierungspolitik vor dem Hintergrund fiskalpolitischer Herausforderungen und regionaler und globaler Wettbewerbsbedingungen, deren Ursachen außerhalb der lokalen Handlungsreichweite liegen. Damit stellt sich die Frage, wie groß die Veränderungsmöglichkeiten im Hinblick auf eine alternative Stadtpolitik eigentlich sind, wenn das Fundament der kapitalistischen Gesellschaft nicht zur Debatte steht. Manuel Castells kam am Ende seiner epochalen Arbeit über *The City and the Grassroots* zu einer geradezu frustrierenden Einsicht: „Urban movements do address the real issues of our time, although neither on the scale nor terms that are adequate to the task." (Castells 1983: 331) Einerseits hatte Castells mit diesem skeptischen Hinweis sicher recht. Andererseits konnte er sich, als er 'The City and the Grassroots' Anfang der 1980er Jahre vor dem Erfahrungshintergrund der rebellischen 1960er und 1970er Jahre verfasste, wahrscheinlich kaum vorstellen, dass es nur kurze Zeit später darum gehen würde, überhaupt nur den physischen Freiraum zu erkämpfen, den Basisproteste benötigen, um sich zu organisieren. Vor diesem Hintergrund sind die Ansprüche an städtische soziale Bewegungen heute vielleicht bescheidener als zu Beginn der neoliberalen Ära.

Auch in anderer Hinsicht bleibt die Formierung radikaler und außerparlamentarischer Proteste auf lokaler Ebene stets ein ambivalentes und prekäres Projekt. Selbst wenn AnwohnerInnen und Basisinitiativen 'ihren' Stadtraum erfolgreich gegen neoliberale Stadtpolitik verteidigen, ist noch lange nicht gesagt, dass sich daraus auch emanzipative städtische soziale Bewegungen entwickeln. Denn lokale solidarische Ökonomien, Tauschringe, Community Gardens, alternative Hausprojekte und selbst militante Hausbesetzungen sind oftmals kapitalismuskompatibler, als es auf den ersten Blick scheint. Letztlich ist die Gretchenfrage also eine alte: Schaffen es die städtischen sozialen Bewegungen über ihre einzelnen Anliegen hinaus, eine theoretische und praktische Kapitalismuskritik zu entwickeln? Gelingt es ihnen, diese radikale Kritik über die (scheinbar) geographischen, thematischen und ethnischen Grenzen der Stadtpolitik hinaus in eine starke Bündnispolitik und in eine kollektiv gelebte und sichtbare Alltagspraxis zu übersetzen? Wenn dies der Fall ist, können sie über sich selbst hinauswachsen. Oder, um noch einmal Castells zu zitieren: „Urban movements produce (...) new historical meaning (...) by nurturing the embryos of tomorrow's social movements within the local Utopias." (Castells 1983: ebd.) Dass sich in den hier untersuchten Fallstudien keines der lokalen Basisbündnisse gegen die unternehmerische Stadtpolitik durchzusetzen vermochte, zeugt allerdings davon, wie weit soziale Bewegungen derzeit noch – oder wieder? – von einer solchen Utopie entfernt sind.

Ob urbane Proteste kraftlos versiegen, ob sie stadtpolitisch inkorporiert und befriedet oder repressiv zerschlagen werden oder ob sie Multiplikatoreffekte erzeugen und sich radikalisieren und ausweiten, ist freilich vorab niemals zu beantworten. Für die Dynamik sozialer Kämpfe gibt es keine 'Wettervorhersage'. Zentral ist daher die Frage, ob eine soziale Bewegung die Anknüpfungspunkte für eine radikale Gesellschaftskritik und für ein emanzipatives und herrschaftskritisches Projekt in sich trägt. Ob diese Anknüpfungspunkte dann aufgegriffen werden und zur Geltung kommen, hängt von den konkreten sozialen Organisationsprozessen ab. Dafür gilt es die Bedingungen zu schaffen. Bei den gegenwärtigen Kämpfen gegen die Privatisierung und 'in-Wert-Setzung' öffentlicher Räume – seien es nun Gemeinschaftsgärten, Soziale Zentren oder öffentliche Parks und Plätze – geht es daher immer auch darum, die physischen Freiräume zu erhalten und auszuweiten, damit soziale und politische Dikussions-, Organisations- und Aneignungsprozesse überhaupt stattfinden können. Das Fazit des 'spatial turn' der kritischen Stadtforschung gilt daher nicht nur für die Erforschung sozialer Konflikte, sondern auch für den städtischen sozialen und alltäglichen Widerstand selbst: Space matters!

Anmerkungen

1 Einleitung

1 Siehe Berliner Zeitung, 26. Mai 2006, S. 8.

2 Eine umfassende Dokumentation der Privatisierungspolitik in Europa leistet das Netzwerk 'Privatisierung & Öffentliche Güter' der Rosa-Luxemburg Stiftung (PÖG). Im Jahresbericht 2006 des PÖG heißt es: „Der Trend zur Kommerzialisierung und Privatisierung hat sich im Jahr 2006 in allen nur erdenkbaren Sektoren fortgesetzt (Wertschätzung für Europa in 2006 ca. 40 Mrd. Euro mit Fokus in Finanzen, Industrie, Transport). Dabei steht die BRD unter der großen Koalition an der Spitze der Privatisierungsaktivitäten." (Nuss/Rilling 2006: 3)

3 Zum Begriff der Krise und insbesondere zur Marx'schen Krisentheorie siehe die Arbeiten von Elmar Altvater (vor allem: Altvater 1983) und Michael Heinrich (Heinrich 1999: 311ff.).

4 Zu recht wird die von den unterschiedlichen regulationstheoretischen Strömungen vorgeschlagene Periodisierung des gegenwärtigen Kapitalismus in eine fordistische Phase und in eine in den 1970er Jahren einsetzende 'postfordistische Restrukturierung' oft als zu schematisch kritisiert. Leicht sieht sie über die vielen regionalen und historischen Besonderheiten hinweg, die den Kapitalismus des 20. Jahrhunderts gekennzeichnet haben. Andererseits jedoch schärft die regulationstheoretische Periodisierung den Blick für gesellschaftliche Umwälzungen und die damit einhergehenden Veränderungen von Macht- und Herrschaftsbeziehungen.

5 Über zwei Jahrzehnte lang ging es dabei vor allem um die Metropolen Europas und Nordamerikas. Erst in jüngster Zeit geraten auch Städte im 'globalen Süden' zunehmend in den Blick der kritischen Stadtforschung (Robinson 2002).

6 Nicht alle im Folgenden erwähnten Arbeiten beziehen sich auf den Global City-Ansatz oder auf das Konzept der unternehmerischen Stadt. Gemeinsam ist ihnen jedoch, dass sie den sozialräumlichen Wandel in Großstädten unter den Bedingungen der Globalisierung als Prozess der Zunahme sozialer Ungleichheit, Fragmentierung und Exklusion charakterisieren.

2 Der Konflikt um das Soziale Zentrum in Berlin

1 Projektinterview mit Bernhard Feder, felS und Initiative für ein Soziales Zentrum, 1. Juni 2004.

2 Indymedia (2002): Soziales Zentrum Berlin, Nachruf, 7. Juni 2002; http://www.stressfaktor.squat.net/2002/berlin_10.html (Zugriff am 28.11.2006).

3 Die Verfahren wurden ausnahmslos eingestellt, da ein 'Einbruch' in eine Privathaus ohne Gewaltanwendung definitionsgemäß gar keinen Landfriedensbruch darstellen kann (siehe StGB §125). Dass die Anzeigen überhaupt ergingen, obwohl die Einstellung der Verfahren von vorne herein absehbar war, lässt darauf schließen, dass Verdi offiziell keine Anzeige wegen Hausfriedensbruchs stellen wollte, die Berliner Polizei aber dennoch ermitteln oder zumindest Druck auf die linke Szene ausüben wollte – und als Rechtsgrundlage dafür eine Anzeige benötigte.

4 Indymedia (2002): Soziales Zentrum Berlin, Nachruf, 7. Juni 2002; http://www.stressfaktor.squat.net/2002/berlin_10.html (Zugriff am 28.11.2006).

5 Sozialforum Berlin (2004): Chronologische Übersicht zu den Verhandlungsschritten – Juli 2003 bis Januar 2004; http://www.sozialforum-berlin.de (Zugriff am 14.10.2004)

6 Ebd.

7 Siehe Indymedia (2003): Besetzung für ein Soziales Zentrum Berlin, 9.10.2003, http://germany.indymedia.org/2003/10/63139.shtml (Zugriff am 28.11.2006); sowie taz, 13. Oktober 2003, S. 21 und Neues Deutschland, 11. Oktober 2003.

8 taz, 3. November 2003, S. 21.

9 Der Tagesspiegel, 13. Dezember 2003.

10 taz, 13. Oktober 2003, S. 21.

11 taz-Interview, 13. Oktober 2003, S. 21.

12 Berliner Zeitung, 3. September 2004, S. 28.

13 Siehe Senatsverwaltung für Finanzen, Presseerklärung vom 23. November 2004: Zwischennutzung leerstehender Gebäude, http://www.berlin.de/senfin/Presse/Alt/231104.html (Zugriff am 3.6.2005)

14 Ebd.

15 Siehe Indymedia (2005): Berlin: Busfahrt für ein soziales Zentrum, 4. März 2005, http://germany.indymedia.org/2005/03/108399.shtml (Zugriff am 28.11.2006), sowie taz, 4. März 2005, S. 22.

16 Die Offene Universität (OUBS) ist ein aus dem Studierendenstreik 2003/2004 hervorgegangenes und seitdem von Studierenden selbstverwaltetes Projekt mit einem eigenen Gebäude auf dem Campus der Humboldt-Universität Berlin. Siehe: http://www.offeneuni.tk (Zugriff am 28.11.2006)

17 Schreiben der Bezirksbürgermeisterin an die Initiative für ein Soziales Zentrum vom 20. Juni 2005.

18 Die Europäischen Aktionstage gegen den Sozialabbau und die europaweite Mobilisierung zu Großdemonstrationen waren ein Ergebnis des Europäischen Sozialforums 2003, das im November 2003 in Paris stattfand. Die Abschlusserklärung mit dem Aufruf der Versammlung der sozialen Akteure und Bewegungen vom 16. November 2003 findet sich online unter http://www.alle-gemeinsam-gegen-sozialkahlschlag.de/esf2003.htm (Zugriff am 28.11.2006)

19 Berliner Zeitung, 5. April 2004, S. 3.

20 Das im Winter 2003/2004 gegründete Aktionsnetzwerk ACT! ist ein Zusammenschluss aus vier Berliner Gruppen aus dem linksradikalen Spektrum: der Antifaschistischen Linken Berlin (ALB), Für eine linke Strömung (felS), Autopool und Subversive Internationale (SI). Siehe: http://act.so36.net (Zugriff am 28.11.2006)

21 http://kanalb.org/media/spezial-3._april_2004/2004-04-03-impress.ram (Zugriff am 28.11.2006)

22 Ebd.

23 http://kanalb.org/media/spezial-3._april_2004/2004-04-12-alles.ram (Zugriff am 28.11.2006)

24 Die 'Freie Arbeiter und Arbeiterinnen-Union' (FAU) ist eine anarcho-syndikalistische Gewerkschaftsföderation von lokalen Syndikaten und Gruppen. Siehe http://www.fau.org (Zugriff am 28.11.2006)

25 Die Kampagne, an der zahlreiche Berliner Gruppen beteiligt sind, wurde im Frühjahr 2003 ins Leben gerufen. Inzwischen gibt es eine Reihe ähnlicher Kampagnen in mehreren bundesdeutschen Städten. Siehe: http://www.berlin-umsonst.tk (Zugriff am 28.11.2006)

26 Siehe http://www.postpessimist.net (Zugriff am 28.11.2006)

27 Die Gruppe 'Avanti' ist eine vor allem im Norddeutschland aktive Gruppe aus dem sozialrevolutionären Spektrum. Siehe http://www.avanti-projekt.de (Zugriff am 28.11.2006)

28 Die Kampagne für Legalisierung setzt sich – wie der Name schon sagt – vor allem für die Rechte illegalisierter MigrantInnen ein: http://www.rechtauflegalisierung.de (Zugriff am 28.11.2006)

29 Der Deutsche Industrie- und Handelskammertag (DIHT) ist die Dachorganisation der 81 deutschen Industrie- und Handelskammern.

30 Der Bundesverband der Deutschen Industrie (BDI) ist der Spitzenverband der deutschen Industrie. Seine Mitglieder sind die 35 industriellen Branchenverbände.

31 Bundesvereinigung der deutschen Arbeitgeberverbände.

32 http://de.indymedia.org/2004/04/79099.shtml (Zugriff am 5.9.2004)

33 http://kanalb.org/media/spezial-3._april_2004/2004-04-12-alles.ram (Zugriff am 28.11.2006)

34 http://de.indymedia.org/2004/04/79099.shtml (Zugriff am 5.9.2004) und http://kanalb.org/media/spezial-3._april_2004/2004-04-09-haus.ram (Zugriff am 28.11.2006)

35 http://de.indymedia.org/2004/04/79423.shtml (Zugriff am 5.9.2004)

36 http://www.rbb-online.de/_/nachrichten/politik/beitrag_jsp/key=news317772.html (Zugriff am 5.9.2004)

37 Projektinterview mit Bernhard Feder, felS und Initiative für ein Soziales Zentrum, 1. Juni 2004.

38 Siehe http://www.ueberfluessig.tk (Zugriff am 28.11.2006)

39 Projektinterview mit Bernhard Feder, felS und Initiative für ein Soziales Zentrum, 1. Juni 2004.

40 Projektinterview mit Prof. Peter Grottian, FU Berlin und Initiative für ein Soziales Zentrum, 29. September 2004.

41 Projektinterview mit Prof. Peter Grottian, FU Berlin und Initiative für ein Soziales Zentrum, 29. September 2004.

42 Projektinterview mit Bernhard Feder, felS und Initiative für ein Soziales Zentrum, 1. Juni 2004.

43 Projektinterview mit Bernhard Feder, felS und Initiative für ein Soziales Zentrum, 1. Juni 2004.

44 Projektinterview mit Bernhard Feder, felS und Initiative für ein Soziales Zentrum, 1. Juni 2004.

45 Projektinterview mit Prof. Peter Grottian, FU Berlin und Initiative für ein Soziales Zentrum, 29. September 2004.

46 Projektinterview mit Bernhard Feder, felS und Initiative für ein Soziales Zentrum, 1. Juni 2004.

47 Informationen zu den jeweils aktuellen Wahlergebnissen finden sich auf der Website des Bezirks: http://www.friedrichshain-kreuzberg.de (Zugriff am 28.11.2006)

48 Berliner Zeitung, 3. September 2001, S. 21.

49 Projektinterview mit Cornelia Reinauer (PDS), Bezirksbürgermeisterin Friedrichshain-Kreuzberg, 22. September 2004.

50 Drucksachen der Bezirksverordnetenversammlung Friedrichshain-Kreuzberg von Berlin, Drs.-Nr.: DS/0824/II

51 Projektinterview mit Cornelia Reinauer (PDS), Bezirksbürgermeisterin Friedrichshain-Kreuzberg, 22. September 2004.

52 Tatsächlich zog das Land Berlin bis vor das Bundesverfassungsgericht und argumentierte, die Stadt befinde sich in einer „extremen Haushaltsnotlage" und habe Anspruch auf zusätzliche Finanzhilfen des Bundes. Siehe Berliner Zeitung, 23. Oktober 2004, S. 23.

53 Projektinterview mit Cornelia Reinauer (PDS), Bezirksbürgermeisterin Friedrichshain-Kreuzberg, 22. September 2004.

54 Projektinterview mit Prof. Peter Grottian, FU Berlin und Initiative für ein Soziales Zentrum, 29. September 2004.

55 Projektinterview mit Cornelia Reinauer (PDS), Bezirksbürgermeisterin Friedrichshain-Kreuzberg, 22. September 2004.

56 http://www.wasg-berlin.de (Zugriff am 28.11.2006); siehe auch Berliner Zeitung, 1. November 2004, S. 17.

57 Projektinterview mit Bernhard Feder, felS und Initiative für ein Soziales Zentrum, 1. Juni 2004.

58 Projektinterview mit Prof. Peter Grottian, FU Berlin und Initiative für ein Soziales Zentrum, 29. September 2004.

59 Projektinterview mit Cornelia Reinauer (PDS), Bezirksbürgermeisterin Friedrichshain-Kreuzberg, 22. September 2004.

60 Senatsverwaltung für Finanzen, Presseerklärung vom 23.11.2004: Zwischennutzung leerstehender Gebäude, http://www.berlin.de/senfin/Presse/Alt/231104.html (Zugriff am 3.6.2005)

61 Im Fall des Staatsratsgebäudes erwarb das Land Berlin das großzügig angelegte Gebäude in zentraler Lage für 13,2 Millionen Euro vom Bund, um es anschließend der Elite Universität European School of Management and Technology (ESMT) 'zu übergeben' – so die offizielle Sprachregelung für das Millionengeschenk an die Trägerstiftung von Allianz, DaimlerChrysler, ThyssenKrupp, Telekom, Deutsche Bank, dem Bundesverband der Deutschen Industrie und anderen. Der Wert der Immobilie wird auf 23,8 Millionen Euro geschätzt. Zukünftig sollen dort jährlich 200 bis 300 Studenten ausgebildet werden. Die Studiengebühren werden etwa 50.000 Euro pro Jahr betragen. Siehe Berliner Zeitung, 5. März 2004, S. 17.

62 Berliner Zeitung, 28. Juni 2006, S. 20.

63 Projektinterview mit Cornelia Reinauer (PDS), Bezirksbürgermeisterin Friedrichshain-Kreuzberg, 22. September 2004.

64 Projektinterview mit Bernhard Feder, felS und Initiative für ein Soziales Zentrum, 1. Juni 2004.

65 Im Gegensatz zum normaler Weise üblichen Begriff des Abteilungsleiters, wurde Marco Langner mir bei der Berliner Bereitschaftspolizei als 'Abteilungsführer' vorgestellt – vermutlich, weil er eine (von zwei) Abteilungen der Bereitschaftspolizei im Einsatz 'anführt' (vgl. auch Behr 2000).

66 Ausführlich beschreibe ich diesen Einsatz im Abschnitt 2.1.2.

67 Projektinterview mit Marco Langner, Abteilungsführer der 2. Abteilung der Berliner Bereitschaftspolizei, 20. September 2004.

68 Projektinterview mit Marco Langner, Abteilungsführer der 2. Abteilung der Berliner Bereitschaftspolizei, 20. September 2004.

69 Die systematische Notwendigkeit einer Gewaltinstanz außerhalb der unmittelbaren Produktions- und Tauschsphäre – das staatlichen Gewaltmonopol – und dessen Rolle in der Reproduktion ökonomischer Klassen im Kapitalismus wurde in der sogenannten 'Staatsableitungsdebatte' ausführlich diskutiert. Holloway und Picciotto sowie Kostede geben einen guten Überblick über die verschiedenen Ansätze und Argumente in dieser Diskussion (Holloway/Picciotto 1978; Kostede 1976).

70 Die freilich durch Verfassung und Gesetz selbst als schützenswert anerkannt sind.

71 Hier müssten beide Begriffe eigentlich auf ihren Gehalt abgeklopft werden – womit man freilich immer noch keine de facto-Aussage über die konkrete Situation machen könnte.

72 Projektinterview mit Cornelia Reinauer (PDS), Bezirksbürgermeisterin Friedrichshain-Kreuzberg, 22. September 2004.

73 Projektinterview mit Marco Langner, Abteilungsführer der 2. Abteilung der Berliner Bereitschaftspolizei, 20. September 2004.

74 Projektinterview mit Marco Langner, Abteilungsführer der 2. Abteilung der Berliner Bereitschaftspolizei, 20. September 2004.

75 Beispielhaft für diesen Diskurs verweisen Krätke und Borst (Krätke/Borst 2000: 19) auf Beiträge und Prognosen in Werner Süß (Hg.): „Hauptstadt Berlin: Metropole im Umbruch" (Süß 1996), Prognos (Prognos 1997) und bei Hubertus Moser (Moser 1992).

76 Berliner Zeitung, 14. Mai 2005, S. 1 und S. 23.

77 Senatsverwaltung für Finanzen Berlin: Haushalt und Finanzen Berlins. Ein Überblick, März 2005. http://www.berlin.de/imperia/md/content/senfin/haushalt/24.pdf (Zugriff am 1.5.2005)

78 Senatsverwaltung für Finanzen Berlin: Haushalt und Finanzen Berlins. Ein Überblick, März 2005. http://www.berlin.de/imperia/md/content/senfin/haushalt/24.pdf (Zugriff am 1.5.2005)

79 Berliner Zeitung, 14. Mai 2005, S. 1.und S. 23.

80 Berliner Zeitung, 12. Januar 2005, S. 17.

81 Berliner Zeitung, 03. Januar 2005, S. J06.

82 Einen ausgezeichneten Überblick bieten die unterschiedlichen Texte auf der Website der Initiative Berliner Bankenskandal: http://www.berliner-bankenskandal.de (Zugriff am 28.11.2006). Ausführlich, aber nicht unumstritten, hat Mathew D. Rose über den Bankenskandal und die Verwicklungen der Berliner Eliten geschrieben (Rose 2004; 2003; 1999).

83 Berliner Zeitung, 03. Juni 2006, S. 2.

84 Der Spiegel 8/1995: „Von New York lernen."

85 Siehe z.B. § 3 des Berliner Sparkassengesetzes: „Für die Verbindlichkeiten der Sparkasse haftet Berlin als Gewährträger unbegrenzt."

86 Zur Diskussion um mögliche Alternativen siehe die Broschüre von Ugarte-Chacón (Ugarte-Chacón 2006).

87 In der deutschsprachigen Debatte wird oft auch von 'Neuen Steuerungsmodellen' gesprochen.

88 Siehe etwa die kritischen Ergebnisse des umfangreichen Forschungsprojekts „Zehn Jahre Neues Steuerungsmodell: Evaluation lokaler Verwaltungsmodernisierung", das an der Universität Konstanz in Kooperation mit den Universitäten HU Berlin, Potsdam und Marburg durchgeführt wurde (Bogumil, et al. 2006; Kuhlmann 2006).

89 Einen guten Überblick über die Implementierung und die Funktionsweise der NPM-Reformen in Berlin leisten: Senatsverwaltung Berlin (1995): Kostenrechnung in der Berliner Verwaltung (Konzeption), 15. Dezember 1995. sowie: Senatsverwaltung Berlin (2004): Einführung der Kosten- und Leistungsrechnung in der Berliner Hauptverwaltung, Jahresabschlussbericht 2003 vom 7. Mai 2004.

90 Projektinterview mit Dr. Margrit Köhler, Leiterin des Steuerungsdienstes im Bezirksamt Friedrichshain-Kreuzberg, 8. Oktober 2004, Gesprächsprotokoll.

91 Projektinterview mit Cornelia Reinauer (PDS), Bezirksbürgermeisterin Friedrichshain-Kreuzberg, 22. September 2004.

92 Projektinterview mit Dr. Margrit Köhler, Leiterin des Steuerungsdienstes im Bezirksamt Friedrichshain-Kreuzberg, 8. Oktober 2004, Gesprächsprotokoll.

93 Die Situation des Haus Bethanien hat sich 2006 durch ein Bürgerbegehren verändert; zum aktuellen Stand des Konflikts siehe http://www-bethanien.info

94 Die Tabellen 2 und 3 sind einer Broschüre der Initiative Zukunft Bethanien aus dem Jahr 2006 entnommen. Die Daten für Tabelle 2 stammen aus der Kostenschätzung des BA Friedrichshain-Kreuzberg zum Bürgerbegehren 2005, sowie aus dem Verkehrswertgutachten 2004 des BA Friedrichshain-Kreuzberg.

95 Die Daten für Tabelle 3 stammen vom BA Pankow, vom Steuerungsdienst Friedrichshain-Kreuzberg, sowie aus der Kostenschätzung des BA Friedrichshain-Kreuzberg zum Bürgerbegehren 2005.

96 Für mehr Information zur Besetzung des Bethanien siehe http://www.yorck59.net (Zugriff am 14.9.2007)

97 Beide Zitate sind einer Broschüre der Initiative vom 12. Juni 2006 entnommen.

98 Projektinterview mit Dr. Margrit Köhler, Leiterin des Steuerungsdienstes im Bezirksamt Friedrichshain-Kreuzberg, 8. Oktober 2004, Gesprächsprotokoll.

99 Projektinterview mit Dr. Margrit Köhler, Leiterin des Steuerungsdienstes im Bezirksamt Friedrichshain-Kreuzberg, 8. Oktober 2004, Gesprächsprotokoll.

100 Grundlegend zur Frage der Funktionsweise und Bedeutung symbolischer Politik siehe etwa die Arbeiten von David Kertzer, Murray Edelmann und Harry Pross (Kertzer 1998; Edelman 1976; Pross 1981).

101 Projektinterview mit Prof. Peter Niedermüller, Humboldt Universität Berlin, 11. Juni 2001.

102 Dass Deutschland dabei fest in europäische Strukturen eingebunden ist, hat Auswirkungen auf die Strategien, nicht aber unbedingt auf die politischen Zielsetzungen der Durchsetzung einer hegemonialen Position im internationalen System: „Deutschland hat zweimal ohne Europa versucht, Weltmacht zu werden. Diesmal läuft es anders" konstatieren die AutorInnen von „Weltmacht Europa." (Schröder 2005)

103 Projektinterview mit Dr. Beate Binder, Humboldt Universität Berlin, am 22. März 2001.

104 Als 'das' Buch der globalisierungskritischen Bewegung gilt indes das mittlerweile auch verfilmte 'No Logo' von Naomi Klein (Klein 1999).

105 Zur Geschichte und zum Begriff der 'Neuen Sozialen Bewegungen' siehe vor allem die Arbeiten von Roland Roth und Dieter Rucht (Roth 1994; 1998; Roth/Rucht im Erscheinen); speziell im internationalen Vergleich siehe ebenfalls Rucht (Rucht 1994).

106 Speziell zu städtischen sozialen Bewegungen, etwa zum Phänomen der 'Reclaim the Streets' Aktionen, siehe die neueren Arbeiten von Margit Mayer (Mayer 1998b; 2000).

107 Ausführlich zur Geschichte der Autonomen-Bewegung siehe vor allem Geronimo (Geronimo 1995); speziell über die Geschichte der Autonomen in Berlin und ihren (lokalen) Folgebewegungen der 1990er Jahre schreibt A.G. Grauwacke (A.G.Grauwacke 2003).

108 Als literarische Verarbeitung des italienischen Operaismus kann das dreibändige Werk von Nanni Balestrini gelten (Balestrini 2001b; a; 2003). In der aktuellen sozialwissenschaftlichen Debatte haben vor allem Antonio Negri und Michael Hardt einen (post-)operaistischen Ansatz geprägt (Hardt/Negri 2004; 2000).

109 Damals noch lange vor der Verwaltungsreform, die die Bezirke Friedrichshain und Kreuzberg zusammenführte.

110 Georg von Rauch (1947 geboren, 1971 von der Polizei in Berlin erschossen) war einer der ersten deutschen Stadtguerilleros im Gefolge der 1968er Protestbewegung (vgl. Böll, Dutschke, Fried, Menzel, Reidemeister, Schenk, Schily, Schmid, Stiller, Wachenfeld, Wagenbach: Die Erschießung des Georg v. Rauch, Wagenbach (Berlin) 1976, online: http://www.galerie-noir.de/RauchHaus/gvr-buch76.pdf (Zugriff am 1.6.2006)

111 http://squat.net/de/gestern/index.html (Zugriff am 28.11.2006)

112 Vgl. http://www.yorck59.net/presse.htm (Zugriff am 28.11.2006)

113 Dieter Rucht und Mundo Yang gingen der Frage empirisch nach, wer überhaupt gegen die Hartz IV-Gesetze auf die Straße ging (Rucht/Yang 2004).

114 http://de.wikipedia.org/wiki/12_Grunds%C3%A4tze_der_Stadterneuerung#Wortlaut_der_12_Grunds.C3.A4tze_der_Stadterneuerung (Zugriff am 1.6.2006)

115 Speziell zu der durch die Arbeiten von Michel Foucault geprägten Debatte um 'Stadt und Gouvernamentalität' siehe das Buch von Boris Michel (Michel 2005).

116 Für eine Kritik am aktuellen Projekt der Linkspartei (PDS plus WASG) aus der Sicht außerparlamentarischer und linksradikaler Politik, siehe Lebuhn/Stützle 2005.

117 Ein 'Paradebeispiel' im wahrsten Sinne des Wortes ist die tragende Rolle der 'Grünen' im Kosovo-Krieg. Bezog die Partei bis 1998 noch einen unversöhnlich pazifistischen Standpunkt, so stimmte sie im Herbst 1998, nur wenige Wochen nach Beginn ihrer Regierungsbeteiligung, für den deutschen Angriffskrieg auf Ex-Jugoslawien. Regierungsverantwortung fordert ihre Opfer! Der Vorfall kulminiert in der Figur der Angelika Beer, die noch im Frühjahr 1998 als antimilitaristische Rednerin bei Gelöbnisprotesten in Kiel auftrat und nach der Bundestagswahl das Amt der Wehrbeauftragten übernahm.

118 Johannes Agnoli gibt deshalb zu bedenken, dass eine revolutionäre Politik im Parlament nur dann sinnvoll ist und Aussicht auf Erfolg hat, wenn die betreffende Partei eine konsequente Strategie der Fundamentalopposition verfolgt und dabei von einer starken sozialen Bewegung gegen den parlamentarischen Anpassungsdruck gestützt und sozusagen auf einer radikalen Linie gehalten wird (Agnoli 1995b: 113ff.).

119 Dabei handelte es sich nicht nur um Drohgebärden: Wie wir oben gesehen haben, kam es im Zuge des Konflikts zu zahlreichen Anzeigen, Strafverfahren und Bespitzelungen durch Justiz, Polizei und sogar Verfassungsschutz.

120 Tatsächlich fand dieser Politikansatz auch NachahmerInnen, die jeder emanzipatorischen Hoffnung Hohn sprechen: Im Berliner Ost-Bezirk Treptow bemühte sich Ende 2004 ein Bündnis von Nazi-Gruppen um einen Raum für ein 'freies Jugendzentrum'. Dafür gingen sie auf die Straße und besuchten den Bezirksbürgermeister in seiner Bürgersprechstunde (vgl. Berliner Zeitung, 15. Juli 2004 und 30. November 2004).

3 Der Konflikt um die South Central Gardens

1 Die Gärten erhielten ihren Namen erst mit der Gründung der Gruppe 'South Central Farmer' im Herbst 2003, trotzdem verwende ich ihn auch rückblickend.

2 Wie sich in Interviews zeigte, kamen eine Reihe von Farmern auch aus weit entfernten Stadtteilen und nahmen täglich bis zu insgesamt drei Stunden Fahrt in öffentlichen Verkehrsmitteln in Kauf, um ihre Gärten zu bewirtschaften.

3 City of Los Angeles Demographics, 2000 Census. Alle Daten online unter http://cityplanning.lacity.org (Zugriff am 28.11. 2006)

4 Vortrag von Patrick Dunlevy, Anwalt bei Hadsell&Stormer, am 3. Januar 2005.

5 Im zweiten Teil der Fallstudie gehe ich näher auf die Aufstände und ihre Bedeutung im Kontext der jüngeren Stadtentwicklung ein. Hier soll zunächst der Verweis darauf genügen.

6 Projektinterview mit Michael Flood, Direktor der Regional Foodbank, am 23. November 2005.

7 Projektinterview mit Pedro Barrera, Delegierter der South Central Farmer, am 5. Februar 2004.

8 Projektinterview mit Jenny, Delegierte der South Central Farmer, am 21. November 2005.

9 Die Libaw-Horowitz Investment Company ist eine Nachfolgefirma der Alameda Barbara Investment Company und wird von den Geschäftpartnern Ralph Horowitz, Jacob Libaw und Timothy Ison betrieben.

10 Der zuständige Richter, Lawrence W. Crispo, lehnte die Zulässigkeit der Klage mehrmals ab. Er argumentierte, ein eminent domain-Verfahren wie das von 1986 würde die vertragliche Zusicherung eines Vorkaufsrechts ausschließen.

11 Vortrag von Patrick Dunlevy, Anwalt bei Hadsell&Stormer, am 3. Januar 2005.

12 Kuipers, Dean (2006): *Trouble in the Garden*, in: Los Angeles CityBeat, 26. Januar 2006.

13 Vortrag von Patrick Dunlevy, Anwalt bei Hadsell&Stormer, am 3. Januar 2005. Vgl. auch Projektinterview mit Patrick Dunlevy am 4. Oktober 2005.

14 Projektinterview mit Patrick Dunlevy am 4. Oktober 2005.

15 Folgende Gruppen und Personen unterzeichneten Unterschriften die Protesterklärung der South Central Farmer vom 7. September 2005: N.A.A.C.P.; Hermandad Mexicana Latinoamericana; South Central Coalition; Mexican-American Political Association Metro Region (MAPA); Labor Party Praxis; Southern California Anarchist Federation (SCAF); Dome Village; Toma Esperanza; Food not Bombs; Mujeres Libres; La Red Xicana Indigena; UCLA Family Medicine; Brown Berets; Ferderacion-Casa Poblana; Olive Branches; Radical Women; A.N.S.W.E.R. LA; Zack de La Rocha; KPFK Radio Collective; Devon G. Pena, Ph.D. Managing Member Pena Land Conservation and Restoration, LLC and Professor of Anthropology, University of Washington, Seattle; Carecen; International Socialist Organization (ISO); Service Employees Intern'l Union (SEIU) Latino Cmte.; Julie Chavez, Cesar Chavez Foundation; Unity Corps; L.A. Coalition to End Hunger & Homelessness; USC Graduate Students; L.A. Food Justice Network; AD46 Calif. State Central Cmte.; Fabian Nuñez; Academia Avance; USC Alumni; Jefferson High School Adult School; Code Pink; California Nurse's Association (CNA); La Tierra es de Todos Coalition; African American Association of L.A. County Firefighters; LA Coalition Against Raid and in Support of Immigrant Rights; South Central Alameda Neighborhood Council; Mujeres de Maiz; Hermandad Mexicana; Los Angeles Indigenous Peoples Alliance (LAIPA); Soho Foundation – Estonia; Dolores Huerta Foundation; Physicians for Social Responsibility Los Angeles; Latino Urban Forum; CHIRLA; 20th Street School in South Central L.A.; Allianza Indigena

16 Presseerklärung der South Central Farmer bei einem City Hall Protest am 7. September 2005.

17 Kuipers, Dean (2006): *Trouble in the Garden*, in: Los Angeles CityBeat, 26. Januar 2006.

18 Live-Interview mit Bürgermeister Antonio Villaraigosa auf kcal9 am 8. Februar 2006.

19 Siehe *Land Trust seeks to purchase South L.A. Community Garden*, in: Los Angeles Times, 15. April 2006.

20 http://www.tpl.org (Zugriff am 28.11. 2006)

21 Siehe *South Central Farm Crisis in Los Angeles*, in: Los Angeles Times, 15. Juni 2006.

22 Siehe vor allem die ausgezeichnete Berichterstattung auf Indymedia Los Angeles: http://la.indymedia.org

23 Im Mai 2005 gewann Antonio Villaraigosa die Wahl zum Bürgermeister von Los Angeles. Hier war er jedoch noch als Abgeordneter im City Council.

24 Projektinterview mit Don Gonzales, South Central Farmer, am 5. Februar 2004. Das 'Schmuggeln' hat hier tatsächlich einen juristischen Aspekt, denn der Import von Pflanzen und Frischfleisch in die USA wird an den Grenzen durch strenge Kontrollen abgewehrt.

25 Vortrag von Patrick Dunlevy, Anwalt bei Hadsell&Stormer, am 3. Januar 2005.

26 Projektinterview mit Prof. Robert Gottlieb, Urban & Environmental Policy Institute, Occidental College, Los Angeles, am 4. Oktober 2005; Projektinterview mit James Rojas, Latino Urban Forum, am 22. November 2005.

27 Vortrag von Patrick Dunlevy, Anwalt bei Hadsell&Stormer, am 3. Januar 2005.

28 Einen guten (allerdings rein deskriptiven) Überblick über das Regierungssystem und den Verwaltungsapparat der Stadt L.A. bietet Michael Carey (Carey 2004).

29 Auf der Website der 'Ethic Commission' der Stadt Los Angeles lassen sich alle offiziell registrierten Spenden an Parteien und öffentliche Amtsträger seit 1999 online recherchieren: http://ethics.lacity.org(Zugriff am 28.11. 2006)

30 Projektinterview mit Prof. Robert Gottlieb, Urban & Environmental Policy Institute, Occidental College, Los Angeles, am 4. Oktober 2005.

31 Projektinterview mit Tezozomoc, Delegierter der South Central Farmer, am 1. Oktober 2005.

32 So etwa Patrick Dunlevy, Anwalt bei Hadsell&Stormer, im Projektinterview am 4. Oktober 2005.

33 Newsweek, 30. Mai 2005, S. 24ff.

34 Live-Interview mit Bürgermeister Antonio Villaraigosa auf kcal9 am 8. Februar 2006.

35 *Mayor sees bleak budget scenario*, Los Angeles Times, 2. März 2006.

36 Im Herbst 2005 versuchte ich mehrmals per E-Mail, postalisch und per Telefon einen Kontakt zu Ralph Horowitz herzustellen, um ihn im Rahmen der Recherchen zu interviewen. Leider erhielt ich keine Antwort von ihm.

37 Dieses und die folgenden Zitate aus: *14 Acres. Conversations Across Chasms in South Central Los Angeles*, in: Clamor Nr. 36, Spring 2006, http://www.clamormagazine.org/issues/36/people.php

38 Los Angeles Times, 31. Oktober 2005.

39 http://www.lafoodbank.org (Zugriff am 28.11. 2006)

40 *14 Acres. Conversations Across Chasms in South Central Los Angeles*, cit. op.

41 Vortrag von Deacon Alexander, Mitglied der South Central Coalition, beim Community-Outreach Meeting in den South Central Gardens am 1. Oktober 2005

42 Projektinterview mit Patrick Dunlevy, Anwalt bei Hadsell&Stormer, am 4. Oktober 2005.

43 *14 Acres. Conversations Across Chasms in South Central Los Angeles*, cit. op.

44 Projektinterview mit Patrick Dunlevy, Anwalt bei Hadsell&Stormer, am 4. Oktober 2005.

45 Projektinterview mit Tezozomoc, Delegierter der South Central Farmer, am 1. Oktober 2005.

46 Auch in der aktuellen migrationspolitischen Debatte sprechen sich zahlreiche US-Städte gegen die Verschärfung der ausländerrechtlichen Bestimmungen aus und verweigern die Zusammenarbeit mit Bundesbehörden. Siehe zum Beispiel: *Line drawn on immigration legislation*, in: San Francisco Chronicle, 8. April 2006.

47 Die rassistische Gewalt der Polizei von Los Angeles ist in zahlreichen Studien aber auch in Filmen und Musik dokumentiert, beispielhaft siehe Davis (Davis 1999: 257ff. und 305ff.) und Blum (Blum 2002: 188ff.).

48 Spezifisch ist eher die krasse, d.h. kaum sozialstaatlich abgefederte Form, in der sich 'der Kapitalismus' historisch in Los Angeles durchgesetzt hat. Berthold Brecht etwa war von der Stadtentwicklung in Südkalifornien derart fasziniert, dass er sie gar als Vorlage für sein Theaterstück 'Aufstieg und Fall der Stadt Mahagonny' wählte.

49 Siehe: *Mayor Sees Bleak Budget Scenario*, in: Los Angeles Times, 2. März 2006; sowie: *Chick Reiterates Budget Concerns*, in: Los Angeles Times, 3. März 2006.

50 Riesenprojekte wie die Olympischen Spiele, internationale Ausstellungen und Entertainment-Parks à la Disneyland gehören bereits seit langem zum symbolischen und materiellen Standardrepertoire der unternehmerischen Stadt. Berühmt-berüchtigt wurde in Los Angeles der Bau des Dodger Stadiums Mitte der 1950er Jahre. 12.000 überwiegend spanischsprachige und sozial-schwache Familien des Viertels 'Chavez Ravine' mussten dem Bau des für damalige Verhältnisse gigantischen Baseball-Stadiums weichen und weiteren Maßnahmen der Innenstadtaufwertung Platz machen. Die halb-kriminellen Praxen zur Vertreibung widerspenstiger AnwohnerInnen aus dem Bebauungsgebiet beschreibt Mike Davis in 'City of Quartz' (Davis 1999: siehe Kapitel 2).

51 Vortrag von Deacon Alexander, Mitglied der South Central Coalition, beim Community-Outreach Meeting in den South Central Gardens am 1. Oktober 2005.

52 Im Anschluss an die 'republikanischen 1990er' wurde Los Angeles von 2001 bis 2005 von dem mainstream-Demokraten James Hahn regiert. Im Mai 2005 wurde Hahn von dem Demokraten Antonio Villaraigosa abgelöst, der vielen progressiven Gruppen in der Stadt als neuer Hoffnungsträger gilt.

53 Zu der Debatte um Los Angeles Status als Global City und zur Frage, inwieweit Los Angeles ein Zentrum für Headquarter-Funktionen des internationalen Finanzkapitals darstellt, siehe den Debattenbeitrag von Curry und Kenney in Antipode und Allan J. Scotts Erwiderung (Scott 1999; Curry/Kenney 1999).

54 Alle Daten nach 'United States Conference of Mayors', U.S. Metro Economies: *The Engines of America's Growth* (Lexington, Mass.: DRI/WEFA, 2001), Tabelle 5, S. 9 (zitiert nach Erie 2004: 4).

55 Alle Angaben nach: City of Los Angeles (2005): *Economic and Demographic Information*, Appendix A, Los Angeles, Mai 2005.

56 Die zwei wichtigsten Rating Agenturen sind 'Moody's Investors Service' und 'Standart and Poor Cooperation'.

57 Viele Informationen und wichtige Hinweise auf Quellen zum Alameda Corridor habe ich dem ausgezeichneten Buch von Steven Erie über Handel und Infrastruktur in Los Angeles entnommen (Erie 2004) sowie der Website der Alameda Corridor Transportation Authority: http://www.acta.org (Zugriff am 28.11. 2006)

58 Die Bezeichnung 'Container' ist etwas ungenau. Die internationalen Angaben zur statistischen Erfassung von Frachtumschlägen in Häfen werden in 'twenty-foot equivalent units' (TEU) gemacht, wobei eine TEU einem Container entspricht.

59 *Special Report: World's Top 50 Container Ports*, in: Journal of Commerce Week, July 8-14, 2002, S. 22-27. Zum Vergleich: Rotterdam belegte im Jahr 2001 Platz 6 und Hamburg Platz 9.

60 Siehe: Steven Eries Interview mit Ezunial Burts, 1994, zitiert nach Erie S. 157.

61 Das Gesamtprojekt umfasst tatsächlich nicht nur den Ausbau des 'Flaschenhalses' auf den 30 Kilometer Länge zwischen den Häfen und den Ferngleisanbindungen, sondern auch eine Reihe von Infrastrukturmaßnahmen im Umland. An vielen Stellen ist das Projekt noch im Bau. Darauf soll hier nicht weiter eingegangen werden.

62 Alameda Transportation Authority: *News Release: Alameda Corridor posts strong performance gains in 2005*, February 17th 2006, http://www.acta.org (Zugriff am 28.11. 2006)

63 Ebd.

64 Projektinterview mit Michael Flood, Direktor der Regional Foodbank, am 23. November 2005.

65 Projektinterview mit James Rojas, Latino Urban Forum, am 22. November 2005.

66 Zu seinen bekanntesten Büchern gehört 'The Jungle' von 1906 (deutsch: Der Dschungel), in dem er die Lebens- und Arbeitsverhältnisse der ArbeiterInnen in der Fleischkonserven-Industrie in Chicago beschrieb.

67 'open shop' heißt wörtlich 'offener Betrieb' und meint, dass ein Unternehmen nicht gewerkschaftlich organisiert ist. Die Arbeitsbedingungen in einem open shop werden nicht mit den Gewerkschaften ausgehandelt. Im Gegensatz dazu darf ein 'closed shop' nur gewerkschaftlich organisierte MitarbeiterInnen einstellen. Der Betrieb ist für ArbeiterInnen, die zu Dumping-Konditionen arbeiten, 'geschlossen' und muss die von den zuständigen Gewerkschaften ausgehandelten Arbeitsbedingungen erfüllen.

68 Zum Ghettobegriff und zur Frage der sozialräumlichen Kontrolle ethnischer Minderheiten in den USA, siehe vor allem die Arbeiten von Loïc Wacquant (Wacquant 2004; 2003).

69 Den komplizierten Zusammenhang zwischen städtischen Aufständen, der Entstehung breiter Bürgerbewegungen und den Konjunkturen sozialstaatlicher Programme in den USA diskutieren Dreier, Mollenkopf und Swanstrom in ihrer Arbeit über US-Stadtpolitik 'Place Matters' (Dreier et al. 2004: 103-151).

70 http://www.libertyhill.org (Zugriff am 28.11. 2006)

71 Im Oktober 2006 unterzeichnete George W. Bush ein Gesetz, das den Bau von über 1000 Km Hochsicherheitszaun entlang der Grenze zu Mexiko vorsieht. Siehe: *700*

miles of new fence Okd for Mexico border, in: San Francisco Chronicle, 27. Oktober 2006.

72 Alle Angaben zitiert nach: California Department of Finance (Demographic Research Unit): *California Current Population Survey Report, March 2002 Data*, download: http://www.dof.ca.gov (Zugriff am 1.3. 2006)

73 Newsweek, 30. Mai 2005.

74 City of Los Angeles Demographics, 2000 Census, alle Daten online unter http://cityplanning.lacity.org (Zugriff am 28.11. 2006)

75 City of Los Angeles Demographics, 2000 Census, alle Daten online unter http://cityplanning.lacity.org (Zugriff am 28.11. 2006)

76 Schon der in den gängigen Berichterstattungen gewählte Begriff der 'riots' (im Gegensatz zu Begriffen wie 'uprising' oder 'rebellion') verweist auf die Charakterisierung der Aufstände als ein gefährlicher und polizeilich zu kontrollierender Zustand von Unordnung und Regelbruch.

77 Inwieweit sie dabei auch zum sozial verträglichen 'Vollstrecker' neoliberaler Stadtpolitik wurden, kann hier nicht weiter diskutiert werden. Doch aktuelle Untersuchungen wie die von Margit Mayer durchgeführte Studie zur 'Transformation lokaler Beschäftigungspolitik in L.A.' lassen darauf schließen, dass eine sozialreformerische Stadtteilpolitik 'von unten' leicht kooptierbar und instrumentalisierbar ist und den Interessen neoliberaler Reformer in hohem Maße in die Hände spielt (Eick, et al. 2004).

78 Wohlgemerkt: 'auf Eis gelegt.' Denn nach dem migrationspolitischen Vorstoß von George W. Bush vom Winter 2005/2006 liegen die Eckpunkte der Proposition 187 nun in verschärfter Form in Washington auf dem Tisch: Kriminalisierung von illegalisierten MigrantInnen und Menschen und Organisationen, die ihnen helfen, eine weitere Militarisierung der Grenze zu Mexiko und ein GastarbeiterInnenprogramm zur Versorgung des US-Niedriglohnsektors mit ausländischen BilligarbeiterInnen (Lebuhn 2006b).

79 Die Justice for Janitors-Kampagne inspirierte den britischen Regisseur Ken Loach im Jahr 2000 zu seinem international erfolgreichen Kinofilm 'Bread and Roses'.

80 2001 wurde der Republikaner Richard Riordan nach seiner zweiten Amtsperiode als Bürgermeister von dem Demokraten James Hahn abgelöst. Bereits bei den Wahlen 2001 favorisierten viele Akteure des 'progressive L.A.' Antonio Villaraigosa gegenüber James Hahn. Doch erst 2005 konnte Villaraigosa sich gegen seinen Parteikollegen durchsetzen.

81 http://www.proyectojardin.org (Zugriff am 28.11. 2006)

82 http://www.notacornfield.info (Zugriff am 28.11. 2006)

83 Interessant ist in diesem Kontext, dass die Schlussphase des Konflikts um die South Central Gardens mit den massiven migrantischen Protesten gegen die Verschärfung der US-Einwanderungsbestimmungen zusammenfiel. In Los Angeles gingen im April 2006 knapp eine Million Menschen auf die Straße, um gegen die Gesetzesvorschläge des Kongresses und des Senats zu protestieren (Lebuhn 2006b; siehe auch Grell 2007). Doch entfaltete dies keinerlei zusätzlichen Druck auf den City Council, nach einer Lösung für die South Central Farmer zu suchen. Erstens beinhalteten die Proteste von 2006 keine materiellen sozialen Forderungen, sondern stellten allein auf den

rechtlichen Aufenthaltsstatus für MigrantInnen ab. Zweitens stellten die friedlichen Demonstrationen von 2006 höchstens eine wahlstrategische Bedrohung dar (Republikaner versus Demokraten) und waren absolut anschlussfähig für linksliberale PolitikerInnen wie Antonio Villaraigosa. Im Gegensatz dazu setzten sowohl die Watts Riots (1965) als auch die Rodney King Riots (1992) PolitikerInnen aller Parteien unter sofortigen sozialpolitischen Zugzwang und bildeten eine 'Drohkulisse', vor der sich städtische Protestbewegungen erfolgreich formieren konnten.

4 Berlin – Los Angeles

1 „Workfare verstanden als ein Bündel von unterschiedlichen Regelungen und Praxen, die die Inanspruchnahme von Sozialhilfe oder Arbeitslosenunterstützung mit rigiden Auflagen verbinden (Teilnahme an Beschäftigungs-, Weiterbildungs- und Erziehungsmaßnahmen)." (Grell et al. 2002: 557f.)

2 Herkommer fasst den Begriff der Ideologie als „implizite, unabsichtliche Mystifikation (...), die aus der materiellen Struktur der Gesellschaft herrührt" (Herkommer 1999: 9) und schließt somit unmittelbar an die von Marx unter dem Begriff des 'Fetisch' vorgenommene Untersuchung der 'verkehrten Erscheinungsformen' kapitalistischer Wirklichkeit an: „Ideologie ist gesellschaftlich notwendig falsches Bewußtsein, sofern man die Subjektseite betrachtet, und gesellschaftlich notwendiger Schein, wenn man vom Gegenstand des ideologischen Bewusstseins spricht. Der Terminus 'gesellschaftlich notwendig' bedeutet nicht einen naturgesetzlichen Zwang zum falschen Bewußtsein, sondern eine objektive Nötigung, die von der Organisation der Gesellschaft selbst ausgeht. *Sie entsteht, wenn die Gesellschaft den Individuen anders erscheint, als sie in Wahrheit ist,* wenn bestimmte Oberflächenphänomene ihre innere Organisation verdecken." (Schnädelbach, Herbert: 'Was ist Ideologie?' zitiert nach Herkommer 1999: 11f.) Dieses Konzept von Ideologie zeichnet sich vor allem durch drei Merkmale aus: Erstens wird Ideologie als Ausdruck materieller Verhältnisse aufgefasst. Es sind keine bloßen Täuschungen oder Manipulationen, die zu einer verkehrten Wahrnehmung der Wirklichkeit führen. 'Verkehrt' ist tatsächlich die Wirklichkeit selbst, die Form, in der sich uns die kapitalistische Gesellschaft empirisch darstellt und in der wir sie alltäglich erleben. Daraus folgt zweitens, dass Ideologie subjektlos ist. Denn die verkehrte Vorstellung von Wirklichkeit wird zwar von konkreten Individuen produziert und reproduziert, doch handelt es sich dabei um keine planvolle Strategie der Verschleierung. Ideologie rührt aus der Struktur der Gesellschaft, sie ist Ergebnis der 'Organisation der Gesellschaft'. Drittens schließlich wird der Begriff Ideologie hier in herrschaftskritischer Absicht verwendet. Denn Ideologiekritik impliziert die Kritik der Ausbeutungs- und Herrschaftsverhältnisse, die der Ideologie zu Grunde liegen: „Ideologiekritik ist Aufklärung. Worüber Kritik aufklären muss, kann hier nur heißen: den Zusammenhang aufzudecken zwischen den Herrschaft, Ausbeutung und Ausgrenzung legitimierenden oder verschleiernden Ideologien. (...) Die Kritik der Ideologie ist die Kritik der Verhältnisse, die sie täglich produzieren und reproduzieren." (Herkommer 1999: 42) Im Kontext meiner Arbeit wäre dies der zentrale Ausgangspunkt, um den materiellen Charakter neoliberaler Ideologie empirisch zu untersuchen. Zwar kann ich das an dieser Stelle nicht leisten, doch soll zumindest darauf verwiesen werden,

dass Konflikte um die Privatisierung öffentlicher Räume auch auf der ideologischen Ebene massiv (vor-)strukturiert sind. Für eine weitergehende Diskussion der beiden theoretischen Begriffe – Ideologie und Hegemonie – siehe vor allem Antonio Gramscis Überlegungen zu Hegemoniekämpfen in der 'Zivilgesellschaft' und sein Konzept des 'integralen Staates' (einführend: Priester 1977), sowie Althussers Analyse der 'ideologischen Staatsapparate' (Althusser 1977). Vergleiche auch die Arbeiten von Alex Demirović (Demirović 1997; 2001; Demirović et al. 1992).

3 Ebd.

4 Murray 2005 (Murray 2005), zitiert nach Radford und Santos 2006 (Radford/Santos 2006).

5 Für eine weiterführende Untersuchung der Binnenstruktur der South Central Farmer (und die Unterschiede zur Berliner Initiative für ein Soziales Zentrum) bietet sich möglicher Weise die Kategorie der 'Poor People's Movements' sowie die aktuelle Debatte um 'Social Citizenship' an. Diese Diskussion soll hier jedoch nicht weiter verfolgt werden (siehe etwa Roth 2000).

6 Innenminister Otto Schily brachte den wirtschaftsnationalistischen Kern des rot-grünen Zuwanderungsgesetzes sehr akzentuiert zum Ausdruck: „Durch das Zuwanderungsgesetz wird die Wettbewerbsfähigkeit der deutschen Wirtschaft gestärkt. (...) Um den Wirtschaftsstandort Deutschland auch für die Zukunft zu sichern, die Konkurrenzfähigkeit und den hohen Lebensstandard in unserem Land zu erhalten, ist es unerlässlich, im weltweiten Wettbewerb um die 'besten Köpfe' Spitzenkräfte nach Deutschland zu holen." Pressemitteilung von Otto Schily: 'Umsetzung des Zuwanderungsgesetzes kann jetzt beginnen/positive Auswirkungen auf den deutschen Arbeitsmarkt', 20.06.2002, http://www.bmi.bund.de/dokumente/Pressemitteilung/ix_85246.htm (Zugriff am 1.9.2002)

7 Vgl. dazu auch die Kontroverse 'Was ist heute noch links?' zwischen Bernd Ladwig und Alex Demirović in Prokla 143 und 144 (Ladwig 2006b; a; Demirović 2006).

8 Institut für Bürgerrechte und öffentliche Sicherheit e.V.: http://www.cilip.de (siehe auch CILIP 2006)

9 Siehe http://www.grundrechtekomitee.de (siehe auch Müller-Heidelberg 2006)

10 Ein Beispiel dafür bildet die Kampagne 'Vorrundenaus', die sich im Rahmen der Fußball-Weltmeisterschaft 2006 kritisch mit Polizeieinsätzen gegen Fußballfans, der Videoüberwachung in öffentlichen Räumen, dem Inlandseinsatz der Bundeswehr und anderen 'Sicherheits'themen auseinandersetzte. Siehe http://www.vorrundenaus.de (Zugriff am 1.2.2007).

11 Einen hervorragenden Überblick über die Bedeutung von 'Sicherheits'politik im städtischen Kontext geben Eick et. al. (Eick et al. 2007).

12 Dabei bewegte sie sich allerdings immer wieder in einer rechtlichen Grauzone: So ist beispielsweise das präventive Abfilmen von Demonstrationen rechtlich umstritten und hat sich seit Ende der 1980 Jahre vor allem über eine gesetzlich kaum fundierte *Polizeipraxis* durchgesetzt. (Die Videoüberwachung ist in §§ 12a, 19a des Versammlungsgesetzes geregelt.)

13 Genau genommen resultierte die Vertreibung der South Central Farmer nicht aus dem privaten Eigentumstitel, sondern daraus, dass der neue Eigentümer das Grund-

stück für einen anderen Zweck nutzen wollte. Der private Eigentumstitel eröffnete dem Investor jedoch die Möglichkeit, die Gardens räumen zu lassen. Auf die Frage nach 'dem Zweck' – nach der Realisierung von Gebrauchs- und Tauschwert – gehe ich weiter unten explizit ein.

14 Eine theoretische Kritik am bürgerlichen Öffentlichkeitsbegriffs und speziell an Habermas leistet Alex Demirović (Demirović 1997; 2001). Neil Smith und Setha Low weisen auf die unterschiedlichen Diskurse um den 'öffentlichen Raum' und die 'öffentliche Sphäre' hin. Der Diskurs um die öffentliche Sphäre, so ihre Kritik, versäume es meist, die materielle Beschaffenheit von Öffentlichkeit kritisch zu untersuchen (Low/Smith 2006: 4f.).

15 Das methodische und wissenschaftstheoretische Problem der historisch-begrifflichen Rückprojektion wurde vor allem von Karl Marx (Marx 1953), Hans-Georg Gadamer (Gadamer 1999) und Michel Foucault (Foucault 2000a) bearbeitet.

5 Schlussbemerkungen

1 In der EU-Forschung prägte Fritz Scharpf den Begriff des 'Regierens im europäischen Mehrebenensystem' (Scharpf 2002).

2 Vor allem ist hier die sogenannte Staatsableitungsdebatte zu nennen. Einen guten Überblick über die unterschiedlichen Ansätze und Positionen in dieser Debatte bieten die Texte von Norbert Kostede und John Holloway und Sol Picciotto (Kostede 1976; Holloway/Picciotto 1978).

3 Eher scheint hier eine offensive Anti-Repressions- und Solidaritätsarbeit geboten.

Zitierte Projektinterviews und Vorträge

Vortrag von *Deacon Alexander*, Mitglied der South Central Coalition, beim Community-Outreach Meeting in den South Central Gardens, am 1. Oktober 2005

Projektinterview mit *Pedro Barrera*, Delegierter der South Central Farmers, am 5. Februar 2004

Projektinterview mit *Dr. Beate Binder*, Institut für Europäische Ethnologie an der Humboldt Universität Berlin, am 22. März 2001

Projektinterview mit *Patrick Dunlevy*, Anwalt der Kanzlei Hadsell&Stormer, am 4. Oktober 2005

Vortrag von *Patrick Dunlevy*, Anwalt der Kanzlei Hadsell&Stormer, in Pasadena am 3. Januar 2005

Projektinterview mit *Bernhard Feder*, fels und Initiative für ein Soziales Zentrum, am 1. Juni 2004

Projektinterview mit *Michael Flood*, Direktor der Regional Foodbank, am 23. November 2005

Projektinterview mit ‚*Don Gonzales*', South Central Farmer, am 5. Februar 2004

Projektinterview mit *Prof. Robert Gottlieb*, Urban & Environmental Policy Institute am Occidental College, Los Angeles, am 4. Oktober 2005

Projektinterview mit *Prof. Peter Grottian*, Otto-Suhr-Institut der Freien Universität Berlin und Initiative für ein Soziales Zentrum, am 29. September 2004

Projektinterview mit ‚*Jenny*', Delegierte der South Central Farmer, am 21. November 2005

Projektinterview mit *Dr. Margrit Köhler*, Leiterin des Steuerungsdienstes im Bezirksamt Friedrichshain-Kreuzberg, am 8. Oktober 2004

Projektinterview mit *Marco Langner*, Abteilungsführer der 2. Abteilung der Berliner Bereitschaftspolizei, am 20. September 2004

Projektinterview mit *Prof. Peter Niedermüller*, Institut für Europäische Ethnologie an der Humboldt Universität Berlin, am 11.Juni 2001

Projektinterview mit *Cornelia Reinauer* (PDS), Bezirksbürgermeisterin Friedrichshain-Kreuzberg, am 22. September 2004

Projektinterview mit *James Rojas*, Gründungsmitglied des Latino Urban Forum, am 22. November 2005

Fernseh-Interview mit *Antonio Villaraigosa*, Bürgermeister der Stadt Los Angeles, auf kcal9 am 8. Februar 2006

Projektinterview mit *'Tezozomoc'*, Delegierter der South Central Farmer, am 1. Oktober 2005

Literatur

Aglietta, Michel (1979): *A Theory of Capitalist Regulation. The US Experience*, London: NLB

Agnoli, Johannes (1995a): Der Staat des Kapitals, in: *Der Staat des Kapitals und weitere Schriften zur Kritik der Politik*. Agnoli, Johannes (Hg.), S. 21-89. Freiburg: ça ira

– (1968): Die Transformation der Demokratie, in: *Die Transformation der Demokratie*. Agnoli, Johannes/Brückner, Peter (Hg.), S. 7-87. Frankfurt/M.

– (1995b): Revolutionäre Strategie und Parlamentarismus, in: *Der Staat des Kapitals und weitere Schriften zur Kritik der Politik*. Agnoli, Johannes (Hg.), S. 90-122. Freiburg

Alnasseri, Sabah/Brand, Ulrich/Sablowski, Thomas/Winter, Jens (2001): *Raum, Regulation und die Periodisierung des Kapitalismus*, in: Das Argument, Nr. 239, S. 23-42

Althusser, Louis (1977): *Ideologie und ideologische Staatsapparate*, Hamburg: VSA

Altvater, Elmar (1983): *Der Kapitalismus in einer Formkrise. Zum Krisenbegriff in der politischen Ökonomie und ihrer Kritik*, in: Argument Sonderband, Nr. 100, S. 80-100

– (2003): *Was passiert, wenn öffentliche Güter privatisiert werden?*, in: Peripherie – Zeitschrift für Politik und Ökonomie in der Dritten Welt, Nr. 90/91, S. 171-201 (download: http://www.wem-gehoert-die-welt.de/engl/01/altvater_0312.pdf)

–/Mahnkopf, Birgit (2002): *Grenzen der Globalisierung. Ökonomie, Ökologie und Politik in der Weltgesellschaft*, 5. Auflage, Münster: Dampfboot

–/– (2003): Die Informalisierung des urbanen Raums, in: *Learning from. Städte von Welt, Phantasmen der Zivilgesellschaft, informelle Organisation*. NGBK (Hg.), S. 17-30. Berlin: NGBK

Aufheben (1992): *The Rebellion in Los Angeles: The Context of a Proletarian Uprising*, http://www.geocities.com/aufheben2/auf_1_la.html, Zugriff am 27.11. 2006

Bahn, Evelyn/Haberlan, Marius (2004): *Inititative für ein Berliner Sozialforum. Projektarbeit am Otto Suhr Institut der FU Berlin*, Berlin

Balestrini, Nanni (2001a): *Der Verleger*, Berlin: Assotiation A

– (2001b): *Die Unsichtbaren*, Berlin: Assoziation A

– (2003): *Wir wollen alles*, Berlin: Assoziation A

Becker, Franziska/Binder, Beate (2001): *'Bühnen der Macht' – Stadtethnologische Perspektiven auf die Hauptstadtwerdung Berlins*, in: humboldt spectrum, Nr. 3-4, S. 112-119

Becker, Heidede/ Schulz zur Wietsch, Jochen (Hg.) (1982): *Sanierungsfolgen. Eine Wirkungsanalyse von Sanierungsmaßnahmen in Berlin*, Verlag W. Kohlhammer. Stuttgart, Berlin

Behr, Rafael (2000): *Cop Culture. Der Alltag des Gewaltmonopols*, Opladen: Leske+Budrich

Benz, Martina (2006): *USA: 'Bush escucha, estmamos en lucha!' MigrantInnenproteste und Einwanderungsreform*, in: iz3w, Nr. 294, S. 4-5

Berlinische, Monatsschrift (1997): *Dokumentiert*, in: Berlinische Monatsschrift, Nr. 4, S. 101-103

Blum, Paul Von (2002): Resistance Art in Los Angeles, in: *Unmasking L.A. Third Worlds and the City*. Narang Sawhney, Deepak (Hg.), S. 181-198. New York: Palgrave

Bodenschatz, Harald (1987): *Platz frei für das neue Berlin. Geschichte der Stadterneuerung in der 'größten Mietskaserne der Welt' seit 1871*, Berlin: transit

Bogumil, Jörg/Grohs, Stephan/Kuhlmann, Sabine (2006): Ergebnisse und Wirkungen kommunaler Verwaltungsmodernisierung in Deutschland – Eine Evaluation nach zehn Jahren Praxiserfahrung, in: *Politik und Verwaltung. PVS Sonderheft 37/2006*. Bogumil, Jörg/Jann, Werner/Nullmeier, Frank (Hg.), S. 151-184

Brand, Ulrich/Heigl, Miriam (2006): 'Innen' und 'Außen'. Zu Staat, Bewegung und 'radikaler Transformation' bei Poulantzas, in: *Poulantzas lesen. Zur Aktualität marxistischer Staatstheorie*. Bretthauer, Lars/Gallas, Alexander/Kannankulam, John/Stützle, Ingo (Hg.), S. 274-289. Hamburg: VSA

– /Raza, Werner (Hg.) (2003): *Fit für den Postfordismus? Theoretisch-politische Perspektiven des Regulationsansatzes*, Westfälisches Dampfboot. Münster

Brenner, Neil (1997): *Die Restrukturierung staatlichen Raums: Stadt- und Regionalplanung in der BRD 1960-1990*, in: Prokla. Zeitschrift für kritische Sozialwissenschaft, Nr. 109, S. 545-565 (Dezember 1997)

– (2003): 'Glocalization' as a state spatial strategy: Urban entrepreneurialism and the new politics of uneven development in western Europe, in: *Remaking the Global Economy*. Peck, Jamie/Yeung, Henry Wai-chung (Hg.), S. 197-215. London, Thousand Oaks, New Delhi: Sage

– (2004): *Urban Governance and the production of new state spaces in western Europe, 1960-2000*, in: Review of International Political Economy, Nr. 11/3, S. 447-488 (August 2004)

–/Heeg, Susanne (1999): *Lokale Politik und Stadtentwicklung nach dem Fordismus: Möglichkeiten und Beschränkungen*, in: Kurswechsel: Wien: Möglichkeiten und Grenzen einer alternativen Stadtpolitik, Nr. 2, S. 103-119

–/Theodore, Nik (2002): *Cities and the Geographies of 'Actually Existing Neoliberalism'*, in: Antipode, 34. Jg, Nr. 3, S. 349-379

Bröckling, Ulrich/Krasmann, Susanne/Lemke, Thomas (Hg.) (2000): *Gouvernementalität der Gegenwart: Studien zur Ökonomisierung des Sozialen*, Suhrkamp. Frankfurt/M.

Brüggemeier, Martin (2001): Public Management, in: *Grundbegriffe des Hochschulmanagements*. Hanft, Anke (Hg.), S. 377-383. Neuwied: Luchterhand

– (2003): *Public Management – Modernisierung des öffentlichen Sektors*, Berlin

Caldeira, Teresa Pires do Rio (2000): *City of walls: crime, segregation, and citizenship in São Paulo*, Berkeley/Ca.: UC Press

Candaele, Kelly/Dreier, Peter (2000): *LA's Progressive Mosaic: Beginning to Find Its Voice*, in: The Nation: 21. August 2000

Candeias, Mario (2004a): *Enteignung von 'oben' und (wieder)Aneignung von 'unten'. Öffentliche Güter und Kriterien neoliberaler Privatisierung*, in: Arranca! Linke Zeitschrift, Nr. 29, S. 27-29 (Frühjahr 2004)

– (2004b): *Neoliberalismus, Hochtechnologie, Hegemonie. Grundrisse einer transnationalen kapitalistischen Produktions- und Lebensweise. Eine Kritik*, Hamburg: Argument Verlag

Carey, J. Michael (2004): *Your Government at a Glance. Facts about the City of Los Angeles*, Los Angeles, http://www.lacity.org/lacity79.htm, Zugriff am 27.11. 2006

Castells, Manuel (1983): *The City and the Grassroots*, Berkeley, Los Angeles.

– (1977): *The Urban Question*, Cambridge: MIT Press

CILIP (Hg.) (2006): *Berichte, Analysen, Nachrichten zu den Themen Polizei, Geheimdienste, Politik 'Innerer Sicherheit' und Bürgerrechte*. CILIP 84 (2/2006), Berlin

Clarke, Susan E./Gaile, Gary L. (1998): *The Work of Cities*, Minneapolis: University of Minnesota Press

Curry, James/Kenney, Martin (1999): *The Paradigmatic City: Postindustrial Illusion and the Los Angeles School*, in: Antipode, 31. Jg, Nr. 1, S. 1-28

Dangschat, Jens S. (1997): *Sag' mir, wo Du wohnst, und ich sag' Dir, wer Du bist! Zum aktuellen Stand der deutschen Segregationsforschung*, in: Prokla. Zeitschrift für kritische Sozialwissenschaft, 109. Jg, Nr. 4, S. 619-647

– (2000): Segregation, in: *Großstadt. Soziologische Stichworte*. Häußermann, Hartmut (Hg.), S. 209-221. Opladen: Leske+Budrich

Davis, Mike (1999): *City of Quartz: Ausgrabungen der Zukunft in Los Angeles und neuere Aufsätze*, Berlin: Schwarze Risse/Rote Straße

– (2000): *Magical Urbanism: Latinos reinvent the US City*, London, New York: Verso

– (2002a): Burning Too Few Illusions, in: *Dead Cities*. Ders. (Hg.), S. 227-237. New York: The New Press

– (2002b): The New Industrial Peonage, in: *Dead Cities*. Ders. (Hg.), S. 191-204. New York: The New Press

Dear, Michael J. (Hg.) (2002): *From Chicago to L.A. Making Sense of Urban Theory*, Sage Publications. Thousand Oaks, London, New Dehli

Demirović, Alex (2006a): *Chancengleichheit und politischer Liberalismus – eine Perspektive für die Linke? Eine Replik auf den Beitrag von Bernd Ladwig in Prokla 143*, in: Prokla. Zeitschrift für kritische Sozialwissenschaft, Nr. 144, S. 448-453

– (1997): *Demokratie und Herrschaft: Aspekte kritischer Gesellschaftstheorie*, Münster: Westfälisches Dampfboot

– (2001): *Hegemonie und das Paradox von Privat und Öffentlich*, in: Kurswechsel: Öffentlich/Privat – neue Grenzziehungen, Nr. 4, S. 12-23
– (2006b): Volkes Herrschaft? Demokratie und kapitalistischer Staat bei Nicos Poulantzas, in: *Poulantzas lesen. Zur Aktualität marxistischer Staatstheorie*. Bretthauer, Lars/Gallas, Alexander/Kannankulam, John/Stützle, Ingo (Hg.), S. 290-306. Hamburg: VSA
– /Krebs, Hans-Peter/Sablowski, Thomas (Hg.) (1992): *Hegemonie und Staat. Kapitalistische Regulation als Projekt und Prozeß*, Westfälisches Dampfboot. Münster
Demny, Oliver (2004): *Die Wut des Panthers. Die Geschichte der Black Panther Party – Schwarzer Widerstand in den USA*, Münster: Unrast Verlag
Donner, Frank J. (1990): *Protectors of Privilege: Red Squads and Police Repression in Urban America*, Berkeley, Los Angles: University of California Press
Dörre, Klaus (2001): Globalisierung – Ende des rheinischen Kapitalismus?, in: *Schattenseiten der Globalisierung*. Loch, Dietmar/Heitmeyer, Wilhelm (Hg.). Frankfurt/M.: Suhrkamp
Dreier, Peter (2004a): *George W. Bush and the Cities: The Damage Done and the Struggle Ahead*, in: Progressive Planning Magazine, Nr. Fall 2004, S. http://www.plannersnetwork.org/publications/2004_fall/dreier.htm, Zugriff am 27.11. 2006
– (2004b): *Urban Suffering Grew Under Reagan*, in: Newsday, S. http://www.commondreams.org/cgi-bin/print.cgi?file=/views04/0610-01.htm, Zugriff am 27.11. 2006 (June 10, 2004)
–/Freer, Regina M. (2006): *The next Los Angeles: The Struggle for a Livable City*, Vortrag an der UC Berkeley (Institute for the Study of Social Change), 3. März 2006
–/Mollenkopf, John/Swanstrom, Todd (2004): *Place Matters. Metropolitics for the Twenty-first Century*, Kansas: University Press of Kansas
Dyk, Silke van/Stützle, Ingo (2004): *Alles umsonst? Linke Politik und Potentiale von Aneignungspraxen*, in: Das Argument, Nr. 255, S. 710-720
Edelman, Murray (1976): *Politik als Ritual: Die symbolische Funktion staatlicher Institutionen und politischen Handelns*, Frankfurt/M.: Campus Verlag
Eick, Volker (1998a): *Hier marschiert der nationale Widerstrand... Von der temporären Bannmeile zur Garnisonshauptstadt*, in: GelöbNIX. Zum Thema: Hauptstadt der Militarisierung, S. 2
– (1998b): *Neue Sicherheitsstrukturen im neuen Berlin. 'Warehousing' öffentlichen Raums und staatlicher Gewalt*, in: Prokla. Zeitschrift für kritische Sozialwissenschaft, Nr. 110, S. 95-118
–/Grell, Britta/Mayer, Margit/Sambale, Jens (2004): *Nonprofit-Organisationen und die Transformation lokaler Beschäftigungspolitik*, Münster: Westfälisches Dampfboot
–/Sambale, Jens/Töpfer, Eric (Hg.) (2007): *Kontrollierte Urbanität. Zur Neoliberalisierung städtischer Sicherheitspolitik*, transcript. Bielefeld
Erie, Steven P. (2004): *Globalizing L.A. Trade, Infrastructure and Regional Development*, Stanford: Stanford University Press

felS (2002): *Editorial: Vom Summer of Resistance zum globalen Herbst*, in: Arranca! Linke Zeitschrift, Nr. 23, S. 3

– (2004): *Linksradikale Politik im Berliner Sozialforum*, in: Arranca! Linke Zeitschrift, Nr. 29, S. 21-22

Fischer, Andreas H. (1999): *Einführung der Kosten- und Leistungsrechnung in der Berliner Verwaltung. Vortrag auf dem Bundeskongress 'Netzwerk Reform' am 23. Juni 1999*, Berlin: Senatsverwaltung für Finanzen

Flusty, Steven/Dear, Michael (1999): Invitation to a Postmodern Urbanism, in: *The urban moment. Cosmopolitan essays on the late 20th-Century City*. Beauregard, Robert A./Body-Gendrot, Sophie (Hg.), S. 25-50. London, New Delhi

Grauwacke, A.G. (2003): *Autonome in Bewegung*, Berlin: Verlag Assoziation A

Foucault, Michel (1994): *Überwachen und Strafen. Die Geburt des Gefängnisses*, Frankfurt/M.: Suhrkamp

– (2000a): *Archäologie des Wissens*, Frankfurt/M.: Suhrkamp

– (2000b): Die Gouvernementalität, in: *Gouvernementalität der Gegenwart: Studien zur Ökonomisierung des Sozialen*. Bröckling, Ulrich/Krasmann, Susanne/Lemke, Thomas (Hg.), S. 41-71. Frankfurt/M.: Suhrkamp

Friedmann, John (1986): *The World City Hypothesis*, in: Develpment and Change, 17. Jg, Nr. 1, S. 69-84

Friedrichs, Jürgen (2000): Gentrification, in: *Großstadt. Soziologische Stichworte*. Häußermann, Hartmut (Hg.), S. 57-66. Opladen: Leske+Budrich

Gadamer, Hans-Georg (1999): *Wahrheit und Methode: Grundzüge einer philosophischen Hermeneutik*, Tübingen

Ganßmann, Heiner (2004): *Rheinische vs. atlantische Wohlfahrtsstaaten: stabile Gegensätze oder verschwindende Unterschiede?*, in: Prokla. Zeitschrift für kritische Sozialwissenschaft, Nr. 136, S. 375-400

Garreau, Joel (1991): *Edge City. Life on the new frontier*, New York: Doubleday

Gerhards, Jürgen (1993): *Neue Konfliktlinien in der Mobilisierung öffentlicher Meinung*, Opladen: Westdeutscher Verlag

–/Neidhardt, Friedhelm (1990): *Strukturen und Funktionen moderner Öffentlichkeit. Fragestellungen und Ansätze*, Berlin: Wissenschaftszentrum Berlin für Sozialforschung

Geronimo (1995): *Feuer und Flamme. Zur Geschichte der Autonomen, 4. überarbeitete Aufl.*, Berlin, Amsterdam: ID-Archiv

Gerstenberger, Heide (2007): *Fixierung und Entgrenzung. Theoretische Annäherungen an die politische Form des Kapitalismus*, in: Prokla. Zeitschrift für kritische Sozialwissenschaft, Nr. 147, S. 173-197

Glasze, Georg (2001): *Privatisierung öffentlicher Räume? Einkaufszentren, Business Improvement Districts und geschlossene Wohnkomplexe*, in: Berichte zur deutschen Landeskunde, Nr. 2/3, S. 160-177

Gleichmann, Peter (1976): *Wandel der Wohnverhältnisse*, in: Zeitschrift für Soziologie, Nr. 5, S. 319-329

Goffman, Erving (1973): *Wir spielen alle Theater. Die Selbstdarstellung im Alltag*, München

Gottlieb, Robert/Vallianatos, Mark/Freer, Regina M./Dreier, Peter (2005): *The Next Los Angeles. The Struggle for a Livable City*, Berkeley, Los Angeles, London: University of California Press

Grell, Britta (2007): *'Immigrant Rights Campaigns': Transnationale Migranten als Träger neuer städtischer sozialer Bewegungen und Organisierungsansätze in den USA*, in: Prokla. Zeitschrift für kritische Sozialwissenschaft, Nr. 149, S. 579-595

–/Sambale, Jens/Eick, Volker (2002): *Workfare zwischen Arbeitsmarkt und Lebensstilregulierung. Beschäftigungsorientierte Sozialpolitik im deutsch-amerikanischen Vergleich*, in: Prokla. Zeitschrift für kritische Sozialwissenschaft, Nr. 129, S. 557-576

Habermas, Jürgen (1962): *Strukturwandel der Öffentlichkeit: Untersuchungen zu einer Kategorie der bürgerlichen Gesellschaft*, Neuwied: Luchterhand

Harding, Alan (1995): Elite Theory and Growth Machines, in: *Theories of Urban Politics*. David Judge, Gerry Stoker, Harold Wolman (Hg.), S. 35-53. London: Sage

Harvey, David (1973): *Social Justice and the City*, Cambridge: Blackwell

– (1989a): *From Managerialism to Entrepreneurialism: The Tranformation in Urban Governance in Late Capitalism*, in: Geografiska Annaler, 71 B. Jg, Nr. 1, S. 3-18

– (1989b): The Urban Process under Capitalism: A Framework for Analysis, in: *The Urban Experience*. Harvey, David (Hg.), S. 59-89. Oxford: Basil Blackwell

– (1995): *Globalization in question*, in: Rethinking Marxism, 4. Jg, Nr. 8, S. 1-17

– (2005): *A Brief History of Neoliberalism*, Oxford: Oxford University

–/Negri, Antonio (2000): *Empire*, Cambridge, Mass.: Harvard University Press

–/– (2004): *Multitude: War and Democracy in the Age of Empire*, New York: Penguin Press

Häußermann, Hartmut/Kapphan, Andreas (2000): *Berlin: von der geteilten zur gespaltenen Stadt? Sozialräumlicher Wandel seit 1990*, Opladen: Leske+Budrich

–/Siebel, Walter (1991): Bausteine zu einem Szenario der Entwicklung von Berlin, in: *Metropole Berlin*. Umweltschutz, Senatsverwaltung für Stadtentwicklung und (Hg.). Berlin

Heeg, Susanne/Rosol, Marit (2007): *Neoliberale Stadtpolitik im globalen Kontext – Ein Überblick*, in: Prokla. Zeitschrift für kritische Sozialwissenschaft, Nr. 149, S. 491-509

Heine, Michael/Herr, Hansjörg (2000): *Volkswirtschaftslehre. Paradigmenorientierte Einführung in die Mikro- und Makroökonomie. Zweite, ergänzte Auflage*, München, Wien

Heinrich, Michael (1999): *Die Wissenschaft vom Wert*, Münster: Westfälisches Dampfboot

– (2004a): *Agenda 2010 und Hartz IV. Vom rot-grünen Neoliberalismus zum Protest.*, in: Prokla. Zeitschrift für kritische Sozialwissenschaft, Nr. 136, S. 477-483

– (2004b): *Kritik der politischen Ökonomie. Eine Einführung*, theorie.org, Stuttgart: Schmetterling Verlag

Herkommer, Sebastian (1999): *Ideologie und Ideologien im nachideologischen Zeitalter. Supplement der Zeitschrift Sozialismus 4/99*, Hamburg: VSA

Hirsch, Joachim (1995): *Der nationale Wettbewerbsstaat: Staat, Demokratie und Politik im globalen Kapitalismus*, Berlin: Ed. ID-Archiv

– (2002): *Herrschaft, Hegemonie und politische Alternativen*, Hamburg: VSA

–/Roth, Roland (1986): *Das neue Gesicht des Kapitalismus. Vom Fordismus zum Postfordismus*, Hamburg: VSA

Hoff, Benjamin-Immanuel/Krüger, Marian (2004): Die Finanzierung der Hauptstadt Berlin im europäischen Vergleich, in: *Jahrbuch des Föderalismus 2004. Föderalismus, Subsidiarität und Regionen in Europa*. Tübingen, Europäisches Zentrum für Föderalismus-Forschung (Hg.). 5. Jg., S. 109-122. Baden-Baden

Holloway, John (2006): *Die Welt verändern, ohne die Macht zu übernehmen*, 3. Auflage, Münster: Westfälisches Dampfboot

–/Picciotto, Sol (1978): Introduction: Towards a Materialist Theory of the State, in: *State and capital. A marxist debate*. Holloway, John/Picciotto, Sol (Hg.), S. 1-31. London

Holm, Andrej (2006): *Die Restrukturierung des Raumes. Machtverhältnisse in der Stadterneuerung der 90er Jahre in Ostberlin*, Bielefeld: transcript-Verlag

Hölscher, Lucian (1975): Öffentlichkeit, in: *Geschichtliche Grundbegriffe. Historisches Lexikon zur politisch-sozialen Sprache in Deutschland*. Otto Brunner, Werner Conze, Reinhart Koselleck (Hg.), S. 413-467. Stuttgart: Klett-Cotta

Hopf, Christel (Hg.) (1993): *Qualitative Sozialforschung*, Klett-Cotta. Stuttgart

Jäggi, Max (1996): *Amtlich verordnete Magersucht – New Public Management: Ein Modebegriff und seine Folgen*, in: Weltwoche, Nr. 51 (Dezember 1996)

Jessop, Bob (1997): The Entrepreneurial City: Re-Imaging Localities, Redesigning Economic Governance, or Restructuring Capital?, in: *Transforming Cities: Contested Governance and New Spatial Divisions*. Jewson, Nick/MacGregor, Susanne (Hg.), S. 28-41. London: Routledge

Judd, Dennis R./Swanstrom, Todd (1994): *City Politics. Private Power and Public Policy*, New York: Longman

–/– (2002): *City Politics. Private Power and Public Policy, Third Edition*, New York: Longman

Kannonier-Finster, Waltraud (1998): Methodologische Aspekte soziologischer Fallstudien, in: *Zehn Beiträge zur interpretativen Erforschung sozialer Wirklichkeit*. Kannonier-Finster, Waltraud/Ziegler, Meinrad (Hg.), S. 35-64. Innsbruck: Studien

–/Ziegler, Meinrad (Hg.) (1998): *Exemplarische Erkenntnis. Zehn Beiträge zur interpretativen Erforschung sozialer Wirklichkeit*, Studien. Innsbruck

Keating, Michael (1991): *Comparative Urban Politics. Power and the City in the United States, Canada, Britain and France*, Aldershot: Edward Elgar

Keil, Roger (1998a): *Globalization makes states: perspectives of local governance in the age of the world city*, in: Review of International Political Economy, 5. Jg, Nr. 4, S. 616-646 (Winter 1998)

– (1998b): *Los Angeles: Globalization, Urbanization and Social Struggle*, Chichester: Wiley

– (2000): Urbanismus nach dem Mauerfall: Berlin im Kontext eines Jahrzehnts städtischen Wandels, in: *Berlin: Global City oder Konkursmasse? Eine Zwischenbilanz zehn Jahre nach dem Mauerfall.* Scharenberg, Albert (Hg.), S. 37-54. Berlin: Karl Dietz Verlag

–/Brenner, Neil (2003): Globalisierung, Stadt und Politik, in: *Das Ende der Politik? Globalisierung und der Strukturwandel des Politischen.* Scharenberg, Albert/ Schmidtke, Oliver (Hg.), S. 254-276. Münster: Westfälisches Dampfboot

Kerner-Commission (1989): *The Kerner Report. The 1968 Report of the National Advisory Commission on Civil Disorders (Orig. 1968)*, New York: Pantheon

Kertzer, David I. (1998): Ritual, Politik und Macht, in: *Ritualtheorien. Ein einführendes Handbuch.* Belliger, Andréa/Krieger, David J. (Hg.), S. 365-390. Opladen, Wiesbaden

Klein, Naomi (1999): *No logo*, New York: Picador

Kostede, Norbert (1976): Die neuere marxistische Diskussion über den bürgerlichen Staat. Einführung-Kritik-Resultate, in: *Gesellschaft. Beiträge zur Marxschen Theorie*, S. 150-198. Frankfurt/M.

Krätke, Michael R. (1999): Neoklassik als Weltreligion, in: *Kritische Interventionen. Flugschrift Kritischer Wissenschaft, Bd. 3, Die Illusion der neuen Freiheit. Realitätsverleugnung durch Wissenschaft.* Wissenschaftler, Loccumer Initiative kritischer Wissenschaftlerinnen und (Hg.), S. 100-144. Hannover

– (2007): *Kapitalismus und Korruption. Zur politischen Ökonomie des Schwindels*, in: Analyse und Kritik, Nr. 513, S. 11 (19. Januar 2007)

Krätke, Stefan/Borst, Renate (2000): *Berlin. Metropole zwischen Boom und Krise*, Opladen: Leske+Budrich

–/Schmoll, Fritz (1987): *Der lokale Staat – „Ausführungsorgan" oder „Gegenmacht"?*, in: Prokla. Zeitschrift für kritische Sozialwissenschaft, Nr. 68, S. 30-72

Kriesi, H. (1996): The organizational structure of new social movements in a political context, in: *Comparative Perspectives on Social Movements.* McAdams, D./McCarthy, J./Zald, M. (Hg.), S. 152–184. Cambridge: Cambridge University Press

Kronauer, Martin (2002): *Exklusion. Die Gefährdung des Sozialen im hochentwickelten Kapitalismus*, Frankfurt/M.: Campus

Kuhlmann, Sabine (2006): *Hat das „Neue Steuerungsmodell" versagt? Lehren aus der Ökonomisierung von Politik und Verwaltung*, in: Verwaltung und Management, Nr. 3/2006, S. 149-152

Kuipers, Dean (2006): *Trouble in the Garden*, in: Los Angeles CityBeat, Nr. January 26th

Ladwig, Bernd (2006a): *Links und frei. Eine Antwort auf Alex Demirovic*, in: Prokla. Zeitschrift für kritische Sozialwissenschaft, Nr. 144, S. 455-461

– (2006b): *Was ist heute noch links?*, in: Prokla. Zeitschrift für kritische Sozialwissenschaft, Nr. 143

LAEDC (2004): *The South Los Angeles Area Economic Overview 2004*, Los Angeles: Los Angeles County Economic Development Corporation (LAEDC)

Lebuhn, Henrik (2004): *Beete auf der Brache*, in: Frankfurter Rundschau, Nr. 23. April, S. 10 (23. April 2004)

– (2005a): *Antiprivatisierungs-Party in South Central, L.A.*, in: Linkslog, Nr. 25.11. 2005, S. http://www.linksnet.de/linkslog/index.php?itemid=306, Zugriff am 27.11. 2006

– (2005b): *Auch eine Art von Strassenstrich. TagelöhnerInnen in San Francisco*, in: Analyse und Kritik, Nr. Januar 2005, S. 20 (Januar 2005)

– (2005c): *Der Konflikt um das Soziale Zentrum in Kreuzberg. Unveröffentlichtes Manuskript*, Konferenzbeitrag zu 'Saray Sosyal – Die Stadt beschreiben' am 16. April 2005 in Berlin

– (2005d): *'Jetzt sind wir hier.' Illegalisierte Campesinos stellen die Landfrage in Los Angeles*, in: iz3w, Nr. April/Mai 2005, S. 8-9

– (2005e): *Los Angeles: Konflikt um Urban Farming spitzt sich zu*, in: iz3w, Nr. November 2005, S. 48

– (2006a): *Der Konflikt um die South Central Farm. Unternehmerische Stadtpolitik und städtische soziale Bewegungen in Los Angeles*, in: dérive, Nr. 24, S. 37-41

– (2006b): *Progressives Mosaik. Die Debatte um städtische soziale Bewegungen*, in: iz3w, Nr. April 2006, S. 36-39

– (2006c): *USA – Einwanderungspolitik unter Druck*, in: Analyse und Kritik, Nr. Mai 2006, S. 12

–/Stützle, Ingo (2005): *Vorsicht Linksdings. Die neue Linkspartei und die außerparlamentarische Linke*, in: Analyse und Kritik, Nr. September 2005, S. 33-34

Lefebvre, Henri (1972): *The production of space*, Oxford: Blackwell

Leopold, Nils (2004): *Überwachung im öffentlichen Raum – eine Gefahr für die demokratische Stadt*, in: Vorgänge. Zwischen Krise und Kreativität: Die Stadt im Wandel, Nr. 1, S. 29-39 (März 2004)

Low, Setha/Smith, Neil (2006): Introduction: The Imperative of Public Space, in: *The Politics of Public Space*. Low, Setha/Smith, Neil (Hg.), S. 1-16. New York, London: Routlege

Magnusson, Warren (1985): *Urban politics and the local state*, in: Studies in Political Economy, Nr. 16, S. 111-142

Marcuse, Peter (1998): Ethnische Enklaven und rassische Ghettos in der postfordistischen Stadt, in: *Die Krise der Städte*. Heitmeyer, Wilhelm (Hg.), S. 176-193. Frankfurt/M.: Suhrkamp

Marx, Karl (1953): *Grundrisse der Kritik der politischen Ökonomie. (Rohentwurf) 1857-1858. MEW 42*, Berlin: Dietz

Mayer, Margit (1994): Post-Fordist City Politics, in: *Post-Fordism: A Reader*. Amin, Ash (Hg.), S. 316-337. Oxford: Basil Blackwell

– (1996): *Postfordistische Stadtpolitik: Neue Regulationsweisen in der lokalen Politik und Planung*, in: Zeitschrift für Wirtschaftsgeographie, 40. Jg, Nr. 1-2, S. 20-27

– (1998a): Kritische Stadtforschung, in: *Kein Staat zu machen. Zur Kritik der Sozialwissenschaften*. Görg, Christoph/Roth, Roland (Hg.), S. 427-445. Münster: Westphälisches Dampfboot

– (1998b): Städtische soziale Bewegungen, in: *Neue Soziale Bewegungen – Impulse, Bilanzen und Perspektiven*. Hellmann, Kai-Uwe/Klein, Ansgar/Rohde, Markus (Hg.), S. 257-271. Opladen: Westdeutscher Verlag

– (1995): Urban Governance in the Post-Fordist City, in: *Managing Cities. The New Urban Context*. Healey, Patsy/Cameron, Stuart/Davoudi, Simin/Graham, Stephen/Madani-Pour, Ali (Hg.), S. 231-249. Chichester, New York, Brisbane, Toronto, Singapore: John Wiley &Sons

– (1999): Urban Movementes and Urban Theory in the Late-20th-Century City, in: *The urban moment. Cosmopolitan essays on the late 20th-Century City*. Beauregard, Robert A./Body-Gendrot, Sophie (Hg.), S. 209-238. London, New Delhi

– (2000): Urban Social Movements in an Era of Globalization, in: *Urban Movements in a Globalizing World*. Hamel, Pierre/Lustiger-Thaler, Henri/Mayer, Margit (Hg.), S. 141-157. London, New York: Routledge

Michel, Boris (2005): *Stadt und Gouvernamentalität*, Münster: Westfälisches Dampfboot

Mollenkopf, John H./Castells, Manuel (Hg.) (1992): *Dual City. Restructuring New York*. New York

Moser, Hubertus (Hg.) (1992): *Berlin-Report. Eine Wirtschaftsregion im Aufschwung*. Wiesbaden

Müller-Heidelberg, T. et. al. (Hg.) (2006): *Grundrechte-Report 2006*, Fischer Taschenbuch Verlag. Frankfurt/M.

Murray, Bobby (2005): *Laura Chick: The Los Angeles City Controller on the City's Shady Contracting Process and Why Hahn Hasn't Done Anything About It*, in: City Beat, Nr. Nr. 87 (February 5th 2005)

Narr, Wolf-Dieter (1980): *Physische Gewaltsamkeit, ihre Eigentümlichkeit und das Monopol des Staates*, in: Leviathan, Nr. 4, S. 541-573

– (2003): *Introvertierte Imperialismen und ein angstgeplagter Hegemon. Für eine utopische Transzendenz der Globalisierungskritik*, in: Prokla. Zeitschrift für kritische Sozialwissenschaft, Nr. 133

–/Schubert, Wolfgang (1994): *Weltökonomie. Die Misere der Politik*, Frankfurt/M.: Suhrkamp

Neumann, Kurt (2003): *Staatsmonopolistische Sumpfblüte. Annäherungen an einige Probleme im Zusammenhang mit der Berliner (Bank) Gesellschaft*, in: Z – Zeitschrift Marxistische Erneuerung, Nr. 53

Nicholls, Walter Julio (2003): *Forging a 'New' Organizational Infrastructure for Los Angeles' Progressive Community*, in: International Journal of Urban and Regional Research, 27. Jg, Nr. 4, S. 881-896

–/Beaumont, Justin R. (2004a): *Guest Editorial: the Urbanisation of Justice Movements?*, in: Space and Polity, 8. Jg, Nr. 2, S. 107–117 (August 2004)

–/– (2004b): *The Urbanisation of Justice Movements? Possibilities and Constraints for the City as a Space of Contentious Struggle*, in: Space and Polity, 8. Jg, Nr. 2, S. 119–135 (August 2004)

Nuss, Sabine/Rilling, Rainer (2006): *Aktivitäten des Netzwerks PÖG (Privatisierung & Öffentliche Güter) im Jahr 2006 und zukünftige Arbeitsschwerpunkte (Jahresbericht)*, Berlin: Rosa-Luxemburg Stiftung

Offe, Claus (1972): Politische Herrschaft und Klassenstruktur, in: *Politikwissenschaft.* Kress, Gisela/Senghaas, Dieter (Hg.), S. 135-164. Frankfurt/M.: Fischer

Park, Robert/Burgess, Ernest W./Kenzie, Roderick D. Mc (1984/1925): *The City. Suggestions for Investigation of Human Behavior in the Urban Environment*, Chicago: University of Chicago Press

Pastor Jr., Manuel (2001): *Common ground at ground zero? The new economy and the new organizing in Los Angeles*, in: Antipode, 33. Jg, Nr. 2, S. 260-289

Peña, Devon G. (2005): *Farmers Feeding Families: Agroecology in South Central Los Angeles,*, Lecture presented to the Environmental Science, Policy, and Management Colloquium; University of California, Berkeley (October 10, 2005)

Pickvance, Chris (2003): *From Urban Social Movements to Urban Movements: A Review and Introduction to a Symposium on Urban Movements*, in: International Journal of Urban and Regional Research, 27. Jg, Nr. 1, S. 102-109

Polanyi, Karl (1990): *The Great Transformation. Politische und ökonomische Ursprünge von Gesellschaften und Wirtschaftssystemen*, Frankfurt/M.: Suhrkamp

Poulantzas, Nicos (1978): *Staatstheorie: politischer Überbau, Ideologie und sozialistische Demokratie*, Hamburg: VSA

Priester, Karin (1977): *Zur Staatstheorie bei Antonio Gramsci*, in: Das Argument, Nr. 104, S. 515-532

Prognos (1997): *Wirtschaftsregion Berlin und Brandenburg. Daten, Analysen und Prognosen*, Berlin

Prokla (2003): *Editorial: Korruptes Empire*, in: Prokla. Zeitschrift für kritische Sozialwissenschaft, Nr. 131, S. 186-189

– (2005a): *Editorial: Migration*, in: Prokla. Zeitschrift für kritische Sozialwissenschaft, Nr. 140, S. 320-326
– (2005b): *Editorial: Ökonomie des Konsums*, in: Prokla. Zeitschrift für kritische Sozialwissenschaft, Nr. 138, S. 2-9
Pross, Harry (1981): *Zwänge. Essay über symbolische Gewalt*, Berlin: Karin Kramer Verlag
Radford, Leslie/Santos, Juan (2006): *Seeds of Hope, Seeds of War: Race, Class and the Battle for the South Central Farm*, in: http://www.southcentralfarmers.com, S. Download unter: http://www.southcentralfarmers.org/PDF/news_7_12_06.pdf (July 12th 2006)
Raschke, Joachim (1985): *Soziale Bewegungen*, Frankfurt/M.; New York: Campus
Revelli, Marco (1997): *Vom „Fordismus" zum „Toyotismus"*, in: Sozialismus (Supplement), Nr. 4
Riedmann, Erwin (2005): *Global City Berlin? Illusionen und die Ironie der Geschichte*, in: Derive, Nr. 20, S. 34-37
Robinson, Jennifer (2002): *A View from off the Map*, in: International Journal of Urban and Regional Research, 26.3. Jg, Nr. September, S. 531-554
Rohde, Stephen F. (1990): *Criminal Syndicalism: The Repression of Radical Political Speech in California*, in: Western Legal History, 3. Jg, Nr. 2, S. 309-339
Rojas, James Thomas (1991): *The Enacted Environment: The Creation of 'Place' by Mexicans and Mexican Americans in East Los Angeles*, Master-Thesis am Dept. of Architecture, Massachusetts Institute of Technology
Ronneberger, Klaus (1998): *Auf dem Weg zur neofeudalen Stadt, Vortrag an der 'Roten Ruhr Uni'*, Bochum, http://www.rote-ruhr-uni.com/texte/ronneberger_neofeudale_stadt.shtml, Zugriff am 27.11. 2006
Rose, Mathew D. (1999): *Berlin, Hauptstadt von Filz und Korruption*, Berlin: Transit Buchverlag
– (2003): *Eine ehrenwerte Gesellschaft. Die Bankengesellschafte Berlin*, Berlin: Transit Buchverlag
– (2004): *Warten auf die Sinflut. Über Cliquenwirtschaft, Selbstbedienung und die wuchernden Schulden der Öffentlichen Hand unter besonderer Berücksichtigung unserer Hauptstadt*, Berlin: Transit Buchverlag
Roth, Roland (1994): *Lokale Bewegungsnetzwerke und die Institutionalisierung von neuen sozialen Bewegungen*, in: Kölner Zeitschrift für Soziologie und Sozialpsychologie, Nr. Sonderheft 34, S. 413-436
– (1998a): Lokale Demokratie 'von unten'. Bürgerinitiativen, städtischer Protest, Bürgerbewegungen und neue soziale Bewegungen in der Kommunalpolitik, in: *Kommunalpolitik. Politisches Handeln in den Gemeinden*. Roth, Roland/Wollmann, Hellmuth (Hg.), S. 2-22. Bonn: Bundeszentrale für politische Bildung
– (1998b): Postfordistische Politik. Regulationstheoretische Perspektiven zur Zukunft des Politischen, in: *Kein Staat zu machen. Zur Kritik der Sozialwissenschaften*. Görg, Christoph/Roth, Roland (Hg.), S. 95-118. Münster: Westphälisches Dampfboot

– (2000): New social movements, poor people's movements and the struggle for social citizenship, in: *Urban Movements in a Globalizing World*. Hamel, Pierre/Lustiger-Thaler, Henri/Mayer, Margit (Hg.), S. 25-44. London, New York: Routledge

–/Rucht, Dieter (im Erscheinen): *Handbuch Soziale Bewegungen in Deutschland seit 1949*, Frankfurt/M., im Erscheinen: Campus

Rucht, Dieter (1994): *Modernisierung und neue soziale Bewegungen. Deutschland, Frankreich und USA im Vergleich*, Frankfurt/M., New York: Campus

–/Neidhardt, Friedhelm (2001): Soziale Bewegungen und kollektive Aktionen, in: *Lehrbuch der Soziologie*. Joas, Hans (Hg.), S. 533-556. Frankfurt/M.: Campus

–/Yang, Mundo (2004): *Wer demonstriert gegen Hartz IV*, in: Forschungsjournal Neue Soziale Bewegungen (FJNSB), Nr. 4, S. 21-27

Sambale, Jens/Veith, Dominik (1998): *Der Raum als Beute. Sozialräumliche Konflikte in Berlin*, in: Berliner Blätter, Nr. 17, S. 35-50 (Juni)

Sassen, Saskia (1991): *The Global City*, New York, London, Tokyo, Princton

– (1999): Whose City Is It? Globalization and the Formation of New Claims, in: *The urban moment. Cosmopolitan essays on the late 20th-Century City*. Beauregard, Robert A./Body-Gendrot, Sophie (Hg.), S. 99-118. London, New Delhi

– (2000): *Cities in a World Economy*, Thousands Oaks, London, New Delhi: Pine Forge Press

SCAG (2005): *The State of the Region 2005. Measuring Regional Progress*, Los Angeles: Southern California Association of Governments (SCAG)

Scharenberg, Albert (Hg.) (2000): *Berlin: Global City oder Konkursmasse? Eine Zwischenbilanz zehn Jahre nach dem Mauerfall*, Karl Dietz Verlag. Berlin

Scharpf, Fritz W. (2002): *Regieren im europäischen Mehrebenensystem – Ansätze einer Theorie*, in: Leviathan, Nr. 1, S. 65-92

Schmidt, Manfred G. (1997): *Demokratietheorien*, Opladen: Leske+Budrich

Schröder, Ilka (Hg.) (2005): *Weltmacht Europa – Hauptstadt Berlin*, Konkret. Hamburg

Scott, Allan J. (1999): *Los Angeles and the L.A. School: A Response to Curry and Kenney*, in: Antipode, 31. Jg, Nr. 1, S. 29-36

– (2002): Industrial Urbanism in Late-Twentieth-Century Southern California, in: *From Chicago to L.A. Making Sense of Urban Theory*. Dear, Michael J. (Hg.), S. 163-179. Thousand Oaks, London, New Dehli: Sage Publications

– /Soja, Edward (1996): *The City. Los Angeles and Urban Theory at the End of the Twentieth Century*, Berkeley, Los Angeles, London: University of California Press

Selle, Klaus (2004): Öffentliche Räume in der europäischen Stadt – Verfall und Ende oder Wandel und Belebung? Reden und Gegenreden, in: *Die europäische Stadt*. Siebel, Walter (Hg.), S. 131-145. Frankfurt/M.: Suhrkamp

Senatsverwaltung (1995): *Kostenrechnung in der Berliner Verwaltung (Konzeption)*, Berlin: Berliner Senatsverwaltung

Sennett, Richard (2002): *Verfall und Ende des öffentlichen Lebens. Die Tyrannei der Intimität (Orig. 1974)*, Frankfurt/M.: Fischer TB

Shore, Cris/Wright, Susan (1997): *Anthropology of policy: Critical perspectives on governance and power*, London, New York: Routledge

Siebel, Walter (Hg.) (2004a): *Die europäische Stadt*, Suhrkamp. Frankfurt/M.

Siebel, Walter (2004b): Einleitung: Die europäische Stadt, in: *Die europäische Stadt*. Siebel, Walter (Hg.), S. 11-50. Frankfurt/M.: Suhrkamp

–/Wehrheim, Jan (2003): *Öffentlichkeit und Privatheit in der überwachten Stadt*, in: DISP, Nr. 153, S. 4-12

Siemons, Mark (1998): *Stil macht den Mann. Jörg Schönbohms Kampf um eine neue Hauptstadtästhetik*. Frankfurter Allgemeine Zeitung (FAZ), 29.7. 1998, S. 27.

Snow, David/Benford, Robert/Rochford, E./Worden, S. (1986): *Frame alignment processes, micromobilization, and movement participation*, in: American Sociological Review, Nr. 51, S. 464–481

–/– (1988): Ideology, Frame Resonance, and Participant Mobilization, in: *From structure to action: comparing social movement research across cultures*. Klandermans, Bert/Kriesi, Hanspeter/Tarrow, Sidney (Hg.), S. 197-218. Greenwich: JAI Press

Soja, Edward (1989): *Postmodern Geographies. The Reassertion of Space in Critical Social Theory*, London, New York: Verso

– (1996): Taking Los Angeles Apart: Towards a Postmodern Geography, in: *The City Reader*. Gates, Richard T. Le/Strout, Frederic (Hg.), S. 190-200. London, New York: Routledge

Stoker, Gerry (1995): Regime Theory and Urban Politics, in: *Theories of Urban Politics*. David Judge, Gerry Stoker, Harold Wolman (Hg.), S. 54-70. London: Sage

Stone, Clarence (2005): *Looking back to look forward. Reflections on Urban Regime Analysis*, in: Urban Affairs Review, 40. Jg, Nr. 3, S. 309-341

Strom, Elizabeth/Mollenkopf, John (2004): Diskurs und Stadtentwicklung in New York und Berlin, in: *Die europäische Stadt*. Siebel, Walter (Hg.), S. 284-300. Frankfurt/M.: Suhrkamp

Süß, Werner (Hg.) (1996): *Hauptstadt Berlin. Band 3: Metropole im Umbruch*. Berlin

Swyngedouw, Erik (1997): Neither Global nor Local: Glocalization and the Politics of Scale, in: *Spaces of Globalization: Reasserting the Power of the Local*. Cox, Kevin R. (Hg.), S. 137-166. New York

– (2000): *Authoritarian governance, power and the politics of rescaling*, in: Society and Space, Nr. 18, S. 63-76

Taylor, P.J. (2000): *World Cities and Territorial States under Conditions of Contemporary Globalization*, in: Political Geography, 19. Jg, Nr. 1, S. 5-32

Tenbrock, Christian (2001): *Die halbe Wahrheit. Roland Koch will Sozialhilfe wie in Wisconsin. Doch die Politik der Amerikaner hat zwiespältige Folgen*, in: Die Zeit, Nr. 33

Ugarte-Chacon, Benedict (2004): *Woher nehmen, wenn nicht stehlen?*, Berlin, http://www.berliner-bankenskandal.de, Zugriff am 27.11. 2006: Initiative Berliner Bankenskandal

– (2006): *Der Verkauf der Berliner Sparkasse. Kritik und Alternativen*, Berlin: GUE/NGL

Untersuchungsausschuss (2006): *Bericht des Untersuchungsausschusses Bankgesellschaft. Zusammenfassung der wesentlichen Ergebnisse*, Berlin: Download unter: http://www.parlament-berlin.de

Valenzuela Jr., Abel (2000): *Working on the Margins: Immigrant Day Labor Characteristics and Prospects for Employment*, Los Angeles: Working Paper: University of California, Los Angeles

Wacquant, Loïc (2003): *Von der Sklaverei zur Masseneinkerkerung*, in: Das Argument, Nr. 252, S. 529-545

– (2004): *Was ist ein Ghetto?*, in: Prokla. Zeitschrift für kritische Sozialwissenschaft, Nr. 134, S. 133-147

Wagner, Monika (1999): Sakrales Design für Fiktionen vom öffentlichen Raum, in: *parks in space*. e.V., Kulturzentrum Schlachthof (Hg.), S. 66-75. Bremen-Boston

Warner, Sam Bass Jr. (1968): *The Private City: Philadelphia in Three Periods of Growth*, Philadelphia: University of Pennsylvania Press

Weber, Beat (2001): *Öffentlich/Privat – neue Grenzziehungen im Übergang zum Postfordismus*, in: Kurswechsel: Öffentlich/Privat – neue Grenzziehungen, Nr. 4, S. 24-37

Wells, Miriam J. (2004): *The Grassroots Reconfiguration of U.S. Immigration Policy*, in: International Migration Review, 38. Jg, Nr. 4, S. 1308-1347

Wirth, Louis (1938): *Urbanism as a Way of Life*, Chicago

Wollmann, Hellmut (2004): Wird der deutsche Typus kommunaler Selbstverwaltung den Druck von EU-Liberalisierung, New Public Management und Finanzkrise überleben?, in: *Die europäische Stadt*. Siebel, Walter (Hg.), S. 359-369. Frankfurt/M.: Suhrkamp

Yuen, Eddie (2004): Introduction, in: *Confronting Capitalism: Dispatches From the Global Movement*. Yuen, Eddie/Burton-Rose, Daniel/Katsiaficas, George (Hg.). Brooklyn, New York: Soft Skull Press

Zinganel, Michael (2003): We are building security!, in: *Learning from. Städte von Welt, Phantasmen der Zivilgesellschaft, informelle Organisation*. NGBK (Hg.), S. 143-163. Berlin: NGBK

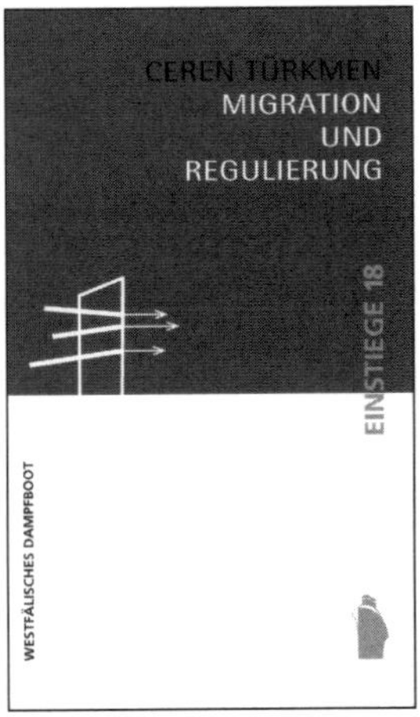

Ceren Türkmen
Migration und Regulierung
(Einstiege Band 18)
2008 – 171 Seiten – € 14,90
ISBN 978-3-89691-684-6

Manuela Bojadžijev
Die windige Internationale
Rassismus und Kämpfe der Migration
2008 – 310 Seiten – € 29,90
ISBN 978-3-89691-667-9

Werner Rügemer
Privatisierung in Deutschland
Eine Bilanz
Von der Treuhand zu Public Private Partnership
4. überarbeitete und erweiterte Auflage
2008 – 239 Seiten – € 24,90
ISBN 978-3-89691-630-3